刑法各論30講

立石二六

［編著］

成文堂

はしがき

　本書『刑法各論30講』は、先に公刊した『刑法総論27講』の文字通り姉妹編である。冒頭に各項目の問題点を示し、主要な学説・判例を網羅し、執筆者の検討を通して法的思考の在り方を提示し、その後に参考文献と事例問題を掲げて読者の勉学の用に供した点は『刑法総論27講』と変わるところはない。両書を併読して、総論・各論の学習を積まれ、読者の刑法の理解が深まることをこころより切望する次第である。

　刑法各論を学ぶにあたっては、問題となっている犯罪の保護法益は何かというところから出発し、個別の犯罪類型の規範的解釈を通して具体的に妥当な結論に到達することが何よりも肝要である。その際、総論との学問上の有機的連関を常に留意しておかなければならない。総論において議論された事柄が各論の学習において重要な関わりをもつ場面が少なくないからである。総論・各論両者の学習が相俟って初めて刑法の完全な理解が可能になることを銘記しておいていただきたい。

　本書の執筆陣には、『刑法総論27講』のメンバーに幾人かの若い研究者が加わった。執筆者はすべて直接・間接に中央大学名誉教授下村康正博士のご薫陶を賜った人々である。ご多忙の中での執筆者諸氏のご協力に編者として心より御礼申し上げたい。

　本書の刊行にあたっては、『刑法総論27講』のときと同じく、企画から刊行にいたるまで土子三男編集部長に多大のご尽力をいただいた。衷心より感謝申し上げる。また、本書の出版を快諾下さった阿部耕一社長ほか成文堂の皆様に併せて御礼申し上げる次第である。

　2006年3月1日

　　　　　　　　　　　　　　　　　　　　　　　立　石　二　六

文献略称

【教科書・研究書】

板倉	板倉　宏・刑法各論（劉草書房、初1版、2004）
井田	井田　良・刑法各論（弘文堂、2002）
伊東	伊東研祐・現代社会と刑法各論（成文堂、第二版、2002）
植松	植松　正・刑法概論II各論（劉草書房、再訂版、1975）
内田	内田文昭・刑法各論（青林書院、第3版、1996）
大塚	大塚　仁・刑法概説［各論］（有斐閣、第三版、1996）
大谷	大谷　實・新版刑法講義各論（成文堂、追補版、2003）
岡野	岡野光雄・刑法要説各論（成文堂、第4版、2003）
香川	香川達夫・刑法講義［各論］（成文堂、第三版、1996）
川崎	川崎一夫・刑法各論（青林書院、増訂版、2004）
川端	川端　博・刑法各論概要（成文堂、第3版、2003）
木村	木村龜二・刑法各論（法文社、1967）
齊藤	齊藤金作・刑法各論（有斐閣、全訂版、1975）
斎藤	斎藤信治・刑法各論（有斐閣、第二版、2003）
佐久間	佐久間修・刑法講義［各論］（成文堂、1990）
下村	下村康正・刑法各論の諸問題（文久書林、1978）
曽根	曽根威彦・刑法各論（弘文堂、第三版補正二版、2005）
団藤	団藤重光・刑法綱要各論（創文社、第三版、1990）
中森	中森喜彦・刑法各論（有斐閣、第2版、2001）
中山	中山研一・概説刑法II（成文堂、第4版、2005）
西田	西田典之・刑法各論（弘文堂、第三版、2005）
西原	西原春夫・犯罪各論（成文堂、補訂準備版、1991）
林	林　幹人・刑法各論（東京大学出版会、初版、1999）
平川	平川宗信・刑法各論（有斐閣、初版、1995）
福田	福田　平・全訂刑法各論（有斐閣、第三版増補、2002）
藤木	藤木英雄・刑法講義各論（弘文堂、1976）
堀内	堀内捷三・刑法各論（有斐閣、初版、2003）
前田	前田雅英・刑法各論講義（東京大学出版会、第3版、2003）
町野	町野　朔・犯罪各論の現在（有斐閣、第1版、1996）
三原	三原憲三・刑法各論（成文堂、第4版、2003）
山口	山口　厚・刑法各論（有斐閣、補訂版、2005）

目　次

はしがき

第1講　刑法における人の始期と終期 …………………………… *1*
第2講　偽装心中 …………………………………………………… *11*
第3講　胎児傷害 …………………………………………………… *25*
第4講　傷害の故意（危険運転致死傷罪にも関わる、古くして新しい問題） …………………………………………………… *34*
第5講　同時傷害の特例 …………………………………………… *45*
第6講　凶器準備集合罪の罪質 …………………………………… *53*
第7講　遺棄の概念 ………………………………………………… *62*
第8講　故意ある強姦致死傷罪 …………………………………… *73*
第9講　住居侵入罪の保護法益 …………………………………… *82*
第10講　業務と公務 ………………………………………………… *98*
第11講　名誉毀損罪における事実証明 …………………………… *106*
第12講　窃盗罪の保護法益 ………………………………………… *115*
第13講　窃盗罪における不法領得の意思 ………………………… *129*
第14講　親族相盗例 ………………………………………………… *138*
第15講　強盗殺人罪の擬律 ………………………………………… *150*
第16講　無銭飲食と詐欺罪の成否 ………………………………… *160*
第17講　クレジットカードの不正使用 …………………………… *172*
第18講　不法原因給付と横領罪 …………………………………… *184*
第19講　横領罪における不法領得の意思 ………………………… *195*
第20講　横領と背任の区別 ………………………………………… *209*
第21講　情報の不正入手と財産罪 ………………………………… *218*

第22講	放火罪における焼損の意義	236
第23講	放火罪における公共の危険の認識	248
第24講	往来妨害・危険罪の問題点	258
第25講	代理・代表資格の冒用と文書偽造罪	266
第26講	虚偽公文書作成罪の間接正犯	277
第27講	インターネットとわいせつ犯罪	286
第28講	公務執行妨害罪における職務行為の適法性	296
第29講	犯人による犯人蔵匿・証拠隠滅・偽証の教唆	306
第30講	偽証罪における虚偽の陳述	315

第1講　刑法における人の始期と終期

【問題点】
◇人の始期と終期を明確にすることの意義。　◇始期前、終期後の取扱い。
◇周辺問題をどの範囲まで刑法で論ずるべきなのか。例えば、受精卵の扱い、脳死、臓器の財物性、など、あらためて刑法という法律の意義を省みざるを得ない。どのような問題点があるかということ自体を問題としてほしい。

1　総　説

　1　人の生命は刑法の保護法益の中で最も高い価値を有するものである。刑法は、実に、故意の殺人罪をはじめ、各種結合犯的殺人罪や過失による殺人罪（過失の場合、致死罪と別称する）、結果的加重犯形態の致死罪、更に、未遂・予備等、多様な形式で、人の生命を保護している。生命そのものの起源或いは発生は不可知である。或いは受精卵に宿るかもしれないが、分明でない。従って、生命の保護とはいえ、一定段階からのものに限定される。刑法の条文に於いて「人」という文言が使用されている場合、ここで論ぜられる始期から終期までの人が扱われているのであり、従って、始期・終期の確定及びその判断基準が何よりも重要な問題となってくるのである。但し、始期に先立つ胎児及び終期後の死体もそれぞれ刑法の保護客体とされているが、それ等は生命を保護法益とする犯罪とは異なる犯罪類型として把握される。所謂堕胎罪や死体損壊罪等がそれである。これ等も後に随時言及することになるであろう。

　2　本講の問題点を狭義に捉えるとすれば比較的簡明である。学説・判例共にいわば固定化した対立状況を示し、所謂折衷説的なものはないからである。しかし、問題は、むしろ広義に捉えてこそ、重要且つ有意義なものになるといわざるを得ないところにある。即ち、端的に表現するなら、始期に関しても、又、終期に関しても、所謂先進医療との係り合いが出てくるのである。就中、脳死を論ずるには臓器移植という医療技術及びそれに対する社会

的反応ということを考えざるを得ない。本講でも必要な限度でそこに言及するが、詳細は後記参考文献を参照されたい。

② 学説・検討

1 刑法における人の始期と終期という論題の下での判例は別項とする程ではないので始期の通説であるところの所謂一部露出説の根拠とされる大審院判決を当該個所で1つ挙げるに止める。よって、本項では〔学説・判例〕とせず、むしろ、学説毎の検討をつける。

2 人の始期・終期前書

出生も死亡も一定の時間的経過を有する出来事である。その時間の流れの中でどの時点からどの時点までを、刑法の保護の対象たる「人」とするかということは、ひとえに刑法固有の問題であるが、このことは、もとより、他の文化領域とは全く無関係に決定されるべきなのだということを意味するものではない。次項、私見に於いて述べることであるが、刑法は人倫の基礎であると考えるので、単に条文解釈学的な思考に限定されない人間観が浮上せざるを得ないのであろう。即ち、人の始期も終期も各論者の死生観そのものの発現として論ぜられるといえるのではないだろうか。3で始期についての学説・判例をとりあげ、4で終期についての学説をとりあげ、検討する。

3 人の始期

受胎に関わる先進医療が様々な形で、比喩的にいえば、既に神の領域にまで立ち入っているといわれて久しい。体外授精、人工授精、遺伝子操作による受精卵選別というような人類史上未曾有の領域が人の誕生をとりまいており、刑法上の一例を挙げれば、体外にある受精卵を盗んだり、廃棄した場合、これにどのような対処をするのかという立法論の問題が眼前にあるのである。とはいえ、現在、人の始期として問われなければならないのは、現行法が人と胎児を区別し、それぞれに犯罪類型を規定しているところから、この両者を劃する一線をどこに引くべきかという点に集約される。既述の如く、

生命体そのものを保護法益とするのではない。刑法は少くとも子宮に着床後の受精卵を対象とし、それがどの程度発育しているかは問わない。大判昭7・2・1刑集11輯15頁は堕胎罪の成立には懐胎の事実があれば足り、妊娠1ヵ月位なりとしても客体となるとしている。即ち、胎児の間は堕胎罪の客体である。当該犯罪は殺人の罪と比較する限り格段に軽い犯罪である（条文対比参照のこと）。とはいえ、胎児と人との間に空隙があってはならない。この一線からという線引きが本項の諸学説の内容である。時期の早い順にとりあげる。

①独立生存可能説　(伊東・13頁以下。極めて詳細な論述であるので熟読を要す)。この見解は母胎内にあっても（即ち、通説では胎児である）、もし体外に出されたとして、それのみ独立して生存が可能な状況にまで成育していれば「人」とみてよいとする（この見解は一見早計に思われるが、実は帝王切開の場合には有効であるともいえようか）。この見解に対し、出生によって胎児が人となるという普遍的な考え方は、胎児の母体からの分離・独立、即ち生命存在の「独立性」に着目するものであり、刑法が固有の人として保護することを要するのは、このような出生後の独立した生命存在としての人である。胎児と人を区別するのは「独立生存可能性」ではなく、「独立生存性」というべきであるという適確な批判がある（平川・37頁参照）。私見もこの平川説に与する。伊東説は胎児の概念の変化による立法論になるのではないかと思われる。胎内で、独立生存可能性が基準たり得るのか、判断に差が生ずる虞れがある。

②出産開始説　(塩見淳・法学教室223号117頁)。この見解にも基本的に①説に対する平川批判説が妥当すると考える。但し、従来、通説による堕胎概念は「自然の分娩期に先立つ胎児の人工的排出」とされているので、その基準を採ると、自然の分娩期に於ける殺意ある人工的排出がどうなるかという問題が生ずる。それを処罰の対象とすることは出来るのである。この点の対応はむしろ堕胎罪で検討を要する（出産開始説はドイツ刑法に殺人罪、堕胎罪とは別個の、「出産中ないし出産直後」の嬰児殺という犯罪（現在は既に削除されている）があったことに由来する）。

③一部露出説　(大判大8・12・13刑録25輯1367頁；団藤・372頁、植松・247頁、大塚・8頁、大谷・7頁、山中・15頁、井田・13頁、曽根・6頁、平川・37頁、西田・8頁、山口・9頁、前田・9頁、岡野・2頁、林・13頁〔但し頭部のみ〕、他）。この見解が目下通説・判例である。胎児の身体の

一部が母体から露出した時から「人」であるとする。根拠は、一部でも露出すればそれに対し母体と関係せず直接に攻撃が可能となるからである。上記判例がそのことを明言した。私見もこの根拠を至当とする。この見解に対しては、一度露出したものの再び母体内に引き入れられることがあり、基準が不明確といわれるが、体外に露出した時点での侵襲を行為と解すべきである。

④全部露出説（平野・156頁、町野「刑法講義各論」小暮ほか14頁以下）。民法の通説である。この見解は従来の「自然の分娩期に先立って胎児を母体外に排出すること」という堕胎概念を修正して全部露出までを堕胎とすべきであるという考え方を前提とし、それに伴って、必然的に全部露出説となるのである。即ち、一部露出説が出産開始説に対して指摘した空隙部分を自らも全部露出説によって突きつけられたという形である。又、本説は一部露出説に対して、侵害行為の可否という行為性で胎児と人を区別するものであり、客体そのものの価値で区別していないと批判するのである。しかし、この批判に対しては「攻撃客体が母体内か母体外かにより客体の価値が異なるとするのが、一部露出説である」（山中・7頁）と反論される。現実論として、全部露出を待つのは保護性に欠けるであろう。一部露出の段階で負傷を負わせても胎児傷害罪は存在しないからである。

⑤独立呼吸説（大場茂馬「刑法各論（上）」復刻版29頁）。胎児が自己の肺によって呼吸を始めた時であるとする。現在、この見解は採られていないと考えられる。これまでの見解の中で示された保護の有無という点では最もその間隙を有する。そこの立法的解釈を要する見解である。

4　人の終期

人の終期は現在特に重要な論点である。周知の如く、臓器移植法との関係で、脳死なる概念が声高に主張され続けられているからである。

人の終期に関する学説は、現在、所謂三徴候説と脳死説に二分されているといってよい。三徴候説とは心臓死説ともいわれるが、要するに心臓が停止し、脳への血流が途絶えることで呼吸が停止、瞳孔反応消失という三徴候を総合的にみて死の判定をするのであり、伝統的に採用されてきた見解である。

これに対し、医学の目覚しい技術は人工心臓を発明し、人工呼吸器を創り出し、現在、種々の臓器の移植を可能とするに至っている。就中、人工呼吸器（レスピレーター）の使用により、脳機能が停止した後も心臓を鼓動させ続けることが出来るようになった為、脳死後の心臓移植の道が拓かれてきているのである。脳死は臓器移植の問題と相即不離の概念であるといっても過言ではない。

①三徴候説（中山・16頁、大塚・10頁、大谷・9頁、川端・5頁、平川・43頁、中森・6頁、他）。既述の如く、㈤心臓の停止、㈥呼吸の停止、㈦瞳孔散大・対光反射の消失を総合して判断するという伝統的基準である。私見はこの見解に与する。まず、死の判定が外部的に明確であることが何よりの長所であると考える。極論すれば、誰にでも、即ち、素人にでも死亡の事実が確認できるということである。反面、この死体から使用できる部分は極く限定される。謂わば利用価値は少ない。そこで、現在、臓器移植法が施行されている実態に鑑み、例えば中森教授は三徴候説の立場から、臓器移植法に則る限り、臓器摘出は違法性阻却により認められるとされる（中森・7頁）。この妥協策に対し、脳死説の論者から、違法性阻却事由で捉える見解は、生きている人からの心臓の摘出が正当化されるとする点で生命の質を比較することになるという問題が残るとの批判がなされている（西田・9頁）。

②脳死説（団藤・377頁、平野・156頁、植松・247頁、岡野・4頁、西田・12頁、井田「脳死説の再検討」西原古稀(3) 43頁、伊東・42頁、林・24頁、他）。例えば、植松博士によれば「死とは生物体が全一体としての機能を喪失することを意味すると解すべきであるから、その一部分が部分として生活力を保有することは、死の認定の妨げとなるものではない。その意味では心臓それ自体としては生きていても、個体としては死と認められることがあっても不思議はない（人工的に心臓が動かされていても死と認めてよい場合は多い）」（植松・247頁）とされ、移植への視線を見せられる。

脳死の定義については、㈤脳幹の不可逆的機能喪失とする脳幹死説、㈥脳幹を含む脳全体の不可逆的機能喪失とする全脳死説、㈦機能喪失だけでなく脳の器質的変化を必要とする説等がある。いずれにせよ、身体の統合調整機能は脳幹を中心とする全脳神経系が果たしているのであるから、ここの機能の喪失はそれが不可逆的な場合、人の死としてよいというのが脳死説である。

この見解の長所は専ら移植医療に利するところにある。反面、脳死は外部から見えないという短所をもつ。判定という長時間の作業が専門家によって行われて初めて死が出現する。否、判定は長くかかってはならない。移植の為の臓器は可能な限り新鮮な状態で摘出・移植される必要があるからである。現在、刑法学説に於いても全脳死説が有力になりつつあるといわれている（条解刑法523頁弘文堂）。脳死がもし否定されるとするなら、脳死者からの臓器摘出は殺人罪、或いは承諾があれば承諾殺人罪となる。構成要件該当性は否定され得ない。よって、これを無罪とするには違法性乃至責任阻却事由に依拠する他はない。又、脳死を死と認めるとしても、次には死体損壊罪の構成要件が問題となってくるのである。これも阻却事由を使わざるを得ないが、現場の人間にとって、どちらが心情的に楽かということである。結局、医療の立場からすれば、臓器の移植は非構成要件化されなければ納まらないこととなる。しかし、それを許すには余りにも諸々の問題が多すぎる（医療不信もその一例である）。現に脳死説の論者自身「この脳死説が臓器移植とくに心臓、肝臓移植と関連していることは事実である」（西田9頁）とし、更に、「臓器移植をしなければ助からない人（レシピエント）と脳死状態になれば自己の臓器を提供してもよいという人（ドナー）がいる場合に、ドナーからの臓器の摘出を殺人罪・同意殺人罪に問擬することには疑問があるように思われる。この場合にも、あくまで心臓死を基準にし脳死体からの臓器移植を認めない立場は人道的にみて問題であろう」（同）とされる。

　心臓死説即ち三徴候説の主張者も、既に臓器移植法が施行されているのであるから、これを認めない訳にはいかないのである。但し、広く、「人の終期」即ち「死期」を三徴候により決すべきか、脳死で決すべきかという問題と、臓器移植の為にのみ例外的に脳死を死とみることとは本質的に異なる対応であるということなのである。人の終期を問うという次元に於いては「一般化された個体死としての脳死」の是非が問われているといわなければならない。

3 私　見

　学説上の私見はそれぞれの個所で明らかにしておいたが、あらためてここでまとめておくとすれば、始期に関しては、通説どおり、保護という観点から一部露出説が妥当であると考える。終期に関しては、三徴候説一元論である。脳死を個体死とすることは認められない。この点につき、後述、追論あり。

　刑法に於いて最も配慮すべきことは、裁判員制度をも視野に入れれば、明確で判り易いということであると考えている。理論の緻密さはそれが現実に適用された時に、その現実を判り易くするためのものでない限り、難解なだけの無用物である。一般人にとって納得し易いことを刑法は意図しつつ、より人倫のあるべき形を指向する法でなければならない。

4 終りにあたって追論

　この問題は論者には非常に難問であった。特に、臓器移植の為の脳死説という点について、直接、刑法論とはならない記述であるが追論しておきたい。

　その前提として、臓器移植法につき、条解刑法（弘文堂初版本523頁〜524頁）が極めて簡潔に、成立の経緯、内容をまとめているので、その部分を引用する。

　「脳死の問題は、脳死体からの臓器移植を求める社会的要請が高まり、そのための法整備との関連で、各方面で議論が続けられ、内閣総理大臣の諮問機関である「臨時脳死及び臓器移植調査会」により、平成4年1月に「脳死をもって人の死とすることについては概ね社会的に受容され合意されているといってもよいものと思われる」との答申がなされ、これを基に、議員立法による脳死説を前提とした「臓器の移植に関する法律」（以下「臓器移植法」という）が検討され、同法は、一部修正を経て、平成9年6月に成立し、同年10月16日から施行された。

　その内容は、6条1項において、医師は、死亡した者が生存中に臓器を移植術に使用されるために提供する意思を書面により表示している場合であって、その旨

の告知を受けた遺族が当該臓器の摘出を拒まないとき又は遺族がないときは、この法律に基づき、移植術に用いるための臓器を、死体（脳死した身体を含む。以下同じ）から摘出することができるとした上、同条2項において、前項に規定する「脳死した者の身体」とは、「その身体から移植術に使用されるための臓器が摘出されることとなる者であって脳幹を含む全脳の機能が不可逆的に停止するに至ったと判定されたものの身体」をいうとし、さらに、同条3項は、同条2項の脳死判定は、当該者が1項に規定する意思の表示に併せて2項による（脳死）判定に従う意思を書面により表示している場合であって、その旨の告知を受けたその者の家族が当該判定を拒まないとき又は家族がないときに限り、行うことができることとしている。以上により、このような要件を欠いた状態で脳死判定がされても、「脳死した者の身体」の要件である2項の脳死判定とは認めないことにより、同法は、「脳死した者の身体」を「死体」に含めるのは、臓器を移植する場合であり、上記の要件に従った脳死判定がされた場合に限ることとしているのである（なお、同条2項は、前記脳死説の中で、全脳死説の立場に立つことを明らかにし、また、同条4項以下がその判定方法について規定し、必要な知識・経験を有する医師（摘出医及び移植医を除く）の一般に認められている医学的知見に基づき厚生労働省令で定められるところにより行う判断の一致により行うこととしている。これを受けて、「臓器の移植に関する法律施行規則」が定められており、いわゆる竹内基準（厚生省厚生科学研究費特別研究事業「脳死に関する研究班昭和60年度研究報告書」）に沿った内容が規定されている）」（同・523頁～524頁）。ここにいう竹内基準とは、「第1次性及び第2次性脳障害の場合で、6歳未満の幼児及び急性薬物中毒などを除いて、①深い昏睡、②自発呼吸の喪失、③瞳孔の4ミリ以上の散大、④対光反射、角膜反射、前庭反射など各種反射の喪失、⑤脳波の平坦、⑥以上の状態が6時間経っても変化がないこと」である。

　さて、私見はそもそも臓器移植の為に人体の生臓器を利用するという事に疑問をもつものである。可能な限り人工臓器を良質化出来ないであろうかと願うし、又、先進医療が自己の、即ち、患者自身の細胞の臓器化を完成させないものかと希求するのであるが、他人の臓器の、それも脳死を待ちながらの授受は、それのみが人道に適うものだとは考えない。

　いうまでもなく、この問題は実に大きな問題であって、非才な学徒の論じ得るところではないのであるが、逆に又、個々人なりに少くとも問題点だけ

でも自覚すべきであろうと思うのである。

　1　脳死に関してはこれを一般的な死の概念にすべきではないと考える。第一の理由は既述の如く、脳死は外部から把握できないからである。少くとも移植の場合に限って死体と看做す相対的脳死説に止めなければならない。脳死は移植の為に認められるのである。その場合、脳死判定が確立するや直ちに摘出へと手続が進行するという。遺族の姿は何処にあるのだろうか。

　2　人は人の死を古来より悼み、通夜をして永遠の別れへの心構へをし、惜別の死を受容してきたのである。それは習俗であるが、習俗の大半は人間性に発するところ大といわなければならない。総説において、本講の問題は刑法論として取扱うべきものであると述べ、同時に、しかし、人倫の基礎を根底に有つべきものであるとした。死を扱う論議は、死刑制度、然り。安楽死の是非、然り。本問もまさに同質の全人格的背景を見せずして論者たり得ざる事柄である。死にゆく人に寄り添い、次第に冷たくなっていく身体に触れながら、絶対の別れを実感する時間を、移植医療は奪うのである。それにより助かる命があることの意味は勿論大きい。これも絶対的なものである。しかし、私見は、理念に燃え、理性的に、人間自然の感情を制御し切ってしまう人間社会を是としない。ドナーの自発的意思決定は尊重すべきであろうが、国を挙げてドナーカードの拡配をいう姿勢には異和感を覚える。相対的脳死説は現状でやむを得ない主張であるとしても、本来、客観的であるべき死の概念はやはり確立を要する。刑法が脳死を個体死として一義的に認める時、伝統的な死に関わる文化は、遅れながらも、それに影響され完全に変質するものと思われる。臓器をはじめ人体に属するものの財物化も必然の結果になると予測せざるを得ない。現在、自民党は脳死者本人の反対の意思表示がない限り、年令を問わず、家族の意思のみで臓器を提供することが出来るという改正（ではない悪である）案を準備している。連日、新聞紙上でみる実親による幼児の虐待死（殺人である）を関係づけて考えない訳にはいかないと思うのである。

　2005年8月23日読売新聞朝刊記事によれば、再生医療に応用が期待されるES細胞と同等の能力を持つ細胞を、既存のES細胞と皮膚細胞との融合だけで新しく作り出す画期的な技術がハーバード大学研究チームにより開発され

た、とある。患者の皮膚細胞を使えば、患者の遺伝子を持つES細胞となり拒絶反応のない移植治療の実現が期待されるというのである。この方法は従来と異なりクローン胚を作る必要がないという極めて大きな意義をもつものである。サイエンス紙は既に当論文をネット公表している。

【参考文献】
平川宗信「『脳死』と臓器移植をめぐって」大塚＝福田古稀（下）
曽根威彦「刑法の重要問題」人の始期と終期に関わる重要問題が巾広く論ぜられている。
町野朔「犯罪各論の現在」
※その他無数。よって、新書等手近な文献でも充分問題意識は喚起される。

【事例問題】

(1) 全部露出説を採る場合、一部露出した部位に傷害を負わせ、その傷がもとで全部露出後に死亡したという場合、どのように解すべきか論ぜよ。

(2) 甲は、かねてより3才の実子乙が邪魔であったので、A国では幼児の臓器移植が許されており、又、臓器の闇売買も行われていることを、仲介人丙からきかされたので、それを実行して金銭を得ようと思い、乙を連れてA国へ出掛けた。そこで乙に暴行を加え、過失を装って、仮死状態の乙を病院へ搬入。乙は脳死判定の結果、臓器摘出。予め、丙から情を知らされていたA国人Bは、当該臓器の提供を受けた子供の親として、謝礼金と称して、多額の金銭を丙を介して甲に渡した。刑法上、どのような問題が出てくるか。広く問いたい。

（山本雅子）

第2講　偽装心中

----【問題点】----
◇自己の真意に基づく自殺は、刑事制裁の対象とはされない。但し、他人の自殺行為に関与した場合には、自殺関与罪及び同意殺人罪（刑法第202条）の成否が問題となる。
◇脅迫や欺罔により自殺に追込んだ場合、行為者には、殺人罪の成立する余地がある。

1 総　説

　1　心中とは、複数の人間が自らの意思に基づいて同時に自殺を試みることである。それ故、関与者が同時に死亡するに到った場合には複数の同時自殺とみなされる。自殺は、自ら自分の生命を絶つことであり、生命の終焉を自然の摂理に委ねることなく自らの手で招致することである。自己の生命は、本人に帰属しその扱いは当事者の権限とし、法律の関与しない「法的に自由な領域」として、「本人の自己決定権」に委ねられていると解し、自殺の権利ないし自由が認められるとの見解がある。この見解は非常に明快な論理であるが、自殺の権利性ないし自殺の自由としての自己決定権は、憲法の基本理念である生命の尊貴性から安楽死や尊厳死などの一定の極限状況においてのみ正当化されるものと考える。この点について、自殺は、「人間の生存に含まれる内的価値の放棄、あるいはそれへの加害」と解し、自死以外に自己の存在意義を確証できない已むをえざる終局的選択という極稀な場合を除き、「人間の生命が尊貴な意味を持ち、宇宙の中でも"特権的"位置を与えられた稀有な存在であるがゆえに、人間はその生命を可能な限り充足させるべき独自の根源的"義務"を負っている」との考えから、「生存意義を亡失し、授かった身体＝生命は"自己所有"のものという理由で、自からを害し・殺すことは、道徳的にも法的にも権利としては認められないであろう」との指摘がある（小林直樹）。
　2　インターネットの社会生活への目覚しい浸潤は、自殺領域でもその顕

著な影響を及ぼしている。1998年末、ドクターキリコと名乗り自殺希望者にクスリの解説などを行っていた男性が、1度、ある掲示板に「シアン化カリウム（青酸カリ）売ります」と書き込み、その掲示から口コミや電話、電子メールなどを介して7名がシアン化カリウムを購入するという毒物宅配・ドクターキリコ事件が発生し、社会を震撼させた。更に、1999年8月、自殺を扱ったホームページに「死ねる薬をください」との電子メールを送った女性（38）に対し、無職の女性（32）は、筋弛緩系の薬品100錠を入れた小包を送付した。受領した女性は、愛知県内のホテルで入手した筋弛緩系の薬品を飲み一時意識不明の重体に陥り、送付した女性は、自殺幇助未遂の嫌疑で逮捕される事案が発生した。

　近時、インターネットに自殺サイトが開設され、それまで面識のない複数の者が一堂に会し、集団自殺という形態で自らの生命を絶っている。集団自殺は、自ら一人で自殺する恐怖感を2人以上の複数の集団で実行することにより軽減する効果を齎せている。インターネット上で知り合った者による集団自殺が顕在化したのは、2003年頃からで、死者数は、2003年には12件34名、2004年には19件55名で年齢別では、20歳代30名（男性18名、女性12名）、30歳代14名、10歳代7名、40歳代4名であった。2005年には、34件91名（男性54名、女性37名）で年齢別では、10歳代8名、20歳代38名、30歳代33名、40歳代9名、50歳代及び60歳代各1名であり、中学2年生の少女や50歳代の男性も含まれ年齢層が拡大している。なお、ネット接続業者らが作る4つの業界団体は、2005年10月に自殺予告や自殺の呼び掛けを書き込んだ者の氏名や住所などを警察に開示するなどのガイドラインを策定し、年末までの3ケ月間で12件14名の情報が提供され、11名が自宅等で警察官に保護されている。この様な状況の中、インターネットに自殺サイトを開設し、自殺願望の者を集い、アクセスした無職女性（25）、中学3年男子生徒（14）、男子大学生（21）の3人を集団自殺を装い殺害した事案が発生するに至っている。加害者は、自宅やインターネットカフェから自殺サイトへ「一緒に自殺しよう」とのメールを送信して被害者に接近し、人を窒息させることに快感を覚える自らの性的嗜好から「窒息死する寸前の顔を見るためには殺すしかなかった」として「身体を縛ったほうが楽に死ねる」という内容のメールを被害者に送信し

ていた。被害者達は、両手を紐で縛られたり、粘着テープで両手を巻かれ口をふさがれていた。この事件の背景には、自殺サイトを利用する自殺志願者が、何の疑いも抱くことなくネットを介して集った仲間を信じその指示に従い、当人自身は、自殺であると信じつつ殺害されている現実とのギャップがある。

3　わが国の現行刑法は、自ら生命を終息させる「自殺」については、刑事制裁の対象とはしていない。刑法が、自殺と関係を有するのは、他人の自殺行為に関与した場合であり、殺人の罪の章において自殺関与罪及び同意殺人罪（第202条）として、「人を教唆し若しくは幇助して自殺させ、又は人をその嘱託を受け若しくはその承諾を得て殺した者は、6月以上7年以下の懲役又は禁錮に処する。」と規定する（心中及び自殺についての理解の変遷について、松尾・6頁）。

問題となる心中事案は、自殺関与形態を装い被害者の意思の瑕疵や被害者への欺罔に乗じて自殺に追い込んだ偽装心中及び自殺教唆を装ったケースである。それらの場合には、自殺意思が本人の自由な意思決定に基づいているかが問われ真意性・任意性の問題として、①脅迫による場合（【判例3】広島高判昭29・6・30高刑集7巻6号944頁）、②欺罔による場合（【判例4】最判昭33・11・21刑集12巻15号3519頁）がある。判例は、死の決意が「真意に添わない重大な瑕疵ある意思」といえる場合には殺人罪に該当すると解している（【判例4】）。

2　学　説

1　偽装心中についての見解の対立は、「犯罪の成否についてその手段、方法に対するモラルの感覚をどこまで取り込むか」によるとの指摘がある（平野・65頁）。偽装心中は、「だますのは卑怯だ」・「自分を信じている者を裏切るのはひどい」との視点に立つか、「死ぬこと自体について同意している」との法益保護の視点に立つかによりアプローチは異なる。

2　偽装心中については、①判例を支持し殺人罪とする見解、②被害者には動機についての錯誤があり自殺関与罪とする見解、③法益関係的錯誤説に立ち、法益関係的錯誤であり自殺関与罪とする見解、④法益関係的錯誤説の修正として一定の場合には殺人罪とする見解、⑤個別化説、等が主張されて

いる。以下、各見解について検討する。

①「行為者の追死をすることが、被害者の自殺の決意を固める上にもっとも本質的な点であり、それが欠けた場合には自殺は考えられない事態において、追死に関して被害者を欺くことは、自殺の決意に対する自由を奪うものにほかならないから、自殺教唆の範疇を逸脱しており、殺人罪を認めるべきである」(大塚・20頁、同旨、団藤・400頁)。

②「「死」ということの意味は十分理解しているのであり、死ぬこと自体には錯誤はなく、ただその理由に錯誤があるに過ぎないから、殺人だとするのは妥当とは思われない」(平野・158頁、同旨、内藤・(中)・592頁、中山・36頁、曽根・14頁)。

③「死ぬことについて認識・受容がある以上、法益関係的錯誤がなく、自殺意思・被殺意思が認められるのは、生命についてはその存在自体が保護法益であり、生命の処分の仕方は保護法益に含まれないと解するからである」(山口・15頁、同旨、山中・26頁)。「偽装心中の事例では、被害者の錯誤は、自己の生命ではなく相手の生命に関して存在するだけであるから、有効な同意として、殺人罪ではなく自殺関与罪が成立することになる」(佐伯・116頁)。

④「自殺者が、自己の生命という法益を処分することについて錯誤に陥っていなければ、自殺に対する同意は有効であり、欺罔して自殺させた場合でも199条は成立しないと解すべきであろう。もっとも、法益の有無・程度・性状等に関して錯誤がある場合には、法益に関する認識が欠けることになるから、同意は無効となる。たとえば、医師が癌患者に対して、あと1年の余命があるにもかかわらず、あと3ヶ月の命で激痛も襲ってくるからと欺罔して自殺させた場合には、同意は無効であって医師には殺人罪が成立するのである」(西田・16頁、同旨、斎藤誠・101頁)。

⑤「追死すると欺いて死なせた場合、自殺者本人に意思決定の自由がないといえるか、行為者の側からはみずからの意思どうりに相手方を死なせたといえるかにある。…欺く行為が殺人の実行行為として評価できるものであることが必要と解されるのである。したがって、詐欺行為の内容・程度、自殺させる際の器具の準備等、行為者の関与の程度を総合して、当該行為をとれば経験則上一般に行為者の意思どおりに本人を死なせることが可能」な場合は殺人罪の間接正犯、不可能な場合は自殺関与罪が成立する (大谷・19頁、同旨、林・33頁、斎藤信

・14頁、振津・9頁、奥村・野村編・29頁）。

3 判　例

　刑法が、自殺と関係を有するのは、他人の自殺行為に関与した場合である。自殺関与形態を装い被害者の意思の瑕疵や被害者への欺罔に乗じて自殺に追い込んだ偽装心中及び自殺教唆を装ったケースについて、検討する。

　【判例1】大審院昭和8年4月19日判決　　刑集12巻471頁
　［事実の概要］Xは、失職中の隣人Aに就職口の世話や家計の補助をしていたところ、Aより自殺を仮装して保険金を詐取する方法がないかを尋ねられ、新聞に掲載された薬剤「カルモチン」を多量に服用して2、3日間仮死状態に陥った記事を想起し、薬剤「カルモチン」を服用して首を縊り仮死状態に陥り検視を経た後、更に、薬剤「カルモチン」を服用すれば蘇生するとAに話した。なお、Xは、Aの妻と昭和3年11月末日頃から性的関係にあった。Aは、愚鈍でしかもXを信じ込んでいたのでXの提案を受け入れた。昭和5年7月、Xは、Aを被保険者兼保険契約者とし、受取人をAの妻とする保険契約を締結させ最初の2回の保険料を払い込んだ。1年後、Xは、Aに対して今後家計の補助を出来ないと伝えたところ、Aは、Xの提案を実行し保険金詐取を図ることに同意した。昭和6年8月13日、Aは、隣家の空家で自縊死し、同年9月20日、Xは、保険会社にAの妻名義で保険金の支払を請求した。弁護人は、Aが無職で妻子を養うのが困難でありしかも病弱であったことから厭世自殺を決意し、自ら縊死したものであるとして上告した。
　［判旨］「右健太郎ハ被告人ノ詐言ノ為錯誤ニ陥リ全然自殺スルノ意思ナク自ラ其ノ頸部ヲ縊リテ一時假死状態ニ陥ルモ再ヒ蘇生シ得ヘキモノト信シ原判示ノ如キ方法ニ依リ遂ニ死亡スルニ至リタルモノナルヲ以テ被告人ハ健太郎ヲ殺害シタルモノト謂フヘク従テ該所爲ハ刑法第百九十九條ニ右保険金ヲ騙取セントシテ遂ケサリシ所爲ハ刑法第二百四十六條第一項第二百五十條ニ夫々該當スル犯罪ヲ構成スルモノニシテ同法條ヲ適用處斷シタル原判決ハ相當ナリ」と判示して上告を棄却した。

　【判例2】仙台高裁昭和27年9月15日判決　　高刑集5巻11号1820頁

[事実の概要] Xは、看護婦免許取得後、助産婦となり保健婦として勤務するなか、夫が職場の事務員A子（当時19歳）と不倫関係にあり、子どものない自分と離婚してAと夫婦となる約束をしていることを聞き、夫の愛情が薄れてゆくのを感じて腐心していた。Xは、Aと会い夫との不倫関係を解消するように要請し、応じない場合にはAを毒殺しようと考え、昭和26年6月頃、喜多方保健所で実施した野犬狩の際使用した残りの硝酸ストリキニーネの内約0.5gを密かに持ち出した。同年8月11日、Xは、夫の不在をたしかめた上、Aを呼出し自宅に連れ込み、夫との不倫関係を絶つように申入れた。Xは、Aから「互に愛し合って居るから離れられない」と拒絶されたので自ら死ぬ意思はないのにAに対し、「私も愛し続け、お前も愛し続けると云うがその結果はどうなるか、俺も死ぬからお前もこれをのんで死んで呉れ」と言って自殺を慫慂した。Xは、Aが黙して答えないので、「これを黙って飲んでくれ」と言って予て準備して置いたオブラート包の硝酸ストリキニーネ約0.4gをAの口の中に差入れ次いでコップで水を与えこれを嚥下させ、同日午後零時頃、硝酸ストリキニーネの作用に因る痙攣発作時の窒息のため死亡させた。原審は、刑法202条の嘱託殺人罪に該当するとして懲役3年執行猶予4年に処した。

[判旨] 裁判所は、「刑法第二百二条後段の犯罪が成立するには其の嘱託又は承諾が被殺者の任意にして且真意に出たものであることを要すべく、其の嘱託又は承諾と殺害行為とは主要の点において相一致し自殺者又は被殺者において生を絶つことについて責任能力をもち重大なる瑕疵ある意思に基かないものであることを要すると解すべきである。従って然らざる場合には本罪は殺人罪に対し特別罪の関係に立つものであるから普通殺人罪のみが成立するものといわなければならない。よって本件につき是をみるに後記証拠より認定しうるとおり被告人が追死の意思がないのに拘らず被害者を欺罔し其の旨誤信せしめてオブラート包入の硝酸ストリキニーネを嚥下せしめ生を絶つに至らしめたのであるから重大な瑕疵ある意思に基き死を決意せしめて死亡するに至らしめたものと断ずべきである。」と判示して原判決を破棄し自判した。裁判所は、被告人の行為を殺人罪に該当するとしたうえで、刑法66条67条71条68条3項により刑を酌量減軽して懲役1年6月に処した。

【判例3】広島高裁昭和29年6月30日判決　　高刑集7巻6号944頁

［事実の概要］Xは、妻Aと昭和7年頃婚姻し爾来約17年間、両人の性格の違いから多少の波風は避けられないながらも取上げる程の紛糾もなく同棲生活を続けてきた。Aの姉婿に当るBと同人の息子CがX方に滞在していた昭和24年2月末頃から3月16日頃までの間に、Xは、妻AとBとの間に不倫な関係が結ばれたと邪推した。Xは、同年3月末頃から殆んど毎日の如くAを詰責し、同女の外出逃避を監視し時には「死ぬる方法を教えてやる」と云いながら失神する程に首を締め、又は足蹴にし、錐、槍の穂先等で腕、腿等を突く等常軌を逸した虐待、暴行を加えたり、Aを強要してBとの姦通事実を承認する書類又は「自殺します、A」なる書面を作成させた。更に、同年6月上旬頃、Xは、Aの実家を継いでいるDを電報で呼寄せ、Aの面前において同女の不貞行為を繰返して述べ、金品の給付によってこれを慰藉すべきことを暗示する等、Aに対する直接、間接の暴行、脅迫行為を繰返し、同女に対して執拗に肉体的、精神的な圧迫を加えた。そのため、Aは、Xの暴行、脅迫の連続によって心身共に疲労し、今更実家に帰ることもできず、また、6月頃、Aは、所轄警察署に保護を求めたが取上げられなかったので官憲に対する救援も望み得ないと考え、遂にこれ以上Xの圧迫を受けるより寧ろ死を選ぶ他ないと決意し、同年7月18日、自殺するに至った。昭和24年7月18日朝、Xは、Aを同道して田圃に作業に出掛けながら単身引返し、Aが縊死したと認められる時刻頃、平素特に親しくしていない近隣の婦人数名を呼び集めてAの不貞行為を喧伝し、その際、「Aはもう帰らぬであろう」と言った。

［判旨］「自殺とは自己の自由な意思決定に基いて自己の死を惹起することであり、自殺の教唆は自殺者をして自殺の決意を生ぜしめる一切の行為であって、その方法を問わないと解する。従って犯人が威迫によって他人を自殺するに至らしめた場合、自殺の決意が自殺者の自由意思によるときは自殺教唆罪を構成し進んで自殺者の意思決定の自由を阻却する程度の威迫を加えて自殺せしめたときは、もはや自殺関与罪でなく殺人罪を以て論ずべきである。」と判示し、「Xは、Aからの協議離婚の申出を拒否し常に同女を監視し、衣類並に筆紙の使用についても絶対に独断を許さなかったと認められること、Aは齢40を超えながら実子なく、実家も既に妹夫婦が承継し今更喜んで

同女の復帰を迎えるとは考えられないこと、同女が警察の保護も期待し得ず却ってそうするときはXの感情を刺戟し更に暴行を受ける虞ありと思惟していたことが認められ、而もAにおいて自殺しなければならないと思料される原因が他に認められないこと等を綜合すると、AがXの前記暴行、脅迫の連続によって心身共に衝撃を受け、因て自殺を決意したと認めるのは強ち不自然とはいえない。」とした上で、具体的事案の解決としては、「Xの暴行、脅迫によってAが自殺の決意をするに至ったものであること並に被告人が自己の行為によって同女が自殺するであろうことを予見しながら敢て暴行、脅迫を加えたことが夫々認められるけれども、Xの右暴行、脅迫がAの前記決意をなすにつき意思の自由を失わしめる程度のものであつたと認むべき確証がないので、結局Xの本件所為は自殺教唆に該当すると解すべきである。」と判示した。

【判例4】最高裁昭和33年11月21日判決　　刑集12巻15号3519頁

［事実の概要］Xは、田辺税務署徴収管理係として勤務していたが、昭和28年9月頃から同市所在の料理屋の接客婦K（22歳）と馴染みとなり遊興を重ねるうち、同女と夫婦になる約束をした。Xは、Kとの遊興のため同料理屋に対し10数万円、その他数ヶ所からも数十万円の借財を負うに至り、両親からは、Kとの交際を絶つよう迫られ、自らもKを重荷に感じ始め、同女との関係を断ち過去の放縦な生活一切を清算しようと考えていた。昭和30年5月23日頃、Xは、Kに別れ話を持ち掛けたがKはそれに応ぜず心中を申し出たため、困り果て同女の熱意に釣られ渋々心中の相談に乗っていた。同月26日頃、Xは、気が変わり心中する気持ちはなくなっていた。同日午後3時頃、Xは、Kを伴って和歌山県下の山中に赴き、Kが自分を熱愛し追死してくれるものと信じているのを利用してKを毒殺しようと企図し、自らは追死する意思がないにも拘らず追死するよう装ってKを誤信させ、予め買求め携帯していた青化ソーダ致死量をKに与えて嚥下させ青化ソーダ中毒により死亡させた。本事案は、Xが被害者KのXも追死してくれるものとの誤信を利用した偽装心中のケースである。

［判旨］最高裁は、「被害者の意思に重大な瑕疵がある場合においては、それが被害者の能力に関するものであると、はたまた犯人の欺罔による錯誤に

基くものであるとを問わず、要するに被害者の自由な真意に基ない場合は刑法202条にいう被害者の嘱託承諾としては認められない」とし、「被告人の追死の意思がないにも拘わらず被害者を欺罔し被告人の追死を誤信させて自殺させた」行為は殺人罪に該当すると判示して、被告人を懲役6年に処した原審の判断を支持し上告を棄却した。

【判例5】福岡高裁宮崎支部平成元年3月24日判決　　高刑集42巻2号103頁

［事実の概要］Xは、当時66歳の独り暮らしのY女から信頼を得て短期間に750万円を欺罔的手段で借り受けたが、返済の目途がたたずいずれ同女がその事情を察知して警察沙汰になることを恐れ、発覚を免れるため同女に自殺するよう仕向けようと考えた。昭和60年5月29日、Xは、Yが知人に金を貸していたことを種にして、それが出資法に違反しており間もなく警察が取り調べに来て、罪となると3、4ヶ月刑務所に入ることになる等と虚構の事実を述べて脅迫した。Xは、不安と恐怖におののくYを警察の追及から逃すとの口実のもと連れ出し、17日間にわたって、鹿児島から福岡や出雲などを連れ回した。その後、Xは、Yを自宅や空家に一人で住まわせ、体力も気力も弱まった状態の同女に対し、近所の人に見つかるとすぐ警察に捕まるとか、警察に逮捕されれば身内の者に迷惑がかかるなどと言って、知り合いや親戚との接触を断たせ、もはやどこにも逃げ隠れする場がないとの状況であると誤信させ、身内に迷惑をかけないためには自殺する以外道はないなどと執拗に慫慂して心理的に追いつめた。Xは、誤信して自殺を決意したYにマラソン乳剤原液を買い与え、同液を飲もうと瓶を口元近くにもってきた同女の手にXは自からの手を添えて同液約100ccを自ら嚥下させ死亡させた。弁護人は、被害者の自由な意思に基づく自殺であり、Xの行為は自殺教唆にすぎないとして控訴した。

［判旨］裁判所は、「自殺の決意は真意に添わない重大な瑕疵のある意思であるというべきであって、それが同女の自由な意思に基づくものとは到底いえない」と判示し、被告人の行為は被害者の行為を利用した殺人行為に該当するとして、強盗殺人罪の成立を認めた原審の判断を支持して控訴を棄却した。

【判例6】 大分地裁平成14年11月22日判決

[事実の概要] Xは、①自分の経営する会社の負債を返済するため、不倫相手であったA子に対し、保証のための見せ手形であると偽ってA子が勤務している会社の約束手形合計13通を偽造させ、②同偽造手形を手形割引業者に裏書譲渡して現金合計約2300万円を得、③同手形が実際に流通し、会社や両親に迷惑をかけたことから自殺して生命保険でその損失を穴埋めする決意をしたA子の嘱託を受けて同女をガムテープで口や鼻を塞ぐなどして窒息死させ、④A子の死体を公園の駐車場に車両ごと放置し、⑤逃走中、逃走資金に困りA子の友人C子に、大学生を装いA子が北海道で倒れていたのを発見し、A子を保護しているなどと嘘をついて、C子から必要なレンタカー代等の名目で15万円を騙取したという事案である。

本事案では、A子の嘱託が真意に基づくものであるかが争点となり、Xが一緒に死のうなどと言った点について、検察官は、Xの「そんときは俺も一緒に死んでやる。」、「お前が死ぬときは俺も一緒に死ぬ。」、「俺も死ぬしか方法がないと思うちょんのや。」、「お前だけ死なすらせん。お前を殺したあと、俺も自殺してお前のあとを追うけん。心配すんな。」などとA子に申し向けたことから、A子に対して「心中を慫慂した。」と主張した。

[判旨] 裁判所は、Xが、A子に対して「一緒に死ぬ。」等と言っていたことのA子への影響についてA子が家族及び自己の勤務する会社関係者にあてた手紙から、「A子が残した文章から窺えるのは、親族が経営し、父親も勤めている会社に対して重大な裏切り行為をしてしまったため、その金銭的な後始末は自分が死んで下りる生命保険金で行うほかないと思い詰めた悲壮な決意であって、被告人と心中するというものではない。確かに、散々騙された挙げ句、自分は死に、被告人は生き残るという事態は納得できるものではないが、7月2日のメモに「心残りはあんたを殺したかった。」とあるのはまさに被告人が生き残ることを前提として、その悔しさを滲ませるもので、A子において、本件が「心中」と思っていたのではないことを如実に物語っているという他はない。」と判示した。その上で、裁判所は、A子のXに対する殺害の嘱託の任意性について、「A子は、5月ころまでに、被告人から手形の偽造が発覚した際には死ぬとか一緒に死ぬなどと聞かされてはいたが、そ

れは、A子が手形偽造がばれたら生きていられないと言っていたことに呼応して被告人が言っていたに過ぎず、A子がそれらの言葉等によって被告人との心中を考えるようになったとは認められず、A子は、手形偽造について両親や会社関係者に迷惑をかけたくないことから、いざとなったら生命保険で手形金の穴埋めをする目的で自殺する決意をしていたというべきである。そして、7月3日に被告人に会ったとき以降も、この意思の下、生命保険金を得る目的で、被告人に殺害を嘱託した疑いを払拭することはできない。したがって、A子は、被告人が追死するか否かとはそれほど関係なく自己の殺害を被告人に嘱託したのであって、A子の嘱託は真意に基づくものであったと評価せざるを得ない。」と判示し、更に、「本件は、被告人は、当初からA子を騙して手形を偽造させ、その後も、色々と虚構の事実を申し向け、A子の心を引き留めるなどし、これ以上偽造手形が決済に回ることはないなどと申し向けて安心させてはその期待を裏切り続け、憔悴しきったA子において、7月2日、4回目の偽造手形の決済が回ってきたことの連絡を聞き、被告人の嘘に気付き、もはや自分が死んで生命保険金で弁償する以外にないと決意させるに至ったものであり、これら一連の過程全体を捉えて普通殺人罪に問うことの可能性も考えられないではないが、被告人が虚構の事実を申し向けたのがA子を死に追いやろうとの意図の下に行ったとまでは認め難く、やはり普通殺人罪が成立すると考えるのには無理がある。」と判示して、A子からの殺害の嘱託が真意でなかったことについて検察官の立証がなされておらず、被告人の行為は、嘱託殺人罪に該当すると判示した。

　【判例7】富山地方裁判所平成17年6月13日判決　http://courtdomino2.courts.go.jp/kshanrei.nsf/

　[事実の概要] Xは、インターネットの自殺サイトを通じて知り合ったA（当時27歳）及びBの3人と共に自殺をしようと考え、Bと共謀の上、平成17年3月31日午前2時頃、富山県内の河川敷橋梁下付近で、X及びBが、同所に駐車中の普通乗用自動車内に燃焼している練炭を入れた七輪2個を持ち込んだ。自ら睡眠薬等を服用して同車後部座席に乗り込んだAのみ一酸化炭素中毒により死亡し、X及びBが生き残った。本事案は、インターネット心中という新たな社会現象に対する裁判所の初めての判断であり、生き残った者

の自殺幇助行為の刑事責任を問うたものである。

　[判旨] 裁判所は、量刑の理由において、自殺関与罪の違法性と責任は同意殺人罪のそれより軽いとの一般論を示したうえで、Xが七輪及び練炭を準備、提供し積極的に関与した点及び、Xが「身体的コンプレックスや学業に対する意欲の低下から自殺願望を抱くようになり、一度自殺に失敗したのに、自殺サイトの書き込みを見て、集団自殺への参加を決意した。」点を指摘し、生き残ったXに対して自殺幇助罪を適用して懲役2年執行猶予3年に処し、首謀者Bを懲役2年6月執行猶予3年に処した。

4 検討・私見

　1　刑法は、個人の単独の自殺行為には介入しない。複数の者による同時の任意に基づいた自殺である心中についても同様である。心中が刑事制裁の対象となるのは、構成員のいずれかが生き残り、死亡した者との関与が問題となった場合であり、その典型が、偽装心中である。

　2　自己の意思に基づく自殺の複合としての心中は、死についての自己決定権に基づくものとして刑事制裁の対象とはならない。偽装心中においては、生き残った心中の意思のない者が行った偽装行為がいかなる構成要件に該当するかが問題となる。

　偽装心中における偽装行為は、心中を企図している者の心中の意思形成のプロセスにおいて、相手が追死することが決定的な要因となって心中の意思が確定した場合に問題となる。判例は、この被殺者の心中の意思を「真意に添わない重大な瑕疵ある意思」と捉えている。心中を既に自らの意思で確定している者は、死ぬことについての同意があるものといえる。

　3　偽装心中は、心中を企図している者の心中の意思形成のプロセスを、①偽装者の追死することが決定的な要因となって心中の意思が確定した場合、②心中を既に自らの意思で確定している場合に分けて考察されねばならない。偽装者の行為は、①の場合には殺人罪、②の場合には自殺関与罪に問疑される。

【参考文献】

伊東研祐「自殺関与罪」『現代社会と刑法各論　第2版』、62頁

小林直樹『法の人間学的考察』、2003年、岩波書店

平野龍一「追死すると誤信させて自殺させたときは殺人罪が成立する」警察研究57巻2号64頁

上田健二「自殺—違法か、適法か、それとも何か—自殺関与・同意殺人罪の処罰根拠と『法的に自由な領域』の理論」『宮沢浩一先生古稀祝賀論文集第二巻』224頁

曽根威彦「自己決定の自由と自殺関与罪」『佐々木史朗先生喜寿祝賀　刑事法の理論と実践』

橋本正博「自殺は違法か」一橋法学2巻1号45頁

松尾浩也「偽装心中と殺人罪」刑法判例百選Ⅱ［第3版］

松尾浩也「偽装心中と殺人罪」刑法判例百選Ⅱ［第3版］

振津隆行「自殺関与罪と殺人罪の限界」刑法判例百選Ⅱ［第3版］

斎藤誠二「欺罔にもとづく承諾」『特別講義刑法』

山中敬一「被害者の同意における意思の欠缺」関法33巻3＝4＝5号271頁

佐伯仁志「被害者の同意とその周辺(1)」法教295号116頁

林　幹人「錯誤に基づく被害者の同意」『松尾浩也先生古稀祝賀論文集上巻』233頁

山口　厚「欺罔に基づく「被害者」の同意」『田宮裕博士追悼論集上巻』321頁

【事例問題】

(1) 対人恐怖から将来への不安を抱き自殺願望を抱いていたAは、Xが主催するインターネットのHPに掲載された自殺サイトで同じような悩みを抱き自殺願望の人々を見つけメールの交換をし、一緒に自殺しようと集った。Xは、自らは自殺の意思はなくメール交換の場及び自殺の機会を提供し、集った者が死んでゆく様子に関心があり記録を残したいと考えのもと自らも一緒に自殺するように振舞っていた。A、B及びCの3人が、Xの指定する日時に集合場所に集り、Xの用意した燃焼した4個の練炭を入れた火鉢をワゴン車のなかに持ち込み、Xを除く3人が一酸化中毒で死亡した。Xの罪責について論じなさい。

(2) 中学校教師であるXは、自己のクラスの男子生徒A（15歳）が両親の離婚問題で悩み相談にのっていた。一人っ子のAは、夕食のテーブルで両親が罵倒しあう光景に堪えきれず、両親にX先生の所に行くと言ってX宅を尋ねた。このようなことを何度か繰返すうちに、Xは、Aがいとおしくなり、親密な関係に

なりAもXになついていた。Aは、自分のXに対する気持ちを整理できず自殺したいとXに手紙で伝えた。Xは、Aを諭すうち自らも学校での対人関係の悩みから一緒に死のうと思い、Aを自宅に呼んで自分の気持を伝えた。数日後、Xは、Aとの関係が学校に知れることをおそれAに睡眠剤を多量に飲ませ自殺させることを思いつき、自宅を訪ねたAに「先生も直ぐに薬を飲むから」と言って多量の睡眠剤をAに飲ませて死亡させた。Xの罪責について論じなさい。

(林　弘正)

第3講　胎児傷害

【問題点】
◇いわゆる「胎児性致死傷」の取り扱い
◇排出された胎児に対する加害行為の評価

1 総説

　人間の出生に至るプロセスは次のとおりである。すなわち、精子と卵子の結合により形成された受精卵が子宮内膜に着床して発育し、約8週間までに器官の分化を終了し（これまでを「胎芽」といい、これ以後を「胎児」という）、胎児が出生により「人」となる。人間の生命は受精によって始まるが、着床以後を広義の胎児と解する見解が支配的である（西田・5頁参照）。

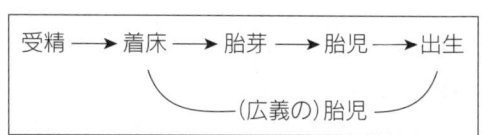

　わが国の刑法においては、胎児の生命は堕胎罪（212条以下）によって保護されている。しかし、堕胎罪は故意犯のみを対象とし、また、堕胎とは一般に「自然の分娩期に先立って人為的に胎児を母体から分離・排出させること、または胎児を母体内で殺害すること」と定義されていることから、胎児に対する過失行為や故意の傷害行為は堕胎罪の処罰対象には含まれない。そこで、母体に侵害を加えてその胎児に有害な作用を及ぼしたことにより、障害をもった子を出生させ、あるいは出生後にその子が死亡した場合に、「人」の生命・身体に対する罪が成立するのかが問題になる。これが「胎児傷害」（または「胎児性致死傷」）といわれる問題である。すなわち、処罰範囲を限定している堕胎罪の諸規定との関係において、人の生命・身体に対する罪の成立範囲をどのように解するかを検討しなければならないのである。

2 判 例

　いわゆる「チッソ水俣病事件」において、工場から排出された有毒な塩化メチル水銀を含む廃水により汚染された魚介類を妊娠中の母親が摂取したことにより、被害者Uが胎内で塩化メチル水銀の影響を受けて脳の形成に異常を来し、その後に出生したものの、健全な生育を妨げられたうえ、12歳9カ月でいわゆる水俣病に起因する栄養失調・脱水症により死亡したという事案について、塩化メチル水銀を排出した会社の社長と工場長に業務上過失致死罪が成立するか否かが争われた。各審級の裁判所はいずれも結論において同罪の成立を認めたが、人に対する罪が成立するとした理由づけは異なっている。

　第一審（熊本地判昭54・3・22 月報11巻3号168頁）は次のように判示した。すなわち、「元来、胎児には『人』の機能の萌芽があって、それが、出生の際、『人』の完全な機能となるよう順調に発育する能力があり、通常の妊娠期間経過後、『人』としての機能を完全に備え、分娩により母体外に出るものであるから、胎児に対し有害な外部からの侵害行為を加え、『人』の機能の萌芽に障害を生じさせた場合には、出生後『人』となってから、これに対して業務上過失致死罪の構成要件的結果である致死の結果を発生させる危険性が十分に存在することになる。従って、このように人に対する致死の結果が発生する危険性が存在する場合には、実行行為の際に客体である『人』が現存していなければならないわけではなく、人に対する致死の結果が発生した時点で客体である『人』が存在するのであるから、これをもって足りると解すべきである。」というのである。この考え方は、「傷ついた子供を出生させることは、産まれた子供を傷つけたのと全く価値的に同視してよい」（藤木英雄「「胎児に対する加害行為と傷害の罪」ジュリスト652号82頁）という発想によるものといえよう。

　他方、控訴審（福岡高判昭57・9・6高刑集35巻2号85頁）は、「被告人らの本件業務上過失排水行為はUが胎生8カ月となるまでに終わったものではなく、とくに、その侵害は発病可能な右時点を過ぎ、いわゆる一部露出の時点まで、継続的に母体を介して及んでいたものと認められる。そうすると、一部露出の時点まで包括的

に加害が認められる限り、もはや人に対する過失傷害として欠くるところがないので、右傷害に基づき死亡した同人に対する業務上過失致死罪を是認することも可能である。」とした。この考え方によれば、侵害が作用する時点で「人」の存在が必要となるため、人に対する罪の成立は、サリドマイドによる奇形のような「症状固定型」については否定されるが、本件のような「症状悪化型」については肯定されることになろう。

これに対して上告審（最決昭63・2・29刑集42巻2号314頁）は、「現行刑法上、胎児は、堕胎の罪において独立の行為客体として特別に規定されている場合を除き、母体の一部を構成するものと取り扱われていると解されるから、業務上過失致死罪の成否を論ずるに当たっては、胎児に病変を発生させることは、人である母体の一部に対するものとして、人に病変を発生させることにほかならない。そして、胎児が出生し人となった後、右病変に起因して死亡するに至った場合は、結局、人に病変を発生させて人に死の結果をもたらしたことに帰するから、病変の発生時において客体が人であることを要するとの立場を採ると否とにかかわらず、同罪が成立するものと解するのが相当である。」とした。この論理は、胎児が母体の一部であることを前提にして、業務上過失致死罪にいう「人」を抽象化して構成要件該当性を肯定するものであり、懐胎中の母親と出生した子との連続性を重視する見解といえよう（『最高裁判所判例解説刑事編昭和63年度』〔金谷利廣＝永井敏雄〕161頁は、「法定的符合説の背後にある刑法の基本理念と深いところでかかわり合っている」として、本決定の立場を「母体傷害・法定符合説」と呼ぶ。）。なお、同決定には長島裁判官の補足意見が付されている。その趣旨は、過失行為による侵害作用が及んだ時点において、客体の法的性質が人であることは必ずしも必要でなく、また、人に対して侵害作用が及んだことが必要であるとする見解は、明文にない要件を設けてまで犯罪を否定するもので妥当でないというものである。

③ 学　説

胎児性致死傷の可罰性をめぐって以下の諸説が対立している。
①作用不問説—行為時に客体たる人が存在することは必要でないので、人の生命・身体に対する危険性のある行為によって人に致死傷の結果を生じさ

せた場合には、その作用が人に及んだか胎児に及んだかにかかわらず「人」に対する罪が成立すると解し、上記の第一審判決の論理を支持する見解である(板倉・9頁ほか)。すなわち、胎児は「人」と無関係なものではなく、「人」になるものであるから、人に対する致死の結果を生じさせる原因がたまたま胎児の段階で生じたからといって人が死亡したという事実を無視することは妥当でないという考え方である(胎児に生じた結果を「人」に流用するという意味で、「既存結果流用説」ともいわれる。)。

②作用必要説——胎児に向けられた侵害行為の作用が出生後の人に継続的に及んでいる場合にかぎり、「人」に対する罪が成立するという見解である(内田・696頁、曽根・6頁、平川・39頁ほか)。侵害が一部露出の時点まで継続的に母体を介して及んでいたことを理由に業務上過失致死罪を認めた上記の控訴審判決の考え方がこれである。

③母体一部傷害説——胎児は母体の一部であるから、胎児に対する加害は母体に対する加害であり、これによって胎児に損傷を与えた場合には、出生をまつまでもなく母体に対する過失傷害罪が成立するという見解である(宮本英脩『刑法大綱各論』293・297頁ほか)。上記の最高裁決定がその立論の前半部分において採用している見解である。

④出産機能傷害説——③説を修正して、健康な子を出産するという母親の機能が害されたという意味で、母親に対する傷害を認める見解である。すなわち、母親の健康は医学的には何ら損なわれていないとしても、その有害な作用がなければ傷害のない子を出産できたという関係にある以上、社会観念上、母親の健康を害したと解されるというのである(藤木・188頁ほか。ただし、藤木・189頁は、産まれた子供に障害が確認された時点で子供に対する傷害も認められるとする。)。

⑤否定説——胎児の生命は堕胎罪の規定によって独立に保護されているので、実行行為の時に胎児であったものについて人に対する罪は成立しえないとする見解である(齊藤誠二『特別講義刑法』247頁ほか多数説)。これによれば、胎児性致死傷を罰するには立法によるべきであり、これを人に対する罪として解釈するのは罪刑法定主義に反することになる。

4 検　討

　以上の諸説を検討してみよう。
　まず、①説は、胎児性致死傷の当罰性を重視する考え方であるが、有害な作用が胎児に及んだにすぎないのに「人」に対する罪が成立すると解する点に問題がある。確かに、行為時に客体たる「人」が存在することは必要でないが（たとえば、出産前の妊婦に毒入りミルクを渡して出生後の嬰児を殺した場合に、殺人罪が成立することは当然である）、行為の作用（効果）が及ぶ時点で人が存在することが必要である（平野龍一『犯罪論の諸問題（下）』267頁）。すでに終了した法益侵害の状態が継続することと現に法益を侵害することは同一でなく、「傷ついた子供を出生させること」を「産まれた子供を傷つけること」と同視することはできない（さもなければ、建築前の建材を損壊することが建築後に建造物損壊罪と評価されてしまう）。確かに、胎児と出生後の人は同一の生命体であり、胎児には「人の機能の萌芽」があるが、刑法が両者を別個の法益として保護の態様を異にしていることを看過してはならない。すなわち、過失により胎児を死なせても不可罰であるから、過失により胎児に傷害を与えて出生後の人にその結果が生じても、当然に不可罰とされるべきであり、また、故意により強い攻撃を加えて胎児を殺した場合が堕胎罪にあたるならば（最高でも215条により7年の懲役）、故意によりより弱い攻撃を加えて胎児に傷害を与えて出生後の「人」にその結果が生じても、傷害罪（最高は204条により15年の懲役）とすることはできないであろう。①説の主張者は、母体内で生命を失う場合よりも、奇形または重篤な状態で生き永らえる場合の方が重大であるとするが（たとえば、土本武司「刑法における生命（1）胎児傷害」判例3612号13頁）、比較すべきは客体に生じた法益侵害の程度であるから、前者は後者より重いとみるべきであろう。さらに、①説の考え方を一貫すれば、自然の分娩期に先立って人工的に排出された胎児が母体外で死亡するという典型的な堕胎の場合が殺人罪となり、あるいは妊婦の過失により流産した場合が過失致死傷罪と評価されることになって妥当でないとする批判もある（山口・25頁）。
　そこで、②説は、出生した「人」に対する「作用」を必要とすることによ

って、人に対する罪の成立を認めようとする。これによれば、人に対する罪は、胎児の時に受けた傷害が出生前に消失したり、出生後も残存したにすぎない場合には認められないが、その作用が出生後の人に初めて及んだ場合や、その作用によって出生後の人の死期が早められた場合には認められることになる（作用による新たな結果の発生を要するという意味で、「新規結果必要説」ともいわれる。）。しかし、出生後の死亡が胎児の時に受けた傷害によるのか、それとも出生後の新たな作用によるのかは微妙であるし、また、胎児の時に受けた傷害は人になってからも何らかの形で作用しつづけるから、胎児に対する傷害は実際には人に対する罪を構成し、結果的に①説と異ならないことになろう（大谷・29頁）。また、人工的に排出された胎児が母体外で死亡した場合が殺人罪となり、妊婦の過失により流産した場合が過失致死傷罪となるという上述の不合理も否定できないであろう（山口・25頁は、「作用」という非法的概念を基準とすることにも疑問があると指摘する）。

これに対して、③説は、胎児を母体の一部とすることによって、人に対する作用がなければ人に対する罪は成立しないという批判をかわすとともに、妊婦自身の行為により流産した場合を自傷行為として不可罰とすることができる。しかし、自己堕胎（212条）が処罰されるのは、刑法が胎児を母体とは独立の存在として保護するという前提に立つからであり、堕胎致傷（213条後段・214条後段・216条）が特に重く処罰されるのは、堕胎それ自体は傷害にあたらないとする趣旨であろう。実質的にみても、侵害されたのは母体の生理的機能ではなく、健全な子供が生まれるであろうという母親の期待や、胎児への愛情といった精神的な利益である。胎児を母体の一部と解すると、妊婦にアルコールをすすめて胎児をアルコール症候群に罹患させた場合や、タバコをすすめて低体重児を出産させた場合も、傷害罪として処罰することになりかねない（林・19頁）。現代の生命科学ないし胎生学が、胎児は母体とは独立した生活領域をもつとしていることからも（齊藤誠二『刑法における生命の保護-脳死・尊厳死・臓器移植・胎児の傷害』〔3訂版〕447頁）、やはり刑法は胎児と母体を別個の法益とする前提に立っていると考えるべきである。

さらに、④説に対しても、一般に胎児性致死傷は母体の機能を害した結果としてではなく、胎児自体に侵害が及んで生ずるものであるから妥当でない（大谷・28頁）といえよう。

第３講　胎児傷害　31

　思うに、胎児性致死傷の問題は、「人に対する罪」の成立要件を充足するかという観点とともに、その解釈が堕胎罪の規制のあり方と整合するかという観点から検討しなければならない（山口・26頁）。前者の観点からは、②説に一応の合理性があるようにも思われる。すなわち、違法性の実質をなす法益侵害とは、侵害されていない法益が外部から新たに侵害されることを意味するので（林・20頁）、人に対する罪が成立するには「人」に対する「作用」が不可欠となるからである。しかし、後者の観点からは、過失堕胎と胎児傷害を不可罰とする刑法の立場を前提とするかぎり、人に対する罪は堕胎罪の限度で成立すると解すべきであり、その意味で⑤説が妥当であると思われる。

　最高裁はその立論の後半部分において、錯誤論における法定的符合説の考え方を援用することによって、②説を前提にしつつ①説の結論を得ようとした（平良木登規男・ジュリスト『昭和63年度重要判例解説』145頁参照）。しかし、法定的符合説が適用できるのは「認識」と「事実」が食い違う場合であり、本件のような「侵害作用の及んだ客体」と「結果の生じた客体」が食い違う場合ではない。この論法によって胎児性致死傷の可罰性を基礎づけることはできないであろう（西田・25頁）。また、長島裁判官の補足意見は、母体の他の部分に対する侵害が人に対する侵害として処罰されるのに、母体の一部たる胎児に対する侵害を罰しえないと解するのは著しく均衡を失する旨の指摘をするが、現行刑法は胎児は母体の一部ではないとし、母体を胎児より厚く保護しようという政策決定をしたのだと考えれば、格別おかしなこととは思われない（齋藤誠二・前掲書461頁）といえよう。

　確かに、悲惨な公害犯罪を抑止するためには事後的な刑事制裁も必要であり、わが国の裁判所は合理的範囲の実質的法解釈を積極的に肯定する傾向にあるといえるが、現行刑法の政策決定に反してまでその可罰性を解釈によって賄うのは妥当ではないであろう。本決定は「裁判という形式でのドラスティックな立法」（町野朔「最高裁決定における『胎児性』致死傷」警察研究59巻4号9頁参照）であるといえよう。刑事立法が活性化しつつある今日においては、立法による解決を求めることは必ずしも迂遠な方法ではないと思われる（わが国の立法提案として、藤木・ジュリスト652号73頁、（西）ドイツのそれについては、齊藤誠二・前掲書466頁参照）。

5 関連問題

　排出された胎児が生存している場合に、作為・不作為によってその生命を絶つ行為をどのように評価すべきかという問題がある。
　一部露出説によれば、生きて母体から排出された生命は「人」であるから、その生命を絶つ行為は殺人罪にあたるようにみえる。しかし、母体保護法（$\frac{2条}{2項}$）が、「胎児が、母体外において、生命を保続することのできない時期」（厚生事務次官通達により、現在は「妊娠満22週未満」）の人工妊娠中絶を許容していることから、保続する可能性のない生命に対する殺人罪や遺棄致死罪を認めると、同法による違法性阻却の意味が失われてしまう。そこで、この時期の生命は「人」として保護すべき段階にまで成長しておらず、殺人罪等はおよそ成立しないと解すべきである（小暮得雄ほか編『刑法講義各論』［町野朔］16頁ほか。なお、平野・前掲書261頁は、保続可能性を個別的に決めるべきであるとする）。これに対して、動物としての機能、つまり自発呼吸と心臓の拍動がある以上「人」であり、作為により生命を絶った場合には殺人罪が成立すると解する見解があるが（大谷實・判タ670号60頁。ただし、生命保続の可能性がなければ救護義務ないし保護責任は生じないので、不作為による殺人罪や保護責任者遺棄致死罪は成立しないとする）、独立の生存能力を欠く以上は「母体による保護」が刑法で守るべき法益であり、排出後に生命を絶たれたことは堕胎罪によって評価され尽くしている（前田・10頁）と考えるべきであろう。
　では、生命を保続する可能性のある胎児が排出された後に、その生命を絶つ行為はどうか。判例は、妊婦の依頼を受けて妊娠第26週に入った胎児の堕胎を行った医師が、生育可能性のある未熟児を医院内に放置したことにより死亡させた事案について、業務上堕胎罪に併せて保護責任者遺棄致死罪の成立を認めた（最決昭63・1・19刑集42巻1号1頁）。この段階にある胎児は排出されれば「人」となるので、これに対する作為・不作為による侵害は殺人罪等にあたることになる。ただし、堕胎行為と排出後の侵害行為が一体のものとして評価される場合には、堕胎罪の限度で犯罪が成立するにすぎない（山口・30頁）と解すべきであるから、人に対する致死傷罪が成立するのは、排出後長時間たってから侵害された場合や、堕胎行為と無関係の第三者が独立に侵害した場合に限られる（小暮得雄ほか・前掲書［町野］16頁ほか）ことになろう。

【参考文献】

板倉　宏　「水俣病判決をめぐって―その意義と妥当性―」、「『胎児』に対する加害為と『人』に対する傷害と致死―水俣病業務上過失致死傷事件を中心に―」『現代社会と刑法理論』（1980年）265頁、277頁

齋藤誠二　「胎児の傷害と傷害罪」『刑法における生命の保護―脳死・尊厳死・臓器移植・胎児の傷害―』〔3訂版〕（1992年）357頁

橋田　久　「胎児傷害」ジュリスト増刊『刑法の争点〔第3版〕』（2000年）132頁

林　幹人　「胎児性致死について―最高裁昭和63年2月29日決定をめぐって―」『刑法の現代的課題』（1991年）146頁

山口　厚　「人の保護と胎児の保護」『問題探究刑法各論』（1999年）1頁

【事例問題】

(1) 乗用車を運転していたAは、過失によりB運転の乗用車に自車を衝突させ、B車に同乗していた妊婦Cに全治1カ月の傷害を負わせた。Cは衝突により腹部を強打したため、搬送先の病院で重症の仮死状態のD子（在胎34週）を早産した。D子は衝突により生活機能の重要な部分が損なわれ、自然の分娩期より著しく早く母体外に排出され、生活能力もなく、自然の成り行きとして出産後短時間で死に至ることが必至の状況にあったため、医師の治療が行われたにもかかわらず、分娩後36時間半で頭蓋内出血等により死亡した。AはD子に対する業務上過失致死の罪責を負うか（秋田地判昭和54年3月29日刑月11巻3号264頁参照）。

(2) 乗用車を運転していたAは、過失により妊婦B（妊娠35週目）の運転する乗用車に自車を衝突させ、Bに加療約7日間を要する打撲傷を負わせた。しかし、それまで順調に生育していた胎児は、事故による強い衝撃により治癒の見込みのない低酸素性虚血性脳症等の傷害を負い、母体と胎児の安全のために帝王切開により早期早産されたが、上記の傷害により大脳部分がほとんど壊死し、将来とも視力、聴力、言葉、歩行能力等すべてに重い障害が残ると認められた。Aは、Bに対する業務上過失傷害のほか、出生した子に対する業務上過失傷害の罪責を負うか（岐阜地判平成14年12月17日警察学論集56巻2号203頁参照）。

（鈴木彰雄）

第4講 傷害の故意（危険運転致死傷罪にも関わる、古くして新しい問題）

【問題点】
◇責任主義とは何を求める原理か　◇結果的加重犯の構造と成立要件（特に、結果を発生させた暴行行為それ自体の性質に着目することの重要性について理解すること）　◇危険運転致死傷罪の性質（暴行の結果的加重犯に類する形態をとる犯罪であることを理解すること）

1 総 説

　刑法38条1項は、まず、「罪を犯す意思がない行為は罰しない。」と規定する。「罪を犯す意思」とは「故意」のことであるから、故意がある場合に処罰されるということがわかる（故意犯処罰の原則）。しかし、同条項は引き続き、「法律に特別の規定がある場合は、この限りでない。」としているので、故意がない場合でも、例外的に処罰される場合があることを認めている。故意がなくても、過失があり、そして過失犯処罰規定があれば、それによる処罰が可能とされているのである。

　刑法210条は、「過失により人を死亡させた者は……」とし、過失犯規定であることがわかるように規定されている。一方、199条は、「人を殺した者は……」とし、故意、過失のどちらを要件としているか表面上はわざわざ記載していない。ということは、38条1項に示されている原則どおり、199条は故意を要件とする故意犯処罰規定として見るのが自然であるということになる。「殺人の故意」がなければ、199条の殺人罪は絶対に成立しないと読むのである。

　さて、204条をみてみよう。「人の身体を傷害した者は……」となっているので、199条の規定形式と類似する。よって、単純に考えれば、人の身体を傷害する故意がなければ、傷害罪は絶対成立しない、ということになるはずである。しかしこの点、学説の多く、そして判例は、そのように解していない。一貫性がないと見られそうなこういった解釈は、どのような背景・根拠

から出てくるのであろうか。

② 学説と判例——傷害罪には傷害の故意が必要か——

1 学 説

　傷害罪は純然たる故意犯か。——前述の内容を簡略に示せば、このような問いになる。これに対しては、「そうだ」と応える見解（①）も少数ながらあるが、「そうとはかぎらない」と応える見解（②）が多数派である。①は、「傷害罪は、傷害の故意がなければ絶対に成立しない」とする見解（木村・23頁、吉川『刑法各論』27頁等）であり、②は、「傷害罪は、傷害の故意がある場合に成立するのはもちろん、暴行の故意をもって行為したところ、傷害結果が生じたような、傷害の故意自体がない場合（「暴行致傷」ともいうべき結果的加重犯類型の場合）にも成立しうる犯罪だ」とする見解（藤木・195頁、団藤・412頁、大谷・32頁等および判例）である。
　今日の社会でも、トラブルに直面し暴力を働いてしまう者は少なくない。その意味で暴行は「身近な」犯罪行為だといえる（井田・24頁参照）。そしてそれだけに、そういった暴行にでたはずが、その暴行の勢いが大きかったため、相手に傷をあたえてしまった、というケースもまた、まれではないといえる。考えてみれば、暴行という行為は、その勢い（や性質）しだいで、傷害に結びついたり、結びつかなかったりするものである。そうだとすると、「傷害結果につながるような危険性の高い暴行行為に出たために、傷害結果を発生させてしまったが、傷害の故意はなかった」、という事象もまた、まさにありがちなケースだといえる。こういったケースにつき、行為者において暴行の故意しかなかったということをもって、（暴行罪と過失致傷罪の観念的競合と解され）結局、常に、暴行罪の刑で処断されるにとどまる、と解釈されることが妥当かどうか、これが問われなければならないのである。
　①「傷害罪の成立には傷害の故意がなければならないとする見解」は、およそ犯罪の基本形態は故意犯である、という観点を出発点として展開される。暴行の故意があるにとどまるのに、それより重い傷害結果の責任を問うというのは、結果責任を認めることであり、近代刑法原理である責任主義に反する、と考えるのである。要するに、傷害の故意をもって傷害結果を発生させ

た場合と、傷害の故意なく傷害結果を発生させた場合とを、いずれも傷害罪であるとして、両者を区別しないのは責任主義上問題だ、というわけである。また、刑法204条の文理に着目し、(すでにふれたように、)「暴行を加え、よって人を傷害した者は……」などという結果的加重犯であることを示す規定形式になっていないのであるから、なおさら、故意犯のみを予定する規定として読まなければならない、との見方も出る。そして、暴行の故意をもって傷害結果を生じさせた場合については、暴行罪と過失傷害罪の観念的競合であるとし、単に過失傷害罪が成立するにとどまるわけではないとも（反対説に釘を刺す形で）説かれる。

　一方、②「傷害罪は暴行の結果的加重犯を含む規定であるとする見解」（結果的加重犯類型包含説といっておこう）は、傷害罪に故意犯としての性格を認めつつも（したがって、責任主義を軽視するわけではない）、それに尽きるとすることに疑問を呈する立場である。まず、208条の規定形式に着目する。同条は、「暴行を加えた者が人を傷害するに至らなかったときは……」と規定されている。このように、暴行を加えた場合のうち、傷害結果を発生させなかったケースをわざわざ取り出し、その場合にかぎって暴行罪とする旨規定しているのは、重い傷害結果を発生させた場合については、もはや「人を傷害しなかったとき」ではないので208条ではなく、むしろ204条傷害罪の適用を認める趣旨である、と解する。また、前述のように、故意犯説は、暴行の故意で傷害結果を発生させた場合について、暴行罪と過失傷害罪の観念的競合であると説くのであるが、この点も疑問であるとする。すなわち、暴行の故意で傷害結果を発生させるに至らなかったときも暴行罪の刑で処断、すすんで傷害結果を発生させても暴行罪の刑で処断、というのでは、発生させた結果の重大性の差異に全く応じていない帰結を認めることになり、公平の観念に反するとされる（下村・119頁参照）。さらに、暴行を加えると傷害の結果を生じさせる場合が一般であるという暴行行為の性質を根拠に、暴行の結果的加重犯としての暴行致傷については傷害罪の範疇に含めるべきであるともされる（大谷・32頁）。

2 判 例

　判例は、一貫して、暴行の故意で傷害結果を発生させた場合に傷害罪が成立する旨の判断を下してきており、この態度は固まっている。以下、いくつかの判例をあげてみよう。

　先例としてあげられるべきは、傷害致死事案を扱った**大判明42・4・15**（刑録15輯433頁）である。いわく、「苟モ他人ノ身体ニ暴行ヲ加ヘタル以上ハ其結果ニ付キ責任ヲ負ハサル可カラサルハ事理ノ当然ナルカ故ニ傷害ヲ生セシムルノ意思ヲ以テ傷害罪ノ構成要素ト為スカ如キハ立法ノ精神ニアラサルコト勿論ナルノミナラス刑法第二百四条同第二百五条同第二百八条等ノ法文ヲ対象セハ故意ニ暴行ヲ加ヘタル以上ハ傷害ヲ予期スルト否トニ拘ワラス傷害ノ結果ヲ生シタルト否トニ因リ其制裁ヲ区別シタルモノナルコト自ラ明ナリ」とされた。この後は、この先例に従う判断が集積されていった。

　大判明43・3・8（刑録16輯393頁）は、「傷害罪若クハ傷害致死罪ナルモノハ所謂結果罪ノ一種ナルヲ以テ本罪ノ構成ニハ犯人ニ於テ其原因タル可キ行為ヲ為スノ意思アルヲ以テ足リ其結果ニ対スル故意アルコトヲ要スルモノニ非ス」とし、最高裁もこの流れに沿う判断を下していくこととなる。

　たとえば、「暴行の意思あって暴行を加え傷害の結果を生じた以上、たとえ傷害の意思なき場合と雖も、傷害罪は成立するものといわねばならぬ」とした**最判昭22・12・15**（刑集1巻80頁）、「傷害罪又は傷害致死罪の成立に必要な主観的要件としては、暴行の意思を必要とし、且つこれを以って充分である。暴行の意思以外に、さらに傷害の意思を要するものではない。」とした**最判昭25・11・9**（刑集4巻11号2239頁）、「暴行による傷害罪の成立には暴行と傷害との間に因果関係の存在を必要とするにとどまり、傷害の結果についての予見は必要としないものであり、この点についての原判示は相当である」旨判示した**最判昭34・6・9**（裁判集刑130号143頁）などが挙げられる（『大コメ8巻』2版169頁以下参照）。

3 検討・私見

　1　なるほど、204条傷害罪は、「人の身体を傷害し」となっているので、規定形式上は、199条殺人罪など典型的な故意犯規定と同様の形式をとって

いる。だから、傷害罪も傷害の故意を必要とする規定であると読むのが素直であるということになるかもしれない。しかし、199条が故意犯規定であるというのは、それ以下の、傷害罪規定、傷害致死罪規定との関連から導かれる帰結であるともいえる。すなわち、傷害の故意をもって傷害結果を生じさせたときは傷害罪を適用すればよく、すすんで殺人結果を発生させたときは傷害致死罪を適用すればよいから、殺人罪は、残すところの殺人の故意があった場合のみを予定した規定であると捉えることができるのである（そして、そのような捉え方は38条1項の趣旨に正面から合致することになる）。一方、204条以下をみてみると、暴行致傷罪規定はないし、暴行罪規定も特殊な形式になっている。199条以下とは様子がかなり違う。この点をどう考えるかである。おそらく、(38条1項に配慮することは当然としても、同時に) そういったことに意を注いで、204条の性質を考える必要があるのはなかろうか。そうすると、「責任主義」というスローガンを拠り所にして、暴行により傷害結果を発生させた場合の処断を「暴行罪」の役割にとどめおくことにするような見解は、おそらく十分なものとはいえないということになろう。208条がわざわざ、「人の身体を傷害しなかったときは……」とされている点、さらには、暴行致傷罪をあえて設けず、208条をわざわざそのような規定形式にした立法者の意思について意を注ぐならば、むしろ、暴行の結果的加重犯を傷害罪にとりこむ解釈は、責任主義の観点からも是認されるべきものとして理解されなければならないと思われる。

　さらに着目すべきは、204条傷害罪の法定刑である。むろん上限は傷害罪の方が重いが、下限については208条暴行罪のそれと同じであり、暴行罪の刑罰枠は、傷害罪の刑罰枠の中におさまってしまう形となっている。ここから次のようなことがいえよう。すなわち、204条は、もともと、暴行の結果的加重犯のケースに適用することも想定して立法されており、それ故、そうなった場合に刑罰が事実上重すぎることにならないよう、法定刑の面での工夫も施されているのだ、と。

　2 このように考えると、傷害罪は暴行の結果的加重犯を含む規定と見る判例・多数説の方に分がありそうであるが、ただ、以上は、条文相互の関連に着目した議論にすぎないので、さらに実質的観点より、本当に、傷害罪に

暴行の結果的加重犯を含めてよいのか、検討する必要がある。

(1) 故意犯説は、暴行致傷という犯罪事象を、結局暴行罪と過失傷害罪の観念的競合として処理すべきとする。この考えに対しては、すでに結果的加重犯類型包含説から批判が呈されてはいるが、ただ、その批判が、もっぱら重い結果が発生したという「結果」を拠り所にして展開されるものであるならば（これまではそういう主張が少なくなかったように思われる）、十分とはいえないだろう。客観的に重い結果を（誤って）発生させたということは、過失犯を認める理由にはなり得ても、それを超える結果的加重犯としての責任を負わせることの理由にはならないし、重い結果を発生させたことを、結果的加重犯を認める根拠にするならば、故意犯説が危惧している結果責任を認める論法につながることになってしまうからである（井田・後掲424頁以下参照）。

では、この点、結果的加重犯類型包含説からどのように考えることができるのであろうか。この問いに対しては、「結果を発生させた暴行行為それ自体の性質」に着目するという方法論が一つの答えとなる。たとえば、暴行の故意で相手の顔を平手打ちにしたところ、口内を出血させてしまったという場合の暴行（顔面への平手打ち）を想起すればわかるように、もともと、「その暴行に、その傷害結果を発生させるだけの危険性が備わっていた」ということがいえるケースは少なくない。この種の暴行、すなわち、当該傷害結果を発生させる類型的で高度な危険性が備わっている暴行（内田・掲201頁）を行い、そして現にその類型性の枠内の傷害結果が（案の定！）発生したというのであれば、行為者に対して、その結果を引き起こす行為をしたことに見合った責任（＝そういう高度の危険性の備わっていない暴行をした場合よりも重い責任）を問う積極的理由が認められることになる（このようにして、発生した結果のみに重い責任の根拠を求める態度を否定することが求められる）。このような見地からすれば、結果責任を肯定する論法は排斥されることになる。

次に、当該傷害結果を発生させる類型的で高度な危険性が備わっている暴行がなされ、そして現に類型的な傷害結果が発生したという事象の構造を見てみよう。このケースにおける傷害結果は、いってみれば、「その暴行によって引き起こされるべくして引き起こされた結果」である。したがって、「行為としてのその暴行」と「結果としてのその傷害」との間に、「密接な関係」

を見てとらなければならない（適切にも、結果的加重犯を「単なる過失犯よりも結果との関係がより密接な犯罪」とするのは、井田・後掲426頁）。これこそ、暴行の結果的加重犯の特徴であるといえるのである。逆にいえば、暴行と傷害との間にこのような関係が認められる場合にのみ、暴行の結果的加重犯を認めるべきであり、その範囲でのみ傷害罪の成立を肯定する、というのが妥当ということになるのである。これは、暴行の結果的加重犯の成立を、暴行から傷害結果が発生した場合のうち、一定の範囲に絞って肯定するという考え方であり、別の表現をすれば、その暴行からその結果が「直接的に」引き起こされたと捉えられるケースにかぎって結果的加重犯の成立を認めるべきだ、ということになる（「直接性の要件」。丸山・後掲152頁以下、内田・後掲302頁以下、井田・後掲426頁以下参照。このような直接性の要件が充たされない場合は、結果的加重犯の成立を認めず、暴行罪と過失傷害罪の観念的競合として処理されなければならない。）。このように解することによって、暴行の結果的加重犯を傷害罪とすることの合理性が示されることになり、ひいては、結果的加重犯包含説の妥当性が示されることになる。

　なお、「直接的に」引き起こされたかどうかは、その暴行からその傷害結果が発生したことを、一般人が違和感なくありうることとして捉えるかどうかで決するのが妥当であろう（傷害結果が暴行による病理的な作用として生じた場合にのみ、「直接性」を肯定する見解として、内田・後掲299頁以下がある）。暴行に備わる類型的な危険性とその実現という関係に着目する以上、具体的行為と具体的結果との結びつきに関する一般人における通念を基準にしなければならないからである。このようにして、暴行を加えたところ、相手がよろめいて路上の石につまずき傷害を負うこととなったような場合については、結果的加重犯の客観要件が充たされることになるが、見知らぬ相手に軽い暴行を加えたところ、その相手が錯乱し急に路上に逃げ出し、車に轢かれたような場合については、結果的加重犯の客観要件が充たされないということになる。後者の事態（軽い暴行から相手方の錯乱状態が引き起こされ、相手が路上に飛び出し車に轢かれるということ）は、一般人が違和感なくありうることととらえる事象とはいえないためである。

　(2) 以上はあくまで客観要件であるため、さらに、結果的加重犯たる傷害罪が認められるための主観要件について検討が必要である。

　この点、学説は、ほぼ一致して、行為者において、少なくとも重い傷害結果の発生について過失があったことを必要としている。本人の主観的非難のおよびうる範囲についてのみ責任が問われるとする近代刑法原理（責任主義

第4講　傷害の故意（危険運転致死傷罪にも関わる、古くして新しい問題）　41

に鑑みれば、結果的加重犯の成立に過失すら必要としない見解（判例はこの見解を採用していると見られている）は妥当でない（山口『刑法総論』(補訂版) 6頁参照）。ただ、重い結果について過失（ないし予見可能性）があったというだけでは傷害罪の成立にいまだ十分でないと思う。

　すでに述べたように、暴行の結果的加重犯が認められるためには、客観的に、当該傷害結果を発生させる類型的で高度な危険性が備わっている暴行がなされていたといえなければならないわけであるが、主観的要件として、基本行為の危険性を基礎づける事実についての認識が必要だと解するべきであろう（井田・後掲426頁等）。基本行為の危険性を基礎づける事実についての認識があれば、「その暴行を行えば傷害結果に結びつきうるのでやめよ」との規範に直面することになる。にもかかわらず、その規範を踏み越えて暴行行為に出て重い傷害結果を発生させたのならば、主観的レベルにおいても「基本行為と重い結果との密接な関係」が肯定されることになると解されるからである。

　この考えによれば、たとえば、被害者が路上の石につまずいて傷害を負ったという先の事例では、行為者がその石の存在に気づいていた場合にかぎって、結果的加重犯たる傷害罪が肯定されることになる。対して、石の存在に気づいていなかった場合は、重い傷害結果との主観的な結びつきが稀薄なケースであるとされ、その結果についての責任を負わせるだけの非難根拠を欠く場合と捉えられることになる。そこから、暴行罪と過失致傷罪の観念的競合という処理が妥当ということになる。

　このような見解は、重い結果について重過失を要するとする立場として位置づけられると思われる（丸山・後掲249頁　内田・後掲313頁参照）。基本行為の危険性を基礎づける事実についての認識があったことにより、生じた傷害結果は単なる過失ではなく重過失にもとづくものと見ることができると考えられるからである。

　暴行の結果的加重犯たる傷害罪は、重い結果に対する重過失が存在する場合にのみ認められるのであり、重過失の存在は、基本行為の危険性を基礎づける事実についての認識があってはじめて肯定されるものと考えるべきであろう。

4 危険運転致死傷罪の理解への影響
——特に致傷罪を射程に——

　以上のような考えを基礎に、平成13年に新設された危険運転致死傷罪（刑法208条の2）の構造・性質について、若干言及しよう。

　危険運転致死傷罪が新設されるまでは、たとえ飲酒運転を繰り返し、案の定人を死傷させることになっても、たとえ事故を起こして当然と誰しも考えるほどの高速運転をして人を死傷させるにいたっても、道路交通法上の罪と業務上過失致死傷罪の併合罪として処断されるにとどまっていた（たとえば、酒に酔って運転し、人をはねて死亡させた場合には、道交法上の酒酔い運転の罪と刑法典上の業務上過失致死罪とが成立し、両者の刑罰の併合加重を経て、処断刑の最高は7年の懲役止まりであった（前者の法定刑の上限は当時2年の懲役であり（平成14年6月以降は3年の懲役）、後者の法定刑の上限は5年の懲役であるから、重い方の5年の懲役にその半分を足すが、両者の法定刑の上限の合算を超えることはできないので、結局7年の懲役が処断刑の最高となる））。しかし、現実に起き続けた悪質な交通致死傷事犯を契機に、7年の懲役を最高とする法制度に疑問が呈されるようになり、本罪が新設されるにいたったわけであるが、ただ、本罪の法定刑の上限はかなり高い（もともと、致傷結果を発生させた場合に10年の懲役、致死結果を発生させた場合に15年の懲役が上限となっていたが、改正を受けて（平成17年1月1日施行）、致傷結果の場合は15年の懲役、致死結果の場合は20年の懲役が上限となった）。そこで、本罪の性質について検討することにより、その合理性について考えることが必要となる。

　これほどまでに重い刑罰の法定は、純粋な過失犯に対しては考えられない（井田「危険運転致死傷罪の立法的・解釈論的検討」法律時報75巻2号32頁参照）。そこで、一般に、「悪質な交通事犯は単純な過失犯ではない」との考えが展開されることになる。すなわち、危険運転致死傷は、危険な運転行為であることを認識しながらそういう行為を行い、人を死傷させたという事象を予定している点で、故意犯の性質を合わせ含んでいると捉えられるのである。しかも、危険な運転行為は、人の生命・身体に対する危険性をもつ行為であるから、その意味で、暴行に類する行為といえる。このことから、危険運転致死傷は、「暴行に類した危険運転を故意に行い重い結果を発生させる」構造として理解され、そうして、暴行の結果的加重犯に類する形態をとる犯罪であると把握されることになるのである（ただ、基本行為である危険運転そのものを独立して処罰する規定はないことから、同罪は、結果的加重犯の一種とか結果的加重犯に類似した犯罪などと表現される）（井上宏「自動車運転による死傷事犯に対する罰則の整備（刑法の一部改正）等について」ジュリスト1216号39頁以下、大谷・44頁参照）。そうなれば、危険運転致

第4講　傷害の故意（危険運転致死傷罪にも関わる、古くして新しい問題）　43

傷罪の法定刑の上限が傷害罪のそれと同等となっており、危険運転致死罪の法定刑の上限が傷害致死罪のそれと同等となっていることに、合理的理由を見いだすことができることになるのである。

　ところで、暴行の結果的加重犯としての傷害罪が成立するのは、——すでに検討したように——基本行為たる暴行と重い結果とが、客観的にも主観的にも密接に関連するときにかぎられる。この理解を前提にすれば、危険運転致傷罪も、——暴行の結果的加重犯に類似する犯罪であり、かなり重い処罰が可能とされている以上、——危険運転行為と傷害結果との間に密接な関係が認められる場合にのみ、成立すると考えなければならない。すなわち、客観的に、当該傷害結果を発生させる類型的な危険性の認められる運転がなされていたこと、主観的には、その運転の危険性を基礎づける事実について認識していたこと（傷害結果の発生について重過失があったこと）を要件に、同罪の成立を認めるのが妥当である。これは、客観的には、単に道交法に違反する運転ではなく、あくまで傷害結果に結びつきやすい危険運転がなされていたことが必要だということを意味する（同罪はあくまで「危険運転」致死傷罪であって、「(道交法) 違反運転」致死傷罪ではない！）。そして、主観的には、行為者において、当該運転の危険性を基礎づける事実それ自体の認識、例えば、酒酔い運転の類型を例にとると、視線が定まらないとか、まっすぐに歩けないなどといった正常な運転の困難性を基礎づける事実の認識が必要であり、単なる飲酒運転の認識などでは足りないということである（正常な運転が困難であるという評価自体を認識していることまでは必要でない。視線が定まらないのに、自信過剰にも、「それでもうまく運転できる」などと考えていたとしても、同罪を免れない。大谷・44頁以下参照）。視線が定まらないなどといった事情を認識していれば、「そのまま運転すれば傷害結果に結びつきうるような危険な運転になるからやめよ」との規範に直面することになるから、この規範を踏み越えて運転に出て傷害結果を発生させたということになれば、その傷害結果は単なる過失ではなく重過失によって発生したと見るべきであり、運転行為と傷害結果との密接な関連も肯定されることになるのである。

【参考文献】

井田　良『刑法総論の理論構造』(2005) 420頁以下

同「危険運転致死傷罪の立法論的・解釈論的検討」法律時報75巻2号31頁
内田　浩「結果的加重犯の構造とその成立要件」刑法雑誌44巻1号299頁以下
佐伯和也「結果的加重犯における「基本犯」と「重い結果」との関係について」関西大学法学論集52巻3号80頁
丸山雅夫『結果的加重犯論』(1990)

【事例問題】

(1) AはBと口論しながら公園の中を歩いていたが、少しいらだったため、Bの肩を軽く突き飛ばした。よろけたBの足は、ちょうどそこにあった幅20センチほどの溝にはまるかたちとなり、足首をねんざするにいたった。Aの刑責はどうか。

(2) AとBは金銭の貸し借りでもめていた。頭にきたAは、Bに対して「おまえみたいなやつは、一度殴ってやる」と語気強く言い放った。するとBは急に恐れをなし、その場から逃げ出そうとしたところ、足がもたつき転倒し、右腕を骨折した。Aに傷害罪が成立するか。

(3) デートに遅刻しそうになっていたAは、前をゆっくり歩いているBにいらだちを覚え、追い抜きざまに軽く肩を突き飛ばしたが、Bは目の不自由な者であったため、ふらついた体勢を元に戻すことができず、結局転倒し、手に切り傷を負った。Aの刑責はどうか。

(曲田　統)

第5講　同時傷害の特例

【問題点】
◇特例の趣旨　◇特例の法的性格
◇特例が認められるための要件　◇特例の適用範囲

1 総　説

　1　刑法207条は、「二人以上で暴行を加えて人を傷害した場合において、それぞれの暴行による傷害の軽重を知ることができず、又はその傷害を生じさせた者を知ることができないときは、共同して実行した者でなくても、共犯の例による」と規定している。これを「同時傷害の特例」という。

　2　まず、同時傷害の特例の趣旨について明らかにしておこう。(1) ここでは、二人以上の者が暴行を加えて人を傷害した場合でなければならないが、二人以上の者の暴行行為の時間的、場所的関係については、「同一時間に同一場所で」二つ以上の単独正犯行為が並行して行われることを要する。これを同時犯という。「同一時間に同一場所で」ということは「同一機会」といってもよかろう。同時犯の場合には、例えば、甲と乙とが意思連絡なく別個独立に自己の犯罪を実行するのであるから、単独犯の原理に従って処罰されなければならない。(2) ところで、同時犯においては、甲と乙とが意思連絡なく別個独立に自己の犯罪を実行して傷害の結果を発生させるのであるが、同時傷害の特例の場合には、傷害結果が甲の行為によって発生したものか乙の行為によって発生したものかを特定できない場合である。仔細にみれば、これには二つの場合がある。すなわち、第1は、傷害結果が甲、乙いずれの行為によって実現されたか明らかでない場合であり、第2は、重い傷害と軽い傷害が実現されたが、それらが甲、乙いずれによって実現されたか明らかでない場合である。いずれにしても、この場合には、因果関係の特定がなされないのであるから、単独犯の原理に従う限り「疑わしきは被告人の利益に」の原則に従って、甲にも乙にも傷害罪の刑事責任を問いえないはずである。ところが、刑法207条は、「傷害の軽重を知ることができず、又はその傷害を

生じさせた者を知ることができないときは、共同して実行した者でなくても、共犯の例による」と規定して、甲・乙を共犯（ここでは共同正犯）として傷害罪で処断することを明言した。(3)「共同正犯」（刑法60条）とは、いうまでもなく、二人以上の者が意思連絡をし共同実行を行う犯罪形態をいう（ここでは共謀共同正犯については論述を割愛する）。共同正犯が成立すれば、「一部行為の全部責任の法理」によって、実行行為の一部しか分担していない者に対しても発生した結果全体に対して責任を問われることになる。一部行為の全部責任の法理は共同正犯に固有のものであって、共同正犯の規定は、共同的犯行という共犯性によって単独正犯の正犯性を修正したものであり、その効果は実行行為の一部を分担した者も結果の全体に対して責任を負うことになるという点にある（立石『刑法総論〔補正版〕』287頁参照）。同時犯を共同正犯として処罰するということは、このような取り扱いを受けることになることを意味する。(4)上述のように、単独犯を前提とするならば、因果関係の証明がなされないのであるから本来的には行為者に意図した犯罪事実についての刑事責任を負わせることはできないはずである。しかしながら、同時犯としての暴行の場合には、発生した傷害結果の原因となった暴行を特定することが困難な場合が多い。この証明の困難さの故に何人にも刑事責任を負わせないというのは不合理であるのみならず、現実に傷害を加えた者の罪責を免れさせることにもなる。207条は、この立証の困難さを救済するための政策的規定である。暴行と傷害の近接性・密接性の視点にてらしてみても妥当な考え方と評しえよう。ただ、207条は、同時犯を共同正犯として扱う例外規定であるから、その解釈にあたっては厳格な姿勢を貫徹することが肝要である。

　3　同時傷害の特例をめぐっては、その法的性格、共同正犯が認められるための要件、特例が認められる範囲、等の問題点を検討しておかなければならない。

2　本特例の法的性格

1　学　説

　刑法207条は二つの特例から成り立っている。一つは、暴行と傷害との間

の因果関係が証明されない場合にも全員に対し傷害罪の罪責を問い得ること（因果関係に関する特例）、いま一つは、傷害罪の同時犯としてではなく、共同正犯として罪責を問うていることである（共犯に関する特例）〔岡野・後掲論文30頁〕。この規定の法的性格については多様な見解の対立がある。以下でそれらを整理・検討しておこう。

(1) 第1説は、法律上の推定規定とみる見解であるが、仔細にみれば、何を推定すると解するかについて以下の相違がある。すなわち、①傷害の結果又はその軽重につき法律上の推定をなすとする見解〔小野清一郎『新訂刑法講義各論』174頁〕、②共同者でない者を共同者とする一種の推定規定とする見解〔瀧川幸辰『増補刑法各論』団藤ほか編『瀧川幸辰刑法著作集第二巻』274頁〕、③責任の推定を認める見解〔植松・258頁〕、等である。(2) 第2説は、法律上の擬制と解する〔江家義男『刑法各論〔増補版〕』206頁〕。(3) 第3説は、挙証責任の転換と解する〔柏木千秋『刑法各論』340頁、藤木・201頁、山口・49頁〕。(4) 第4説は、挙証責任の転換と意思疎通の擬制と解する〔西原・18頁〕。(5) 第5説は、意思疎通の推定と意思の疎通がないことについて被告人に（実質的な）挙証責任を負わせたものと解する〔斉藤〔誠〕『特別講義刑法』262頁〕。(6) 第6説は、挙証責任の転換と共犯（ここでは共同正犯）の擬制と解する〔団藤・418頁〜419頁、大塚・32頁、福田・154頁、中山・35頁、大谷・36頁、川端・26頁、山中敬一『刑法各論Ⅰ』48頁、ほか〕。

2 検討・私見

(1) 第1説の①の見解については、傷害罪の責任を問う点を法律上の推定といえても、共同正犯で処罰する点は如何なる意味でも法律上の推定とはいえず妥当でない。②の見解については、傷害の責任を問う点が説明できず、また、共同正犯で処罰する点は如何なる意味でも法律上の推定とはいえないから妥当でない。③の見解については、傷害罪の責任を問う点を推定といえても、共同正犯で処罰する点を推定といえないから妥当でない。(2) 第2説については、共同正犯の点は説明できても傷害の責任を問う点は説明できないから妥当でない。(3) 第3説については、傷害の責任を問う点は説明できるが共同正犯の点が説明できないから妥当でない。(4) 第4説については、以上の説と異なり、傷害罪の因果関係の不存在が証明されなくても、被告人によって意思疎通の不存在が証明されれば207条は適用されないとする点に特色がある。そこでは、本条の限定的解釈が意図されている。この立場では、

「意思疎通不存在の立証」は「因果関係不存在の立証」にくらべて、被告人にとってもはるかに容易なのであって、仮に挙証責任の転換を認めたものだとしても、憲法31条の問題は起こってこないと説かれている（西原・後掲論文41頁）。しかし、挙証責任の転換は「因果関係不存在」に向けるべきであって、それを「意思疎通不存在」に向けるのは207条の趣旨にてらして妥当とは思えないし、また、「意思疎通の擬制」と説くことは、「擬制」とは「みなす」ということであって、反証があれば意思疎通が不存在になるという用語法ではないから不適切であるといわざるを得ない。かようにして、第4説も妥当でない。(5) 第5説については、この立場も第4説と同様、本条の限定的解釈を意図するものであるが、まず、挙証責任の転換が、意思疎通に向けられていて傷害罪の因果関係に向けられていない点で問題があり、次に、意思疎通不存在の証明は比較的容易であるから207条の立法趣旨に添わないものとの疑問があり、この説も妥当でない。(6) かようにして第6説が妥当である。すなわち、傷害罪についての因果関係に関する挙証責任の転換を前提として、因果関係不存在の立証ができない場合には、共同正犯でなくても共同正犯とするとして共同正犯に関する法律上の擬制を定めたものと解すべきである。第6説が通説である。

3 ところで、刑法207条は嫌疑刑を肯認するもので憲法違反であるとする見解がある。すなわち、「共犯と『みなす』ことによって、二人ともこの傷害について処罰するのは、二人のうちのどちらか一人は『むじつの罪』を負わされることになるのであって、このような規定はおそらく憲法に反するというべきであろう」とされるのである（平野龍一『刑法概説』170頁）。たしかに、共同正犯でないものを共同正犯と法律上擬制するのであるから批判の余地はあるが、傷害の原因となるべき暴行を行っているのであるから、挙証責任の転換を図って暴行犯人に傷害の罪責を問うことがあっても直ちに憲法31条に違反するとまではいえないように思われる（大谷・37頁）。

4 なお、この規定は、「挙証責任の転換」という刑事訴訟法（手続法）の問題を刑法（実体法）の中に取り込んでいる点で注意しておかなければならない。刑法と刑事訴訟法との交錯という意味で、この規定は名誉毀損罪における事実証明の特例（230条の2）と共に注目すべきものである。

3 特例が認められるための要件

1 刑法207条は、「疑わしきは被告人の利益に」という原則に対する例外規定であるから、本条適用のための要件は厳格に解釈されなければならない。同時傷害の特例が認められるための要件としては以下の諸点に注意すべきである。

2 (1) 二人以上の者が意思連絡なく同一人物に対して故意に暴行を加えることが必要である。一方もしくは双方に過失がある時は本条の適用はない。意思連絡がある場合は同時犯ではなく刑法60条の共同正犯となる。(2) 擬制としてではあれ共同正犯を認めるのであるから、二人以上の者の暴行が外形上意思連絡に基づく共同実行行為と見なされ得るものでなければならない。すなわち、一個の共同実行行為というためには、暴行が時間的・場所的に近接しているか、あるいは、少なくとも同一機会に二人以上の者の暴行が行われたことをもって原則とする。札幌高判昭45・7・14高刑集23巻3号479頁は、甲が22時30分頃店内で相客である被害者の胸部、腹部を数回蹴りあげ、店主である乙が23時20分過ぎ店前路上で被害者の腹部を足蹴にし、被害者が肝臓裂挫傷等で死亡した事案において、「刑法207条は、もともと数人によるけんか闘争などのように、外形的にはいわゆる共犯現象に類似しながら、実質的には共犯でなく、あるいは共犯の立証が困難な場合に、行為者を知ることができず又はその軽重を知ることができないというだけの理由で、生じた結果についての責任を行為者に負わせ得ないとすることの不合理等に着目し、刑事政策上の要請から刑法の個人責任の原則に譲歩を求め、一定の要件のもとに、共犯者でないものを共犯者と同一に扱うことにしたものである。したがって、右立法の趣旨からすれば、同条の適用を認め得るのは、原則として、(イ) 数人による暴行が、同一場所で同時に行われたか、または、これと同一視し得るほど時間的、場所的に接着して行なわれた場合のように、行為の外形それ自体が、いわゆる共犯現象に強く類似する場合に限られ、かりに、(ロ) 右各暴行間の時間的、場所的間隔がさらに広く、行為の外形面だけでは、いわゆる共犯現象とさして強度の類似性を有しない場合につき同条の

適用を認め得るとしても、それは、右時間的、場所的間隔の程度、各犯行の態様、さらに暴行者相互間の関係等諸般の事情を総合し、右各暴行が社会通念上同一の機会に行なわれた一連の行為と認められ、共犯者でない各行為者に対し生じた結果について責任を負わせても著しい不合理を生じない特段の事情の認められる場合であることを要すると解するのが相当である」として同時犯の成立を認めなかった（本判決では、上記（イ）（ロ）のいずれにも当たらないとして、同時傷害の規定の適用を否定し、暴行の限度で処断した）。妥当な判断というべきであろう。(3) 二人以上の者が暴行を加えたことによって傷害を発生させた場合において、検察官が傷害を発生させた者を特定できなかったこと、あるいは、二人以上の者が暴行を加え傷害を発生せしめたが各人がどの傷害を発生させたかを立証することができなかったことを要する。(4) 被告人が、傷害結果と自己の暴行との間の因果関係の不存在を立証できなかったことを要する。因果関係の不存在を立証できた場合には本特例は勿論適用されない。

4 特例の適用範囲

1 本条の適用範囲については争いがある。(1) 第1説は、207条は傷害致死罪についても適用があると説く（団藤・419頁、藤木・202頁、下村・128頁、ほか）。これに対して、第2説は、207条は傷害罪についてのみ適用があると説く（植松・258頁、福田・154頁、大塚・33頁、中山・35頁、西原・18頁、岡野・20頁、曽根・24頁、中森・21頁、川端・27頁、前田38頁、斎藤（信）・24頁、山口・51頁、ほか）。判例は、「原判決は本件傷害致死の事実について被告人外2名の共同正犯を認定せず却って2人以上の者が暴行を加え人を傷害ししかもその傷害を生ぜしめた者を知ることができない旨判示していること原判文上明らかなところであるから、刑法207条を適用したからといって、原判決には所論の擬律錯誤の違法は存しない」として、第1説の立場に立っている（最判昭26・9・20刑集5巻10号1937頁）。(2) 思うに、207条が「疑わしきは被告人の利益に」という原則の重大な例外規定であることを勘案すれば、その適用範囲についてはこれを厳格に解釈すべきであり、法文が「傷害した場合」と規定している以上は、処罰を傷害致死にまで及ぼすべきではなく傷害罪にとどめるべきであって、第2説の立場が妥当である。第1説は、

傷害致死罪が傷害罪の結果的加重犯であって両者は密接な関連にあるというところから主張されているともいえるが、その結論は上で述べた理由から相当とは解せない。強盗致死傷罪や強姦致死傷罪にまで207条を適用することがあってはならないことも当然である。

2 なお、近時、承継的共犯の場合に同時傷害の特例が認められるか否かが議論されている。例えば、甲がAに暴行を加えているとき、そこに来合せた乙が甲に加担して二人でAに暴行を加え傷害を負わせたが、その傷害結果が甲、乙いずれの暴行によるものであるか証明できなかったとき、207条の特例は適用されることになるであろうか。(1) この場合、第１説は、同時性を否定することは困難であるとか（林・62頁）、取り扱い上の結論の均衡上の正当化を説き（山口・52頁）、特例を認めるべきであるとする。これに対して、第２説は、本特例は共犯が認められない場合に共犯を擬制するものであるから、本特例の適用を認めるべきではなく傷害の承継的共同正犯を検討すべきであると説く（大谷・39頁）。この問題について、大阪地判平９・８・20判タ995号286頁は、「一般に、傷害の結果が、全く意思の連絡がない２名以上の者の同一機会に各暴行によって生じたことは明らかであるが、いずれの暴行によって生じたものであるのかは確定することができないという場合には、同時犯の特例として刑法207条により傷害罪の共同正犯として処断されるが、このような事例との対比の上で考えると、本件のように共謀成立の前後にわたる一連の暴行により傷害の結果が発生したことは明らかであるが、共謀成立の前後いずれの暴行により生じたものであるか確定することができないという場合にも、右一連の暴行が同一機会において行われたものである限り、刑法207条が適用され、全体が傷害罪の共同正犯として処断されると解するのが相当である。けだし、右のような場合においても、単独犯の暴行によって傷害が生じたのか、共同正犯の暴行によって傷害が生じたのか不明であるという点で、やはり『その傷害を生じさせた者を知ることができないとき』に当たることにかわりはないと解されるからである」として、第１説の立場に立っている。(2) このような場合には、確かに、第１説が説くように、同時性を否定することは困難であるし、また、取り扱いの結論の均衡上の正当化という視点からは本条を適用することにも理由がないわけではない。しかし、同時傷害の

特例を認めれば、傷害についての因果関係不存在の証明ができない場合には、共同正犯が擬制されて処罰範囲が拡大することに思いをいたせば、この特例が「疑わしきは被告人の利益に」という刑事訴訟法上の大原則の例外であることを忖度し、本条の限定的解釈を志向して、承継的共同正犯の成否を検討する方向で処罰の成否を考える方が人権保障に適した方策であるように思われる。よって、私見は第2説を支持する。

【参考文献】

岡野光雄「第3講 同時傷害」岡野光雄『刑法各論25講』（2004年）27頁
川端　博「同時傷害の特例」川端　博『刑法講話』（2004年）46頁
斉藤誠二「同時傷害の特則」斉藤誠二『特別講義刑法』（1991年）258頁
西原春夫「暴行と同時傷害」西原春夫ほか編『刑法学4』（1977年）31頁
比嘉康光「同時傷害」岡野光雄編『演習ノート刑法各論〔全訂第2版〕』（2003年）18頁

【事例問題】

(1) 甲は丙の左眼を失明させようと意図してこぶし大の石を丙に向かって投げつけた。一方、その時、乙も、丙に怪我をさせてやろうと思って道路に落ちていた石を拾って丙に投げつけた。丙は左眼に投石をうけ、左眼失明の傷害を蒙ったが、検察官はその傷害結果が甲、乙いずれの投石行為によるものか証明できなかった。甲、乙の刑責はどうか。

(2) AとBは、共謀して、午後9時頃居酒屋でふとしたことから口論になったXに暴行を加え、顔面を殴打して鼻口より出血する傷害を負わせ、さら暴行を加えていたところ、かねてよりXに遺恨をもっていたCが一方的にA、Bに加担してXに暴行を加えた。Xが意識を失ったのを見て、A、B、Cがひきあげた後、午後11時頃になって、その顛末に腹を立てた居酒屋の経営者Dが、店外歩道上に倒れているXを何度か力いっぱい蹴とばした。以上の結果Xは肋骨骨折内臓破裂の重傷を負ったが、検察官はその重傷を負わせた者を特定することができなかった。A、B、C、Dの刑責はどうか。

(立石二六)

第6講　凶器準備集合罪の罪質

―――――【問題点】―――――
◇保護法益　◇本罪の終了時点
◇抽象的危険犯か具体的危険犯か　◇目的犯か

1 総　説

　1　凶器準備集合罪（208条の3）は、当初、暴力団の犯罪を事前に鎮圧するため、凶器を準備して集合し、また結集する行為を抑制する目的で設けられた。昭和31年、32年に暴力団の抗争が激しくなり、いわゆる殴り込みなどのために大勢が集合し、著しい社会不安をもたらす事態が生じたが、改正前の刑法には、これらを検挙し取締まる刑罰法規がなかった。このような事態に対処するために、凶器準備集合罪は、証人威迫罪（105条の2）などとともに、いわゆる暴力取締立法の一環として昭和33年に新設された（臼井滋夫「凶器準備集合・同結集罪をめぐる諸問題（上）」法曹時報25巻11号8頁参照）。なお、本罪は平成7年の改正以前は208条の2で規定され、文言は「兇器」が用いられていたが、本稿では「凶器」で統一する。また、凶器準備集合罪は、広義では2項の凶器準備結集罪をも含むが、以下では、狭義の1項の凶器準備集合罪のみを意味することとする。

　2　凶器準備集合・同結集罪の新設にあたっては、当初から、国会審議の過程において、これらの規定が労働運動や大衆運動にも適用され、弾圧の道具となる危険性が指摘されたため、衆参両院の法務委員会において、政府は、これらの規定の適用にあたっては、警察権、検察権の濫用を厳に戒め、政治活動や労働運動を抑圧することのないように留意すべきであるとの内容の付帯決議がなされた。

　本罪の運用については、昭和30年代はおおむね、対象は暴力団関係者に限られていたわけではないが、立法趣旨に沿った運用がなされていたものの、昭和40年代に入り、学生運動が過激化するにともない、街頭や学園内で行われる学生運動に対しても本罪が適用されるようになり、むしろ、本罪は、暴

力団関係者よりも、過激派学生に対する抑制手段として活用されるようになった。しかしその後、いわゆる過激派学生による政治運動は沈静化し、今日では、凶器準備集合罪関係の認知件数、検挙人員ともに大幅に減少している(平成16年の凶器準備集合罪の認知件数は27件、検挙人員は279人である。——『平成17年版犯罪白書』から)。

3 凶器準備集合罪をめぐっては、立法の経緯、実際の運用の変遷、構成要件の複雑さなどから、その罪質に関し、また成立要件に関し、判例・学説において議論が展開されている。罪質を理解するうえで最も重要なのが、本罪の保護法益をいかにとらえるかである。保護法益の理解によって、本罪の成立要件も大きく異なってくる。以下では、保護法益をめぐる議論を検討し、さらに本罪の罪質にかかわるいくつかの重要な点に論及したい。

2 凶器準備集合罪の保護法益

1 立法に際しての見解

凶器準備集合・同結集罪を新設するにあたって、立案当局の見解は、これらの罪の保護法益は、主として個人の生命、身体または財産の安全であり、その面では殺人、傷害、建造物損壊、器物損壊等の予備罪的な性格を有しているが、同時に公共的な社会生活の平穏をも保護法益とするというものであった(河井信太郎「刑法・刑事訴訟法の一部改正—暴力関係立法について」法曹時報10巻5号57頁、白井滋夫「暴力取締立法の問題点—刑法の一部改正を中心として—」警察学論集11巻7号32頁)。

2 判 例

いわゆる清水谷公園事件において、最高裁昭和45年12月3日決定(刑集24巻13号1707頁)は、「凶器準備集合罪は、個人の生命、身体または財産ばかりでなく、公共的な社会生活の平穏をも保護法益とするものと解すべき」としている。凶器準備集合罪の保護法益には、個人の生命、身体または財産という個人的法益のほかに、公共的な社会生活の平穏という社会的法益も含まれるとの見解を示しているが、いずれの法益に重点が置かれるのかについては必ずしも明らかではない。

その後、いわゆる東京アドセンター事件において、最高裁昭和58年6月23日判決(刑集37巻5号555頁)は、「凶器準備集合罪は、個人の生命、身体又は財産ばか

りでなく、公共的な社会生活の平穏をも同様に保護法益とするものであり」として、個人的法益と社会的法益とが「同様に」扱われるべきことを示した。

3 学　説

保護法益について学説を分類すると次のようになる。

(1) 個人的法益説——凶器準備集合罪を、殺人罪、傷害罪、損壊罪等の共同予備行為を処罰することによって個人の生命、身体または財産の安全という個人的法益を保護する罪と解する見解（瀧川＝竹内『刑法各論講義』31頁）。

(2) 社会的法益説——凶器準備集合罪を、集団暴力事犯を事前に検挙し制圧するために設けられたものとし、公共的な社会生活の平穏すなわち社会的法益を保護法益と解する見解（藤木83頁、中『刑法各論』193頁、なお、堀内45頁）。この見解によれば、本罪は、「騒乱予備罪」ないし「小型騒乱罪」の性格をもつことになる（中山研二『刑法各論』61頁）。

(3) 二元説——凶器準備集合罪の保護法益には、個人の生命、身体または財産の安全という個人的法益のほか、公共的な社会生活の平穏という社会的法益も含まれるとする見解。これは現在の通説である。立法時の立案当局の見解および判例の基本的な立場もこの二元説といえる。しかし、この二元説も、いずれの保護法益に重点をおくか、この2つの保護法益の関係をいかに解するかによりさらに見解は分かれる。

i) 個人的法益優先説——凶器準備集合罪の保護法益としては、個人的法益が第一次的保護法益であり、社会的法益は第二次的な保護法益にすぎないとする見解（川端38頁、山口59頁、曽根威彦『刑法の重要問題〔各論〕』41頁、小野寺一浩『判例百選各論（第5版）』13頁ほか）。このような考え方を徹底すれば、社会的法益は、個人的法益の保護、すなわち凶器準備集合罪の個人的法益に対する予備罪的性格の枠内で考慮されるにすぎないことになろう。

ii) 社会的法益優先説——個人的法益と社会的法益が凶器準備集合罪の保護法益であるが、実際上の重点は社会的法益の保護にあるとする説（臼井・前掲「諸問題」13頁、板倉宏「凶器準備集合罪の解釈と適用上の問題」警察学論集28巻10号4頁、青柳文雄『刑法通論II各論』316頁）。ここでは、凶器準備集合罪の公共危険罪的性格が重視されることになる。

iii）両法益対等・独立説——個人的法益と社会的法益とを、どちらかが優先する関係ではなく、対等・独立の関係とする見解（前掲・最判昭和58年6月23日、古田佑紀・警察学論集36巻8号252頁。なお、大塚37頁）。この考えを徹底すれば、社会的法益は、個人的法益からは別個の独立した保護法益として扱われることになり、したがって、個人的法益に対するなんらの危険が客観的に存在しない場合であっても、公共的な社会生活に対する危険が認められれば、本罪が成立するとの解釈も成り立つことになろう。

iv）限定説——凶器準備集合罪の保護法益として個人的法益と社会的法益をあげるが、同罪が成立するためには、個人的法益に対する実質的危険だけではなく、同時に社会的法益に対する実質的危険も存在することを必要とする見解（町野朔『刑法講義各論〔小暮ほか編〕』46頁、平川99頁、大谷47頁）。

4　検討・私見

　以上の諸見解のうち、立法の経緯および、予備罪の処罰規定をもたない傷害罪、器物・建造物損壊罪を内容とする共同加害目的での集合行為をも処罰する点、複数人による集合を要件とし、複数人に対する加害行為を目的とする場合においても凶器準備集合罪は1罪しか成立しない点からしても、個人的法益説を採ることはできない。また、凶器準備集合罪が刑法典第27章「傷害の罪」の中に規定されている点、殺傷事犯等の事前の鎮圧、抑制が立法趣旨であったこと、生命、身体または財産への加害行為に至る以前の準備段階を処罰の対象としている点からして、社会的法益説も採ることはできない。二元説が妥当である。

　それでは、二元説のうちのいかなる見解が支持されるべきであろうか。社会的法益優先説および両法益対等・独立説によれば、結果として社会的法益が重視されることになり、相対的に個人的法益の保護という視点は軽くなる。しかしながら、条文の位置および、生命、身体、財産という個人的法益に対する共同加害行為を目的としたその予備的行為が処罰の対象とされていることからすれば、社会的法益を個人的法益に優先させることや、個人的法益から独立して、社会的法益のみの観点から凶器準備集合罪の成否を論ずることは適当ではない。凶器準備集合罪の保護法益としては、個人的法益が第一で

あり、社会的法益は第二次的、補充的なものと解するべきであろう。

このように考えれば、残るのは、個人的法益優先説と限定説である。これら2説の違いが明確に現われるのは、個人的法益に対する実質的危険は客観的に存在するが、社会生活の平穏ないしは一般の人々の不安感という社会的法益に対する実質的な危険は存在しないという場合である。たとえば、社会の人々にまったく知られる危険のないような形で集合した場合である。これに対しては、個人的法益に対する危険があるときに、社会生活の平穏に対する危険がないという理由で本罪の成立を否定するのは妥当とは思われないとの見解がある（林66頁）。しかし、このような場合まで本罪で処罰する必要があるのであろうか、また、処罰することが妥当であろうか。殺人や強盗、現住建造物等放火などの予備行為であれば、それぞれの予備罪で処罰できる。各人が持参した、あるいは準備されていた凶器によっては、銃刀法違反での検挙も可能である。それら以外の場合には、一般の人々に対する危険がまったく存在しない場合までも本罪で処罰する必要はなく、また処罰することは妥当ではないであろう。本罪の法定刑は2年以下の懲役または30万円以下の罰金であり、騒乱罪の付和随行者の法定刑（10万円以下の罰金）と比べてもはるかに重い。限定的な解釈が必要であり、限定説が支持されるべきである。

3 具体的問題

1　凶器準備集合罪の終了時点

凶器準備集合罪が継続犯であることについては、争いはない。したがって、所定の共同加害目的を有する行為者が凶器を準備して集合している限り、同罪は継続して成立する。問題はその終了時点である。集合している集団が共同加害行為（暴行・傷害、殺人、器物損壊等）の実行段階に至った場合には、もはや本罪は終了したと解すべきか、または集合状態が維持されている限り依然として本罪は継続していると解すべきかが問題である。

この点が争われたのが、清水谷公園事件である。第一審判決（東京地判昭43・4・13高刑集22巻3号344頁）は、「目的とした共同加害行為の実行段階に至ってもなおその目的をもった集合の状態が継続しているとすることは、目的の実行が同時にその実

行のための準備であるという矛盾したこととな」るとして、目的の実行に至れば本罪は終了するとの判断を示した。それに対し、第二審判決（東京高判昭44・5・29高刑集22巻3号297頁）は、凶器準備集合罪がいわゆる継続犯であるという理由で、行為者が凶器を準備して集合しているかぎり継続して本罪は成立するのであり、したがって、加害行為の実行段階に至ったとしても本罪は終了しないとした。そして、最高裁（前掲・最決昭和45・12・3）も、結論的には二審判決を支持し、「凶器準備集合罪は個人の生命、身体または財産ばかりでなく、公共的な社会生活の平穏をも保護法益とするものと解すべきであるから、右『集合』の状態が継続する限り、同罪は成立しているものと解するのが相当である」とした。二審判決が重視する本罪が継続犯であるということから、直ちに、実行段階に至っても本罪が継続するという結論を導き出すことはできない。継続犯である本罪の終了時点が問題だからである。それに対し、最高裁は、本罪が、個人的法益のほかに公共的な社会生活の平穏をも保護法益としているという点を根拠としている。

学説では、共同加害行為が開始されるに至っても、集合状態が継続しているかぎり、本罪は継続して成立するとの見解（藤木86頁、臼井滋夫「判例から見た凶器準備集合罪」警察学論集28巻10号40頁、斎藤26頁）があり、その理由としては、凶器を準備している状態が存続しているかぎり、本罪の構成要件的状況は存続する、集合状態が継続しているかぎり社会生活の平穏は危険にさらされる、などがあげられる。また、加害行為の実行に着手しただけでは本罪は終了しないが、加害目的を達した後には本罪は終了するとの見解もある（林66頁）。しかし、本罪の個人的法益に対する予備罪的性格を重視する立場からは、実行の着手段階に至ればもはや予備罪的性格は失われ、予備罪は終了すると解されることになる（大塚40頁、大谷51頁、前田44頁、中森25頁、山口59頁、堀内47頁）。文言上も、「凶器を準備して又はその準備があることを知って集合した者」となっているが、ここに、「すでに凶器を使用している者」を含めるのは無理があるだろう。実際上も、共同加害行為が開始された後に参加した者は、共同加害行為（暴行、傷害、殺人、器物損壊等）の共犯として処罰すれば足りるというべきである。後説が妥当である。もっとも、同一の集団と見られる場合でも、実質的にいくつかの異なるグループに分けることができるときには、たとえば先頭グループが共同加害の実行行為に入っても、他のグ

ループについては本罪を適用する余地はあると解すべきであるし、共同加害行為が一段落したが、さらに第二次ないし第三次の加害行為が目的とされているような場合には、本罪の適用は可能であることに注意を要する。

2 抽象的危険犯か具体的危険犯か

凶器準備集合罪を抽象的危険犯と解するか具体的危険犯と解するかによって、解釈上の結論に違いが出てくる。たとえば、相手が襲撃してくるのではないかとの認識に基づき、凶器を準備して集合するという、いわゆる迎撃形態の場合に本罪が成立するのかという問題がこれである。判例は、凶器準備集合罪は「抽象的危険犯であって、いわゆる迎撃形態の凶器準備集合罪が成立するためには、必ずしも相手方からの襲撃の蓋然性ないし切迫性が客観的状況として存在することは必要ではなく、凶器準備集合の状況が社会生活の平穏を害しうる態様のものであれば足りる」として、抽象的危険犯説を採っている（前掲・最判昭和58・6・23）。

学説では、具体的危険犯説を主張する見解（曽根43頁。なお、中森22頁）もあるが、通説は本罪を抽象的危険犯と解している（団藤421頁、大塚40頁、大谷47頁、日高義博・警察研究57巻1号56頁、西田54頁）。本罪の個人的法益に対する予備罪的性格を重視すれば、すべての場合に具体的危険の発生まで必要とするのは適当ではなく、抽象的危険犯と解することになろう。しかし、ここで注意が必要なのは、抽象的危険の内容である。抽象的危険犯を「構成要件に該当することが性質上一般に法益侵害の危険性を生ぜしめるものと擬制される」（東京高判昭和55・8・25刑裁月報12巻8号756頁）ものと解する形式説の立場からは、迎撃形態の場合、相手方からの襲撃の蓋然性や切迫性が客観的には存在しなくても、本罪は成立しうることになる。しかし、抽象的危険といえども実質的な危険の発生は必要であり、当該犯罪の要件とされる危険が、具体的な個別の特殊事情のために発生していない場合には、犯罪の成立は否定されるとする実質説の立場（山口厚『刑法総論』[補訂版]41頁）からは、相手方からの襲撃の可能性が客観的に存在しない場合には、本罪の成立は否定されることになる（町野・前掲49頁、山口60頁。なお、山中59頁は、「抽象的危険犯ではあっても、『集合』により直ちに危険が発生したと擬制されるものとは言い難く、目的とされた加害行為の実行の危険性が判断されるべきであり、抽象的具体的危険犯であるといえよう」とされている）。実質説の立場が支持されるべきである。

3 凶器準備集合罪は目的犯か

　凶器準備集合罪を目的犯と解するか否かについても議論がある。学説では、本罪を目的犯と解する見解が有力である（曽根威彦・前掲46頁、町野朔・前掲48頁、林68頁、川端38頁、山口61頁）。目的犯説によれば、行為者各人は、他人の生命、身体または財産に対して共同して害を加えるという目的を有することが必要である。もっとも、この共同加害目的は、共同して害を加える目的であるから、行為者自身が加害行為を行う目的までは要せず、他者と共同して加害行為を行う目的で足りると解すべきである。

　本罪を目的犯ではないとする立場の中には、条文の「二人以上の者が他人の生命、身体又は財産に対し共同して害を加える目的で集合した場合」を「構成要件的状況」と解し、行為者はこのような状況の認識があれば足り、行為者自らこのような目的を有することは不要であり、したがって、行為者には共同加害目的がなく、単に気勢をそえる目的で集合した場合であっても本罪は成立するとの見解がある（団藤425頁）。

　このように、「二人以上の者が他人の生命、身体又は財産に対し共同して害を加える目的で集合した場合」を実行行為の前提としての構成要件的状況（あるいは、そのほか実行行為の結果としての状況をも含む）ととらえる見解（大塚37頁、平川99頁、大谷48頁）に対し、これを構成要件的結果ととらえる見解（曽根・前掲46頁、山中61頁、中森22頁、西田55頁、山口61頁）も有力である。これを構成要件的状況ととらえる見解によれば、単に幇助の意思で集団に加わった者、さらには共同加害目的をもたない単なる野次馬さえもが、このような状況を認識していれば、本罪で処罰されうることにもなる。これは、社会的法益を重視しすぎたものであって、妥当ではないと思われる（中森22頁）。これは構成要件的結果と解すべきであり、2人以上の者が、所定の共同加害目的をもって集合したという結果が生じた場合に、その中の、凶器を準備して集合した者、または凶器の準備があることを知って集合した者のみを処罰する趣旨であると解すべきである。もちろん、構成要件的状況と解することと、本罪の目的犯性を否定するという結論とに論理的な関連はなく、構成要件的状況と解したうえで、本罪を目的犯とする見解も少なくない（たとえば、平川99、100頁）。しかし、構成要件的結果と解する立場からは、本罪は目的犯と解されるべきであり、本罪の成立を限定的に理解する立場か

らは、後者の見解が支持されるべきである。

【参考文献】
藤木英雄「凶器準備集合罪の問題点」警察学論集21巻4号1頁
臼井滋夫「判例から見た凶器準備集合罪」警察学論集28巻10号18頁
藤尾　彰「凶器準備集合罪」『現代刑法講座第5巻』（1982年）43頁
久岡康成「凶器準備集合罪の罪質」『刑法基本講座第6巻』（1993年）63頁
曽根威彦「凶器準備集合罪」『刑法の重要問題〔各論〕』（1995年）39頁

【事例問題】
(1) 暴力団の甲組と乙会は、以前から対立抗争を繰り返してきた。一気に乙会をつぶそうと考えた甲組は、夜半、若頭Aの指揮の下、30余名の組員が乙会本部近くの倉庫に、けん銃、日本刀などの武器を手にして集合した。Aの号令とともに、組員は乙会の本部内になだれ込み、先頭の数人がそこに居合わせた乙会組員に発砲し、または切りかかった。そのとき、集合時間に遅れてやってきた甲組のBが合流し、日本刀で乙会組員に切りかかった。Bには凶器準備集合罪が成立するか。

(2) 暴走族のAグループは、対立しているBグループが襲撃してくるとの情報を得たため、これを迎撃する目的で鉄パイプや木刀などを大量に準備し、深夜集合していた。ところが、その情報はでたらめで、BグループにはAグループを襲撃する計画はまったくなかった。Aグループが集合していたのは港の埠頭であり、夜はまったく人気もない場所であった。Aグループに凶器準備集合罪は成立するか。

（中村雄一）

第7講　遺棄の概念

―――【問題点】―――
◇遺棄罪の保護法益　◇「遺棄」の意義
◇保護責任者遺棄罪と殺人罪との区別

1　総　説

　遺棄の罪は、扶助を要する者を保護のない状態において、その生命・身体を危険にさらす行為を処罰するものである。わが国でも古来より姨捨山の伝説があるように、本罪は広く各国で行われていた犯罪でありながら、これを一般に処罰するようになったのは比較的近年のことである。しかも、当初は、本罪は遺棄者の保護義務懈怠を内容とする罪であるとされていた。現在、わが国の刑法では、遺棄の罪として、（単純）遺棄罪（217条）のほかに、保護責任者遺棄罪（218条前段）、保護責任者不保護罪（218条後段）、そして、遺棄等致死傷罪（219条）を規定している。遺棄の罪では、保護法益、遺棄の意義などをめぐって見解の対立が顕著であり、この対立は、法益論や不作為論そのものに対する理解の相違に起因しているものである。

2　一般的成立要件

　遺棄罪については、その成立要件に関して見解の対立があることは上述のとおりであるが、とりわけ学説の対立が著しい「遺棄」の意義については「3」で検討することとして、まず、それ以外の成立要件について概観する。

1　保護法益

　保護法益について、判例・通説は、219条において保護責任者遺棄致死傷罪が規定されていること、法定刑が傷害罪のそれよりも低いことなどから、遺棄罪を生命・身体に対する危険犯と理解している。これに対して有力説は、218条が「生存に必要な保護をしなかったとき」と規定していることを根拠

として、また、身体に対する危険をも含むとすると本罪の成立範囲が無限定になることを理由として、生命に対する危険犯と理解している（大谷・71頁、西田・26頁、林・45頁、山口・31頁）。さらに、第3の見解として、刑法が単純遺棄罪に比して保護責任者遺棄罪の法定刑をいちじるしく加重しているのは、被遺棄者の危険が高くなるからではなく、保護責任者がその保護義務を怠って被遺棄者を遺棄するところに重い非難が加えられるからである、とする説もある（大塚・57頁）。この説によれば、遺棄の罪は、社会的法益に対する罪としての性質を併せ持つこととなり、したがって、かりに被遺棄者の承諾があっても、他の説にあってとは異なり、遺棄行為の違法性を阻却しないこととなる。

2 遺棄罪の性質

遺棄罪の性質として、判例・通説は、抽象的危険罪と理解しているが、具体的危険犯と理解する説も有力である（団藤・452頁）。もっとも、犯罪成立要件としての危険の程度に関して、前者によれば、例えば、産院のベットに置き去りにする行為は、確実に救助される可能性が高いので遺棄に当たらないとされ、後者によれば、単に救助が予想されるにすぎず、それが確実であると認められない場合には遺棄に当たるとしているところからすると、両者の相違はそれほど大きいものではない。とはいえ、本罪の成立要件に「具体的危険の発生」を要求していないことから、判例・通説が支持されるべきである。

3 遺棄罪の客体

遺棄罪の客体は、老年、幼年、身体障害または疾病のために扶助を必要とする者、すなわち、そのまま放置すれば生命・身体に対して危険が生じる者である。保護責任者遺棄罪の構成要件では、老年者、幼年者、身体障害者または病者となっているが、217条と218条で客体を異なって理解する必要はないとされている。したがって、217条には「扶助を必要とする者」とあり、218条にはかかる要件がないが、危険犯としての遺棄罪の性質に照らせば、218条の客体も扶助を必要とする者と解すべきであるとする説も有力である。もっとも、遺棄罪の性質につき遺棄者の保護義務懈怠であるとする側面を強調し、本罪の保護法益には社会的法益も含まれると解する前述の少数説によ

③ 「遺棄」の意義

1 問題の所在

判例・通説は、217条の遺棄は作為に限定され、218条にいう遺棄には作為と不作為が含まれるとしている。しかし、近時、不真正不作為犯という作為に対応する法概念を肯定する以上、217条の遺棄にも不真正不作為犯があることを肯定して、218条との統一を図るか、あるいは、218条にいう遺棄も作為犯に限定することで両罪をパラレルに理解するかして、217条と218条の整合性を図るべきではないか、との主張が有力となっている。したがって、かりに判例・通説の立場が妥当であるとするならば、217条の遺棄の不作為犯形態が218条にいう遺棄に格上げされることの是非、およびその根拠が問われるのである。

2 学 説

刑法における遺棄態様については、ⓐ要扶助者を危険な場所に移転させる行為（移置）、ⓑ要扶助者を危険な場所に置いたまま立ち去る行為（作為による置き去り）、および要扶助者が危険な場所に行くのを放置する行為（不作為による置き去り）、ⓒ要扶助者が保護者に接近するのを妨げる行為（接近の遮断＝作為による置き去り）に分類しうる（大谷・73頁参照。もっとも、ⓑの前段の行為は、多数説によれば不作為による置き去りとされている）。

さて、①判例・通説は、遺棄とは、場所的離隔を生じさせること、不保護とは場所的離隔によらずに要扶助者を危険な状態に導くこと（真正不作為犯）と解している。その上で、遺棄を広義の遺棄と狭義の遺棄に二分して、狭義の遺棄は上記ⓐの移置を指称し、広義の遺棄はⓐの移置のほかに、ⓑ、ⓒの形態の遺棄を含むと解し、217条の遺棄は狭義の遺棄を、218条の遺棄は広義の遺棄を意味するとしている（団藤・452頁）。これを整理すると、㋐遺棄＝移置＋置き去り、㋑移置＝作為、置き去り＝不作為、㋒217条にいう遺棄＝作為、218条にいう遺棄＝作為＋不作為、㋓場所的離隔有り＝置き去り、場所的離

隔なし＝不保護、㋔218条の保護責任≠不作為犯における作為義務、ということになる（齊藤・後掲50頁）。

また、②説は、判例・通説を若干修正して、置き去りは必ずしも不作為による場合に限られず、また、遺棄は必ずしも作為による場合に限らないとして、217条の遺棄は、ⓐの作為による移置、またはⓒの接近の遮断（作為による置き去りと理解する）を指すが、218条における遺棄は、これに加えて、一定の不作為によるもの、例えば、ⓑの不作為による置き去り、または要扶助者と行為者との間の隔離を除去しないでおく場合をも包含するという（大塚・59頁）。

このような判例・通説の特徴は、不作為犯における作為義務と保護責任とを同視するというところにあるが、この説は、不作為による遺棄については、218条の保護責任者遺棄においてのみ、すなわち行為者に保護義務のある場合のみ可罰的であるとしている。これは、たとえば、自分の庭に放置された病人を救助しないことは、軽犯罪法1条18号の罪に該当しても不作為による単純遺棄罪は成立しないというように（斎藤・43頁）、立法者において一般的な不救助の犯罪成立を限定する意図があったことを汲みとったものであると思われる（西田・28頁参照）。もっとも、この見解においては、なにゆえ218条の遺棄が、しかも不真正不作為犯による遺棄が、217条の遺棄と比べて法定刑が重いのかが明らかにされてはいない。結果としては、不真正不作為犯を作為犯よりも重く処罰することになるため、この疑問は深刻に受け止められた。この点が、他説をして判例・通説から離れさせる端緒となったのである。

加えて、判例・通説に対しては、（ⅰ）217条と218条で同じく「遺棄」という用語が用いられているのに、その内容を広狭二義に分離して理解することは不合理であり、一般に不真正不作為犯は認められているのに、217条に限ってこれを否定する理由はない、また、（ⅱ）218条の保護義務と不作為による遺棄の作為義務とを同一視することはできない、さらに、②説に対しては、幼児の母親を監禁したり殺害する行為も遺棄となってしまうとの批判がなされた（小暮ほか編『刑法講義各論』〔町野朔〕（1988）・69頁）。

そこで、③説は、判例・通説と同じく遺棄とは場所的離隔の存する場合であるとしつつも、218条の遺棄だけでなく217条の遺棄にも、不作為による遺

棄（移置・置き去り）が含まれ、また、218条の保護責任と不作為犯における作為義務は異なるものであると解する。というのも、218条の遺棄に関しては、217条と218条の法文を比較しても、「不保護」を別とすれば、両者に共通の「遺棄」の語が用いられているからであり、また、217条の遺棄に関しては、「不真正不作為犯における作為義務がこれに違反する不作為を作為による構成要件実現と同置せしめる違法要素であるのに対し（不真正不作為犯における「保障人」は構成的違法身分である）、保護責任は、もともと親子・夫婦などの保護共同体の地位に基づいて発生する責任…（保護責任者は加重的責任身分である）」であり、両者は、犯罪成立要件の点でその性質を異にしているからであるとしている。そして、単純遺棄罪においては、遺棄者の作為義務は否定されることから、不作為の遺棄罪は問題とならず、同罪の遺棄は移置と作為による置き去りに限定されるとし、また、扶助者自身による要扶助者の置き去りは、それ自体は作為による遺棄であるが、保護責任者についてのみ不保護が処罰されることとの関係で、保護責任者についてのみ処罰の対象とすべきであるとする（曽根・40頁、堀内・28頁、山口・35頁）。

　この説に対しては、(ⅰ) 217条、218条に共通する作為義務とは区別された218条に固有の保護義務の実体が不明確である、(ⅱ) 217条は不保護を処罰しないため、この説では、要扶助者の保護を引き受けたり、これを自己の支配下に置きながら生存に必要な保護をしないという不保護の類型が単純遺棄罪としては不可罰になってしまう、との批判が加えられている（西田・29頁）。

　さらに、④説は、遺棄とは、217条、218条を通じて同一の意味、すなわち ⓐ の作為による移置を指すのであり、それ以外の不作為による行為、すなわち ⓑ、ⓒ の形態はすべて218条の不保護に含まれるとする（大谷・73頁。同旨、西田・29頁、林46頁―作為はすべて遺棄罪に含まれると解する―）。これにより、遺棄の統一的な解釈が可能となるばかりか、218条の作為と不作為の区別および遺棄と不保護の区別が明確になると説くのである。

　この見解に対しては、通説の側からは、遺棄の語が元来、置き去りも含むものであるという趣旨を無視するとともに、遺棄者と要扶助者の間の場所的離隔の持つ意味を考慮していないとの批判がある（大塚・59頁）。また、③説からは、法は、遺棄罪の処罰範囲を明確にするために、不保護のほかには、移置

と置き去りのみを処罰の対象とし、不保護は遺棄概念から区別されているところ、この④説によれば遺棄概念を混乱させかねず、また、不作為による遺棄を通説と同様単純遺棄罪から除外し、保護責任者遺棄罪で処罰するとなると「不保護」概念が拡大し（斎藤・43頁）、保護責任者遺棄罪の処罰範囲を拡張することになるとの批判が向けられている（堀内・29頁）。さらに、不作為の遺棄に関する作為義務と保護責任を区別しないのであれば、不真正不作為犯を作為犯よりも重く処罰することになってしまうとする通説に対する批判が、ここにも当てはまるという（山口・35頁）。

3　判　例

最判昭和34年7月24日刑集13巻8号1163頁は、いわゆるひき逃げの事案において、「自動車の操縦中過失に因り通行人に自動車を接触させて同人を路上に顛倒せしめ、約3箇月の入院加療を要する顔面打撲擦傷及び左下腿開放性骨折の重傷を負わせ歩行不能に至らしめたときは、かかる自動車操縦者は法令により『病者ヲ保護ス可キ責任アル者』に該当する…刑法218条にいう遺棄には単なる置去りをも包含すと解すべく、本件の如く、自動車の操縦者が過失に因り通行人に前示のような歩行不能の重傷を負わしめながら道路交通取締法、同法施行令に定むる救護その他必要な措置を講ずることなく、被害者を自動車に乗せて事故現場を離れ、折柄降雪中の薄暗い車道上まで運び、医者を呼んで来てやる旨申欺いて被害者を自動車から下ろし、同人を同所に放置したまま自動車の操縦を継続して同所を立去つたときは、正に『病者ヲ遺棄シタルトキ』に該当する」として、218条にいう遺棄には置き去りを含むと解している。また、これまで不作為による単純遺棄を認めた例は、少なくとも公刊物に掲載されたものに関する限りないことから、遺棄の意義に関する判例の立場は、通説と同じ立場であることが推測される。

4　検討・私見

上記③説と④説は、遺棄概念について統一的理解を図ろうとする点では共通であるが、前者が場所的離隔の点を重視するのに対して、後者は、遺棄を作為による移置に限定して理解し、その他の置き去りを不保護に包含させる

ことで、遺棄概念を整理することを意図する。

そこで検討するに、まず、遺棄とは、日常用語例に従えば、「（とりのこして）すてること、おきざりにすること」であり（「遺」とは「のこす」こと、「棄」とは「すてる」ことである）、遺棄が移置のみを指し示すという限定解釈はその根拠に乏しく、本来の語義から離れることになろう。したがって、遺棄には不作為による置き去りも含まれると解するべきであり、遺棄と不保護は、要扶助者との場所的離隔の有無によって区別するべきであると思われる。この点で、遺棄概念を混乱させる④説は支持できない。

したがって、遺棄とは場所的離隔の存する場合であるとする③説は、その限りで妥当である。また、217条と218条を統一して理解するという試みも評価に値する。さらには、単純遺棄罪にも不作為による遺棄が含まれるとすることで、他説によれば218条の不作為による遺棄罪が成立するとされてきたところが217条によって捕捉することができるという点でも、その意図するところはたしかに理解できる（塩見・後掲135頁、齊藤・後掲51頁参照）。

ただ、この説には、なんといっても、単純遺棄罪にいう不作為形態の「遺棄」と保護責任者遺棄罪で処罰される不作為形態の「遺棄」の区別が不明確であるという難点が残ろう。③説においては、保護責任者遺棄罪の保護義務は一定の身分関係より生ずる形式的な義務であり責任要素であるのに対して、作為義務は事実上の引受行為から生ずる違法要素であり、前者においては、主体が保護責任者（保護義務者）であることが、その法定刑が単純遺棄罪のそれよりも重い理由であるという説明があるが、先の区別が明確でない限り、その論拠は説得力を欠く。また、③説における処罰の間隙を指摘する批判については、217条の不作為による遺棄に不保護を含むという解釈によって、あるいは、218条の保護義務を認める解釈によって、処罰の可能性を探ることも考えられるが、前者については、218条は遺棄と不保護を文理上明確に区別していることから、後者については、③説が前提としていた保護義務と作為義務が実質上重なってしまうことから、この説の出発点に背理することになってしまうであろう（西田・29頁、前田・65頁、中森・40頁）。さらに、処罰の間隙が生じることをむしろ是認して、そのような事例については不処罰とする結論を維持する見解もあるところ（山口・35頁）、保護責任者でない、例えばひき逃げ

事案における先行行為等による作為義務者による作為・不作為による置き去りが、この立場では保護責任者のみが「不保護」の行為主体となることから、不処罰となってしまうことになるが、法益保護の観点からして、かかる結論は採用し得ないものである。

　これに対して、判例・通説による理解は、遺棄の一般用語例に合致することはもちろん、これまでの実務においていわゆる「生ける法」として定着しており、判断の安定性もある（同旨、木村・後掲101頁）。218条でいう広義の遺棄には作為によるものと不作為によるもののいずれもが含まれるのであり、その根拠は、同条では、保護責任者という身分があるからであり、また、それゆえにこそ重く処罰しているのであるとするその主張には十分なものがあると思われる。218条の刑の加重理由が不明であるとか、何故に217条の遺棄の不作為犯形態が218条にいう遺棄に格上げされるのか、その実質的な根拠が示されていないとの批判もあるが、これに対しては、本罪は、被遺棄者の生命・身体に対する危険犯であることに加えて、遺棄者の被遺棄者に対する保護義務懈怠罪としての性質を併せ持つとの見解（大塚・57頁）が参照されるべきである。また、本罪は保護責任者による場合を基本的な類型にしているから刑が重いのであって、扶助者による場合には、等価値性等を考慮して、刑の量定がなされるべきであろう。わが国の刑事実務においては、217条の遺棄罪の適用はほとんどなく（木村・後掲98頁）、実際には起訴裁量で処理されていることも、以上の結論を補強するといえよう。また、保護責任を広く解することが結果としてあっても、生命・身体を保護する本罪の性質からは、むしろ不自然ではなく、さらに、この観点からすると、幼児の母親を監禁した場合、作為による置き去りが成立すると解することも不合理ではないであろう（反対、塩見・後掲135頁）。このように、伝統的な判例・通説の立場が妥当であると解する（同旨、齊藤・後掲53頁）。

4 「保護責任」の意義

　「遺棄」の意義についての争いは、「保護責任」の意義についての論争につらなる。218条による保護責任者遺棄罪が単純遺棄罪と比べていちじるしく重く処罰されていることから、保護責任と不真正不作為犯における作為義務

を区別する有力説は、後者とは異なって保護責任の内容を確定し、重い処罰を基礎づける根拠を示そうとする。そして、そこには、遺棄概念についての見解の相違に呼応して、二つのアプローチが考えられるのである。

　そのひとつは、保護責任を責任要素と解する立場である。この見解では、不真正不作為犯における作為義務は217条と218条に共通であり、これとは異なり、保護責任は、遺棄の刑を加重し、不保護の可罰性を基礎づける、重い責任非難を基礎づける責任要素であるとするのである。一方、保護責任を違法要素と理解する見解は、保護責任も不真正不作為犯における作為義務と同じ、一種の作為義務であるが、しかし保護責任は不真正不作為犯における作為義務よりも強い作為義務でなければならないとする。しかし、これらの見解については、いずれにしてもやはり保護責任と不真正不作為犯における作為義務とを区別する点に対する根本的な批判が妥当するほか、責任要素説も違法要素説も、作為義務と保護責任の明確に区別するという点では、成功しておらず、その説明にかかる保護責任は、不真正不作為犯における作為義務と重なってしまう。したがって、保障者的地位にある者を保護責任者として、その遺棄を作為・不作為を問わずに加重するのが刑法の趣旨だとみる伝統的理解には合理的理由があると思われるのである（齊藤・後掲53頁）。

⑤ 保護責任者遺棄罪と殺人罪との区別

　わが国では、不真正不作為犯という法概念が肯定されており、不真正不作為犯による殺人罪を認めるのが判例・通説である。しかし、不真正不作為犯の成立には作為義務が要件となっていることから、保護義務を要件としている保護責任者遺棄罪との相違が問題となり、両者の区別は困難であるとされている。たしかに、「親が幼児に食事を与えずに餓死させ」たような場合（大判大4・2・10刑録21輯90頁）や「死亡するまで虐待行為が行われ」たような事例（東京地八王子支判昭57・12・22判タ494号142頁）では、殺人罪の成立が認められよう（木村・後掲101頁）。問題は、いわゆるひき逃げの事例における両者の区別である。

　保護責任者遺棄罪と殺人罪の区別に関しては、①殺意の有無によるとする見解（大塚・66頁）、②殺意に加えて、客観的な危険性の有無を重視する見解

（中森・42頁）、③作為義務の内容・程度によって区別する説（前田・67頁、大谷・80頁、山口・39頁）に分かれる。①説は、犯罪の成立が主観的要件のみにかかってくることになり妥当でなく、③説は、同説も危険の程度を考慮しており、また、作為義務の相違を明らかにしているとはいえないことから、②説が基本的には支持されるべきであろう。故意の存否と死に向かって直線的に因果の流れが向かっているかを基礎にして殺人罪の成立が論じられることになる。具体的には、単純なひき逃げではなく、移置を伴うひき逃げの事例である場合には、支配領域性と作為との同価値性が認められて、不作為の殺人罪の成立が肯定されることになろう（東京地判昭40・9・30下刑集7巻9号1828頁）。なお、近時、最高裁は、入院中の重篤な患者を病院から運び出させた上必要な医療措置を受けさせないまま放置して死亡させた事案につき、未必的殺意に基づく不作為による殺人罪の成立を認めた（最決平17・7・4判タ1105号284頁）。これは、最高裁が不作為による殺人罪の成立を肯定したリーディングケースとして注目されている。

【参考文献】

木村光江「不作為による遺棄」現代刑事法5巻9号（2003）98頁
齊藤彰子「遺棄罪」法学教室286号（2004）49頁
塩見　淳「遺棄の概念」『刑法の争点（3版）』（2000）134頁
曽根威彦「遺棄罪」『刑法理論の現代的展開各論』（1996）19頁
日高義博「遺棄罪の問題点」『現代刑法講座4巻』（1982）167頁
平野龍一「単純遺棄罪と保護責任者遺棄罪」警察研究57巻5号（1986）3頁
山本光英「不真正不作為犯」立石二六編著『刑法総論27講』（2004）24頁

【事例問題】

(1) Xは、深夜、自動車で走行中、過失により自車を通行人Aに激突させ、頭蓋骨骨折等の傷害を負わせたため、Aを救護する目的で最寄りの病院へ搬送するため、意識不明に陥っている同人を自己の手によって助手席に同乗させて同所を出発した。当時、Aの容態は直ちに医師の手当が受けられれば死の結果を防止することが十分に可能であったにもかかわらず、Xは、自己の犯罪の発覚をおそれて、途中で右搬送の意図を放棄し、Aを適当な場所に遺棄し逃走しようと企て、Aの死を認識認容しながら、走行していたところ、同人を出血その

他に基づく外傷性ショックにより死亡させた。Xの罪責を論ぜよ。

(2) Yは、4歳のわが子Bをつれて内縁の夫Zと行楽地をドライブ中、Bが煩わしくなり、Bが死んでもかまわないと思いながら、Bを山の中において帰宅した。Bは、翌日保護されて、Yのもとに帰宅したが、それ以降Yは、Bに対して一切の食事をとらすことなくこれを放置していたところ、異変に気づいた隣家の主婦の通報により、Bは瀕死の状態で保護された。Yの罪責を論ぜよ。

(只木　誠)

第8講　故意ある強姦致死傷罪

【問題点】
◇結果的加重犯である強姦致死傷罪（181条）は、基本犯としての強姦行為については故意を必要とするが、重大な結果としての致死傷について故意のある場合にも適用があるのか。

1 総説

1　結果的加重犯についての理解は、基本となる故意行為（基本犯）を実行したところ予期しない重い結果（加重結果）を発生させてしまった場合と解されている。学説は、責任主義の要請から加重結果について過失が存在しなければならないと解している。判例は、加重結果について過失を不要と解している。最高裁昭和26年9月20日判決は、「傷害致死罪の成立には傷害と死亡の間に因果関係の存在を必要とするにとどまり、致死の結果についての予見は必要ない」と判示し不要説の立場に立ち（刑集5巻10号1937頁）、最高裁昭和46年6月17日判決は、「致死の原因たる暴行は、必ずしもそれが死亡の唯一の原因または直接の原因であることを要するものではなく、たまたま被害者の身体に高度の病変があったため、これとあいまって死亡の結果を生じた場合であっても、右暴行による致死の罪の成立を妨げないと解すべきことは所論引用の当裁判所判例…の示すところであるから、たとい、原判示のように、被告人の本件暴行が、被害者の重篤な心臓疾患という特殊の事情さえなかったならば致死の結果を生じなかったであろうと認められ、しかも、被告人が行為当時その特殊事情を知らず、また、致死の結果を予見することもできなかったものとしても、その暴行が特殊事情とあいまって致死の結果を生ぜしめたものと認められる以上、その暴行と致死の結果との間に因果関係を認める余地があるといわなければならない。」（刑集25巻4号567頁）と判示する。　なお、改正刑法草案22条は、「結果の発生によって刑を加重する罪について、その結果を予見することが不能であったときは、加重犯として処断することはできない。」と規定する。

2 結果的加重犯の1類型である強姦致死傷罪（181条）において死の結果について故意のある場合、学説は、本条の適用について見解が分かれる。判例は、殺人罪と強姦致死罪の観念的競合と解している（〔判例2〕最判昭31・10・25刑集10巻10号1455頁）。なお、強盗強姦致死罪（241条）において死の結果について故意のある場合の取り扱いについて、判例及び通説は、この場合は本条に含まれないと解する（大判昭10・5・13刑集14巻514頁、大塚・236頁、大谷・248頁、曽根・143頁、前田・217頁）。これに対して、強盗強姦致死罪には、死の結果について故意・殺意のある場合を含むとする見解がある（団藤・577頁、内田・299頁、林・226頁、山中・307頁、山口・239頁）。

2 学 説

1 死傷の結果について故意のある場合、学説は、強姦致死傷罪（181条）の成否について、①181条の適用を否定し、強姦罪と傷害罪ないし殺人罪の観念的競合とする見解、②181条の適用を肯定し、傷害罪ないし殺人罪と強姦致死傷罪の観念的競合とする見解、③致死の結果の認識のある場合と致傷の結果の認識のある場合に分け、（i）致死の結果の認識のある場合は強姦罪と殺人罪の観念的競合、（ii）致傷の結果の認識のある場合は強姦致死傷罪とする見解、の3つに分かれる。以下、各見解について検討する。

2 ①181条の適用を否定し、強姦罪と傷害罪ないし殺人罪の観念的競合とする見解：

「結果的加重犯である本罪（強姦致死傷罪＝筆者註）には、故意による行為は含まれるべきではないから、殺人罪と強姦罪の観念的競合とされなければなるまい。注（7）本罪が単なる結果的加重犯である以上、傷害の故意で強姦した場合が、結局、強姦罪の法定刑の枠内で処断されるのはやむをえないところであるとともに、実質的にも、おそらくそれで不都合がないのではなかろうか（本罪の法定刑の上限に近いところは、致死の場合を予想しているものと解する）。」（大塚・106頁、同旨、内田・168頁、曽根・75頁）。

②181条の適用を肯定し、傷害罪ないし殺人罪と強姦致死傷罪の観念的競合とする見解：

「致死傷の結果について現実の予見を必要としないのはもちろんであるが、

第8講　故意ある強姦致死傷罪　75

予見のあるばあいをも含むかどうかの問題がある。少なくとも傷害の関係では、これを含むと解しなければ刑の権衡が害されるから、わたくしは、死傷いずれについても結果発生を予見したばあいを含むと解する。刑事学的な犯罪類型としても、かようなものを区別して考えるべきではない。そうして、致死の結果の予見があるときは、（強制猥褻強姦致死傷罪と＝筆者註）殺人罪との観念的競合をみとめるべきである。」(団藤・398頁)。この見解に対しては、一つの死傷に対して故意を二度評価するとの批判がなされている。

　③致死の結果の認識のある場合と致傷の結果の認識のある場合の２つに分け、（i）致死の結果の認識のある場合は強姦罪と殺人罪の観念的競合、（ii）致傷の結果の認識のある場合は強姦致死傷罪とする見解：

「問題を致傷と致死に分けて考えてみよう。(1) 致傷の場合　致傷の結果についてみると、強制わいせつ・強姦の実行行為は、傷害の結果を伴う場合が多く、また、通常、暴行または傷害についての未必的認識をもって行われるのであるから、行為者が致傷の結果を予見する場合にも本罪を適用しなければ不合理な結果となる。また、これを認めないとすれば、単に強姦罪と傷害罪との観念的競合となって刑は強姦罪の法定刑にとどまり、強姦致傷罪より軽くなって刑の均衡を失することになる。それゆえ、強姦致傷罪については**故意のある結果的加重犯**を認めるべきであり、傷害の結果について故意のあるときは強姦致傷罪のみが成立し、別に傷害罪は成立しないと解すべきである。(2) 致死の場合　次に、致死の結果についてみると、通説・判例は、致死の結果に関し認識がある場合については殺人罪と強姦致死罪の観念的競合を認める。しかし、強姦致死罪と殺人罪との両罪を認めて観念的競合とすると、死の結果について二重に評価することになるから妥当でなく、また、強姦致死罪の成立を認めなくても、傷害の結果について認識ある場合のような刑の不均衡を生ずることがない以上、端的に殺人罪と強姦罪の観念的競合を認めるべきである。」(大谷・126頁、同旨、山中・149頁、中森・68頁、前田・103頁、西田・87頁、斎藤信・58頁、林・101頁、木村・252頁、山口・113頁、立石・27講・97頁、井田・422頁)。なお、この見解は、強姦致死で殺人の故意があった場合は殺人と強姦との観念的競合と解し、強姦致傷で傷害の故意があった場合は強姦致傷だけを適用するとする平野博士の見解から示唆を受けているものと思われる(平野・犯罪論の諸問題(上)・116頁)。

3 判 例

【判例1】 大審院大正4年12月11日判決　刑録21輯2088頁

[事実の概要] Xは、A子を強姦しよう決意し、もし、A子が声を出した場合には手拭で絞殺しようと考えた。Xは、A子を押し倒し強姦しようとしたところA子が大声を発したため用意した手拭を2つに裂きA子の頸部に巻き付け両手でこれを絞めながら姦淫し、同人を死亡させた。大阪控訴院は、「被告カ13歳以上ノ婦女ヲ強姦シ死ニ致シタル所為ハ刑法第181条右婦女ヲ絞殺シタル所為ハ同法第199条ニ該当シ1個ノ行為ニシテ数個ノ罪名ニ触ルルモノナルヲ以テ同法第54条第1項同第10条ニヨリ重キ殺人罪ノ刑ニ従イ其処刑中死刑ヲ選択シテ被告ヲ死刑ニ処シ」と判示した。弁護人は、被告の行為は177条及び199条に該当するとして上告した。

[判旨] 大審院は、「其死亡ノ結果ニ付故意ヲ有シ暴行ヲ以テ婦女ヲ姦淫シ因テ死ニ致シタルトキハ一面ニ於テ右第181条ノ犯罪成立スルト同時ニ他ノ一面ニ於イテ同法199条所定ノ殺人罪ヲ構成スルモノナルコトハ猶強盗カ殺意ヲ以テ人ヲ死ニ致シタルトキハ刑法第240条ノ強盗致死罪ト同法199条所定ノ殺人罪トノ二罪ヲ構成スルト異ナル所ナシ」と判示して上告を棄却した。

【判例2】 最高裁昭和31年10月25日判決　刑集10巻10号1455頁

[事実の概要] 昭和29年4月19日午前10時20分頃、Xは、尿意を催し、勝手を知っていた文京区立元町小学校玄関脇の便所に入った。Xが用をたして振り返ったところ、偶々女便所の奥から2番目の扉が開いていて同校二年生のA子（7歳）の下半身が目にとまった。Xは、右女便所内に立入り、内側から扉を閉めて鍵をかけ、既に身づくろいをして立っており驚愕恐怖して声も立てられないでいるA子のズロースを剥ぎ取り、左手でいたずらをはじめたところ、A子が声を出したので右手にもっていたズロースをA子の口に無理に押し込んだが、同女がこれを引き出そうとしてあがき泣き声をだしたため、A子が死亡してもかまわないと考え、同女の咽喉に両の拇指を揃えて強く当て、その他の指を両方から後ろまでまわし力一杯に絞るようにして絞め続けて同女の呼吸を止めた後、即時同所に於いて同女を姦淫し死亡させた。原審

は、「犯人に殺意があった場合には同条のほかにさらに殺人罪の規定にも該当するものと解すべきことは大審院以来の判例の示すところであるところ、右見解は正当であると認められるから、原判決が原判示事実を認定したうえ、強姦致死の点につき、刑法第181条、第177条を、また殺人の点につき同法第199条を各適用し、両者は同法第54条第1項前段の1個の行為にして数個の罪名に触れる場合であるとして、同法第10条に基き重い殺人罪の刑に従って処断したのは相当である」と判示して控訴を棄却した。そのうえで、原審は、「殺意を以って強姦殺人をした場合でも刑法第181条、第177条が成立するのみで同法第199条の殺人罪には該当しないと解すると、その両者の法定刑からみて、強姦犯人が殺人をした場合には単純な殺人罪よりも犯情が軽いという結論を是認せざるをえないことになり、その不当であることは論をまたない」と判示した。

　［判旨］最高裁は、「原審の認定した第一審判決が、同判決判示の罪となるべき事実を認定して、強姦致死の点につき刑法第181条、第177条を、殺人の点につき同法第199条を各適用し、両者は同法第54条第1項前段の1個の行為にして数個の罪名に触れる場合であるとして同法第10条に基き、重い殺人罪の刑によって処断すべきであるとした法律判断は正当であって、この点に関する原審の判示は相当である」と判示して上告を棄却した。

　【判例3】札幌地裁昭和47年7月19日判決　判時691号104頁
　本事案は、強姦の目的で婦女を殺害後に姦淫したものであり、刑法181条の適用については、殺人の故意のある場合には適用がないと判示する。
　［事実の概要］昭和47年1月10日午前1時過頃、Xは、「海を見たい。」というホステスA子（22歳）を自動車の助手席に乗せて札幌市内から小樽市方面に向かい、途中、琴似駅前を経て石狩海岸近くの同市銭函地内に至って車を停めて休憩中、同女に肉体関係を迫ったところ、同女が「そんなことするんなら殺してよ。バックにカミソリも入っているから。」などと予想に反して凄い剣幕で怒り出したため同女の首を両手で絞めて押えつけたりしたが、同女の態度から肉体関係をもつことはできないとあきらめた。Xは、A子の態度から同女との肉体関係を遂げるには同女を殺害するより他に方法がないと決意し、同日午前5時20分頃、A子の住むアパートの前をわざと通りすぎ

てから路上に自動車を停車させたうえ、助手席でリクライニングシートを倒して眠り込んでいる同女の頸部に自分のズボンからはずした皮製バンドを巻きつけ、助手席に膝をつき同女の前面から約5分間その両端を力いっぱい両手で引っ張って絞めつけ、A子を窒息死させた後、姦淫した。Xは、犯行を隠すため、A子の死体を遺棄しようと決意し、同日午前6時頃、死体を前記自動車に乗せたままB方脇物置前まで運搬したうえ、着衣をはぎとって全裸にし同物置内に死体を運び入れて放置した。

　[判旨]　裁判所は、「判示第三の所為中、殺人の点は刑法199条に、強姦の点は同法177条前段に、判示第四の所為は同法190条にそれぞれ該当する。」と判示したうえで、「なお、検察官は、判示第三の所為は殺人罪（同法199条）および強姦致死罪（同法181条）に該当すると主張するが、この見解は一個の死を二重に評価することになって不当であるばかりでなく、右強姦致死罪は殺意なくして死の結果を生じさせた場合にのみ適用せられるべきものであるから、前記のように殺人罪および強姦罪（同法177条前段）に該当すると解するべきであり、このように解しても、右両罪は、一所為数法の関係となるのであるから、検察官主張の適条と比較して刑の不均衡を生ずることはなく、また強姦致死罪を、法定刑として死刑が定められている強姦殺罪（同法240条後段）と同様に解釈すべき理由もないというべきである。このように、判示第三の殺人と強姦は、一個の行為で二個の罪名に触れる場合であるから、同法54条1項前段、10条により一罪として重い殺人罪の刑で処断すべき」と判示した。

　【判例4】大阪高裁平成6年5月11日判決　判タ859号270頁
　本事案は、ビル地下便所内で当時7歳の少女を強姦のうえ殺害したとの公訴事実について、原審（大阪地方裁判所堺支部平成3年3月25日判決）が、「被告人の捜査段階における供述及びこれを裏付けるかのような他の証拠が一応存在する。しかしながら、被告人は当公判廷において、また検察官に対して犯行を否認しているところである。そして弁護人及び被告人は、被告人の捜査段階における供述中司法警察職員に対するものの大部分についてはその任意性及び信用性を争っているところであり、被告人の右捜査段階における供述を通観すると、供述内容は大きく変遷しているのみならず相互に矛盾し客観的状況に符合しない点が多々あり、また具体性・迫真性に欠け不自然な点もあって、到底右公訴事実

の認定に供し得るだけの証拠価値があるものとは認められず、信用性に欠け、そのうえその多くのものについては任意性も認められないものである。さらに他の証拠は信用性に乏しいか右公訴事実の認定を積極的に裏付けるものではなく、消極的に右事実を認定することの妨げとならず、認定に供したとしても不合理ではないとする消極的な機能をもっているに過ぎないものである。」と判示して自白には任意性ないし信用性がなく、事後に被告人から犯行を打ち明けられたと言う者の証言も客観的状況に符合しないものであり、その他の状況証拠では被告人が犯人であると断定できず、物的証拠もないとして、無罪を言渡した事案の控訴審である。

　［事実の概要］Xは、昭和59年6月29日午後9時30分頃、堺市内の路上で、駅前ビル地下へ行くA（当時7歳）を認め、同女を知人の子供と思い、同ビル地下まで追い掛けたところ、人違いだと気付いたが、同女がかわいい子であったことからにわかに劣情を催し、Aを姦淫しようと決意した。Xは、同ビル地下一階男子共同便所の大便所内において、同所にいるAに言葉巧みに近寄り、A着用のズボン及びパンツをはぎ取って、その陰部をもてあそぶなどしたうえ、無理やりAを抱きかかえて姦淫行為に及んだ。Aが『痛い、痛い』などと言って騒いだので口をふさぐなどの暴行を加えたが、なおも騒ぐため、Xは、自己の犯行が露見するのを恐れ、殺意をもってAの頸部を右手で絞めつけ窒息死させた。

　［判旨］裁判所は、「原判決は証拠の判断にあたって、誤った前提に立脚し、または被告人の公判廷における不自然な弁解にとらわれ、その結果被告人と本件犯行を結び付ける積極証拠の価値を正しく評価しなかったといわねばならない。結局原判決には所論のいうような事実誤認があり、その誤りが判決に影響を及ぼすことが明らかであって、破棄を免れない。」と判示したうえで、「判示第二の所為のうち、殺人の点は同法199条に、強姦致死の点は同法181条、177条にそれぞれ該当するが、…判示第二は一個の行為で二個の罪名にそれぞれ触れる場合であるから、同法54条1項前段、10条によりそれぞれ一罪として、…判示第二につき重い殺人罪の刑で処断する」と判示して原判決を破棄し懲役20年に処した。

4 検討・私見

1 結果的加重犯についての基本的理解は、基本となる故意行為（基本犯）を実行したところ予期しない重い結果（加重結果）を発生させてしまった犯罪類型として、基本犯についての故意犯プラス加重結果についての過失犯と解し、責任主義の要請として加重結果について少なくとも過失が存在しなければならないというものである。

2 上記の理解に立つ時、強姦行為に際し、行為者が加重結果について故意を持って行った場合の取り扱いが問題となる。181条の適用を肯定し、傷害罪ないし殺人罪と強姦致死傷罪の観念的競合とする見解、及び判例（判例2　最判昭31・10・25刑集10巻10号1455頁）は、一つの死傷結果を二重に評価している点で妥当ではない。181条は、加重結果についての故意を含む結果的加重犯として理解し、死傷結果を一回だけ評価する致死傷2分説の見解をもって妥当と解する。

【参照文献】
井田　良「結果的加重犯の理論」現代刑事法44号105頁
丸山雅夫『結果的加重犯論』
山口　厚・川端　博「《鼎談》結果的加重犯の現状と課題」現代刑事法48号27頁
大谷　實・前田雅英『エキサイティング刑法各論』 137頁以下
木村光江『演習刑法』248頁以下、特に252頁
林　幹人『刑法の基礎理論』223頁

【事例問題】
(1) Xは、かねてから好意を寄せていたA子をドライブに誘った際、A子の親近感のある言動から互いに理解しえたと錯覚した。Xは、帰りがけ休憩をとるため駐車した車中でA子の身体を求め姦淫行為に及んだところ、A子から「あんたなんかデリカシーに欠け嫌い。あたしの身体を求める資格はないのに何を思い上がっているの」と言われ、かっとして首を絞めて殺害してしまった。Xの罪責について論じなさい。
(2) 大学生のX及びYは、合コンであったB子を車で送る途中酔いの回ったB子が

気持ち悪いと言うのでモーテルで休んでいくことになった。X、Yは、ベッドで寝込んでしまったB子を姦淫することを思いついてXが先に実行した。Xは、所用を思い出し先にチェックアウトすることとなり、帰り際、Yに対して「あとでB子がうるさいことを言うと面倒だから適当に始末しておけ」と言い残した。Yは、B子を姦淫した際、「学校に訴えてやる」と言われ、Xの言葉を思い出してB子を殺害した。X及びYの罪責について論じなさい。

(林　弘正)

第9講　住居侵入罪の保護法益

【問題点】
◇保護法益をめぐる理論的対立　◇侵入の意義
◇承諾の有無と立ち入りの態様

1 総　説

(1) 住居侵入罪の意義

1　住居は人が私的生活を送るための本拠として、極めて重要な地位を占めている。したがって、個人の自由を認める法治国家にあっては、そのような住居を保護する必要性は極めて高い。自由権の一つとして、公権力からの住居の不可侵だけでなく、私人間における住居の侵入を防遏（ぼうあつ）することは重要である。近時は、住居の不可侵はプライヴァシーの権利とも結びつきうるものであることが意識され、憲法上の価値を有するものとされる（なお、日本国憲法35条1項参照）。

2　住居を侵す罪には、住居侵入罪（刑法130条前段）と不退去罪（130条後段）の2類型があり、後者は真正不作為犯である（近時は両者を別個の犯罪として論じる立場が多くなっている。なお、本講では説明の便宜上、特に断りのない限り住居侵入の語をもって、住居侵入罪および不退去罪をともに指すこととしたい）。条文上、明定されている客体（なお木村・71頁は、住居侵入罪に客体は存せず、その罪質は単純挙動犯とする）は、住居または人の看守する邸宅・建造物のほか、艦船であり、これに加えて判例・通説は囲繞地（いにょう）（建物の付属地であって、塀や生垣などによって囲まれている庭などのように外部との交通を遮断している場所）も住居侵入の客体として加える。住居侵入罪の客体のうち建物の性質についてみると、広く建物を意味する建造物があり、その中でも人が居住するために作られたものが邸宅であり、そして実際に居住の用に供されているものが住居である。住居は人の起臥寝食に使用される場所であって、旅館料理屋の一室（名古屋高判昭26・3・3高刑集4巻2号148頁）など客による一時的な使用であってもよいと解する。人の居住しているところであれば必ずしも建造物（屋蓋を有し、壁や柱によって支えられて土地に定着しており、人の起居出入りに適した構造の工作物）に限らず、艦船・汽車電車・自動車やテントなどであっても、生活するために要する設備構造をある程度備えているときは住居とみてよいが、野外の土管・寺院の床下・地下道などそこで生活する者があるとしても住居には該らない。人が生活しない事務所・店

舗・実験室など、住居に該らない建造物でも、人が事実上管理支配するという意味で看守されている邸宅あるいは建造物に該る場合が多い。邸宅とは人の住居に供する目的で作られた建造物のうち、現に住居として使用されていないもので、空家やシーズンオフで使われていない別荘などがそうである。看守というるには、実際にその建造物に現在したり見張りを置くまでの必要はないが、その建造物に施錠して鍵を保管したり、清掃点検など保守管理の作業を実施しているようなときは、事実上の管理支配があるとみてよい。しかし、単に立ち入り禁止の立て札を設置しただけでそれ以上の何らの措置をも講じないでいたり、自己の建造物であっても何もせずに放置したような場合は、事実上の管理支配があったとはいえない(工場を会社が支配管理していないとされた事案につき、大阪高判昭25・9・19高等裁判所刑事判決特報15号70頁)。

住居侵入は他人の住居に侵入することであるが、その他人の住居とは、行為者自身が単独もしくは共同で生活を営んでいる住居ではない。共同で以前に生活していた住居であっても、家出などによって離脱したときはもはや自己の住居ではなく、人の住居である(他人と共謀して強盗の目的で共犯者を帯同の上、深夜自己の実父の住居に侵入した行為につき、最判昭23・11・25刑集2巻12号1649頁)。

3 実行行為である侵入は、客体の一部に侵入することで足り、たとえば住居等の内部に立ち入るのみならず、屋根や煙突に上がった場合も侵入である(東京高判昭54・5・21高刑集32巻2号134頁、大阪高判昭25・10・28高等裁判所刑事判決特報14号50頁)し、集合住宅内の廊下・内階段・外階段・エレベータ・共用出入口に立ち入った場合でも侵入となる。更に、侵入の意義は、住居侵入罪の保護法益をいかに解するかにより、意思侵害説と平穏侵害説に分かれる(2以下で併せて検討する)。また、法益の理解の差異は、被害者の承諾の有効要件や推定的承諾さらに包括的承諾にも関連する(被害者の承諾については総論27講・第7講を参照のこと)。

住居侵入罪の既遂時期について、身体がどこまで内部に入ったところで既遂となるかについては、三つの説に分けることができる。一部で足りるとする説(大場・各論上〔第九版・大七年〕402頁、中野・ポケット注釈全書刑法〔第三版〕313頁、斎藤・65頁)、大部分が入ったときに既遂となる説(植松・323頁)、身体の全部が入った段階で既遂となる説(団藤・508頁、福田・208頁、前田・110頁、岡野・71頁、井田・55頁、斉藤信宰・『刑法講義各論』〔第三版・2002〕138頁、三原・120頁、山中・刑法各論I〔初版・2004〕160頁ほか。なお木村・73頁)である。住居の保護のためには第一説が最も厚くなるが、この立場を徹底すれば着手と既遂の

時期が接近し、極端化すると指先を窓枠に掛けただけで既遂ともなりかねず、未遂規定（132条）の存在する意義が失われかねない。第二説では、大部分という概念をさらに明確化するために下位基準を設ける必要があり、具体的な場面においては、身体のどの部位あるいは身体の割合としてどの程度をもって大部分とすべきか、その判断が難しくなることもありえよう。既遂時期の画定については第三説がもっとも明瞭である（一定時間の滞留があって初めて既遂に達することを要する、と明確に指摘する文献に、大谷・137頁や佐久間・79頁がある）。

4 条文上、「正当な理由がないのに」（平成7年法律91号による改正前は「故ナク」）の文言が置かれているが、住居侵入罪は正当な理由がない侵入行為によって成立する犯罪であるから、同文言には特別の意味はなく違法であること（すなわち正当化されない・違法性が阻却されないこと）を示す趣旨に過ぎない（瀧川幸辰・「刑法各論・増補版」『刑法著作集（2）』301頁、下村・諸問題43頁以下、同・刑法各論（ポイント法律学）56頁、西田・91頁）。一方、この文言を重視する立場は構成要件要素と解し、捜査令状によって司法警察職員が住居に立ち入るときは構成要件該当性が阻却される・不該当とする（団藤・総論〔第三版〕200頁、山口・120頁は、許諾のある場合は構成要件阻却とする）。つまり住居侵入罪が成立しない理由を、違法性阻却・正当化に求めるか、構成要件該当性阻却（犯罪不成立になる場合には違法性阻却のケースがなく、すべて構成要件該当性を阻却するとの趣旨ではない）に求めるかにより立場が分かれる。後者の構成要件該当性阻却とする立場は、住居の立ち入りは頻繁に行われる行為であり、正当な理由のない場合のみを構成要件に定型化しているとの主張に基づいている。この点については、構成要件と違法性の関係をいかに理解するか、その見解の相違とも無関係ではない。意思侵害説の立場からは普通、住居等へ立ち入ることに承諾があれば構成要件該当性が阻却されると解するとされ、平穏侵害説では、承諾が違法性阻却事由として働くことになるとされる。

(2) 社会的法益か個人的法益か

現行刑法は、第十二章に住居を侵す罪の章を設け、住居侵入罪と不退去罪を130条に併せ規定し、132条に未遂規定を持っている。旧刑法（明13太政官布告36）は、住居の侵入方法・昼夜の別などによって住居侵入を細かく類型化していた一方、不退去罪と未遂処罰の規定を欠いていた。旧刑法の条文（171—173条）の位置からすると、静謐（せいひつ）に対する犯罪とされ、立法者は社会的

法益に対する犯罪として考えていたといいうる。その後、明治40年（1907）に制定された現行刑法も、第十二章に規定を置いたことから、当時の立法者としては社会的法益に対する犯罪とする意図であった（旧刑法および現行刑法の立法者は、社会的法益と位置づけていたことから、これをもって旧＝平穏説であったと解することができる）。しかし、昭和2年の刑法改正予備草案、昭和15年の改正刑法仮案、昭和36年の改正刑法準備草案、昭和49年（1974）の改正刑法草案では、それぞれ個人的法益に対する犯罪として位置付けている。今日、住居侵入罪（および不退去罪）を個人的法益に対する犯罪と解することに、現在の学説状況においてほぼ異論は見られない。(同様に、強姦や強制わいせつなどの犯罪も、性的自由に対する犯罪として個人的法益として捉え直されている。）かりに社会的法益の側面も併有するとして、公共的犯罪の一種として近隣の静謐をも保護法益と解すると、居住者が立ち入りを同意しても法益を処分する権限がなく、違法な侵入と評価される余地が生ずる。しかし、住居は個人生活の本拠として重要視されること、自由権やプライバシー権との関連でも個人の権利として考察されるべきことを考え合わせれば、個人的法益として理解するほうがよい（個人法益説）。

2 学 説

住居侵入罪の保護法益を、個人的法益であると解した場合、さらにその内容をいかに解するかにより、立場が分かれる。

(1) 住居権説

1 住居侵入罪の保護法益は、**住居権**であると解する。嘗ての判例がこの立場であり、大審院判例を中心に形成された見解であるとされる。この説は、住居者の被害法益的意思に住居侵入罪の可罰性を求める。ドイツで家宅権（Hausrecht）と称される考え方にも、同様の思考を見ることができる（団藤・500頁、福田・註釈刑法(3)(団藤編)234頁）といわれる。住居への立ち入り行為について承諾を与えることで、当該立ち入りは正当なものとなり、承諾のない立ち入り行為が法益を侵害する行為であるとする。

2 住居権説における侵入は、住居権者・看守者の意思に反して立ち入る

こと(**意思侵害説**)となる(意思侵害説を採用する立場として、齊藤・229頁、平野・概説184頁、中山・刑法各論143頁、内田・173頁、堀内・75頁、林・107頁ほか。ただし、ここで掲げた論者らは保護法益については後述の新住居権説を支持する)。意思侵害説では住居権者ら(すなわち承諾権者)の有効な承諾が、当該侵入を不可罰とする。すなわち住居者等の承諾の有無が決定的となる。そして、夫婦・家族が共同生活を営む住居において、その住居権は、戦前の「家」制度を背景にして家長に帰属するものとされた。例えば、夫が留守の間に妻がいわゆる姦通のために他の男性を自宅に招き入れたような場合には、もし夫が事情を知っていれば到底その立ち入りを許すものではなく、妻の承諾があっても、住居権者たる夫の推定的意思に反するから、住居侵入罪が成立するものと解する(このような事例を便宜上、「姦通事例」と称する)。

3 住居侵害説に対しては、次のような批判が向けられている。すなわち、住居権なるものを根拠に据えているが、その住居権自体の内容が不明確であるし、犯罪の本質を権利侵害とする19世紀初期の旧い考えに立つのではないか、さらに住居権者を家長とすることは現行の日本国憲法の理念に反するおそれがある、などである。住居権者を(現行民法上でも既に存在しない)家制度に基づいて家長と定めることを避けたとしても、誰を以て住居権者と定めるべきかという問題は残る。もし住居権者のみに限らず、その推定的意思にしたがって住居権を守る立場にあるとみられる者もまた承諾をなしうると解することになると、それでは殊更に住居権を保護法益とする必要はなくなるはずである、などの批判がある。

(2) 平穏説

1 住居侵入罪の保護法益は、**住居の事実上の平穏**であると解する(藤木・232頁、福田・203頁、岡野・70頁、井田・58頁ほか)。判例の採る住居権説を批判する中から主張された考えであり、永らく通説と目されてきた。そして、最高裁の時代に入ると、判例はこの説に馴染むものがみられるようになる。旧=文言の「故ナク」および現在の「正当な理由がないのに」の語に修辞以上の意味を認めて、侵入行為の態様を規定する規範的要素であるとして、侵入行為の態様に可罰性を認める。平穏説は行為無価値に馴染むともいわれる(平穏侵害の結果と考えて結果無価値からでも平穏説を説明できるとの主張もある。前田・『エキサイティング刑法 各論』(大谷・前田)51頁)。平穏説を支持する論者の多くは、住居を侵す罪(刑法典第十二章)を、秘密を侵す罪(同第十三章)とともに私生活の平穏を害する

罪と解し、自由に対する罪と財産に対する罪の間に位置付ける。

　2　平穏説における侵入は、住居等の事実上の平穏を害する態様で立ち入ること（**平穏侵害説**）となる（福田・205頁、西原・184頁、小野・「住居侵入と妻の許諾」『刑事判例評釈集 (2)』277頁、岡野・71頁、井田・59頁ほか）。立ち入りが平穏を害する態様であるか否かが住居侵入罪の成否を決する。その判断は、行為が主観と客観の全体的構造を持つことから、当該立ち入り行為の主観的要素と客観的要素をあわせ考慮すべきである（全体評価説）。そして、住居者等の承諾の有無は、態様を判断する際の一資料に過ぎないとされる。

　平穏説では、いわゆる姦通事例の場合、妻の承諾を得て立ち入った行為は、姦通目的であっても平穏を侵害する態様でない限り、住居侵入は成立しないことになる（主たる居住者全員の意思に反した場合にのみ住居侵入罪は成立するとの「一部居住者同意有効説」や、現在する居住者の同意があれば足りるとする「現在居住者優先説」では姦通事例の成立を否定する。同意の有効性に関して明解に分類している斎藤・67-68頁参照のこと）。判例の中にも同様の思考をとったと思われるものがある（姦通事例について、福岡地小倉支判昭37・7・4下刑集4巻7号8号665頁や後掲の尼崎簡判昭43・2・29下刑集10巻2号211頁）。

　もっとも平穏説に立ちつつ、意思侵害説を採用する立場（香川・456頁などがこの立場に分類されている）や、事実上の平穏を害する態様とは住居者の意思あるいは推定的意思に反して立ち入る事であるとして、実質的には意思侵害説と同様に解する立場（住居者意思標準説）（団藤・505頁、大塚・注解〔増補第二版〕602頁）もある。平穏説に立ちつつ意思侵害説を採る立場の中には、姦通事例の場合、各住居者が平等の立場にあるときは、承諾は全員の意思・推定的意思に適ったものでなければならず、不在者があるときは、現在者の意思は不在者の意思・推定的意思に反しない内容でなければならないとする見解（大塚・118頁、後掲の東京高判昭57・5・26「洋書センター事件」参照）がある。この見解によると、姦通事例においては夫婦の一方の承諾は得られないのが普通であるから、住居侵入罪を構成するとされる（各住居者が独立に保護されるとの「一部居住者同意無効説」では、姦通事例の可罰性を肯定）。また、承諾が錯誤に基づく場合、違法な目的とりわけ平穏を侵害する目的を秘匿して承諾を得たときは、その承諾は無効であるとする。

　3　平穏説に対しては、次のような批判が向けられている。すなわち、住居の平穏あるいは私生活の平穏という概念の内容は抽象的であるとの批判のほか、平穏という概念は個人的法益よりもむしろ社会的法益に馴染みやすいし、住居侵入罪を個人的法益に対する罪としながら平穏を問題とするのは、法益主体が個人から離れたものとなり一貫しない。さらに住居が事実上平穏

であるべきことを前提としているが、居住者がその住居において平穏に過ごすか否かは、その者の自由に属すべき事柄である。不退去罪においては平穏の侵害は問題にならない、といった批判がある。

(3) 新住居権説

1 新住居権説は自由説とも称され、住居侵入罪の保護法益は、**住居に他人の立ち入りを認めるか否かの自由**あるいは**住居等の一定の場所を管理する権利**であると解する。個人の生活の本拠である住居とプライバシーの権利が結びつくことに着目し、現行憲法が個人を尊重する（憲法13条ほか）ことから、刑法解釈においても個人の自由と自己決定権に重きを置くことが必要であることを基本に主張される。したがって、社会的法益に対する犯罪の非犯罪化が主張される時代にあっては、個人的法益に還元して理解すべき性質の犯罪はそのように適正に解釈し直そうとの要請が働く。こうした潮流もあって、旧来の住居権説を封建的色彩の残る家父長制から切り離し、住居権とは、支配権的な意味を含めて自己の住居や看守する建造物を管理する権利の一側面として、そこに他人の立ち入りを認めるか否かは自由に属する、と考える。

この立場は、嘗ての住居権説が住居権者を家長の権利と関連して理解した点に問題があったのであり、住居権の概念を再構成すれば保護法益として問題はないとする。すなわち、旧=住居権説の住居権者について捉え直し、自由権の性質を重視するところに特徴がある。個人的法益に対する罪として理解する見方を徹底した見解であり、改正草案など近時の立法例の傾向にも合致する。平穏説を批判する中から主張され、近時は多数説の地位を占めるようになっている（平野・概説182頁、大谷・129頁、中山・140頁、西田・89頁および91頁、川端・89頁、中山・89頁、中森76頁、川崎・108頁、伊東・134頁ほか。また、自由権説を純化させた許諾説を主張する山口・116頁）。そして結果無価値と馴染み、包括的承諾を広く解する傾向があると指摘される（だが、これも絶対的な結びつきではないといわれる）。

2 新住居権説における侵入は、旧=住居権説と同じく、**意思侵害説**となる。しかし、旧=住居権説における承諾権者が家長であったのに対し、戦後は日本国憲法（24条ほか）に照らすと家長のみが住居権を専有するものではないとされ、新住居権説では夫婦・家族で共同生活しているときはその全員が承諾権者となる。住居権を絶対的なものと考えると、立入りには全員の承諾が

必要となる。姦通事例においては、夫婦の一方の承諾がない限り住居侵入罪を構成する。その一方で、同じく新住居権説を採りつつも、一人の承諾があれば住居侵入罪の成立を否定する見解（平野・概説183頁、頃安・研修420.69〔73〕、町野・「被害者の承諾」（西原ほか）『判例刑法研究(2)』211-212頁）がある。この見解は、住居権とは事実上の支配管理をいうから、事実上適法に住居を支配管理している者の承諾があれば足りるとする。その理由として、不在中の者よりも現在する者の意思が優先する、あるいは一人が立ち入りを承諾する以上、他の者は住居権を失うとされる。

また、承諾が錯誤に基づく場合、法益関係的錯誤でないから有効な承諾と解する立場（平野・概説184頁、町野・前掲216頁。なお吉川・『刑法各論』（1982）87頁は、立ち入り者の真意に気付いて退出を要求した時点において、不退去罪の成立を認めれば足りることを明らかにしている）が有力であるが、密かに侵入すれば住居侵入罪が成立するのに比して均衡を欠くと指摘される。そのため、外見上は承諾があったように見えるが、真実においては承諾を欠くと解する傾向にある（犯人が「今晩は」と挨拶したのに対し、家人が「おはいり」と答えたのに応じて住居に入った場合でも、犯人が強盗の意図でその住居に入った以上、住居侵入罪が成立するとした、最大判昭24・7・22刑集3巻8号1363頁参照）。

3 住居権説に対しては、（平穏説の側から）次のように批判されている。新住居権説では住居権の捉え方が包括的であるため、権利としての性格が明瞭ではない。あるいは、住居・建造物等への立ち入りを認めるか否かという形式的観点のみに着目している、といった批判がある。そのほかにも、公共の建造物について新住居権説をそのまま適用すると、住居権者たる管理者が誰を立ち入らせるかの自由は形式的に内規や管理者の証言で判断されるから、住居権者＝管理者の意思を過度に強調することとなり、平穏説よりも処罰範囲を拡大する、とも批判される。

(4) その他の立場

一般に、平穏説（かつ平穏侵害説）と新住居権説（かつ意思侵害説）が対置されるが、平穏説に立ちつつ実行行為については意思侵害説をとる立場（木村・70頁および73頁。香川・452頁および456頁。ただし同・457頁では、各種の批判に対して、平穏説で一貫しているとして反論をおこなっている）や、平穏説かつ平穏侵害説に立ちつつも、住居等の平穏を害する態様での立ち入りを、住居者等の意思または推定的意思に反する立ち入りと解する立場（団藤・501頁および505頁、大塚・注解〔増補第二版〕602頁）などがある。いずれも平穏侵害説と新住居権説の止揚を図った見解として充分傾聴に値するが、しかし、前者のような平穏説と意思侵害説の掛け合

わせは、保護法益と実行行為の性質の関係が一貫しないし、後者のように平穏侵害説の内容に意思侵害説の主張を入れ込んだとしても、平穏な態様であることと承諾があることは同一ではない（後述のように、(a) 平穏な態様ではあるが住居者等の意思・推定的意思に反する場合や、(b) 住居者等の意思には反しないが平穏な態様とはいいがたい場合はあり得る）と指摘される。あるいは、同説のいう平穏の意味が事実上のものというより、規範的なものであるなら、実質的には意思侵害説となるから、前説と同じく保護法益と実行行為の性質の関係が一貫しなくなる。

公共の建造物の場合に新住居権説では処罰範囲が拡大するとの批判に関し、そもそも新住居権説は個人の住居を念頭に置いた考え方であり、公共の建造物にまで本説を拡大する必要はないとして、個人の住居等と公共の建造物との間で保護法益を相対化する立場も見られる。すなわち、新住居権説に立ちつつ、公共の建造物については個々の職員がその営造物の利用目的にしたがって平穏かつ円滑に事務を遂行し得ることを、保護法益とすべきとの主張（多元説・相対化説）（関哲夫・『住居侵入罪の研究』323頁、前野育三・「客体が公の建造物である場合における住居侵入罪・不退去罪の特殊性について」静岡大学法経研究17巻1号75〔87〕頁。なお、相対化説という場合は新住居権説を基本にした立場と平穏説を基本にする立場がありうる）がある。

また、保護法益を住居等で共同生活を営んでいる者全員が、その平穏を外部の侵害から保護されるべき利益とする居住者共同利益保護説（板倉・79頁。なお、侵入行為については管理者の意思に反するすなわち平穏を害する立ち入りとする）、新住居権説に近いが保護法益を人格的利益と解する立場（平川・245頁。事務所や工場の場合には一部制限されるとする。なお侵入行為については意思侵害説に立つ）がある。そのほかにも、いわゆる住居についてはプライヴァシーに対する罪であり、公共施設である建造物の場合は自由に対する罪であるとする立場（曽根・85頁）、あるいはプライヴァシーその他の実質的利益ではなく、その枠組みとしての住居という私的領域の支配・管理状態そのものとする立場（山中・刑法各論I（2004）155頁）や、さらに、各説は要するに事実上住居を管理・支配している状態が法益だとするのであれば、むしろ率直に、そうした状態を保護法益と解するほうがよいとする立場（佐久間・77頁）などがあるほか、住居の平安としつつも、それを自由と呼ぶか自由権と呼ぶかは用語の問題に過ぎないとする立場（植松・320頁。なお323頁では、住居者の意志に反する立ち入りを侵入行為とする）がある（用語の問題に過ぎないとする立場については、草野・「住居侵入罪と姦婦の承諾」『刑事判例研究（4）』62〔68-69〕頁、齊藤・全訂版（1969）224頁を参照）。

(5) 帰結の違い

　各学説のうち意思侵害説と平穏侵害説の間で、具体的場面においてその帰結が異なるのは、(a) 住居者等の意思・推定的意思に反するが平穏な態様で立ち入った場合（現に人が居住する住居に"セールスマンお断り"の表示があるのに、これを無視して立ち入った場合や万引き目的でデパートに立ち入った場合、無銭飲食等の目的で店舗に立ち入った場合など）と、(b) 住居者等の意思・推定的意思には反しないが平穏を害する態様で立ち入った場合（夜間に窓ガラスを破壊するような態様で住居に侵入したが、住居者等が容認していた場合など）である。後者の (b) の場合、意思侵害説では住居者等の意思に反しないから、住居等の侵入には該らず住居侵入罪は成立しないのに対して、平穏侵害説では住居者等が容認していても平穏を侵害するため、住居侵入罪の成立が認められるはずである。ただし、平穏侵害説でも承諾があることによって、不可罰となると解する。したがって、(b) のケースでは両説の帰結に相違はみられない。他方、前者の (a) のケースにおいては、平穏侵害説では立ち入りの態様が平穏を害しないから、住居者等の意思に反していたとしても、当該行為は侵入には該当せず、住居侵入罪は成立しない。これに対して、意思侵害説では住居権者の意思に反する立ち入りであるから、住居侵入の成立が認められる。このように (a) の場合に両説の帰結は分かれる。その際、平穏侵害説からは犯罪の成立を認めるべきでないとして、意思侵害説は批判されるが、意思侵害説はいかに平穏な態様であっても居住者は自己の住居に立ち入るのを許さない自由があり、住居権者に対してその意思に反した立ち入りを受忍させる理由はなく、犯罪の成立を認めることは不合理ではないと反論する。

　更に両説の帰結の違いが鮮明になるのは、客体が公共の建造物の場合であり、意思侵害説を採ると処罰範囲が不当に拡大すると指摘される（殊に労働事件やビラ配布事件において、容易に可罰性を肯定する危険があるとされる）。(a) のケースのように、まったく平穏な立ち入りであっても、管理者の意思に反したと見られるときに可罰的とされる傾向が強くなると指摘される。

3 判　例

1　保護法益について判例は、古くは住居権説に依拠していたとされる。大審院時代の判例では、夫の不在に乗じその妻と姦通する目的でその住宅に

侵入した場合は、あらかじめ妻の承諾を得ていても住居侵入罪が成立するとした大判大7・12・6刑録24輯1506頁は、「住居ノ侵入ハ他人ノ住居権ヲ侵害スルヲ以テ本質ト為ス」とした上で、住居権者の意思に反した侵入は違法であると判示している（同旨のものに、家族その他の者であっても、本人に代って住居権を行使することを認容されたと推測される者は、退去を要求することができるとした、大判大15・10・5刑集5号438頁がある）。この時期、当時の家父長制のもとで夫を住居権者とし（家長である夫を住居権者であると明確に判示するものに大判昭14・12・22刑集18巻565頁などがある）、住居権者たる夫の（推定的）承諾を欠くがゆえに住居侵入を認めた判例が見られる。そして、その多くは夫の不在中に、妻の同意を得て他の男が住居に立ち入った事案であった。その当時の時代背景をも考慮に入れると、判例がこうした結論に至ったのも理解できるところではある（姦通罪は親告罪（削除される前の旧83条2項）とされていたが、出征中の夫は事実上告訴ができないところ、出征兵士の士気高揚のため姦通罪ではなく住居侵入罪で処罰するふしがあったとされる。大塚・注解〔増補第二版〕605頁）。

　最高裁の時代に入っても、当初は大審院判例と同じく住居権説に立つとみられる時期があった。店舗の主人が顧客と信じて、強盗殺人の目的をもった者を許容した事案について、「住居権者の承諾ある場合は違法を阻却する」が住居権者たる主人の承諾を欠いているとして、住居侵入罪の成立を認めている（最判昭23・5・20刑集2巻5号489頁）。

　2　その後、下級審ではあるが、「住居侵入罪は、現に平穏にその住居において生活している人の安寧を保護することを目的とするもので、その所有権が誰に帰属するかを問わない」とした裁判例（札幌高函館支判昭25・11・22高等裁判所刑事判決特報14号222頁など）もみられるようになり、ついに最高裁も同様の判断をするに至った。すなわち、最判昭28・5・14刑集7巻5号1042頁は「居住者又は看守者が法律上正当の権限を以て居住しまたは看守するか否かは（住居侵入罪）の成立を左右するものではない」と判示したところから、平穏説へとシフトしたのではないかとも目された。もっとも、同判決の事案は警察予備隊の施設への侵入であり、警察予備隊の施設は違憲であるからその管理は正当なる法的根拠を有しない以上、同施設に立入っても住居侵入は成立しないとの弁護人の主張に答える形で最高裁が判示した回答である。したがって、ここで引用した部分はいずれも傍論に属する判断であるから、この判決をもって直ちに平穏説へと判例変更したというのは難しい。

　この昭和28年判決後の下級審においても、国政調査のため派遣された議員

であっても、その調査に当って住居権者の意思に反して住居に立入ることは許されないとされた (札幌高判昭30・8・23高刑集8巻6号845頁)、住居権説に馴染みそうな口吻を示す裁判例がある (この裁判例の後にも、親族7人の共有に属する別荘敷地につき、その1人が事前に訪問拒否の意思を明示しているとしても、他の共有者の一部が同敷地への立入りを許容していたとしても、住居侵入罪が成立するとした「洋書センター事件」(東京高判昭57・5・26東京高等裁判所(刑事)判決時報33巻5-6号30頁・判時1060号146頁・判タ474号236頁) などもある)。一方、姦通事例に関しても、妻の承諾を得て、平穏を害する態様でない立ち入りの事案につき、住居侵入罪の成立を否定した裁判例がみられる (前述の福岡地小倉支判昭37・7・4など)。夫だけが住居権をもつと解することは男女の本質的平等を保障する憲法の基本原理と矛盾するから、夫の不在中妻との情交の目的で居宅に立入ったとしても、同女の承認を得ている場合には住居侵入罪に当らないとして保護法益を事実上の住居の平穏とした裁判例 (尼崎簡判昭43・2・29下刑集10巻2号211頁) もあることから、まだこの時期の裁判所の態度は一様ではない。

しかし、最高裁は前述の最判昭28・5・14の後も、王子野戦病院事件において、米陸軍病院敷地に立ち入った行為につき、住居侵入罪の保護法益を「住居等の事実上の平穏であり、居住者又は看守者が法律上正当の権限を有するか否かは犯罪の成立を左右するものではない」とし (最決昭49・5・31裁判集刑192号571頁)、東大地震研事件 (最判昭51・3・4刑集30巻2号79頁) でも囲繞地侵入について、侵入行為から囲繞地が保護される理由に関して、囲繞地への侵入は「建造物自体への侵入若しくはこれに準ずる程度に建造物利用の平穏が害される」からであると判示した。このような判例からすると、手続き上は判例変更の形をとっていないものの、実質的には住居権説を放棄して住居の平穏を保護法益と解していたのではないかとも評されている。

3 さらに最高裁は全逓釜石支部大槌郵便局事件において、全逓組合員が郵便局内にビラ貼り目的で侵入した事案について、侵入の意義に関して「他人の看守する建造物等に管理権者の意思に反して立ち入ることをいうと解すべきである」と判示した (最判昭58・4・8刑集37巻3号215頁)。そこで、先の昭和49年決定(王子野戦病院事件決定)および51年判決(東大地震研事件判決)とこの昭和58年判決は、いかなる関係に立つのかをめぐって見解は多岐に分かれる。①最高裁はこの昭58年判決によって新住居権説を採用すべきとしたと解する立場 (前田・123頁)、②この昭58年判決は侵入の意義について意思侵害説に立つことを示したものであり、保護法益について最高裁は平穏説に立つ最高裁の見解

(これは昭49年の王子野戦病院事件決定・昭51年の東大地震
研事件判決が平穏説に依拠するとの理解を前提としている)はいずれ修正されねばならないとする立場(木藤繁夫・「刑法130条前段にいう「侵入」の意義等〈刑事判例研究149〉」警察学論集36巻7号143頁以下〔152頁〕)、③最高裁は、住居権説に立つ大審院以来の判例を変更しておらず、かつ本58年判決で侵入の意義について意思侵害説を採っていると明示したと解すると、(意思侵害説は住居権説からの帰結として生ずる見解なのだから)依然として最高裁は住居権説を維持しているとみる見解(頃安健司・「刑法130条前段の「侵入」の意義」研修420号69頁以下〔73頁〕)、④本58年判決は侵入の意義について判示したものの、保護法益については言及してはおらず、学説も侵入の意義と保護法益の学説がそれぞれ直結するわけではない(前記の"その他の立場"で示した団藤説などの存在)とすることから、保護法益に言及した昭49年決定および51年判決との抵触の議論を解消したとする立場(森岡茂・『最高裁判例解説刑事篇(昭和58年度)』70頁)などである。なお、最後に示した④の立場は、保護法益を「自由権又は住居権というか住居等の平穏というかは、表現の違いに過ぎない」とする見解である(森岡・前掲71頁)。

4 侵入の意義について判例の大勢は、大審院・最高裁の判例が住居侵入罪の保護法益を専ら住居権説・新住居権説に立って理解していることから、意思侵害説である(前記大判大7・12・6、大判昭4・5・21刑集8巻288頁、前記最判昭23・5・20、前記最判昭58・4・8など)。殊に昭和58年の大槌郵便局事件判決によって、判例は意思侵害説を肯定したものといえよう。その後、下級審においても意思侵害説に立ったと思われる裁判例がみられる。空港建設に反対する住民らが、あらかじめ抗議文を手交することを連絡していた事案について、立入りの方法も平穏で、開設披露会場である市民福祉センター側職員らによる明示的な制止ないし退去要求も受けていないなどの事情があるときは、住居侵入の故意を有していたとすることはできない、とした大阪高判昭和63・4・19(判時1316号148頁)がある。東京高判平成5・2・1(判時1476号163頁)も、湾岸戦争に対する政府方針に反対する者が虚偽の氏名等を記入した傍聴券で参議院内に立ち入った行為は、その態様において、管理権者の意思に反するものであり、建造物侵入罪の成立が認められる旨、判示している(そのほか東京高判平5・7・7判時1484号140頁仙台高判平6・3・31判時1513号175頁)。これらの裁判例では、立ち入りの態様にも触れられているが、結論として管理者の意思に反するか否かが決定的な要因として挙げられている点に注目すべきであろう。

4 検討・私見

1　旧=住居権説が、住居権者として、立ち入りについての許諾権を有する者を家長のみとすることは、もはや現行憲法にはそぐわない（日本国憲法24条参照）。では、保護法益については、平穏説か新住居権説のうちいずれが妥当であろうか。

　意思侵害説と平穏侵害説の帰結の相違をみると、特に個人の住居等の場合にあっては、意思侵害説のほうが妥当であろう。平穏な態様であっても、住居権者の意思・推定的意思に反した立ち入りを受忍する必要はないと思われる。居住者の意思と住居の平穏はほぼ重なることを理由として、平穏説でも同じ結論をとる立場がある（共通事例について平穏を害するのではないかとして、平穏説でも論者によって犯罪を構成するかどうか、その結論が分かれる。もっとも、新住居権説の内部においても住居侵入罪の成否について判断が分かれる）ことを見ても、結論において両説は必ずしも対立しない。だが、論理的な整合性として新住居権説のほうが明快である。平穏でない態様であっても、住居者等がこれを許している場合にあっては、殊更に犯罪とすべきではないだろう。たしかに住居へ侵入する行為が近隣住民に不安を与えたり、住居侵入が他の犯罪につながり得ることは否定できないが、社会的法益の色彩を強めるべきではないと思われる。

　新住居権説に立つと、複数の者が同一の住居等に居住している場合、全員の承諾が必要であるかが問題となる。住居権者全員が現在しているときは、全員の意思に反しないことが必要であるが、不在者がいる場合に不在者と現在者の意思が対立するときは、いかにすべきか。不在者の意思が明示的に立ち入りを拒否しているときは、現在者が立ち入りを承諾したとしても住居侵入罪は成立するであろう（前掲の東京高判昭57・5・26「洋書センター事件」参照）。一方で、不在者の意思が推定的意思にとどまるときは、現在者の意思が優越するものと思われる（現在者が複数あるときは、その全員の承諾を要する）。蓋し、住居権には支配権的性格があるため、事実上適法に住居を支配管理している住居権者の意思が優先されるからである。

　平穏説に対する批判としては、何をもって平穏とするかを決することは容易ではなく、平穏説に立って平穏侵害説を採用する立場では、住居侵入罪の

成否を画然と決することは困難になろう。この点、実務上は各証拠関係から平穏な態様であった否かは容易に認定可能であるとの反論も見られるが、相対概念である平穏という要素にあまり重きを置くことは望ましくない。

2 したがって、新住居権説が妥当であろう。さらに、新住居権説において、住居権の内容の把握については二つの立場に分かれるといわれる。すなわち、住居・私生活の平安を害されないという自由とともに、住居等の一定の場所に対する**支配**権を住居権として保護法益と解する立場であり、自由権的性格のみならず、支配権的性格に重きを置くところに特徴があるとされる。他方、住居等へ他人の立ち入りを認めるか否かの**自由**を保護法益と解し、自由権的性格に重きを置く立場である。だが、この後者の立場も立ち入りの許否を挙げていることから、単なる自由権としてのみ解しているわけではなく管理権的性格をも認めており、結局、前者の立場とはどこに重点を置くかの違いしかないようである。そうであれば、自由権的性格と支配権的性格とを積極的に認める前者の立場のほうが、住居侵入罪を自由に対する罪としての性格を認め、その上で財産に対する罪の前に位置付けようとする思考に馴染みやすいものであろう。

公の建造物について、(平穏説よりも) 新住居権説のほうが処罰範囲を拡大してしまうとの批判が加えられ、そのため法益を二元的に解して解決しようとする立場もあることは前述の通りである。だが、法益と実行行為の性質の理解に統一性を欠くし、私的な住居等については保護法益を住居権と解し、公の建造物については、その営造物の利用目的に従って平穏・円滑に職員が事務を遂行することを保護法益と解すると、業務妨害罪と変わりがなくなると指摘される（山口厚・「刑法130条前段にいう「侵入」の意義（昭58・4・8最高二小判）」〈刑事判例研究424〉」警察研究56巻2号71頁［78頁］。その批判的な指摘に賛同する文献に、井上大・「住居侵入罪の問題点」『刑法基本講座 第6巻』161頁がある）。そこで、住居権を「住居その他の建造物を管理する権利」と解し、誰を立ち入らせるか許否の自由はその一内容であるとすると、住居権者の意思は建物の目的・用途のほか、それまでの実際の利用・管理の状況により制限を受けることになる、とされる。その結果、多くの人の立ち入りを本来的に予定している公の建造物の場合には、実際の利用管理の状況に照らして、住居権の侵害の有無を判断することとなり、処罰範囲が不当に拡大することにはならない（井上・前掲161頁）とされる。このようにして、ある

種の規範化を図ることで可罰的な意思侵害に絞りをかけることが可能となろう。その結果として、現在の理論的対立の状況は、新住居権説と平穏説との違いは既に決定的なものではなくなってきており、対立の止揚が摸索されるところである。

【参考文献】

井上　大「住居侵入罪の問題点」『刑法基本講座　第6巻』（1993）151頁

関　哲夫『住居侵入罪の研究』（1995）（特に151頁以下）

関　哲夫『住居侵入罪の研究　続』（2001）（特に9頁以下）

時武英男「刑法におけるプライバシーの保護」『刑事法講座　第四巻』（1982）127頁

西山富夫「住居侵入の問題点」『刑法講座　第5巻』（1964）182頁

日高義博「住居侵入罪の保護法益」『現代刑法論争II〔第二版〕』（1997）81頁

福田　平「住居侵入罪」『刑事法講座　第四巻』（1952）703頁

毛利晴光『大コンメンタール刑法　第二版　第七巻』（2000）259頁

―【事例問題】―

(1) あらかじめ市長に対して、市政の方針に反対する意見書を提出する旨を告げて、市役所の庁舎内でこれを受け取るとの回答を得た市民団体のAらは、複数の者とともに市庁舎に赴き、同庁舎に入るとすぐに、かねての計画どおり市庁舎内でビラを配布し、これを職員が制止したのに無視して、さらに市役所の備品を数点、壊した。Aの刑責はどうか。

(2) Bは、知人から使っていない冬の間は別荘をいつでも自由に使っていいと言われていたのを思い出して、その知人所有の別荘に行ったところ、改築のため閉鎖中であり鉄鎖等を用いて施錠されていた。そこでBは、窓をこじ開けて同別荘内に入った。Bの刑責はどうか。

（滝井伊佐武）

第10講　業務と公務

――【問題点】――
◇業務と公務の関係

1 総　説

　公務は、刑法95条1項の公務執行妨害罪により暴行または脅迫という手段によるその妨害から保護されるにとどまっている。そのため、この公務が暴行または脅迫に至らない程度の威力等によって妨害された場合に、刑法233条以下の業務妨害罪によって保護されるか否か、すなわち公務は業務に含まれるか否かが解釈上問題となる。
　この問題については、判例は大審院以来動揺を示しており、他方、学説も区々に分かれている。本講はもっぱらこの問題について検討する。

2 業務と公務の関係

1　判　例

　公務が業務に含まれるか否かについては、大審院時代の判例は、たとえば、偽計により裁判所の競売を妨害した事案につき、偽計業務妨害罪の成立を肯定したものがあったが（大判明42・2・19刑録15輯120頁）、尋常小学校の教員が校長の保管にかかる教育勅語謄本等を持ち出して自己の担任する教室の天井裏に隠匿した事案につき、公務員の職務は業務には含まれないとして、偽計業務妨害罪の成立を否定している（大判大4・5・21刑録21輯663頁）。これに対して、郵便集配人の郵便集配業務を暴行により妨害した事案については、現業雇人である郵便集配人は公務員ではないとして、公務執行妨害罪に成立を否定し、威力業務妨害罪の成立を肯定したものがあった（大判大8・4・2刑録25輯375頁。もっとも、最判昭35・3・1刑集14巻3号209頁により、郵便集配人は公務員であるとされ、判例変更されている）。
　これに対して、最高裁においては、争議中の労働者たちによる業務妨害の鎮圧のために駆けつけた武装警官が現行犯逮捕しようとしたのに対して、労

働者たちがスクラムを組むなどして気勢を挙げたという事案につき、「業務妨害罪にいわゆる業務の中には、公務員の職務は含まれない」として、威力業務妨害罪の成立が否定されたが（最大判昭26・7・18刑集5巻8号1491頁（理研小千谷工場生産管理事件））、旧国鉄の貨車運行業務を威力で妨害したという事案については、「法令上国鉄の事業ないし業務が公務とされその職員が右の如く政府職員に準ずる取扱を受けるものとされているのは、主としてその経営上の沿革的理由と高度の公共性によるものであつて、事業ないし業務が権力的な支配的作用を伴うことによるものであるからではなく、事業ないし業務遂行の実態は、まさに民営鉄道のそれと同様である」として、その事業ないし業務に民間類似性が認められることを指摘しつつ、旧国鉄職員の現業業務はたまたま法令上公務とされているというだけの理由で業務妨害罪の対象とならないとする合理的理由はないとして、威力業務妨害罪の成立を肯定している（最判昭35・11・18刑集14巻13号1713頁（古河鉱業目尾鉱業所事件））。また、旧国鉄連絡船の運航業務を威力を用いて妨害したという事案につき、旧国鉄の事業ないし業務は「その行う事業ないし業務の実態は、運輸を目的とする鉄道事業その他これに関連する事業ないし業務であって、国若しくは公共団体又はその職員の行う権力的作用を伴う職務ではなく、民営鉄道のそれと何ら異なるところはないのであるから、民営鉄道職員の行う現業業務は刑法233条、234条の業務妨害罪の対象となるが、国鉄職員の行う現業業務は、その職員が法令により公務に従事する者とみなされているというだけの理由で業務妨害罪の対象とならないとする合理的理由はない」のであり、「国鉄の行う事業ないし業務は刑法233条、234条にいう『業務』の中に含まれる」とされている（最大判昭41・11・30刑集20巻9号1076頁（摩周丸事件））。

さらに、県議会の委員会の条例案採択等の事務を威力を用いて妨害したという事案につき、「本件において妨害の対象となった職務は、……委員会の条例案採択等の事務であり、なんら被告人らに対し強制力を行使する権力的公務ではないのであるから」威力業務妨害罪にいう「業務」にあたるとして、威力業務妨害罪の成立を肯定し（最決昭62・3・12刑集41巻2号140頁（新潟県議会事件））、また、公職選挙法上の選挙長の立候補届出受理事務を偽計および威力を用いて妨害したという事案につき、「本件において妨害の対象となった職務は、公職選挙法上の選挙長の立候補届出受理事務であり、右事務は、強制力を行使する権力的公務

ではない」から、刑法233条、234条にいう「業務」にあたるとしている(最決平12・2・17刑集54巻2号38頁)のである。

このように、判例は、現在では、強制力を行使する権力的公務のみは業務妨害罪の対象とはならないが、それ以外の非権力的公務、現業業務は業務妨害罪の対象となると解しているのである。

2 学説

公務が業務に含まれるか否かについて、学説は多岐に分かれる(学説については、木藤繁夫「『公務』と『業務』の関係」研修471号44頁以下、山口厚『問題探求 刑法各論』(1999年・有斐閣)265頁以下、佐々木正輝『大コンメンタール刑法(9)』106頁以下参照)。

①積極説は、公務はすべて業務に当たり、業務妨害罪の対象となるとする(木村亀二・各論76頁、江家義男・各論259頁、大谷・各論〔追補版〕142頁以下、木藤繁夫「『公務』と『業務』の関係」研修471号55頁、頃安健司・大コンメンタール刑法(4) 149頁など参照)。これは、業務が一般に「人がその社会生活上の地位に基づいて継続して行う事務」と解されていることからすると公務も業務に当然含まれること、公務が業務に含まれないとすれば偽計等による公務の妨害は刑法上保護されないことになることなどを根拠とする。ちなみに、この積極説においては、暴行・脅迫を用いて公務を妨害した場合、公務執行妨害罪と威力業務妨害罪の両罪が成立しうることになるが、そこで両罪の罪数関係が問題となる。公務は公的利益が付与された特別の業務であるというように両者の類似性を強調するときには、公務執行妨害罪のみが成立すると解する法条競合説が採られ(木村亀二・各論76頁以下、江家義男・各論259頁など参照)、これに対して、国家意思に対する反抗といった公務執行妨害罪の特殊性を強調するときには、両罪の成立を認めて観念的競合説(大谷・各論〔追補版〕143頁など参照)を採ることになろう(山口厚『問題探求 刑法各論』(1999年・有斐閣)266頁参照)。

これに対し、②消極説は、公務は業務に含まれないとする(吉川経夫・各論115頁、伊達秋雄「公務執行妨害罪」刑事法講座4巻679頁など参照)。これは、公務と業務は別個に区別して妨害罪を規定していること、さらに公務は反抗を予想して妨害を排除する実力が付与されているのが通例であり、業務として広く保護する必要がないことから、暴行・脅迫に対してのみ刑法上保護されるにすぎないという限定的な保護しか与えられていないのであって、公務を業務に含ましめることは、このような公務と業務の区別、公務の限定的な保護という趣旨に反するということを根拠とする。

このような積極説、消極説の中間に位置するものとして、さらに見解が分かれる。

まず、③身分振分け説は、公務員が行う公務は業務に含まれないが、非公務員が行う公務は業務に含まれるとする（内藤謙『注釈刑法(5)』400頁など参照）。これは、公務執行妨害罪が公務員が執行する公務しか保護の対象としていないことを強調するものであって、それゆえ、公務員が行う公務は業務には含まれないが、非公務員が行う公務はこれを業務妨害罪の対象としても、公務執行妨害罪と業務妨害罪との競合は生じないのであり、むしろ、公務執行妨害罪の対象とならない非公務員の行う公務を業務として保護する必要があるということを根拠にするものである。

次に、④公務振分け説は、公務を一定の基準によって区別し、一方を公務執行妨害罪の対象とし、他方を業務妨害罪の対象とするものであって、現在の多数説となっている。その区別の基準については、現業性の認められるものについては業務とし、そうでないものは公務とするもの（団藤・各論〔第三版〕48頁、49頁註（10）参照）、民間類似性のあるものは業務とし、そうでないものは公務とするもの（中森・各論71頁参照）、非権力的なものは業務とし、権力的なものは公務とするもの（中山・各論150頁、藤木『刑法講義各論』20頁、曽根・各論〔第三版補正二版〕78頁以下、前田・各論〔第三版〕133頁など参照）などがある。これらの見解は、業務妨害罪による保護を受ける民間の事業ないし業務と同様の実態をなす活動が、公務であるというだけで同様の保護を受けないというのは均衡を失するという考え方に基づくものであり、業務として保護される公務は公務執行妨害罪の対象とはならないとするものである。

さらに、⑤限定積極説は、一定の基準によって公務を区別し、一方を業務妨害罪の対象とし、他方を業務妨害罪と併せて公務執行妨害罪の対象にもなりうるとするものである（福田・各論〔第三版〕199頁、大塚・各論〔第三版〕157頁以下、563頁、内田・各論〔第二版〕184頁以下、西田・各論〔第二版〕126頁など参照）。その区別の基準については、公務振分け説と同様に、さらに区別が可能であるが、現在では、権力性の有無を基準として区別がなされている。この説は、基本的には公務も業務に含まれるとしつつ、権力的公務は業務として保護する必要性がないということを根拠としているといってよい（山口厚・前掲書270頁参照）。

3　検討・私見

まず、①積極説は、暴行・脅迫によるときは公務執行妨害罪、偽計・威力によるときは業務妨害罪とするのであるが、公務の妨害の手段によって、あるいは国家的法益を害するものとされ、あるいは個人的法益を害するものとされるのは奇異の感を拭えないし（谷口正孝「国鉄の輸送業務に対する業務妨害罪の成立—藤野論文（本誌208号）に対する答—」ジュリスト225号17頁参照）、また、罪質の異なる両罪について法条競合の関係を認めるのは妥当ではない（大塚・各論〔第三版〕158頁参照）。

これに対して、②消極説は、公務が威力等による妨害から保護されないこと、公務のうち民間業務と類似性を有する業務に対して、形式的に公務とされているということだけで、業務妨害罪によって保護することができず、民間業務との不均衡が生ずることになる。

また、③身分振分け説に対しては、業務妨害罪の保護法益は広く人の一定の社会活動の自由の保護を対象とするものであるから、活動の主体によって区別することは合理性がないこと（鴨良弼「信用毀損罪および業務妨害罪」刑事法講座7巻1654頁参照）、非公務員の行う公務に対して、公務員による職務に対するよりも厚い保護が与えられることになり均衡を失する（鈴木義男「公務員等の同盟罷業と業務妨害罪（上）」法律のひろば9巻6号32頁参照）などの批判がある。

さらに、④公務振分け説に対しては、「公務」の範囲を限定することは、公務執行妨害罪について、旧刑法から現行刑法に改正された際の立法趣旨に反すること、権力的・非権力的公務の範囲を画する基準が明確でないことなどの批判がある。

そして、⑤限定積極説については、公務を二分しつつ、なぜ非権力的公務に限って二重の保護が与えられるのか、公務執行妨害罪においては権力的公務と非権力的公務とを区別しないのに業務妨害罪においてのみこれを区別するのは恣意的な解釈ではないのか、公務振分け説と同様、公務を二分する基準が不明確であるなどの批判がある（以上の各説に対する批判については、木藤・前掲論文45頁以下参照）。

(1) 刑法典上の体系的地位についてみれば、公務執行妨害罪は国家的法益に対する罪として規定されているのに対して、業務妨害罪は個人的法益に対する罪として規定され、その保護法益を異にしている。また、(2) 業務妨害罪の沿革についてみるに、旧刑法には「官吏ノ職務ヲ行フヲ妨害スル罪」、

「商業及ビ農工ノ業ヲ妨害スル罪」の条規があり、両者は保護法益を異にするものであったのであり、これが現行刑法においては前者は公務執行妨害罪に、後者は業務妨害罪に発展解消せしめられたのである（藤野英一「国鉄の輸送業務に対する妨害は刑法の業務妨害罪を成立せしめるか」ジュリスト208号121頁参照）。さらに、(3) 刑法仮案は、その第210条において、偽計・威力による公務妨害を規定し、第415条の業務妨害罪と別個に規定している。したがって、刑法仮案もまた公務を業務より排除する趣旨であるということができる。そして、(4) 刑法95条が公務執行妨害罪の手段を暴行・脅迫に限定していることは、刑法は暴行・脅迫に至らない程度の偽計・威力による公務執行妨害を処罰しない趣旨であると解し得るものといえる。以上のことから、現行刑法においては、公務は業務には含まれないと解すべきであり、暴行・脅迫以外の手段による公務執行妨害は、立法によって解決されるべきである（齋藤誠二「国鉄の運送業務に対する業務妨害罪の成否」一橋論叢37巻3号86頁参照）として公務は業務に含まれないとする②消極説には正しい核心がある。

　しかしながら、強制力を持たない、非権力的・現業的公務は、われわれの日常的生活活動において民間の一般業務となんら変わるところはなく、このような公務と民間の一般業務とを別異に取り扱うことは根拠に乏しいところであり、また、およそ公務が業務に含まれないとすれば、暴行・脅迫に至らない偽計・威力による公務の妨害が、公務執行妨害罪によっても業務妨害罪によっても保護されないこととなり、公務が民間の一般業務に比し刑法的保護の点において軽視されることになる点に疑問がある。③身分振分け説も公務員の公務についてすべて業務妨害罪が成立しないという点で、②消極説と同様の疑問がある。

　思うに、公務については、(1) 警察官の逮捕行為、強制執行などのように「強制力を伴う公務」、(2) 議会における委員会の審議のほか、立法・行政・司法の作用にかかわる公務であり、国家や公共団体の権力関係を前提とする公務であるところの「強制力を伴わない権力的公務」、(3) 権力とは無関係であって、私企業の業務と同様、製品・サービスの提供をなすにすぎない「現業的公務」とに区別することができよう。(1) の公務と (3) の公務は強制力・自力執行力、権力性・支配性、現業性、民間企業類似性などの点において、対極をなすものである。これに対して、(2) の公務は、権力的公務で

ある以上公務執行妨害罪の対象となり、他方、強制力・自力執行力を伴わない公務であることから、業務妨害罪の対象にもなるという、いわば二面性を持つものであるように思われる。このことから、(1)の公務は強制力・自力執行力を有することから、暴行・脅迫以外の手段による妨害は刑法上保護の必要はないものといえるのであり、もっぱら公務執行妨害罪の対象になるとしてよい。これに対して、(3)の公務は、業務妨害罪で保護することで足りる。問題は、(1)の公務と(3)の公務の中間に位置する(2)の公務であるが、既述の二面的性質に鑑み、これが暴行・脅迫によって妨害されたときは法条競合により公務執行妨害罪のみが成立し、威力・偽計によって妨害されたときは業務妨害罪が成立すると解すべきであろう（山中敬一『刑法各論』210頁以下参照）。

【参考文献】

鴨良弼・刑事法講座7巻1649頁
伊達秋雄・刑事法講座4巻671頁
木田純一・刑法講座5巻273頁
吉川経夫・刑法講座5巻62頁
齋藤誠二「国鉄の運送業務に対する業務妨害罪の成否」一橋論叢37巻3号85頁
藤野英一「国鉄の輸送業務に対する妨害は刑法の業務妨害罪を成立せしめるか」ジュリスト208号120頁
木藤繁夫「『公務』と『業務』の関係」研修471号43頁
山口厚『問題探求 刑法各論』（1999年・有斐閣）258頁

---【事例問題】---

(1) Aは、町長選挙の立候補届出に赴き、受付順位のくじ引きに先立つ立候補資格確認に際し、「供託証明書や戸籍抄本を提示せよという規定はどこにあるのか」などと係員を執拗に追及して確認を断念させ、また、くじをなかなか引こうとせず、くじの方法の変更を求め、突然「気を付け」と大声を発するなどして、選挙長の立候補届出受理の事務を遅延させた。Aの罪責はどうか。
(2) 東京都が新宿駅西口の地下通路で始めようとしていた「動く歩道」の設置工事に伴い、都職員らが路上生活者が住む段ボール小屋を撤去するための作業に着手しようとしたところ、新宿路上生活者の支援団体の指導的立場にあ

るAとBは、座り込みをしていた多数の者らとともに、「帰れ、帰れ」と連呼を繰り返し、鶏卵、花火等を投げつけるなどし、工事の開始を約2時間20分遅れさせた。A、Bの罪責はどうか。

(山本光英)

第11講　名誉毀損罪における事実証明

```
―――【問題点】―――
◇230条の2の法的性格
◇事実の真実性の錯誤の取り扱い
```

1 総　説

　刑法230条1項の名誉毀損罪は、外部的名誉（人に対する社会一般の評価）を保護法益とする。この外部的名誉は、規範的名誉（本来あるべき評価）と事実的名誉（現実に通用している評価）に区別されるが、同項は「その事実の有無にかかわらず」処罰するので、いわゆる虚名（不当に高い社会的評価）も一応保護されることになる。しかし他方で、真実を表現・報道する自由は民主主義社会の根幹をなすものであるから、本来あるべき社会的評価を表現する自由は十分に保障されなければならず、場合によっては虚名を剥ぐ表現行為も許されなければならない。そこで、表現の自由（憲法21条）と名誉の保護との調和を図るため、昭和22年の刑法の一部改正において、事実証明に関する規定（230条の2）が設けられた。これによれば、230条1項の名誉毀損行為が不処罰となるためには、摘示された事実が公共の利害に関するものであること（事実の公共性）、摘示の目的がもっぱら公益を図るためのものであること（目的の公益性）、およびその事実が真実であることの証明があったこと（事実の真実性の証明）が必要である（230条の2第1項）。これらの要件は、今日一般に次のように理解されている。

　(1) 事実の公共性　「公共の利害に関する」事実とは、その事実の摘示が公共の利益と認められること（大塚140頁）、またはその事実の摘示が公共の利益増進に役立つこと（大谷166頁）をいう。その事実は、私生活上の行状に関するものであってもよい（最判昭56・4・16刑集35巻3号84頁［月刊ペン事件］）。ただし、事実の公表が表現の自由の濫用とみられる場合には、事実の公共性を認めることはできないので、その事実の公表が公共の利益の増進にとって必要であり、その公共性がある程度明白でなければならない（ただし、必要性・明白性の要件は目的の公益性の問題であるとする見解もある。）。

(2) 目的の公益性　「その目的が専ら公益を図ることにあったと認める場合」とは、事実を摘示した主たる動機が公益を図ることにあったと認められる場合をいう。したがって、被害弁償を受ける目的（広島高判昭30・2・5／裁特2巻4号60頁）や読者の好奇心を満足させる目的（東京高判昭30・6・27／東時6巻7号211頁）は、これにあたらない。

(3) 真実性の証明　以上の2つの要件を充たしていると認めるときは、裁判所が事実の真否を判断し、真実であることが証明されれば不処罰とされる。裁判所が証拠調べを完了してもその真否が不明であった場合には、証明があったことにならず、その挙証責任は被告人に転換されている。真実性の証明の程度については、摘示事実の主要部分について合理的な疑いをいれない程度の証明が必要であるとする説（通説）と、証拠の優越の程度の証明で足りるとする説（藤木・243頁ほか）がある。また、その証明については、厳格な証明（証拠能力のある証拠により適式の証拠調手続によって行う証明）が必要であると解されている（通説）。

なお、230条の2第1項の証明については、公訴提起前の犯罪行為に関する特例（同条2項）と、公務員およびその候補者に関する特例（同条3項）が設けられている。

問題となるのは、230条の2第1項が「これを罰しない」と規定しているのはどのような意味か、さらにこれと関連して、行為者が事実を真実と思ったが、裁判所で真実性の証明に失敗した場合をどのように取り扱うかである。これらの問題について以下で検討してみよう。

2 真実性の証明の法的効果

(1) 学説　230条の2第1項が「これを罰しない」と規定していることの意味について、次のような学説の対立がある。

処罰阻却事由説—230条1項が「事実の有無にかかわらず」処罰するとしていることから、真実性の証明があっても名誉毀損罪は成立しており、真実性の証明という訴訟法上の要件によってその処罰が阻却されるにすぎないと解する見解である（植松・340頁、内田・217頁、前田・127頁ほか）。これは立法当時の政府の見解であり（中野次雄『逐条改正刑法の研究』189頁参照）、かつての最高裁判例も、「事実が真実であることの証

明がない以上名誉毀損罪の罪責を免れることはない」(最判昭34・5・7刑集13巻5号641頁)としていた。

　違法性阻却事由説──230条の2は、個人の名誉の保護と表現の自由の保障の調和を図った規定であり、真実を述べることは表現の自由の正当な行使であるから、名誉毀損行為が構成要件に該当しても、真実性の証明によってその違法性が阻却されると解する見解である(団藤・523頁ほか通説)。現在の判例はこれに従っていると考えられる(後掲の最大判昭44・6・25[夕刊和歌山事件])。

　構成要件該当性阻却事由説──表現の自由を特に強調する見地から、定型的に違法性がないもの、すなわち構成要件該当性そのものが阻却されると解する見解である(いわゆる「旧団藤説」、団藤重光『刑法綱要[初版増補]』421頁ほか)。これによれば、230条1項の構成要件は「不真実の事実を摘示し」と修正され、真実の公表はおよそ名誉の毀損にあたらないことになる。

　(2) 検討　　処罰阻却事由説は忠実な文理解釈に従った見解であるが、不処罰とする根拠が憲法によって保障される表現の自由にある以上、その不処罰は犯罪の成立そのものの阻却を意味するものでなければならない。違法性阻却事由説と構成要件該当性阻却事由説はこの点で妥当な見地に立っているが、230条の2の規定は230条1項の構成要件を修正するのではなく、例外的な許容状態を記述するものと解されること、また、その事実の真否の判断は非類型的であり、構成要件該当性の存否を決すべき定型的判断にとどまらない面があることから、違法性阻却事由説が妥当であると考える。

　被告人が真実性の証明に成功すれば、いずれの説によっても被告人は不処罰となるが、その証明に失敗した場合に、これらの学説の対立が表面化することになる。

3 真実性の錯誤の取り扱い

　(1) 学説　　行為者が事実を真実と思って公表したが、裁判において真実性の証明に失敗した場合、とりわけ相当の根拠をもってそのように誤信した場合をどのように取り扱うべきか。この問題について、上述の法的性格に関する処罰阻却事由説の立場からおよそ免責を認めないとする説は極めて少数

第11講　名誉毀損罪における事実証明　109

であり（植松・341頁は、正当行為による違法性阻却が可能であるとし、内田・220頁は、「相当な理由」があれば客観的処罰阻却事由が存在した場合と同様に扱われるとする。）、学説の多くは一定の限度で免責を認めるが、その理論的根拠は区々に分かれている。

①故意阻却説—法的性格に関する違法性阻却事由説の立場から、真実性の証明ができなかった以上は違法性を阻却しないが、証明可能な程度の資料・根拠をもって事実を真実と誤信した場合には、故意または責任故意を阻却しうるとする説である。たとえば、大塚博士は、真実性の誤信の問題を責任故意の要素としての違法性に関する事実の認識の問題として理解され、行為者が証明可能な程度の資料・根拠をもって事実を真実と信じた場合には責任故意が阻却されると主張される（大塚・147頁、川端・107頁、佐久間・92頁ほか）。これによれば、真実性の証明が可能な程度の資料・根拠に基づいて真実と誤認した場合は、真実性を裏づける前提事実の誤認として事実の錯誤となり、軽率に真実と誤信した場合には違法性の錯誤となる（「二分説」曽根・94頁）。

②責任阻却説—法的性格に関する違法性阻却説の立場から、厳格責任説に従って、真実性の誤信は違法性阻却事由の錯誤として故意を阻却しないが、誤信したことにつき相当の理由があるときは責任を阻却すると解する説である。すなわち、福田博士が、事実が真実であることを違法性阻却事由と解し、責任説の立場から事実の真実性についての錯誤が避けられなかった場合にのみ責任を阻却すると解することが230条の2の規定の趣旨に合致すると解されるのがこれである（福田・194頁）。

③違法性阻却説—これには2つの考え方がある。その第一は、法的性格に関する違法性阻却事由説の立場から、刑法35条によって違法性を阻却しうるとする説である。たとえば、藤木博士は、確実な資料・根拠に基づいて真実であると信じた場合は、表現の自由の正当な行使であるから、230条の2の違法性阻却事由には該当しないとしても、35条によって違法性が阻却されると主張される（藤木・246頁、団藤・527頁、中森・96頁ほか）。その第二は、法的性格に関する処罰阻却事由説の立場から、実質的判断によって違法性を阻却すべきであるとする説である。すなわち、前田教授が、名誉という人格権と表現の自由という憲法上の価値との衝突の微妙な調整は、35条ないし実質的違法性判断によるべきであるとされ、名誉侵害の程度、摘示事実の公共性の程度、摘示事実に関す

る資料・根拠の確実性—事実の持つ客観的価値の大小、表現方法がそのメディアにおける通常の枠を超えている程度、問題となった表現活動を行う必要性の程度等の比較衡量により違法性の有無が判定されねばならないとされるのがこれである（前田・128頁）。

④過失名誉毀損罪説—事実を真実と誤信したことについて過失がある場合には過失名誉毀損罪として処罰しうるとする見解である。たとえば、山口教授は、230条の2は違法性の減少に基づく処罰阻却事由を規定したものであり、事実の真実性が処罰阻却事由であることの裏面として、事実の虚偽性が（違法性に関係する）処罰条件となるから、責任主義の見地から、それが存在することについて少なくとも過失の存在が要求されると主張され（山口・145頁、町野朔「名誉毀損罪とプライバシー」石原・佐々木・西原・松尾編『現代刑罰法体系3』334頁。なお、内田・219頁参照。）、西田教授は、事実の真実性は違法性阻却事由であるから、行為者が事実を真実だと思ったときは故意を阻却するが、軽率な言論まで不可罰とする理由はないので、230条の2は、摘示事実の虚偽性を認識している場合（故意犯）のみでなく、その虚偽性を認識しなかったことにつき過失があった場合、すなわち過失名誉毀損をも処罰すると解し、その意味で同条は刑法38条1項の「特別の規定」にあたるとされる（西田・108頁、佐伯仁志「名誉とプライヴァシーに対する罪」芝原・堀内・町野・西田編『刑法理論の現代的展開各論』84頁）。

(2) 判例　　最大判昭和44年6月25日（刑集23巻7号975頁〔夕刊和歌山事件〕）は、上述の最判昭和34年5月7日を明示的に変更し、故意阻却説に立つべきことを明らかにした。すなわち、「刑法230条ノ2の規定は、人格権としての個人の名誉の保護と、憲法21条による正当な言論の保障との調和をはかったものというべきであり、これら両者間の調和と均衡を考慮するならば、たとい刑法230条ノ2第1項にいう事実が真実であることの証明がない場合でも、行為者がその事実を真実であると誤信し、その誤信したことについて、確実な資料、根拠に照らし相当の理由があるときは、犯罪の故意がなく、名誉毀損の罪は成立しないものと解するのが相当である」としたのである（なお、最判昭41・6・23民集20巻5号1118頁参照。）。

(3) 検討　　以上の学説の状況をやや詳しく概観してみよう。

法的性格に関する処罰阻却事由説を前提にして真実性の錯誤についておよそ免責を認めないとする説は、行為者の責に帰することのできない理由によって真実性を証明できなかった場合にも処罰することになるので、行為者に

苛酷な刑事責任を負わせ、表現の自由を過度に萎縮させることになるという批判にさらされた。そこで、真実性の証明の前提として「事実の公共性」と「目的の公益性」が必要とされていることから、真実を公表することは違法でないとする違法性阻却事由説が主張された。これによれば、事実の真実性が違法性阻却の対象となるので、真実性の誤信の問題は違法性阻却事由の錯誤の問題として論じられることになる（いわゆる「錯誤論のアプローチ」）。そこで、違法性阻却事由の錯誤を事実の錯誤と解する多数説は、摘示した事実を真実と誤信した場合には故意がなく、名誉毀損罪は成立しないとした。しかし、これによれば、軽率に真実と誤信した場合にも常に故意が阻却されることになるので、名誉の保護が不十分になり、挙証責任の転換を認めた趣旨が没却されることになりかねない。そこで論者は、法的性格に関する構成要件該当性阻却事由説の立場から、証明可能な程度の真実性を認識していた場合には、構成要件該当性阻却事由を認識したものとして故意を阻却すると解し（団藤重光「名誉毀損罪と事実の真実性」『刑法と刑事訴訟法の交錯』91頁）、あるいは、証明可能な程度の真実性を違法性阻却の対象とすることにより、軽率に真実と誤信した場合には故意を阻却せず、確実な資料・根拠をもって真実と誤信した場合にのみ責任故意を阻却すると解する（上述の①説）。しかし、これに対しては、故意または責任故意の阻却は専ら行為者の主観を基準とすべきであり、「証明可能な程度の真実性」という客観的事実を持ち出すのは故意論の域を超えるものである（町野・前掲論文338頁ほか）という批判が提起されている。他方、違法性阻却事由の錯誤を違法性の錯誤と解する厳格責任説は、真実性を誤信したことについて相当の理由があるときは責任を阻却すると解するが（上記の②説）、その前提となる厳格責任説が必ずしも大方の支持を得ておらず、また、確実な資料・根拠に基づいて真実と誤信した場合にも一律に違法性の錯誤と解することは、言論の自由の保障を弱めるおそれがあるとする批判（曽根・102頁）も向けらる。

　そこで、確実な資料・根拠に基づいて事実を公表することは正当な言論の行使であるとして、230条の2の規定から独立した違法性阻却を認める見解（上述の③説）が有力に主張されている（いわゆる「違法論のアプローチ」）。これによれば、真実性の証明に成功した場合には230条の2によって違法性または処罰が阻却されるが、真実性の証明ができなかった場合でも、その表現

3 真実性の錯誤の取り扱い

行為が確実な資料・根拠に基づいて行われたものであれば、35条によって正当な行為とされる（二元的構成）。これには、230条の2による違法性阻却を原則とし、真実性の証明はできなかったが、証明可能な程度に確実な資料・根拠に基づいて真実と誤信した場合には、35条による違法性阻却を例外として認める説（大谷・174頁）と、相当な資料に基づく発言は客観的に価値が高いので35条ないしは実質的違法性判断により正当行為とされ、230条の2はこれを補完するものとして、結果的に真実と証明されたことによる処罰阻却事由を定めたものであるとする説（前田・127頁）がある。さらに、「憲法的名誉毀損法論」の見地から、一応真実と考えられる程度の相当の根拠がある場合には、憲法21条に基づく法令行為として35条により違法性が阻却されると解する説（平川・235頁）も、結論において同趣旨の見解といえよう。しかし近時、こうしたアプローチに対して、真実の摘示については違法性阻却を肯定する余地があるとしても、虚偽の事実の摘示には優越的利益が欠けるため違法性阻却は認められず、責任の否定により不可罰とすべきであり、両者を一括してその違法性を阻却する必要性・必然性はないのではないかという疑問が向けられている（山口・144頁）。

そこでさらに、真実を摘示した場合には違法性の減少・阻却を認めるが、虚偽の事実を摘示した場合には、虚偽性の認識を欠いたことについて過失責任を問うべきであるとする見解（上述の④説）が登場した（いわゆる「過失のアプローチ」）。すなわち、事実の真実性は処罰阻却事由であるが、それは違法性の減少に基づく処罰阻却事由であるから、責任主義の見地から真実性の認識について少なくとも過失が必要であると解し（山口・町野説）、あるいは、230条の2が前提とする名誉毀損罪は事実が虚偽のときに成立するが、その虚偽性については過失で足りるとする見解（西田・佐伯説）である。この2つの見解は「挙証責任の転換」の理解をめぐって差異を生ずるが（詳しくは、山口厚「名誉毀損罪」『問題探究刑法各論』91頁参照。）、いずれも230条の2が前提とする名誉毀損罪は故意と過失を結合させた犯罪類型であると解する点に特色がある。

では、この3つのアプローチのうち、いずれの考え方が妥当であろうか。まず、錯誤論のアプローチに対しては、故意阻却を認めるならば専ら行為者の主観を問題にすべきこととなるが、そう解すれば軽率な行為者を利するこ

とになって不当であるという上述の批判が妥当すると思われる。次に、過失のアプローチについては、虚偽の事実の摘示については違法性阻却を認めるべきではないとする結果無価値的違法観の是非は別論としても、「故意と過失を結合させた犯罪類型」としての名誉毀損罪を想定することには無理があるように思われる。すなわち、故意犯と過失犯の法定刑に大差を設けている刑法が、故意の名誉毀損罪と同じ法定刑の過失名誉毀損罪を定めているとは考えにくいこと、過失名誉毀損罪を認めることは謙抑主義の見地からみて疑問があること（斎藤信治「名誉毀損罪は故意犯に限られないのか」『西原春夫先生古稀祝賀論文集第3巻』191頁）、あるいは構成要件の重要部分である虚偽性についてなぜ認識が不要なのかが明らかでないこと（前田・127頁）等の疑問があるからである。

　思うに、事実の公共性と目的の公益性が認められる場合に、証明可能な程度に確実な資料・根拠に基づいて事実を摘示する行為は、真実性の証明に失敗しても社会的に相当な行為として適法であると解すべきであるから、違法論のアプローチが基本的に妥当である。その場合に、230条の2の法的性格について違法性阻却説を支持する立場からは、同条による違法性阻却と35条による違法性阻却との関係が問題になるが、刑法は公共性を有する言論であっても真実性の証明がないかぎり違法性を阻却しないとする立場から、230条の2の厳格な要件によって違法性阻却を認めたものと解されるので、35条が適用されるのは、事実の公共性および目的の公益性は認められるが、真実性の証明ができなかったことについて、証明可能な程度に確実な資料・根拠に基づいていた場合に限られる。その意味で、230条の2が原則であり、それが適用できない場合に初めて35条の適用が問題になり、例外的に230条の2に準じて違法性を阻却するものと解すべきである（大谷・174頁）。

【参考文献】

斎藤信治　「名誉毀損罪は故意犯に限られないのか」『西原春夫先生古稀祝賀論文集第3巻』（1998年）179頁

佐伯仁志　「名誉とプライヴァシーに対する罪」芝原邦爾・堀内捷三・町野朔・西田典之編『刑法理論の現代的展開各論』（1996年）76頁

平川宗信　『名誉毀損罪と表現の自由』（1983年）31頁

3 真実性の錯誤の取り扱い

掘内捷三「真実性の錯誤」ジュリスト増刊『刑法の争点〔第3版〕』(2000年) 150頁
町野　朔「名誉毀損罪とプライバシー」石原一彦・佐々木史朗・西原春夫・松尾浩也編『現代刑罰法大系3個人生活と刑罰』(1982年) 301頁
山口　厚「名誉毀損罪」『問題探究刑法各論』(1999年) 77頁

【事例問題】

(1) Aは、「Bクラブの理事Cが、死去した前理事長の香典として同クラブから支出された5万円を着服横領したかのごとき虚偽の事実を記載した文書を頒布し、もってCの名誉を毀損した」という名誉毀損の事実で起訴された。これについて裁判所は、摘示された事実が公共の利害に関する事実に係り、その目的も専ら公益を図るに出たものであることを認めたが、いまだ真実であるとの証明はないとの心証をいだいた。しかし、法廷に提出された証拠により、Aはその文書を頒布するに先立ち、前理事長の未亡人に会って前記香典の受領の有無を確かめたところ、同女がこれに対して否定的な返答をしたこと等の事情から、Aが摘示事実を真実であると誤信したことについて相当の理由があったことが明らかになった。裁判所はAの罪責についてどのように判断すべきか（東京地判昭47・5・15判タ279号292頁参照）。

(2) 月刊誌の編集長Aは、農業協同組合の組合長Bが組合員の預金を横領したかのような事実を同誌に掲載してBの名誉を毀損した。裁判所は、「事実の公共性」と「目的の公益性」の要件は充足するが、真実性の証明があったとはいえず、また、Aがその事実を真実と確信するに足る確実な資料・根拠は存在しなかったという心証をいだいた。しかし、Aの弁護人は、真実性の証明は厳格な証明による必要はなく、証明の程度もいわゆる証拠の優越の程度で足り、有罪認定に必要な程度の高度の証明は必要ないと主張した。この弁護人の主張は認められるか（東京地判昭49・11・5判時785号116頁参照）。

(鈴木彰雄)

第12講　窃盗罪の保護法益

―【問題点】―
◇刑法が個人的法益として保護すべき「財産」とは何を意味しているか。法的に許されない物であっても、所持している限りは財産として認められるのだろうか。　◇各中間説の基準はどのように具体化されるのだろうか。

1 総　説

1　窃盗罪（235条）は財産犯の冒頭に位置づけられる基本規定であり、爾余の様々な財産犯類型がこの規定と比較対照されながら体系的に整序される。財産犯について学ぶ場合も、具体的には、窃盗罪との異同点に着目して整理するのが能率的でよいのである（因みに、各論は、①何条、②保護法益、③主体、④客体、⑤行為、⑥違法、⑦責任、⑧その他の問題点というように項目を立ててまとめていくとよい。その場合に、窃盗罪との比較が一定の整序をもたらすはずである）。財産罪はいくつかに分類され得る。客体による分類をすれば、窃盗罪は財物罪であるので、利益窃盗は成り立たない（この事が、情報窃盗の問題も含め、立法論上課題となっている。現代社会に於いては、これ等の無形的なものが有形財産以上に重要な経済的価値を有するからである。価値が大きい場合、或いは侵害態様の問題性が大きい場合には処罰の対象とすべきであるのか、その場合、侵害態様を如何にして限定・定型化し得るか等、困難な問題が多い）。現行法上、利益は所謂2項犯罪と背任罪に限定されている。行為態様による分類をすれば、窃盗罪は領得罪であり、奪取罪であって、被害者の意思に反して行われる犯罪である。

2　窃盗罪で特に問題となるのは所謂「財物」概念である。概略、①有体性説と管理可能性説の対立、②交換価値の要否、③禁制品、④不法原因給付物、⑤人体、その一部、特に臓器、受精卵、精子、卵子等、現代に於いては就中、熟慮を要する。特殊な拡張形式として、⑥242条の「自己の物」については、本講の論点である本権説と所持説の対立につながるので、予めの理解を要す。

ところで窃盗罪は他人が占有している財物をその意思に反し奪う行為である。従って、客体は他人が占有中のものでなければならない。占有から離脱した物を奪う行為は遺失物横領罪（254条）となり、法定刑は窃盗罪に比し格段に軽い。そこで、「占有」とはどのようなことをいい、どのような場合にそれが認められるのかという点を明らかにしておく必要がある。民法上の占有概念と同一ではなく、事実上の支配があることをいう（＝所持）。支配意思、支配の事実、特殊な問題として死者の占有、占有の帰属（例えば、共同占有物を占有者の一人が自己の物にした場合や、店内の商品は店長の占有物か、売子の占有物か）というような問題がここで論ぜられる。

行為は窃取することである。窃はひそかにと読めるが、それに限定する意ではなく、占有者の意思に反してその占有を侵し、自己の占有に移転させる行為をいう。但し、侵害されたのは占有そのものであるのか、その背後にある所有権その他占有の権原たる本権であるのかが問題であり、それがまさしく本講の窃盗罪の保護法益という問題なのである。学説・判例の項参照。窃取の手段・方法は問わない。限界事例として無断使用の問題があるが、判例は自動車の無断使用に関し、返還意思があり、又、現に返還を繰り返していたという事案で長時間の使用につき当該返還意思の有無を問わず、不法領得の意思を認めて窃盗罪とした（最決昭43・9・17裁判集刑168号691頁；4時間余りの使用につき、最決昭55・10・30刑集34巻5号357頁）。又、秘密書類をコピーする為に一時持ち出して2時間後に返還したという場合にも窃盗罪とした（東京地判昭55・2・14刑月12巻1＝2号47頁）。判例は現在占有説に依るものと考えられるが、同時に不法領得の意思を必要ともしている為、その判断基準は必ずしも明確ではない。

行為に関しては実行の着手時期（未遂犯処罰規定がある為）及び既遂時期に注意。前者につき、例えば物色をした時といい（通説・判例）、後者につき取得の時とする（通説・判例）。但し他説も主張されている。

猶、窃盗罪は状態犯である。事後も違法状態は存続するが、その違法は窃盗罪成立により評価され尽しているので、例えば、盗物を毀損しても別罪とはならない。これを不可罰的事後行為という。但し、その行為が新たな法益侵害を生ぜしめる場合は別論とする。例えば、盗んだカードを自己のものの如く偽って現金を引き出すような場合である。詐欺罪が問題となり得る。

違法性に関しては、自己の物の取戻し行為が自救行為或いは正当行為或いは超法規的違法性阻却事由として論ぜられる場合があることに注意（例えば、前田・法セミ422号94頁参照。ここでは所持説の立場から、所有者による取戻し行為であっても占有侵害はあるのであるから窃盗罪の構成要件該当性は認められる。しかし、取戻しであるという行為者側の事情を違法性阻却事由として参酌しようというのである。このような考え方に対する批判的見解として、中森「刑法判例百選Ⅱ各論」4版51頁参照。当該判例は後出判例の変遷でとりあげた）。

以上、窃盗罪に関し、特に問題となっている点を極く概略的に列挙しておいた。自習の参考である。このような点を整理しつつ、窃盗罪の保護法益は何かということを検討することとなる。学説・判例の状況を概観する。

2 学説・判例

窃盗罪は「人の財物を窃取した者は」と規定する。客体たる財物を窃取することにより如何なる法益が侵害されたといえるのであろうか。これが保護法益如何の問題である。近代法の思想によれば、財物とは人の所有物即ち所有権の範囲内に属するものをいう。民法はまさにこれを尊重し保護するところから始まったといってよい（所有権絶対性）。刑法も同じ市民社会の法として、これを侵害する行為を処罰の対象としなければならない。旧刑法（明治13年制定、同15年施行）366条窃盗罪の規定はこのような思考の下に、「人ノ所有物ヲ窃取シタル者ハ」とし、客体を所有物に限定した。ここにいう所有物は、所有権の及ぶもの、及び、所有者から他者へ法律上の理由により占有が移った場合（例えば、質権、賃借権、留置権等による移転）、その移転・占有の根拠たる法律上の権利に基づく、換言すれば、権原ある占有物である。所有権その他の所謂本権（占有の基礎となっている民事法上の権利）がここでは保護法益である。民事法上権利として保護されている財産権を財産の内容とするが故に、このような考え方を法律的財産説という。この帰結は、権利の侵害が犯罪であるので、純理論的には、そこに経済的損害の有無は問う必要がないということである（林幹人「財産犯の保護法益」27頁参照）。ここでは刑法は民事法的に保護されている財産を前提とし、その民事法的保護では足りない部分を補充的に刑罰で対応

しようとするものであるので、従属説といわれることもある（安廣文夫・ジュリ 873号52頁参照）。第二次世界大戦の頃まではこのような考え方が通説・判例であった。これに対し、最高裁は戦後所持説を採るに至る。後述の如く（判例の状況の項参照）、戦後の混乱による経済社会の不安定を、民事法的な整序を俟つ以前に修復する必要性があったのであるし、実際にも、権利と名付け得ない経済的利益や占有状況も一応保護せざるを得ないという社会的要請を座視し得なかったのである。経済社会の実態は複雑且つ流動的であり、静的な権利把握を前提とすることは、かえって、民事法に対する刑法の干渉を許すことにもなるからである。そこで、刑法を民法から切り離し、独自の刑法的財産観に基づく財産犯の把握をなすべきであるという見解が生じた（前者に対応させ、これを経済的財産説とし、又、独立説と称する。経済的の謂は、民法的に権限のないもの、或いは違法なものであっても、経済秩序の観点から猶保護すべきであると考えられるもの、即ち、経済的な損害が発生したという事実は、これを財産侵害として認める考え方であるからである）。所持説の背景にはこのような考え方があるといわなければならない。財産というものを如何に把握していくべきかということに関する、この法律的及び経済的観点の対立は、現在、法律的・経済的財産説という折衷的見解を生ぜしめるにいたっている。これ等の見解の詳細については、林幹人「財産犯の保護法益」が最適の参考文献である。ドイツでの理論発祥から我国の財産犯の個別の問題点への波及まで論証。この法律的・経済的財産説は、表層的に見れば、いわゆる「平穏占有説」等の中間説の基礎に置かれるものであるというを得、又、具体的には、刑法上の利益は民事法上の権利でなくてもよいが、民事法上保護されていない違法の利益であってはならないとする考え方である（林・前掲 153頁）。所持説の実質性を認めつゝ、法秩序の統一性に配慮しようというものである。

これらの点を前提とし、窃盗罪の保護法益に関する学説の状況を概観する。猶、本権説と所持説の対立が具体的な形で表面化するのは、特に242条にいう「自己の財物であっても、他人が占有し」の占有を如何に解するかという点、及び、所有者による自己の物の取戻し行為を如何に評価すべきかという二点に於いてであることに注意。

前者につき、本権説はこれを例外的規定とみる。占有侵害ではあるが、し

かし、その占有は権原に基づくものでなければならないし、少くとも民事法上及び刑事法上違法な占有であってはならないとする。これに対し、所持説は242条を注意規定とし、自説の根拠規定とみる。本条で所持そのものが保護の対象たることが明示されており、従って、自救行為として違法性が阻却される場合でない限り、後者の問題点に関わるが、自己の物の取戻しも又窃盗罪を構成することになるのである。本権説からは、この場合、窃盗罪の成立は否定されなければならない。

　学説の状況：学説は本権説（或いは所有権説）と所持説（或いは占有説）に大別され、更にその間に中間説とされる見解が多数存在するが、それ等にも本権説を基本とするものと所持説を基本とするものがある。

　（1）　本権説（団藤・561頁、中山・121頁、平川・336頁、内田・250頁、他）。例えば、団藤博士によれば「窃盗罪・強盗罪は他人の所有権の侵害を本質とする。すなわち、その主要な保護法益は所有権である。これは、その客体が「他人の」財物（235条・236条1項）、「他人の」不動産（235条の2）とされているところからあきらかであろう。ただ、とくに例外として、「自己の財物と雖も、他人の占有に属し、又は公務所の命に因り他人の看守したるものなるときは、……他人の財物と見做」されるのである（242条）。この規定を根拠として、所有権ではなく占有が保護法益だとする見解も有力に行われている。しかし、それならば、立法者は235条・236条において、「他人の物」とするかわりに端的に「他人の占有する物」と規定していたはずである。おもうに、この242条の規定にいわゆる「占有」は、質権・留置権・賃借権等の本権にもとづく占有、すくなくとも法律的―経済的見地からみての財産的利益によって裏づけられている占有の意味と解するべきである。したがって、窃盗罪・強盗罪の保護法益は、所有権のほかに、占有の基礎となっている本権および占有の裏づけとなっている法律的―経済的見地における財産的利益をも含む。しかし、単純な事実上の占有そのものは、これらの罪の独立の保護法益ではないというべきである。」（前掲561頁）となる。更に、林「財産犯の保護法益」238頁はかつての本権説（古い本権説）の問題点を細かく検証し、自ら「修正された本権説」を主張。修正の所以は、①権利の侵害があってもその権利が形式的なもので刑法の保護に値しない為財産罪の成立を認めるべきでない場合があるということ、②権利の侵害がなくても財産罪の成立を認めるべき場合がある（例えば、売買契約を結び、意思

主義の原則に従い所有権が買主に移転したが、代金は完済されず。この状況で買主が目的物を自力奪取した）ということを認めるところにある。修正ではあるが、中間説ではないと考えるので本権説に分類する。本権説の根底にある考え方はつまるところ「民事訴訟を提起すれば権利の実現ができるときには、財産罪の成立は否定するべきであろう。刑法上の財産は、民事法上保護された適法な利益に限られるべきであって、民事法上返還が義務づけられている物を、刑法で保護する理由はないと思われる」（林・169頁）という、統一的な法認識である。

(2) 所持説 （大塚「刑法各論上巻」1977、309頁、大谷・189頁、西原・229頁、川端・145頁、前田・149頁、伊東・195頁、岡野・102頁、他）。

所持説の主張は、例えば「現代の複雑な経済・社会構造にあっては、本権を離れた所持、すなわち物に対する事実上の支配が重要な経済秩序の基礎をなすようになってきたとみるべきであって、本権の保護のためには第一次的に所持を保護しなければならないし、その所持を保護するにあたっては、一々それが権原にもとづくかどうかを調査する余裕はないのであって、所持をそれ自体として保護しなければならない」（西原・228頁）とする。具体的論拠は①刑法235条は旧刑法と異なり単に「財物」と規定され、その変更はまさに所有物に限定されないことを明示しているのである、②242条は財物の他人所持を保護することを「注意的」に明らかにしているのであり、自己の物であっても、他人所持が適用か否かに不拘、所有者による取戻しは窃盗罪に該たり得る、等である（川端・142頁参照）。

(3) 中間説。中間説は多様である。戦後の判例の変化を機とし、従来、本権説であった学説も判例支持を表明されたりした（例えば、小野博士は「一応理由のある占有」を保護法益とする旨を示されたが、窃盗犯人の占有までは認められない）（小野清一郎「自己の財物について、窃盗罪はどういう条件の下に成立するか」警察研究33巻1号105頁参照）。

中間説として有力なのは所謂「平穏占有説」（平野・206頁）である。但し、ここでは、少くとも窃盗犯人からの所有者の取戻し行為だけは平穏占有ではないとして除かれている。この系統に属する学説として、藤木・282頁、西原・230頁、内田・251頁、他。

「合理的理由のある占有」を主張する見解もある（西田・139頁）。ここでは、被害者と行為者との関係において一見明白に保護に値しない占有については窃

盗罪の構成要件が否定さるべきであるとし、その際、平穏占有説と異なり、窃盗犯からの取戻行為のみならず、使用貸借における借主が期限を超えて返却しない為、貸主が取戻す行為や、所有権留保付きの割賦販売において、買主が弁済を行わず、清算の利益も存しないことが明白な場合に売主が目的物を回収する行為についても窃盗罪の成立は否定される（同上139頁～140頁参照）。中森・110頁同旨と考えられる。このような見解に対し、占有を、保護に値するか否かで相対化するべきではないという反論もある（前田・171頁、曽根・118頁）。後出（4）参照。猶、山口・191頁は処罰の根拠となりうる法益侵害が存在するか否かで判断すべきとし、結論的には上述合理的理由のある占有説に帰一するものと考えられる。

（4）理論構成上注目される見解として、違法性判断を採り入れるものがあるので、一応ここに別記する。この見解は所持説に立つ。然して、例えば、取戻行為の場合、第三者であれば窃盗罪となり、被害者であれば何故不可罰なのか。窃盗犯人の占有根拠という意味では差がないはずである。そうであるとすれば、実際には、取戻の行為者が所有者の権利として奪おうとしているのか、債権者として貸した物を取り返そうとしているのか、又は全く無権限なのかで、同じ占有侵害に対する可罰評価が異なってくる理由は、その評価が極めて実質的な事情を含め、財産侵害と侵害する行為の担う価値衡量に亘っており、既に構成要件解釈を超え、違法阻却判断に他ならないというのである（前田「法セミ422号」94頁参照）。即ち、構成要件該当性の段階では一律に占有侵害とし、その後に個々の事情を違法性の有無で判断するというものである。この見解に対し、財産関係は本来相対的なものであり、被害者の利益が保護に値するか否かも行為者との関係で相対的に決まるのが当然であるとして、保護に値する利益の存在は構成要件該当性の段階で判断されるべきであるという批判がある（中森「刑法判例百選II各論4版」50頁参照）。

判例の変遷：この問題に関し、判例は、戦前は本権説に拠り、戦後は所持説を採っている。本権説による代表的な判例は、恩給年金証書事件といわれるものである。恩給法により、担保とすることを禁ぜられた恩給年金証書を担保として債権者に渡した債務者がこの証書を債権者から取り返したという事案につき、大審院は、242条、251条は「占有者カ適法ニ其ノ占有権ヲ以テ

所有者ニ対抗シ得ル場合ニ限リテ適用セラルヘキモノニシテ」とし、民法上正当に対抗し得ることを要するとして、本権説の立場を明らかにした（大判大7・9・25刑録24輯1219頁）。民法上の権利が侵害されたことに対して、刑法による制裁が与えられたものと考えられる（同種の判例として、大判大12・6・9刑集2巻508頁；A、B共有の乳牛をAが第三者に賃貸したところ、Bが当該第三者に無断で連れ去ったという事案に対し、賃貸借契約の有効・無効が242条適用の是非を左右すると判示）。

　これに対し、戦後の最高裁判所の判例は所持説に立ち、例えば、「正当の権利を有しない者の所持であっても、その所持は所持として法律上の保護を受ける」べきであるとし（最判昭24・2・8刑集3巻2号83頁）、「刑法における財物取罪の規定は人の財物に対する事実上の所持を保護せんとするものであって、これを所持するものが、法律上正当にこれを所持する権限を有するかどうかを問はず、たとい刑法上その所持を禁ぜられている場合でも現実にこれを所持している事実がある以上社会の法的秩序を維持する必要からして、物の所持という事実上の状態それ自体が独立の法益として保護せられみだりに不正の手段によって、これを侵すことを許さぬとする趣意である」（最判昭24・2・15刑集3巻2号175頁）とする考え方の判決が続いている。そして、最判昭34・8・28刑集13巻10号2906頁は、上記大判大7・9・25の判決に対し、変更を免れないとして判例変更を明言したのである。事案は、担保として提供することを禁じられた国鉄公傷年金証書を担保とし、それを欺罔により取戻した（国鉄公傷年金詐欺事件）というものであるが、246条は「個々の財物に対する事実上の所持それ自体を保護の対象としている」とし、債権者の「証書の所持そのものは保護されなければならない」として、詐欺罪の成立を認めたのである。そして、翌年、譲渡担保により所有権を得た被告人が、債務者たる会社が会社更生手続中で、管財人が占有中であったトラックを勝手に運び去った事案につき、当該トラックが「他人の事実上の支配内」にあったことを理由とし、これに窃盗罪の成立を認めた（最昭35・4・26刑集14巻6号748頁）。更にこの判決後、自動車金融を行っていた債権者が債務者との間に買戻約款付自動車売買契約を締結し、債務者が買戻権を喪失した直後に当該自動車を引き揚げたという事案についても、「自動車は借主の事実上の支配内にあったことが明らかであるから、かりに被告人に

その所有権があったとしても、被告人の引揚行為は、(中略・筆者) 窃盗罪を構成するというべきであり、かつ、その行為は、社会通念上借主に受忍を求める限度を超えた違法なものというほかはない」とし、242条による窃盗罪に該たると判示した（最決平1・7・7刑集43巻7号607頁）。この決定は、違法判断を示している点、逆にいえば、この点に関しての違法阻却の可能性が示唆されている事が注目に値する（この決定の評釈：中森・百選Ⅱ4版50頁。違法判断の基準として示されているものが、社会通念上の許容性という最も抽象的なものであるところから、本決定がこの種事案に具体的な処理指針を与えるかどうかは疑問であるとする。川端・法セミ424号125頁。本決定により平穏占有説が判例上確立されたとする）。

最高裁判所がこのように判例変更に至った根拠は、当然のことながら、戦後の社会的混乱期とそれに続く復興、成長期の、特に経済秩序不安定に対応しようとするものであったと考えられる。本権説の背後には所有権絶対の伝統的思想があり、それと表裏一体のものとして民法優先（所謂従属説）の要請がある。しかし、経済社会が激動、複雑化するに伴い、財物の占有が本権に基づくものか否か、占有が適法か違法かというような民法的判断を俟つ遑なく、当面の経済秩序を維持しなければならないという民法から独立した役割を刑法に担わさざるを得なかったということであろう。

③ 検討・私見

窃盗罪の保護法益に関する議論は、これを具体的に把握すれば、242条にいう「自己の財物であっても、他人が占有」する物が他人の財物とみなされることの根拠如何である。ここにいう他人の占有とは事実的な占有状態自体を意味しているのか、或いは一定の権原に基づく占有であるのかということである。

しかし、この問題は現実的ではあるが、表層のものである。根本にはやはり、刑法により保護されるべきものは何かという問題意識がなければならないはずである。即ち、民事法に対する刑法の位置づけという法の統一的体系の問題が先行すべきであろうと考える。

私見によれば、法秩序の統一性は原則としてこれを認めるべきであると考

える。しかしながら、刑法の所謂補充性・謙抑性は、民事法に従属するという意味ではない。そのことはまず没却されてはならないであろう。民法と刑法とではもとより保護法域が異なる。特に刑法はその歴史的淵源よりしても集団的生活の中でその構成員としての人間に、社会的人倫的最少限規範を示し、その違反に苛酷な制裁を科した。その内容が文字通り人倫としての事理・道理として、少くともその社会にあっては普遍的であると考えられたからであるに違いない。それ故、刑法は本質的に倫理性をもたざるを得ないものと考える（$\substack{立石・総論 \\ 90頁参照}$）。恐らくその内容は歴史的・時間的に可変であり、又、その質量も相対的ではあるであろう。更に、法の各領域の目的性に応じ、各違法性の内容も多元的にならざるを得ないと考える（$\substack{立石・総論 \\ 97頁参照}$）。

この問題領域の極めて具体的且つ端的な例が、242条にいう「自己の財物であっても他人が占有」する物の範囲乃至占有の解釈である。従って、この問題についての私見を述べて、本講の検討及び結論としたい。

倫理という概念を広く解すれば、人間関係に存在すべき理りであるから、所謂法益侵害性ももとより反倫理的なのである。しかし、刑法に於いては、ヴェルツェルに倣い、基本的な社会倫理的心情価値をもって倫理性を謂わしめるのであるが、その内面性を敢えて否定する必然性は措いたまゝ、法としての倫理は客観的・一般的な、換言すれば、社会的実践可能な限度での性質に止まらざるを得ない。故に、具体的には、刑法に於いてはもとより、他の法領域に於いても明らかに違法であるか、一般に違法と疑うに足る合理的理由のある場合、その違法状態を刑法により保護する必要はなく、むしろ、それはかえって刑法の倫理性に反するものと考える。その意味に於いて本権説の方が正当である。242条の条文は前段・後段の趣旨を別義に読解すべきではない。後段に於いて「公務所の命令により他人が看守するもの」と明記している以上、前段も権原ある（少くとも理由のある——例えば、盗品であることを知らぬまゝ預っていたというような場合等）占有と解するのが本義であると考える。所持説は、高度に複雑化した資本主義社会に於いては、ひとまず占有しているという事実状態を保護すべきであるというのであるが、刑法は処罰の法である。背景を問わぬ占有状態の保護を無制限に刑罰をもってすることが妥当であるとは考えられない。国家による、適否を問わぬ占有の保護

が、私人による自力救済の濫用防止にあるとすれば本末転倒である。

　刑法の謙抑性を謂い、補充性を謂う場合、確かに他の法分野が有する法的効果に対するそれとして理解されるのが通常であるが、私見によれば、他の法領域への対外的意味での特性のみならず、むしろ、刑法そのものの内的、向自的抑制性に他ならないと考える。従って、民事法に従属すべきものであるとまでは考えない。しかし、民事法上適法な、或いは、少くとも否定され得ない占有以外のものを財産罪の保護法益とし、その侵害に対し刑罰をもって対処する必要はない。

　民事法上の権利の有無につき判然としない場合は被告人の利益に解さざるを得ないと考える。特に過去の判例に於いて問題となった所謂取戻手段の違法性に関しては、本権説による限り、それを財産罪としてではなく別罪で対処するのが正論であろう。蓋し、詐取的な、或いは、恐喝的な手段が用いられたとしても、それにより侵害されているのは財産自体ではなく、所持状態の紊乱或いは意思への強要でしかないといえるからである。即ち、そのような穏当ならざる手段が横行することは社会の経済生活の治安が乱されるという懸念につながるということであろうと思われる。自力救済の放任は国の望むところではないからである。

　自力救済はもとより最少限度に止められなければならない。権原ある占有であるか否かは民事的に解決されるべき問題である。しかし、問題が刑事事件として論ぜられる場合、刑事裁判所として独自に判断せざるを得ない場合はあるのである。その際、本権の存在につき厳密な疑いを入れない程度まで証明がなされたとはいえない場合があることも否定出来ない。しかし、それでも猶且つ当刑事裁判に於いて、民事訴訟で要求される程度までの、本権性不存在の証明がなされたならば、それをもって合理性に達するとしてよいと考える（林・174頁参照）。

　本権説を基本とする場合、個別の問題として若干の例をみておかなければならない。(1) 禁制品の奪取。禁制品は法令による一定の例外を除き、個人による所有を国家が認めない物品（銃、麻薬、覚醒剤等）である。判例・学説共にこれ等の奪取は財産罪となるとするのであるが、純粋法律説によれば、所有権は存在しないのであるからこれを財産罪の客体とすることは矛盾なの

である。そこで、禁制品の所有は国家に対する関係でのみその所有は不法であり、第三者に対する関係では適法であるとか（$\substack{林 \\ 164頁}$）、違法な所持であっても、例えば刑法に於ける没収制度の存在等は禁制品が所有権の対象たり得ることを前提としているとか（$\substack{西田 \\ 127頁}$）、行為者に取得する権利がない以上奪取罪を成立させるとか（$\substack{中森 \\ 112頁}$）、法律的手続を踏まなければ没収されないという占有者の利益を侵害したものとして窃盗罪の成立を認めるべきであろうとか（$\substack{曽根 \\ 119頁}$）、様々な打開論が主張されることとなる。しかし、この問題は本権説からの解決は無理である。例外的な取扱いとせざるを得ない。禁制品に関しては、国家はこれを、法令による他、何人に対してもその所有を許さないのである。譲受であれ、奪取であれ、詐取であれ、喝取であれ、その方法・手段を問わず、許可外の所有を許さない。公的な管理が広義の治安に不可欠であるからである。従って、禁制品の問題はもともと個人法益たる本権や所持の侵害として論ぜられるべきことではないと考える。しかし、敢えて処罰の必要性があるとする場合には、結果無価値論の立場からは前出曽根説の利益衡量（$\substack{曽根・116 \\ 頁参照}$）が論理的であると思われるが、結果無価値と行為無価値を併せて把握する二元的行為無価値論（$\substack{立石・総 \\ 論89頁}$）により、奪取という行為態様の「社会的相当性を逸脱した」（同上）部分を特別に違法とみる例外的扱いをせざるを得ないと考える。最終結論は保留する。(2) 自己の物の取戻行為。この場合問題となるのは直後の取戻しではなく、ある程度日時をおいた後の取戻しであろう。この場合には社会通念上当然に正規の手順を踏んで（必ずしも法的手段たる必要性はない）、取戻すことが要求されるが、その手順を踏まなかった場合をどう評価するかである。結局、この問題が242条を根拠として所持説を理由づけるのである。所謂「平穏占有説」はこのいわば潜在化してしまった違法状態を一般的に不可視として扱うのである。中間説といわれる見解はほゞ同様の状況になると思われるが、平穏とか理由のあるというような基準は必ずしも明確でなく、外部からみた時に、あたかも当人の所有物の如く見えるのであれば、それが平穏占有であるということであろうか。よって、この説に於いても取戻しは窃盗にあらずとされるのであるが、何をもって何時をもって平穏と解すべきか、いずれの説を採るにしても例外的な事案が残るのである。本権説を基本とするのであれば、この場合に

も手段の違法性を評価するのが本筋であると考える。(3) 盗人からの第三者による奪取。この場合は (1) の禁制品への対応と同種の立論がみられる。林説によれば、盗人の占有は所有者（及び国家に対する関係）では不法であるが、第三者に対しては適法である（林165頁）。しかし、この論理は (1) についても同様であるが、如何にも苦肉の策である。違法という評価は対世的な性質のものであるはずである。又、さきの被害者の所有権が更に侵害されたとする見解もある（中山120頁）。しかし、この間接性は本犯被害者の追求権を困難にする行為を意味するものであって、窃取即ち占有の直接移動の違法性を意味づけるには迂遠である。団藤説によれば、本権の侵害を本質とされながら、横領罪に比し、行為の態様自体として「占有」を窃盗罪の特徴化要素であるといわれる。そしてこの占有は必ずしも権原による占有に限定せず、とされ、よって、この占有も第二次的保護法益とみて、第三者の奪取には窃盗罪の成立を認められる（団藤567頁）。ここには論理の飛躍があり難解であるが、行為の特徴化要素とは即ち行為態様に他ならないのであるから、これを重点的にみていかざるを得ないという点については私見も同旨である。ただ、権原なき占有を第二次的保護法益とされる意味が判然としない。例外の多用は理論の破綻ではあるが、この場合も (1) と同様の取扱いとしたい。

　結論的にいえば、所持説の方が実践的であることは疑いようがない。刑法独自の経済的秩序を維持するのであるという根拠も、刑法の行為規範性からは容易に認められるところである。そこで純粋所持説を採り、実質的な衡平の考量は違法性阻却事由で取扱う見解があることも既に述べた。しかし、行為規範性を第一次的に帯有すべきは構成要件であると考える。よって、構成要件の問題として占有のあり方を明らかにしなければならないのである。

【参考文献】

林　幹人・「財産犯の保護法益」：精密な論証あり。
ジュリ判例百選各論各版：論者を異にするので興味深い。
川端　博・「刑法講話II各論」：初心者向き。全体を把握するのに適。
現代刑事法No12特集「財産犯論」

【事例問題】

(1) Aは図書館で借りた本をBに期限付きで又貸ししたところ、再三の返還催促にも応じず、ついに図書館に返還する期日の前日となったため、B居住のマンションの管理人Cに情を話し、B不在時にマスターキィで管理人立合いの下入室し、その本を取り戻した。A及びCに刑責を問うべきか。

(2) ある山中、一宇の地蔵堂あり。古来より霊験あらたかなるをもって、供物、賽銭も絶えることなく、かつてそれを建立した家の家系も定かならず、近在の有志が誰となくこれを守っている状態であった。Aはふとしたことから自分がその家系の直系子孫であることを知り、立入りはもとより、いっさいを自己の自由に管理するところとした。Aに刑責はあるか。

(山本雅子)

第13講　窃盗罪における不法領得の意思

―――――【問題点】―――――
◇保護法益との関連　◇不法領得の意思の内容　◇一時使用
◇毀棄・隠匿との区別　◇体系的位置

1 総　説

　1　財産犯罪の分類の1つとして、財物の利用可能性を取得する領得罪（窃盗罪、強盗罪、詐欺罪、横領罪など）と財物の効用を滅却・減少させる毀棄・隠匿罪（器物損壊罪、信書隠匿罪など）という分け方がある。そして、領得罪の場合、その成立には、故意のほかに不法領得の意思という主観的要件を必要とするか否か、さらに必要とした場合、その内容はいかなるものであるべきかという点が争われている。ここでは、領得罪の代表的存在である窃盗罪を例にして、不法領得の意思の問題を検討する。

　2　窃盗罪は故意犯であるから、当然故意がなければ犯罪は成立しない。窃盗罪の故意は、他人の占有（ないし所持）を排除して、財物を自己または第三者の占有に移転するという事実の認識である。しかしながら、主観的要件として、このような故意のみで足りるとすると、たとえば、ちょっとしたメモを取るために他人のボールペンを無断で短時間使用した場合や、無断で他人の自転車に乗って公園内を一回りしてきた場合などにも窃盗罪が成立することになるし、他人の家の床の間においてある花瓶を持ち出し、その家の庭先でこれを打ち割ったという場合には、器物損壊罪ではなく（法定刑がはるかに重い）窃盗罪が成立してしまうといった不都合が生じるとの理由から、故意のほかに不法領得の意思を窃盗罪の主観的要件として要求するのが判例および通説である。これらの見解によれば、それぞれ不法領得の意思が欠けるため、前者の場合、犯罪は成立せず、後者の場合は器物損壊罪が成立するに過ぎないということになる。

　3　窃盗罪の成立には不法領得の意思が必要か否かという問題と、窃盗罪の保護法益をいかに解するかという問題には、必然的な関連性が存在するの

であろうか。保護法益を所有権その他の本権と解する本権説の立場は不法領得の意思必要説と結びつき、財物に対する事実上の占有すなわち所持と解する所持説の立場は不法領得の意思不要説と結びつくとの関連性を肯定する見解がある（たとえば団藤564頁、大塚202頁。また、本権説と必要説との間には必然的な関係ありとするものとして川端130頁）。

しかし、今日では、不法領得の意思の要否と保護法益との間には必然的な関連性はないという見解が一般的である（平川345頁、中森119頁、山中252頁、西田141頁、山口195頁）。保護法益は窃盗罪の客体の範囲の問題であり、具体的には被害者の所持が違法であってもその侵害が窃盗罪を成立させるかという問題であるのに対し、不法領得の意思の問題は客体を侵害する行為の属性の問題、すなわち行為者による所持侵害の事実的態様がどのようなものでなければならないのかという問題であり、両者は対象を異にするからである（中森喜彦「不法慮得の意思」『刑法理論の現代的展開—各論』178頁、山口195頁）。事実、最高裁判例は戦後本権説から所持説への移行が明確であるが、今日なお不法領得の意思必要説を採っているのであり、学説においても、本権説の立場で不要説を採る見解が主張され（植松375頁、内田255頁、平川347頁、曽根120頁）、また所持説の立場から必要説が主張されている（平野龍一『刑法概説』206頁、西原230頁、岡野83頁）。両者の間に必然的な関連性は認められないと解すべきである。

2 不法領得の意思の内容

1 判例によれば、不法領得の意思とは、「権利者を排除して、他人の物を自己の所有物として、その経済的用法に従い、これを利用し又は処分する意思」と定義されている（大判大4・5・21刑録21輯663頁）。この定義は2つの部分から構成される。①権利者を排除して、他人の物を自己の所有物とする意思（権利者排除意思）と②経済的用法に従って、利用処分する意思（利用処分意思）である。他人の物の無断一時使用は、権利者排除意思の不存在を理由として不可罰となり（可罰性限定機能）、また、毀棄・隠匿目的での財物奪取の場合、窃盗罪と毀棄・隠匿罪の区別は、利用処分意思の有無によってなされることになる（犯罪個別化機能）。

不法領得の意思に関する学説は、大別すると4つに分けられる。

i) 基本的には判例の立場と同様に、①権利者排除意思と②利用処分意思

を不法領得の意思の内容として要求する見解（平野龍一・前掲207頁、藤木280頁、大谷197頁、中森119頁、斎藤115頁、林199頁、西田143頁以下、山口195頁ほか）。

ⅱ）不法領得の意思を「その財物につきみずから所有者としてふるまう意思」と解するように、①の権利者排除意思のみを不法領得の意思の内容として要求し、②の利用処分意思は不要とする見解（団藤563頁、小野清一郎『新訂刑法講義各論』237頁、福田231頁）。

ⅲ）不法領得の意思の内容を、経済的用法（あるいは本来的用法）に従って利用処分する意思と解するように、②の利用処分意思のみを不法領得の意思の内容として要求し、①の権利者排除意思は不要であるとする見解（江家義男『刑法各論〔増補版〕』270頁、前田164頁、中山128頁、岡野104頁、伊東209頁）。

ⅳ）窃盗罪等の領得罪の成立には、主観的要件としては故意が認められれば十分であり、不法領得の意思は不要だとする見解（牧野英一『刑法各論下巻〔追補版〕』583頁、植松375頁、大塚197頁、中137頁、内田255頁、平川347頁、曽根121頁、川端127頁、佐久間114頁）。

以下では、他人の物を無断で一時使用した場合（いわゆる使用窃盗）の可罰性の問題と、窃盗罪と毀棄・隠匿罪との区別の問題を検討する。

③ 一時使用

1 判 例

他人の自転車を無断使用の上、破壊し乗り捨てる意思であったという事案で、「刑法235条の窃盗の成立については、他人の財物につき不正領得の意思をもってその所持を侵して、これを自己の所持に移すことを必要とするがゆえに、単に一時使用のために、これを自己の所持に移すがごときは窃盗罪を構成せざるもの」（大判大9・2・4刑録26輯26頁）との判断を示した（ただし、他人の自転車を破壊し乗り捨てる意思がある場合は、単なる一時使用とはいえず、窃盗罪を構成するとした）。また、強盗犯人が、逃走する際、対岸に乗り捨てる意思で河岸に係留してあった小船に乗って漕ぎ出したという事案で、対岸に小船を乗り捨てる意思があったという点を重視し、不法領得の意思を認めた（最判昭26・7・13刑集5巻8号1437頁）。また、自転車の一時使用については、深夜、女性を姦淫する目的で、最大限2～3時間程度利用する意思で、他人の自転車を無断で持ち出したが、犯人が逮捕されたため返還できなかったという事案で、不法領得の意思を否

定している（京都地判昭51・12・17判時847号112頁）。これらの判例では、乗り捨ての意思が重視され、自転車の一時使用では、消耗も考慮に値しないほど軽微である点があげられている。

　しかしながら、判例は、自動車の無断一時使用については、たとえ返還の意思があっても、不法領得の意思を認め窃盗罪が成立するとしている。たとえば、盗品の運搬に使用するなどの目的で相当長時間にわたり自動車を乗り回した後で、元の位置に戻しておいたという事案（最決昭43・9・17判時534号85頁）、また、5時間半後には返還する意思で、深夜自動車を持ち出したが、約4時間後に無免許運転で検挙されたという事案（最決昭55・10・30刑集34巻5号357頁）、さらに、強盗犯人が、自動車を犯行に利用する目的で、時間にして30分、距離にして15キロメートル余り無断使用して元に戻しておいたという事案（高松高判昭61・7・9判時1209号143頁）などで、不法領得の意思を認めている。自動車の一時使用では、返還の意思はもはや問題とされず、短時間であっても完全に自己の支配下に置く意思が認められること、犯罪に利用する目的であること、客体が高い価値を持つことなどが不法領得の意思を認める理由としてあげられている。

　また、乗り物以外で一時使用が問題となったのは、一連の会社の秘密資料等を社外に持ち出しコピーして返還したという事案である。コピー目的で会社の機密資料である購読会員名簿を持ち出し、コピー後約2時間で元の場所に戻しておいたという事案（東京地判昭55・2・14判時957号118頁）、新薬の開発に関する資料ファイルをコピー目的で持ち出し、7時間後に返却したという事案（東京地判昭59・6・28刑月16巻5=6号476頁）などで、不法領得の意思を肯定している。原資料の価値が、コピーされることにより大きく減耗するという点を重視している。さらに、景品交換の目的で、磁石を使ってパチンコの機械から玉をとる行為（最決昭31・8・22刑集10巻8号1260頁）、商品の返品を装って代金相当額の交付を受ける目的で、スーパーの売り場から商品を持ち出す行為（大阪地判昭63・12・22判タ707号267頁）についても、持ち出した物自体は短時間で返還する意思があっても、不法領得の意思が肯定されている。

　以上のように、判例の立場は、自転車のような比較的経済的価値が低く、損耗もほとんど問題とならないような物の一時使用の場合を除いて、自動車のように経済的価値が高い物、内容自体の価値がコピーなどにより減耗される資料、金銭を不法に得る目的で短時間奪取された物、などについては不法

領得の意思を肯定している。

2 学 説

いずれの見解によっても、財物の無断一時使用がすべて窃盗罪を構成する、あるいはすべて不可罰となるという極端な結論は出てこない。ボールペンやサンダルなどの一時使用を窃盗罪として処罰する必要はなく、逆に、高い価値を有する物を奪取し、権利者の利用可能性を大きく侵害する行為を、物を返還したのだから可罰性は認められないとすることはできないからである。権利者排除意思を不法領得の内容として要求する見解も、一時使用のすべてを不法領得の意思が欠けるとして、不可罰とするのではない。たとえば、「たとえ一時的にでも完全に権利者を排斥して自己の所有物であるかの如く振舞」おうとする場合（小野・前掲237頁）、「微小とはいえない程度の価値の費消を伴うような形態」の場合（団藤563頁）、「当該財物を利用する場合には、社会通念上使用貸借又は賃貸借によらなければ使用できないような形態」の場合（大谷200頁）には、不法領得の意思を肯定しうるとされている。

権利者排除意思を不法領得の意思の内容としては不要とする見解ないし不法領得の意思自体不要とする見解においても、すべての一時使用が窃盗罪を構成し、可罰的であるとされるわけではない。客観的に被害が軽微な場合は、「可罰的違法性」を欠く（植松370頁、中137頁、川端128頁、岡野106頁）、「推定的承諾」が存在する（川端128頁）、「その行為自体が可罰的な財物の窃取行為とは認められない」（大塚201頁）、「構成要件に該当する侵害にあたらない」（前田161頁）、「故意の欠如」（伊東207頁）という理由で、不可罰とされる。

今日、一時使用で不可罰としなければならないケースは、それほど多くはないであろう。財物に対する利用可能性が重要な意味をもつ現代社会においては、「黙って借りただけ」、「返せば問題ないだろう」というわけにはいかない。その意味では、一時使用も原則的に窃盗罪を構成すると解すべきであり、権利者排除意思としての不法領得の意思は窃盗罪の成立要件としては不要というべきである。しかしながら、ボールペンやサンダルの一時的な無断使用を、窃盗罪として処罰する必要性がないのも明らかである。これらのケースでは、可罰的違法性が欠ける、あるいは被害者の推定的承諾が認められ

るといった違法性段階での処理も可能であるが、むしろ窃盗罪は一定以上の期間の、あるいは一定程度以上の効用阻害を生じる権利者の排除・所持の取得を禁止していると解し、その旨の認識が欠ける、すなわち故意の欠如ということによって説明されるべきであろう（伊東207頁）。

4 毀棄・隠匿との区別

1 判　例

　判例においては、校長に対し恨みをもった小学校の教員が、校長を困らせるために教育勅語等を教室の天井裏に隠匿したという事案で、単に物を毀壊または隠匿する意思で奪取する行為は、領得行為に出たものではないから窃盗罪を構成しないとした（前記大判大正4・5・21）。また、恩顧を受けた弁護士が競売事件の延期方法に苦慮しているのを見て、競売記録を持ち出し隠匿したという事案で不法領得の意思を否定した（大判昭9・12・22刑集13巻1789頁）。これらの判例では、経済的ないし経済上の用法に従った利用処分意思が認められない点が強調されている。

　しかし、その後、経済的用法に従った利用処分という点は希薄化していく。選挙に際し、特定候補者の氏名を記入して投票に混入する目的で投票用紙を持ち出したという事案で不法領得の意思を認めた（最判昭33・4・17刑集12巻6号1079頁）。これは経済的用法に従った利用処分の意思は認められないケースであるから、「本来的用法」に従った利用意思があれば、不法領得意思が認められるものと解される。さらに、漂流材木の流出を防ぐために電線を切断し木材の係留に使用した事案（最決昭35・9・9刑集14巻11号1457頁）、性的目的での女性下着窃盗の事案（最決昭37・6・26裁判集刑143号201頁）で不法領得の意思を認めているが、これらのケースは、経済的用法ないし本来的用法に従った利用意思とはもはやいえないであろう。

　そして、殺人犯人が、被害者を殺害後、犯行の発覚を防ぐために腐敗しない貴金属類を死体から取り去ったという事案につき、「財物から生ずる何らかの効用を享受する意思」は必要として、不法領得の意思を否定した判例がある（東京地判昭62・10・6判時1259号137頁）。また、最近の判例として、女性を強姦目的で自動車内に監禁し、かばんや携帯電話を取り上げたが、その意図は、その女性が携

帯電話を使用して助けを呼ぶのを封ずることや、これらを取り上げることによって心理的圧力を加えて姦淫に応じさせる手段とすることにあったと認められる事案で、不法領得の意思を認めず、窃盗罪の成立を否定したものもある（大阪高判平13・3・14判タ1076号297頁）。

2 学 説

不法領得の意思を全く必要としない不要説および、利用処分意思としては不要とする見解によると、窃盗罪と毀棄・隠匿罪の区別は、占有ないし所持の移転という客観的な行為態様によって決められるべきであり、原則的に、毀棄・隠匿目的で他人の財物を奪取する行為は窃盗罪を構成すべきであるとされる。そして、これらの立場からは、利用処分意思が不法領得の意思の内容として必要であるとする見解に対して、毀棄の意思で他人の財物の占有を取得した者が、毀棄の行為にでなかった場合は不可罰となり、被害者の保護に欠けるから妥当ではないという批判がある。すなわち、毀棄の目的で財物の占有を取得した者が、①毀棄せずにそのまま放置した場合、②毀棄せずに後に利用処分の意思を生じた場合、窃盗罪は成立せず、毀棄罪には未遂犯処罰規定がないため、結局不可罰となり、不都合があるとする（大塚200頁）。

しかし、①の場合、隠匿も損壊に含まれると解する判例・通説の立場からは、隠匿の故意がある以上器物損壊罪が成立しうるし、②の場合は、すでに器物損壊罪が成立している上に、委託に基づかずに占有している他人の物を領得する行為に当たるため、遺失物等横領罪も成立すると考えられ、特に不都合は生じない。そして、必要説からは不要説に対し、占有ないし所持の侵害とその認識がある以上窃盗罪が成立するということになれば、毀棄・隠匿罪の成立する範囲が不当に狭くなる、またこれらの見解では窃盗罪と器物損壊罪の法定刑の差異を説明できないといった批判がある（平野・前掲207頁、中山130頁、中森121頁、大谷203頁、前田162頁、西田142頁、斎藤115頁、山口199頁ほか）。

不要説では、先に述べた、他家の床の間の花瓶を持ち出しその庭先で撃ち割ったというケースは窃盗罪を構成するとせざるをえないが、これは日常用語例から離れるし、また信書隠匿罪（263条）が成立する余地がほとんどなくなる。さらに、境界損壊罪（262条の2）は、「境界標を損壊し、移動し、若しくは

除去し、又はその他の方法により……」とするが、「損壊」はともかく、「移動」ないし「除去」の場合は、窃盗罪と区別するためには利用処分意思によらざるをえないであろう。このように考えれば、利用処分意思としての不法領得の意思は、必要とすべきである。

なお、利用処分意思の内容としては、経済的用法や本来的用法に限定すべきではなく、「財物から生ずる何らかの効用を享受する意思」（前記東京地判昭和62・10・6、中森121頁、西田143頁、山口199頁）と解すべきである。

5 体系的位置

不法領得の意思を必要とする立場では、それを違法要素と考えるのか責任要素と考えるのか、さらには単なる犯罪類型個別化要素と考えるのかにつき見解が分かれる。

従来、「行為者の不法領得の意思は、主観的違法要素として、所有権そのものの侵害を構成要件要素にとりこむ働きを有する。」（団藤654頁）とされるように、主観的違法要素と解されてきた。それに対し、近時有力に主張されているのが、権利者排除意思は主観的違法要素であるが、利用処分意思は責任要素であるとする見解である（大谷198頁、林203頁、西田142頁、山口200頁）。利用処分意思を責任要素とする理由としては、「利用処分する意思は、領得罪の利欲犯的性質のために類型的に責任を重くする事由として構成要件に入れられたもの」（大谷）、または「利欲目的の窃取が計画的・営業的・性格相応であるのに対して、毀棄・隠匿目的の窃取は衝動的・単発的・性格不相応であるから、責任が軽いといえる」（林）から、などとされる。

ほかに、不法領得の意思については、全体として違法要素の面と責任要素の面があると見るべきだとする見解（斎藤信治「不法領得の意思の必要性」『刑事法学の現代的展開（上巻）―八木國之先生古稀祝賀論文集―』400頁）、さらに、権利者排除意思と利用処分意思は、両者ともに主観的違法要素でも責任要素でもなく、たんに主観的犯罪類型個別化要素にすぎず、それは主観的構成要件であるとする見解（山中254頁）も主張されている。

利用処分意思を違法要素と見るか責任要素と見るかについては、違法および責任についての基本的な理解とも関連しうる。行為の違法性は具体的な法

益の侵害・危険に尽きるものではなく、規範違反の程度も重要な要素をなしていると解する立場に立てば、利用処分意思がある場合についてのより強い非難は個人の具体的な行為に対するものではなく、その種の行為に対する一般予防の問題であると考えられることから、主観的違法要素と解する伝統的理解を変更する必要性はないであろう（中森喜彦・前掲184頁。なお、伊東209頁）。

【参考文献】

斎藤信治「不法領得の意思の必要性」『刑事法学の現代的展開（上巻）―八木國之先生古稀祝賀論文集―』（1992年）380頁

中森喜彦「不法領得の意思」『刑法理論の現代的展開―各論』（1996年）175頁

川端　博「窃盗罪における不法領得の意思」刑法の争点［第3版］164頁

斉藤豊治「近年の不法領得の意思論」『刑事法学の現実と展開―齊藤誠二先生古稀記念―』（2003年）429頁

山口　厚「不法領得の意思」法学教室294・131頁

【事例問題】

(1) 研修会に参加していたAは、携帯電話で会社の上司から、最寄りの駅まで資料を持参するようにとの指示を受けた。会場を出ようとすると、あいにく激しい雨が降ってきたので、Aは、研修会に参加している誰かの傘を無断で持ち出し、30分後に元の場所にもどしておいた。甲の刑責はどうか。

(2) 中学校の教員Aは、日頃から学年主任のBに対し恨みをもっていた。そこでBを困らすために、年間の学校行事のマニュアルなどの重要事項のデータが入ったフロッピーディスクをBの執務机の引き出しから持ち出し、校庭の土の中に埋めた。Aの刑責はどうか。

（中村雄一）

第14講　親族相盗例

---【問題点】---
◇親族相盗例の根拠：ねらいを探ることの必要性
◇「刑の免除」の根拠・法的性格　◇親族関係の必要な人的範囲
◇親族関係について錯誤をおかした場合

---

1 総　説

　親友の金を盗んだ者がいたとしよう。親友との関係は壊れ、周りの友人からも非難され、さらには窃盗という罪を犯したとして処罰されうることになる。では、親の財布からこっそり金を取ってそれで買い物をした息子はどうか。遠い親族の持ち物をそっと持ち帰った者はどうか。いずれも同じく窃盗罪で処罰されるべきであろうか。この問いについて考えると、事情の違いから、違った扱いをされた方がよいのではないか、(つまり、そこまで処罰対象とする必要もないのではないか、とか、被害者たる親族の意向がまず重要ではないか、など) といった感覚に至るのではなかろうか。実は刑法も、窃盗 (等) が親族間の出来事として生じた場合については特別の扱いをすることとしており、興味深い。以下、その中身を見ていくこととしよう。

　まず、条文を見よう。刑法244条1項は、窃盗罪、不動産侵奪罪、またはこれらの罪の未遂罪が、配偶者、直系血族または同居の親族との間で犯された場合、その刑を免除すると規定する。同条2項は、これらの罪 (窃盗罪、不動産侵奪罪、またはこれらの未遂罪) が、1項に規定された親族以外の親族との間で犯された場合、親告罪とすると規定する。

　このように、刑法は、窃盗罪や不動産侵奪罪が犯されても、それが一定の親族どうしの話である場合には、特別な扱いをするとしているのである。このような特例を、親族相盗例という。親族でない共犯者には、こういった特別扱いはしないことになっている(同条3項)。

　なお、この親族相盗例の規定は、詐欺、背任、恐喝、横領といった罪に準用されることになっているので(251条, 255条)、結局は、一定の親族間の出来事と

いうことで特別扱いされることになるケースは少なくないといえる（ただ財産犯に限られているし、強盗の罪、毀棄・隠匿の罪については、適用、準用はない）。

親族相盗例をめぐっては、すでに述べたことと関連して、重要な問題が提起され議論されている。

①まず、親族相盗例という特例が設けられている根拠についてである。なぜ、人の物を取ったとしても、それが親族間での出来事であったのならば、特別な扱いを受けることになるのか、という問いである。同時に、244条1項にいう「刑の免除」の法的性格をも確認しなければならない。一般に、「刑の免除」というのは、犯罪は成立しているが刑罰は科さない、ということを意味する。しかし、244条1項にいう「刑の免除」は違う意味を持っているのではないか、という議論に触れよう。②次に、親族相盗例の規定が適用されるためには、行為者と誰との間で親族関係が存在しなければならないのか、という問いがある。所有者との間に親族関係があればよいのであろうか。占有者との間に親族関係があればよいのであろうか。それとも、所有者・占有者双方との間に親族関係がなければならないのであろうか。③さらに、行為者が、親族関係について錯誤をおかした場合についての取り扱いも問題となる。

以下、順に考察していこう。

2 親族相盗例の根拠・法的性格

1 なぜ、人の物を取ったとしても、それが親族間での出来事であったのならば、特別な扱いを受けることになるのか。1項は「刑を免除する」となっており、なぜ必ず刑が免除されることになっているのかについて、特に問題とされる。学説は、①一身的刑罰阻却事由説（人的刑罰阻却事由説・政策説）（通説：小野『新訂刑法講義各論』3版240頁、団藤・581頁、大塚・204頁、大谷・223頁、山口・206頁以下）、②違法阻却説（可罰的違法性阻却説）（佐伯千仭『刑法講義（総論）』4訂版221頁、平場＝森下『刑法各論』全訂版316頁、中・148頁、中山・234頁）、③責任阻却説（滝川『刑法各論』113頁、松原・後掲322頁）、④違法減少説（平野・207頁、中森・125頁、町野・ジュリ1092号131頁）、⑤責任減少説（曽根・131頁、山中『利法各論Ⅰ』272頁、西田・148頁）に分かれる。

①一身的刑罰阻却事由説（人的刑罰阻却事由説）によれば、「刑の免除」は

「法は家庭に入らず」という法政策的思想にもとづくものである。すなわち、家庭内（ここでは、比較的近い親族間＝近親者間）で生じた財産的トラブルについては、国家が刑罰権をもって解決にあたるよりも、その家庭内で解決される方がよりよい帰結に至ると考えられる。したがって、トラブルの処理は家庭に委ねられるべきであり、刑罰権の介入は差し控えられるべきだ、と説かれるのである。このように、当説は、あくまで法政策的観点から刑罰が排除されていると考える立場である。刑の免除の根拠を犯罪の不成立に求めるのではない（親族間の行為でも、窃盗罪等の構成要件該当性、違法性、有責性が常に欠けるわけではないとし、刑の免除は、ただ、一定の人的関係にあるという一身的な事情を根拠に導かれる、と理解されるのである）。

　この説に対しては次のような批判がある。すなわち、この説のように、近親者間の行為を犯罪行為として位置づけるとすると、1項は親告罪規定でないことから、告訴なく起訴され、有罪判決が下される（刑の免除という有罪判決であるので、刑を科されることはないものの、「有罪」の言渡しではある）ということが生じかねない。そうなると、遠い親族間の行為よりも不利に扱われることになってしまうというのである。遠い親族間の行為については親告罪とされていることから、告訴がないかぎり有罪判決が下されることはない。もし告訴なしに起訴がなされても、公訴棄却の判決（刑訴338条4項）が下される。その点で、近親者間の行為の方が遠い親族間の行為よりも不利に扱われることになってしまいバランスを欠くことになるではないか、というわけである。要するに、244条の1項と2項との間に不均衡を生じさせるという批判である。このような見地から、近親者間の行為を犯罪行為としないことが不均衡の回避には必要だとの考えが出てくる。それが、犯罪不成立説である。この犯罪不成立説の一つが、②違法阻却説である。このように、犯罪不成立説によれば、刑法244条1項にいう「刑の免除」とは「犯罪は成立しているが刑罰は科さない」ということを言っているのではなく、「犯罪にならないから刑罰が科されない」ということを言っているものと理解するのである（「刑の免除」を有罪判決の一種として性格づけることを否定する）。

　②違法阻却説は、①説への上記批判とともに、以下のような考え方を基礎に、刑の免除の根拠づけを試みる。近親族間には一種の消費共同体が存在すると考えられる。したがって、そこでの相盗行為には犯罪として処罰されるだけの違法性、すなわち可罰的違法性がない、とするのである。

犯罪不成立説のもう一つは、③責任阻却説である。この説は、期待可能性に着眼して犯罪不成立を説く。「親族間の財産罪は行われやすい。行為動機に対する反対動機が弱いからである。犯罪を行うな、という期待をかけることがむつかしい、という意味である。責任を認めることができないから、犯罪が成立しないということに帰着する。直系血族、配偶者、同居の親族間における行為について刑を免除する、というのは、理論的には、責任がないから犯罪が成立しないことである。」(滝川・前掲113頁)との考えが展開される。

一方、④違法減少説および⑤責任減少説は、「刑の免除」の法的根拠の問題を犯罪成立要件の問題であるとしつつも（つまり一身的刑罰阻却事由説に批判的。）、犯罪の成立は否定せず、違法性ないしは責任が減少するために刑が免除される、とする立場である。

④違法減少説は、近親者間での物は合有状態・共同利用状態にあるとの観点から、窃盗行為には違法性はあるがその程度が小さい、と考える(平野「刑法各論の諸問題10」法セミ213号53頁)。

⑤責任減少説は、上記の責任阻却説と同様、期待可能性の観点から、「親族の物を盗むな」と期待することは困難であると考えるが、責任は阻却されず、減少する（十分な期待可能性がない）にとどまる、と説く(曽根・131頁)。

2 判例はどうか。手がかりとして、まず、**大判大5・7・13**(刑録22輯1267頁)を挙げよう。大審院は、親族相盗行為によって得られた財物の盗品（贓物）性に関して、次のような判断を下した。すなわち、「苟モ盗贓品タル情ヲ知テ之ヲ買受クル事実ノ存スル以上ハ爰ニ贓物故買罪ノ成立スルモノニシテ贓物ニ対スル窃盗犯人カ盗難被害者ノ直系卑属ナルト否トハ同犯罪ノ成否ニ影響ヲ及ホスモノニアラス何トナレハ窃盗犯人カ盗難被害者ノ直系卑属ナリトノ事実ハ窃盗罪ニ関シ免刑ノ事由タルニ過キスシテ毫モ窃盗罪ノ成立ヲ妨クルモノニアラス従テ窃取シタル物品ノ盗贓タル性質ヲ具備スルコトニ異同ナケレハナリ」と。窃盗行為者に被害者の直系卑属という身分があったことで窃盗罪の成立が妨げられることはないとの説示からすれば、少なくとも犯罪不成立説には立っていないことは明確である。最高裁も同様である。たとえば、**最判昭24・11・26**(裁判集刑14号819頁)は、「窃盗犯人が盗難被害者の直系卑属であることは免責の事由になるだけであって少しも窃盗罪の成立を妨げるもので

はないから親族相盗の場合でも贓物たるの情を知ってこれを買受ければ故買罪が成立する。」と判示し、**最判昭25・12・12**（刑集4巻12号2543頁）は、「刑法244条は、同条所定の者の間において行われた窃盗罪及びその未遂罪に関しその犯人の処罰につき特例を設けたに過ぎないのであつて、その犯罪の成立を否定したものではないから、右窃盗罪によつて奪取された物は贓物たる性質を失わない。」と判示している。

3 それでは、どの立場を採用すべきか、検討しよう。②違法阻却説と③責任阻却説は、①一身的刑罰阻却事由説によると、近親者間の行為とそれ以外の親族間の行為との扱いに不均衡が生じるとする。しかし、このような批判は決定的でない。この批判は、遠い親族間の行為について告訴のない場合を想定して展開されるが、告訴がなされれば、遠い親族間の相盗行為は一般の窃盗と同様に処罰されうることになるのであるから、その局面では近親間の親族相盗の方が不利ということはないし（こちらは絶対に処罰されない！）（川端・158頁。江家『刑法各論』293頁参照）、また、近親者間の相盗行為であったにもかかわらず起訴がなされた場合についても、公訴棄却をもって救済（有罪判決の回避）を図ることができると思われ（藤木・288頁、大谷・225頁）、その点でも不均衡は適切に回避されると考えられるからである（そもそも、起訴便宜主義の運用によって不当な結論は適正に回避されているとの指摘もある。伊丹・後掲352頁）。

そうだとすると、一身的刑罰阻却事由説を排除する理由の一つはなくなる。また、刑の免除は有罪の判決であるとの理解からすれば、やはり②説あるいは③説に与することはできない（西田・148頁、山中・前掲272頁等参照。なお、法文自体わざわざ「その刑を免除する」とされており、「これを罰しない」とはなっていないので、この点にも留意する必要がある。日高「親族間における財産犯」現代刑法論争Ⅱ2版231頁）。②説、③説の実質的理由にも難がある。確かに、②違法阻却説のいうように、近い親族同士であるがゆえに、そこに消費共同体の存在を認めてよいケースは少なくないであろう。しかし、消費共同体が存在すればそれだけで相盗行為の（可罰的）違法性がなくなるというのは、実質的な根拠を欠いた説明であり、そこには論理の飛躍があると思われるし、また、近親者関係のすべてを、（可罰的）違法性を阻却するだけの消費共同体（相盗行為が常に許される消費共同体）から成り立っているものとするのは、実態にあわない理解であり疑問である（日高・後掲7頁、同・前掲231頁以下）。③責任阻却説にも類似の疑問がある。すなわち、近親者間の相盗行為について止めよとの期待を掛けることはおよそ困難なことだといいきることは、具

体的見地から、やはり行き過ぎであると思われるのである（日高・後掲8頁）。

　一方、④違法減少説および⑤責任減少説は、近親者間の相盗行為を常に犯罪でないとする考え方を採用しない点で評価されるが、それでもやはり同様の批判にさらされる。およそ近親者間の物であれば合有状態・共同所有状態に付されているとするのは実情に違背するし（別居中の配偶者の物を想起すればよい）、近親者間の物を取る場合であっても、十分な反対動機が容易に形成される（されて当然の）ケースも少なくないと考えられるからである（同様に、同居していない直系血族による財産奪取の種々のケースを想起すればよい）（山口・206頁）。違法減少説、責任減少説に立つと、違法、責任の減少の擬制を一定範囲で認めざるを得なくなるとの指摘は当を得ている（日高・後掲9頁以下）。

　こう考えてくると、「刑の免除」の法的根拠を違法あるいは責任の阻却・減少に求めるのは相当でないということになる。ただ、近親者間の相盗行為の多くに、違法あるいは責任阻却・減少を認めるべき事由が存在すること自体は否定できない。相盗行為の近親当事者の具体的関係に目を注ぐと、一種の消費共同体が形成されているとみるべき近親者関係は少なくないということに気づくことになろう。そのような性格をもつ近親者間においては、一般社会においてはたらいている財産奪取禁止のルールよりも緩やかな禁止のルールしかはたらいていない（はたらき得ない）と理解してよいのであり、したがって、そのルールに反する行為については、わずかな、あるいは取るに足らない程度の違法性しかない、ということになりうるのである（日高・前掲231頁参照）。近親者の物だということで、盗むなとの期待をしがたいというケースもまたありうると思われる。しかし、問題は、そういうことの妥当しないケースも現に存在し、そして、そういうケースについてもまた、刑法244条1項は、親族相盗ということをもって刑を免除するとしていることである。思うに、──違法ないし責任の阻却・減少が認められるケースがあることは否定しないが、──違法ないし責任が阻却・減少するケースであろうがなかろうが、親族間の財産奪取行為の解決は親族間でおこなうべし、という意思を刑法は示していると解するべきであろう（違法性が阻却される（犯罪不成立の）ケースにまで刑法が関与するのはおかしいとの反論もあり得るが、財産奪取に由来して親族間に紛争が生じている以上、刑法が無関心であってはならないと考えるのが妥当である）。現に、財産侵害も、それが親族者間（特に近親者間）の出来事であったのであれば、互いに近い存在ということ

それだけで、当事者同士、解決に向かって向きあいやすいといえる。こうい
う、親族間においてもともと存在する、紛争解決に向かって向き合いやすい
という「素地」を、親族同士が確認し合い、利用しあうことを、刑法は求め
ていると考えられるのである（これが親族相盗例の狙いである）。政策的観点
からも、そのような形での問題解決は、刑罰を背景にした問題解決よりも、
格段に修復力の強いものであるといえるであろう。根本的な解決に至ること
を可能ならしめるために、刑法は紛争の処理を親族に委ねたのだと解すべき
である（その意味で、「刑の免除」を「優遇」的な措置とするのは一面的な捉え方にすぎないと思われる）。

　ところで、「法は家庭に入らず」という思想を基礎におく一身的刑罰阻却
事由説に対しては、そのような思想が（家庭平和の維持にとって有効で）当を
得ているというのならば財産罪以外の犯罪についても同様の特例が設けられ
ていてよいはずだ、といった批判がある（平野「刑法各論の諸問題10」法セミ213号53頁、松原・後掲321頁）。しかし、
親族間の出来事として親族内の問題に止めておくことの合理的な犯罪と、そ
うでない犯罪とがあるのは当然で、問題は両者の線引きにある（「法は家庭の入らず」の思想は決して一般的に妥当するものではない）。家庭内で生じた刑事的な問題の中で、社会に及ぼす影響が
僅少で、親族同士が最も扱いやすく、かつ被害回復・関係修復の最も容易な
犯罪として、筆頭にあげられるべきは、やはり財物の単純奪取の類型であろ
う。そうすると、次に、特例の適用範囲をそこからさらにどこまで広げられ
るかが問題となるが、立法者はこの点、財産罪内での適用の拡大が精一杯と
考えたのだと解されうる。実際、財産罪以外の犯罪には、家庭内の問題とし
て収められる性質のものではないとか、親族同士問題に向きあうことに困難
が伴うとか、あるいは被害回復・関係修復が困難だとかいったこと
（たとえば近時のDVの問題に目を向けよ）が当てはまるといってよい。そうだとすれば、「法は家庭
に入らず」の思想は、あくまで財産罪の範囲でのみ妥当しうる思想として位
置づけられるべきこととなり、刑法もそういうスタンスに立っていると考え
ることができるのである。以上より、むしろ本説に対するこの種の批判の方
が失当だということになる。

　次に、244条2項とのかねあいについても考えなければならないが、この
点からも、一身的刑罰阻却事由説を支持する必要がある。244条2項は、比
較的遠い親族間の行為について親告罪とし、そこにまで特例の範囲を——違

った形としてではあるが——広げているのであるから、これを説明することのできる論拠が用意されなければならない。比較的遠い親族間においては、財産の合有・共同使用の事実、そして消費共同体としての実態、ともに認められ難いであろうから、違法阻却・減少は肯定し難い。責任阻却・減少を認めるような事情の存在も肯定し難いと見るべきであろう。そうなると、違法阻却・減少説や責任阻却・減少説では説明に窮する。唯一、一身的刑罰阻却事由説の政策的観点が有効であろう（山口・206頁）。関係親族は比較的遠い存在同士ではあるが、それでも、親族同士であるということにより解決の糸口を探すことになお容易性があり、当該親族間で解決することが好ましいことにはかわりはなく、その意味で、刑法はその親族関係に立ち入ることを控えている（紛争解決を委ねている）と解することができるからである。ただ、比較的遠い親族間の相盗行為は、近い親族間の相盗行為の場合に比べて、当該親族間で解決しきることに困難が伴うと考えられる。したがって、法の助けが必要となる契機が比較的多く存在するといえる。その観点から、被害者たる親族が、もはや自らの親族間では解決できないと捉えた（告訴に至った）場合には、刑法は、その決定を受け入れそこに介入する、というシステムになっていると理解することができる。

このようにして、親族相盗例の根拠については、一身的刑罰阻却事由説の立場から統一的に説明するのが妥当ということになる。

3 親族関係の必要な人的範囲

1 本題に入る前に、親族の意義について若干ふれておこう。

刑法244条にいう親族の意義は、民法の定めるところ（民法725条参照）による。配偶者関係に内縁関係は含まれない（通説。判例としては名古屋高判昭26・3・12特報27号54頁、東京高判昭26・10・5特報24号114頁、仙台高判昭27・1・23特報22号91頁等参照）。含まれるとする説もあるが（大谷・223頁、前田・185頁）、内縁関係を含めるとすると、いかなる関係にあれば刑の免除を受けられるかという新たな問題が生じかねないとの指摘（伊丹・後掲353頁）に留意しなければならない。また、婚姻関係と同様の関係にあるとの判断から必要的に刑が免除されることとなった場合に、被害者が、婚姻関係にないとの意識を背景に、その結論に納得しな

い、という事態が多発する可能性もある。このような事態を発端とする紛争の拡大は避けられなければならない。これは、内縁関係に止まっている男女に、財産罪の紛争の処理を委ねることが、事実上適切かどうかという問題である。このように考えると、やはり配偶者概念に内縁関係を含めるべきではないということになろう。

　財物を奪う（騙取する）ために婚姻の意思があるかのように装って婚姻届を出したような場合には、婚姻は無効とされ、親族相盗例の準用もない（東京高判昭49・6・27）
（高刑集27巻3号291頁）。

　1項にいう「同居の親族」とは、同じ住居において日常生活を共に送っている親族を指す。同じ家屋に住んでいても、それが賃借した一室であり、物資の受配、炊事、起居を別にしている場合（東京高判昭26・10・3）（高刑集4巻12号1590頁）や、一時宿泊したに過ぎない者（札幌高判昭28・8・24）（高刑集6巻7号947頁）は、同居の親族にあたらない。

　2　さて、244条1項、2項の適用の前提となる親族関係は、行為者と誰との間になければならないか、という問題について考察しよう。占有者と所有者が異なる場合（父親がその友人から一時あずかっている高級時計を、そうと知りつつ黙って持って行き質屋に入れる息子の行為など）に問題となる。これについては、①行為者と客体の所有者との間になければならないとする見解（いわゆる「所有者説」：滝川・前掲113頁、118頁）、②行為者と客体占有者との間になければならないとする見解（いわゆる「占有者説」：中『刑法各論』148頁）、そして③行為者と客体所有者および客体占有者との間になければならないとする見解（通説。いわゆる「双方説」：団藤・581頁、植松・382頁、福田・235頁、大塚・209頁、大谷・224頁、山口・208頁、前田・187頁（②説から改説））が対立している。時に、この問題は窃盗罪の保護法益についての理解と深く関係しているとされ、窃盗罪の保護法益を所有権その他の本権と捉える立場に立てば①説に、事実上の占有と捉える立場に立てば②説に、所有権ばかりでなく占有も保護されるべきと捉える立場に立つと③説に行きつく、といわれる。このような分析は示唆深い。ただ、現実には、本権説に立つ論者も占有説に立つ論者も③説を多く支持しており、そのような整理は必ずしもあたっていない点に注意が必要である。事実、たとえば本権説に立ち、権原にもとづく占有であれば保護に値するとの前提から、所有者も占有者も法益主体そして被害者となり得、親族関係は所有者、占有者双方に認められなければならない、との帰結を導くことは可能である（塩見・判例セレクト'94・37頁、高橋直哉・判例評論442号56頁以下）。他方、親族相盗例の沿革と意義を、保護法益論とは関

係しない独自のものと理解する立場からすれば、保護法益論から離れるのが当然ということになり、そして、「法は家庭に入らず」という思想からして、所有者、占有者のいずれかが親族でない場合には、事態はすでに家庭内に収まっていないから、法介入排斥の理由が失われ、親族相盗例は適用されないことになる、という論理も成り立つ（団藤・581頁、岡野・後掲65頁、川端・159頁、高橋・前掲58頁、山口・208頁）。所有者、占有者はいずれも被害者たる地位にあると考えると、その双方が親族である場合に限って、家庭内の問題として解決を家庭に委ねることに合理性が認められる。一方でもが親族以外の者であれば、親族でない被害者が存在することになり、その解決を家庭に委ねるのは不合理である（井田・91頁）。こういった見地に立ちつつ、親族相盗例の独自の沿革・意義に留意し③説を支持するのが妥当であろう。

　ところで、この問題について判例はどのような判断を下してきているか、見てみよう。大審院は、親族でない者が占有する親族の所有物を窃取した事案（所有者との間に親族関係あり・占有者との間に親族関係なし）について、244条の適用を否定し（大判明43・6・7刑録16輯1103頁、大判大4・9・30刑録21輯1368頁）、親族が占有する親族でない者の所有物を窃取した事案（占有者との間に親族関係あり・所有者と間に親族関係なし）についても、244条の適用を否定した（大判昭12・4・8刑集16巻485頁）。このことから、判例は③説に立つと解されてきた。しかしその後、それまでの判例の流れに沿わない判断を下したとも見られかねない判断が最高裁によって下された（最判昭24・5・21刑集3巻6号852頁。事案は、被告人ら4名が、甲食肉組合の代表者であったAが保管していた甲組合所有の牛生皮を窃取したというものであった）。そこには、「刑法244条親族相盗に関する規定は、窃盗罪の直接被害者たる占有者と犯人との関係についていうものであって、所論のごとくその物件の所有者と犯人との関係について規定したものではない」との判示があったためである。そのため、その後の下級審の判断に混乱が生じた（この最高裁の判断を②説の立場に依拠したものと理解し、同説に立って判断を下したものとしては、仙台高判昭25・2・7特報3号88頁、東京高判昭38・1・24高刑集16巻1号16頁がある。他方、同最高裁の判断を②説に依拠したものと位置づけることをせず、③説に立って判断したものとしては、札幌高判昭28・9・15高刑集6巻8号1088頁、札幌高判昭36・12・25高刑集14巻10号681頁などがある。しかし、札幌高判昭36・12・25が指摘するように、前記最高裁判決については、窃盗罪の直接の被害者である財物の占有者と犯人との間に親族関係がないならば、その所有関係がどうあろうとも、親族相盗例の適用は問題とならない、という趣旨の判断であったと理解するのが穏当であろうと思われる。しかも、同判決は小法廷判決である）。しかし、かくいう混乱した状況下で、最高裁が、③説に依拠する判断を下すに至ったため（最決平成6・7・19刑集48巻5号190頁。最高裁は、親族相盗例が適用されるためには、親族関係は、窃盗犯人と財物の占有者との間のみならず、所有者との間にも存することを要する、と判示し、被告人と所有者との間に親族関係が認められないことをもって親族相盗例の適用を否定した原判断を支持した）、判例は、行為者と

所有者および占有者との間に親族関係がなければ親族相盗例の適用はないとの立場にたつと理解されることとなっている。

4 親族関係の錯誤

　父親の時計だと思って、こっそり持って行って質屋に売ったところ、実はそれは父親がその友人から借りていた物だった、という場合、親族相盗例の適用はあるか。これは、自己の親族が自己の行為の被害者になると誤って考えていた場合、いかに処理されるべきかという問題である。

　一身的刑罰阻却事由説の考えからすると、親族相盗例の規定は、行為者と被害者との間に所定の親族関係が客観的に存在することにもとづいて適用される。行為者が親族関係について認識していたかどうかは問題とはされない。親族関係がないのにあると誤信した場合は、客観的に親族関係は存在しないのであるから、親族相盗例の適用はないということになる。要は、親族関係の客観的存否が決定的だということである（大塚・210頁、大谷・226頁、山口・209頁。大阪高判昭28・11・18高刑集6巻11号1603頁）。誤信にやむを得ない事情があった場合は、情状の問題として処理すべきであろう（大谷・226頁）。

　他方、違法阻却説に立つと、親族関係の存在は違法阻却事由と理解されるから、それについての錯誤は、違法性阻却事由の錯誤として処理され、これを事実の錯誤として捉えれば故意が阻却されることになり、責任阻却説に立つと、親族関係の存在は、責任における期待可能性を阻却させる事由として理解されるから、それについての錯誤は、期待可能性の錯誤として処理される（不可避的な錯誤とされれば責任阻却に結びつく）（大谷・226頁以下、松原芳博・ジュリスト増刊「刑法の争点（3版）」167頁、同・後掲323頁参照）。

　違法減少説・責任減少説は、違法・責任を減少させる事実がないのに、違法・責任を減少させる事実があると誤信して行為していた場合であることから、38条2項の趣旨から、親族相盗例の適用を認める（西田・150頁、前田・186頁、山口・209頁等参照）。

【参考文献】

石堂　淳「親族相盗例の系譜と根拠」法学（東北大学）50巻4号113頁
伊丹俊彦「親族間の財産犯罪と錯誤」研修559号350頁

岡野光雄「親族相盗例と錯誤・共犯」受験新報32巻6号65頁
日高義博「親族相盗例の問題点」専修法学論集75号1頁
松原芳博「親族関係と財産犯」刑法基本講座5巻317頁
『大コンメンタール刑法第12巻』（2版）436頁〔濱邦久執筆〕

---【事例問題】---

(1) Aは、母がパーティーに付けていくためにその友人から真珠の指輪を借りてきたことを知った。Aは遊ぶ金がほしいあまりに、タンスの中からその指輪をこっそり持ち出し、質屋で換金し、その金で大いに遊んだ。Aの刑責はどうか。

(2) Aは、たまたま母のタンスの中にルビーの指輪が入っているのを見つけた。母のコレクションの一つだと思ったAは、その指輪をこっそり持ち出し質屋で換金し、その金で大いに遊んだ。しかし、その指輪はAの母がその友人から借りてきていたものであった。Aの刑責はどうか。

（曲田　統）

第15講　強盗殺人罪の擬律

【問題点】
◇強盗殺人罪の擬律　◇強盗殺人罪の未遂

1 総　説

　刑法はその第236条以下において強盗に関する4つの犯罪類型を定めている。すなわち、本来の強盗罪のほか、準強盗罪およびこれらの加重類型がこれである。そしてこれらの未遂を処罰する（刑法243条）。準強盗には2つの類型がある、ひとつは財物を窃取するにあたって暴行・脅迫を用いるもの（事後強盗罪・刑法238条）であり、もうひとつは、昏睡させることを手段とするもの（昏睡強盗罪・刑法239条）である。加重類型は、強盗の際に、たとえば殺人・傷害のようなより凶悪な犯罪が行われることの多いのに鑑み、これに対処するためのもので、強盗致死傷罪（刑法240条）および強盗強姦罪、同致死罪（刑法241条）が定められている。

　さて、これらのなかで刑法240条後段を考えてみよう。刑法240条については、就中、傷害および死という重い結果について故意のある場合が含まれるかどうかについて争いがある。ここではとくに同条後段が死について故意がある場合（結合犯としての強盗殺人罪）を含むのかという点について検討してみよう（なお、同条後段について結果的加重犯である強盗致死罪を規定したものとする点にほぼ学説は一致しているし、判例は従来これを肯定してきている）。いいかえると、行為者が強盗を行うにあたり人の死を故意に惹起した場合にまで同条後段を適用することができるかという問題である。なお、刑法243条については別に検討する（後述5）。それは強盗殺人罪の擬律それ自体と密接に関連するものの、問題はそれに止まるものではないと考えるからである。

　まず、条文の沿革について一瞥しておこう。平成7年改正前の刑法240条後段は「強盗人ヲ……死ニ致シタルトキハ死刑又ハ無期懲役ニ処ス」と規定していた。この条文をめぐっては、後述のように、「致シタル」と規定していたところから、これが結果的加重犯を特徴づける表現形式であったので

_{(たとえば7年改正}
_{前の刑法124条2項)}、同条は死の結果について故意のある場合を含まないという主張がされ、これを含むとする主張とのあいだで争いがあった。昭和49年の改正刑法草案は故意のない場合と故意のある場合とを分けて規定し、この争いを立法的に解決をしようとした。すなわち、改正刑法草案327条は強盗致死傷の見出しのもと「強盗犯人が、人を傷害したときは、無期又は六年以上の懲役に処する。その結果、人を死亡させたときは、無期又は十年以上の懲役に処する」と規定している。そして同328条は強盗殺人という見出しのもとで「強盗犯人が、人を殺したときは、死刑又は無期懲役に処する」と規定している。しかし、平成7年の改正では現行の刑法240条後段は強盗致死傷という見出しのもと「強盗が、人を……死亡させたときは死刑または無期懲役に処する」と規定するにとどまった。

　平成7年の改正では、その見出しにおいても、また「させたとき」という文言においても改正刑法草案327条の強盗致死傷罪と同じである。しかし、平成7年の改正の趣旨は「（一）現行の条文の意味内容を動かすことなく、（二）その表現方法をできるだけ分かりやすくするという意図で行われた」_{(松尾浩也「刑法典とその平易化」松尾浩也編}
_{著『刑法の平易化』23頁（有斐閣、1995年))}ものとされ、また「近い将来、実質的な刑法全面改正を行う前提ないし基盤整備として、とりあえず早急に必要とされる現代用語化を専らの目的とするものであり……若干の規定の削除を例外として、条文の内容を実質的に変更するような改正は行わないという基本方針のもと、各条文の内容、位置に変化はな（い）」_{(藤永幸治『改正刑法［現代用語］}
_{対象条文』2頁（法学書院、1995年))}とされた。したがって、刑法240条後段に死について故意ある場合を含むのかという問題は、現在でもなお解釈に委ねられている。

2　学　説

　刑法240条後段の解釈をめぐる学説は概ねこれを4つに分けることができる。

　まず、第1の見解（故意犯包含説）は、今日の支配的な見解で、刑法240条後段は殺人の故意がある場合をも含むとする。この見解は刑法240条後段は結果的加重犯である強盗致死罪と結合犯である強盗殺人罪とをひとつの条文

に規定したものであるとする（泉二新熊『日本刑法論下巻』746頁（有斐閣、1908年）、宮本英脩『刑法大綱各論』362頁（弘文堂、1934年）、牧野英一『重訂日本刑法下巻』368頁（有斐閣、1938年）、平野龍一『刑法概説』211頁（東京大学出版会、1977年）、団藤・595頁、大塚仁・228頁、大谷実『刑法各論［第2版］』151頁（成文堂、2002年）、斎藤信治・129頁、山中敬一『刑法各論Ⅰ』301頁（成文堂、2004年）、曽根威）。したがって、この立場によれば強盗殺人の場合も刑法240条後段だけを適用すべきことになる（その意味で199条を適用すべきでないことになる）。

つぎに、第2の見解（結果的加重犯説）は、刑法240条後段を結果的加重犯である強盗致死罪のみを定めたものであると解する（大場茂馬『刑法各論上巻』443頁（巌松堂書店、1909年）、小野清一郎『新訂刑法講義各論』244頁（有斐閣、1949年）、滝川幸辰『増補刑法各論』団藤重光ほか編『滝川幸辰刑法著作集第一巻』334頁（世界思想社、1981年）、尾後貫荘太郎「47 窃盗罪及び強盗罪」日本刑法学会編『刑事法講座第4巻』860頁（有斐閣、1952年）、佐伯千仭『刑法各論』183頁（有信堂、1964年）、香川達夫『刑法講義［各論］第二版』462頁（成文堂、1989年））。後述するように異なった主張もあるが、この立場での支配的な見解によれば強盗殺人の場合は強盗致死罪と殺人罪との観念的競合（小野・前掲244頁）とすべきであるとする。

また、第3の見解（故意ある結果的加重犯説）は刑法240条後段を結果的加重犯を規定したものとする点では結果的加重犯説と共通するが、刑法240条の未遂を処罰する規定（刑法243条）との関係で重い結果に故意のある結果的加重犯という概念を前提とする（木村亀二・123頁、齊藤信宰『刑法講義［各論］第三版234頁（成文堂、2000年）。この立場によれば強盗殺人にも刑法240条後段の適用があるとする。

さらに、第4の見解（故意犯説）は刑法240条後段を故意のある場合に限る（すなわち結果的加重犯である強盗致死罪は含まれない）とする（井上（祐）・後掲383頁）。なお、この立場によれば殺意なくして死の結果を生じた場合には「傷害の故意があったときでも、本条でなく強盗罪と傷害致死罪の観念的競合」（井上（祐）・後掲383頁）になるとする。

3 判　例

強盗殺人は刑法240条後段に含まれるのかという問題をめぐって判例は2転した。現行刑法が施行された当初、判例は旧刑法時代を踏襲し強盗殺人には刑法240条後段のみを適用していた（大判明42・6・8刑録15輯728頁）。しかし、明治43年5月24日の大審院判決がこれを覆したとされ、以後、判例は刑法240条後段には殺人の点について故意のある場合（強盗殺人罪）を含まず、これを殺人罪（199条）と強盗致死罪（240条）との観念的競合であるとしていた。さらに、のち

の大正11年12月22日の大審院聯合部判決はこれを翻し、再び、刑法240条後段は故意のある場合を含むものとしたうえ、その場合には刑法240条後段の1罪のみが成立するとした。

　判例の流れをもう少し詳しく見ておくことにしよう。従来の立場を覆して、強盗殺人につき刑法199条と同240条後段との観念的競合とする立場をとったのは、前述の明治43年5月24日の大審院判決とされている（刑録16輯922頁）。しかし、これは殺人を依頼された行為者が、被害者が命乞いに差し出すなどした金員を奪ったという事実関係に対するもので、大審院はそのなかで「本件ハ殺人ノ目的ヲ以テ其実行行為ニ着手後強盗ヲ為シ遂ニ殺人ノ行為ヲ遂行シタルモノナレハ」と認定し、刑法240条のみを適用した原判決を「擬律錯誤ノ不法アリ」とした。したがって事実関係としては強盗の際に生じた殺人というよりも殺人の際に生じた強盗であった。しかし、240条後段についてのこの判決の立場はのちの、まさに強盗の際に行われた殺人の場合にも受け継がれた。たとえば、その直後の大審院明治43年5月31日判決は、人を殺して財物を強取する意思でこれを殺害したあと、さらにその内縁の妻を脅迫して財物を強取したという事実関係について「其殺人ノ所為ニ対シテハ刑法第百九十九条ヲ適用シ強盗致死ノ所為ニ対シテハ同第二百四十条末段ヲ適用シタル上同第五十四条ニ照シ一ノ重キニ従ヒ処断ス可キ筋合ナルニ不拘単ニ被告ノ所為ヲ強盗致死罪ニ問擬シ同第二百四十条ノミヲ適用処断シタリシハ不当」（刑録16輯1021頁）とした。さらにその後、大審院は大正4年2月26日の判決で「刑法第二百四十条ニ所謂致死若クハ傷人ノ観念中ニハ……死亡ノ結果ヲ認識シテ前示同一ノ罪態ヲ発現セシメタル場合ヲモ包含スト雖モ死亡ノ結果ヲ認識スルコトハ同条ノ犯罪ノ構成要件ニ非サルヲ以テ原判示ノ如ク財物奪取ノ手段トシテ故意ニ人ヲ殺害シ若クハ殺害行為ニ著手シタルモ之ヲ中止シ人ヲ傷害スルニ止マリタル場合ニ於テハ死傷ノ結果ノ方面ノミヨリ観察シテ刑法第二百四十条ノ強盗致死罪若クハ強盗傷人罪トシテ之ヲ論スルヲ以テ足レリトセス意思ノ方面ヨリ観察シテ刑法第百九十九条ノ殺人罪若クハ其中止犯ヲ以テ併セ之ヲ処断セサルヘカラス故ニ右行為ハ孰レモ一箇ノ行為ニシテ強盗致死及ヒ殺人罪若クハ強盗傷人罪及ヒ殺人中止犯ノ各罪名ニ触ルルモノト解スヘク随テ此場合ニ於テハ単純ノ強盗ノ罰条タル刑法二百三十六条ヲ適用スヘ

キ余地ヲ存セス」（刑録21輯164頁）とした。この判決で大審院は、それまでの判例を踏襲しただけでなく、殺人と単純強盗の観念的競合とする可能性をも否定した。

これらの流れを変更して、強盗殺人の場合に刑法240条後段のみを適用するという立場を採った（に立ち戻った）のは大正11年12月22日の大審院聯合部判決であった（刑集1巻815頁）。大審院はこの判決のなかで「本罪ハ強盗罪ト殺人罪トノ結合罪又ハ強盗罪ト傷害致死罪トノ結合罪ニ外ナラスト解スヘク凡ソ結合罪ハ之ヲ組成スル各罪種ヲ包括シテ重キ一罪ヲ構成スルモノニシテ此ノ結合罪ト各罪種トカ独立シテ数個ノ罪名ニ触ルルモノト為スヘキモノニ非サルハ法律カ特別ノ結合罪ヲ認メタル精神ニ照シテ明白ナルカ故ニ特別結合罪タル強盗殺人罪ニ付テハ止タ刑法第二百四十条後段ノミヲ適用スヘキモノニシテ更ニ重複シテ第百九十九条ヲ適用スヘキモノニ非アラス」とした。

この大正11年12月22日の大審院聯合部判決ののちでも、多少揺らぎのあるようにみえる裁判例が見受けられる。たとえば強盗が尊属を殺害したという事実関係について強盗殺人罪と尊属殺人罪とが成立するとしたもの（大審院昭18・4・23刑集22巻96頁）、自動車運転手を殺害して自動車を強取しようとしたものの殺害の点が未遂に終わったものという事実関係について強盗殺人未遂罪ではなく殺人未遂罪の成立を認めたもの（最判昭23・9・18判例体系34巻97頁）がある。しかし、全体的に観察すれば、判例は上述の大正11年判決を踏襲し（たとえば、最判昭24・5・28刑集3巻6号873頁、最判昭32・8・15刑集11巻8号2065頁）、刑法240条後段は死について故意のある場合を含み、同条後段だけを適用すれば足りるとする立場を採っているように思われる。

4 検討・私見

強盗殺人が刑法240条後段に含まれるのか否か、いいかえるとこれをどのように擬律するのかということをめぐる争いの焦点はつぎの点にあると考える。すなわち、法定刑の均衡という視点からいわばより実質的に考えるべきなのか（故意犯包含説）、それとも条文の文言からいわばより形式的に考えるべきなのか（結果的加重犯説）という点である。これらに対して第3の故意ある結果的加重犯説は学説の統合をめざすものといえる。しかし、重い結果に故意ある結果的加重犯という概念自体が従来の結果的加重犯という概念自

体に背馳することになり妥当ではないと考える。なぜなら、重い結果に故意がある場合はとりもなおさず重い結果についての故意犯だからである。また、第4の考え方は条文の文言や強盗の犯罪実態からすれば刑法240条後段を故意犯に限るとすることはやはり妥当ではないと考える。したがって結果的加重犯説か故意犯説かのいずれかがより妥当であるかという問題になる。そこで以下、故意犯包含説と結果的加重犯説とについて考察する。

　結果的加重犯説は、すでに述べたように、刑法240条後段の「死亡させたとき」という文言に忠実な解釈である。このことは強盗致死罪と強盗殺人罪とを区別して定めた改正刑法草案の当該条文（刑法草案327条）が同様に定めていることからも明らかである。さらに実質的にも「抑も殺意のある場合と無い場合とは其の情状に大なる差異があるのであって、軽々しくこれを同一視して規定したものと解することは出来ない」（小野・前掲244頁）とされる。たしかに、故意犯と結果的加重犯とではその性質が異なるから、これらを刑法240条後段という一つ条文のなかに定めることは構成要件の個別化・明確化という視点からすれば妥当ではない。したがって、同条後段を結果的加重犯に限るとすることにも理由はある。また擬律の点において（この立場の支配的見解が）殺人罪と強盗致傷罪との観念的競合とする点は、後述のように批判しうるものの、この立場で罪刑の均衡を図ろうとする工夫ということができる。

　しかし、私は故意を含むとする立場（故意犯包含説）を妥当だと考える。この立場は改正前の刑法240条後段の文言について結果的加重犯を特徴づける「因テ」という文言を欠いている点を指摘している（泉二・前掲744頁）。もっとも解釈の合理性は、条文の文言のみならず、さらに犯罪実態や他の条文との整合性・均衡からも考えてみる必要がある。そこでまず、犯罪実態についていえば、強盗犯人が、強取を容易にするため、目撃者の口を封じるためなどの理由から、故意をもって殺人行為にでることは知られている。それゆえ「強盗殺人－ことに人を殺害して物を取るばあい－は、刑事学的にみて、この種のばあいのもっとも典型的なものである。法律が刑事学的類型を法律的定型に高めるにあたって、殺意のあるばあいだけを除いたとは、とうてい考えられない」（団藤・前掲595頁）とされるのである。つぎに、他の条文との関係について考えてみよう。第1に、個人法益に対する罪では人の死を惹起したものの殺

人の故意を欠く場合には、すなわち過失犯はおろか結果的加重犯でも、法定刑に死刑はない。第2に、強盗殺人の場合を結果的加重犯説のいうように殺人罪と強盗致死罪との観念的競合とすることは死の結果を二重に評価することになる。本来ならば、これは殺人罪と強盗罪（$\scriptsize{刑法236\atop 条1項}$）の観念的競合（$\scriptsize{佐伯・前\atop 掲183頁}$）であると考える。しかし、このように解すると、その下限において、殺人の故意のない場合（強盗致死罪）が無期懲役であるのに対して、殺意のある場合（強盗殺人罪）が、平成17年に改正されたとはいえ、5年であり、責任の軽い前者の方が重く処罰されることになる。このことから結果的加重犯説が殺人罪と強盗致死罪との観念的競合と主張されるのには理由がある。しかし、一方では文言を忠実に解しながら、他方ではこうした（死を二重に評価するという）解決を図らなければならないなかにこそ、この結果的加重犯説の問題点があると考える。第3に、結果的加重犯と故意犯という異なった犯罪類型を一つの条文に定めることはほかにも例をみることができる。たとえば、傷害罪（$\scriptsize{刑法\atop 204条}$）である。結果的加重犯説をとる論者も傷害罪が傷害の点に故意ある場合も無い場合（暴行致傷）も含むことは認めている（$\scriptsize{小野・前\atop 掲171頁}$）。第4に、故意犯を含むということについては結果的加重犯説から「強盗致死傷の行為から利欲犯としての性格が薄れむしろ攻撃犯としての色彩が強くなって妥当でなく」（$\scriptsize{佐伯・前\atop 掲183頁}$）とされるが、人の生命がより重大な法益であることからすれば、刑法（解釈）の重心がそこに置かれることはむしろ妥当なことだと考える。第5に、刑法243条は刑法240条の前段と後段とを区別せずその未遂を処罰している（$\scriptsize{詳細は\atop 後述5}$）。したがって、未遂はそれが故意犯であることを前提とするから殺人に故意のある場合を前提とした規定と考える。

5 補論・強盗殺人罪の未遂——刑法243条

1）総説　刑法243条は刑法240条の未遂を処罰するが、刑法240条後段について未遂というものがありうるのか、さらにあるとすればそれはどういうものなのかが問題となる。従来、刑法240条後段と刑法243条の関係については、前述の刑法240条後段が強盗殺人の場合を含むのかという争いのなかでむし

ろ故意犯包含説の主張の一つのよりどころとして論じられてきた。結果的加重犯の未遂というものが本来想定できないからである。しかし、比較的最近、故意犯包含説をとりながら強盗の点が未遂でも刑法240条後段の未遂であるとする見解も主張されるので、別に考察することにする。

2）学説　刑法243条について、従来、故意犯包含説は、同条にいう刑法240条後段の未遂を人の死についての未遂のみであるとし、強盗の既遂・未遂を問わないとしてきた（この点は故意ある結果的加重犯説や故意犯説も同じである）。したがって、人の死という結果が生ずれば強盗が未遂でも強盗殺人罪の既遂である。これに対して、結果的加重犯説はふたつに分かれる。この立場の主たる見解は刑法240条後段の未遂は強盗の未遂をいうとするが（小野・前掲244頁）、これに対して刑法240条後段の未遂というものは考えられないとする見解もある（尾後貫・前掲861頁）。前者は、刑法243条が未遂を定める以上これを無視することはできず、他方、死の結果について故意はないからこれについて未遂を考えることもできないからである。後者は、刑法240条後段について未遂を定める刑法243条をいわば立法上の過誤とする主張である。しかし、前述のように比較的最近、故意犯包含説をとりながら刑法243条にいう刑法240条後段の未遂は人の死についての未遂だけでなく、強盗の未遂の場合も含むとする主張がされてきている（平野・前掲211頁、中山研一『新版口述刑法各論』152頁（成文堂2004年）、曽根・前掲144頁）。すなわち、「強盗の点が未遂に終わった場合も殺傷の点が未遂に終わった場合も共に本罪の未遂と解すべきであろう」（曽根・前掲144頁）とされる。

3）判例　この点をめぐって、昭和5年5月16日の大審院の判決は、刑法240条後段の未遂とは強盗が故意に人を殺害しようとして遂げなかった場合であり、財物を得たか否かを問わないとした（刑集8巻251頁）。また、昭和24年5月28日の最高裁判所第二小法廷判決も、住居に強盗目的で侵入したものの強取の点は未遂だが、逃走の際に追跡してきた者を日本刀で突刺して死亡させたという事実関係について、刑法240条後段の成立を認めた。したがって、判例は、故意犯包含説をとりつつ（前述）刑法240条後段の未遂を人の死の結果にのみかかるものとしているように思われる。

4）考察・私見　私は、既に述べたように故意犯説を前提としつつ、刑法240条後段の未遂は死の結果の発生の有無について考えるべきであり、かつ

それで足りると考える。

　まず、刑法243条を立法上の過誤とする見解について考察する。現に条文がある以上、特定の解釈により矛盾が生ずるからといって過誤とするのは一般論として妥当とはいえない。さらに、たとえば、刑法128条は同126条（汽車転覆等及び同致死）の未遂を処罰しているが、その処罰については1項及び2項に限っており結果的加重犯である3項を除外している。こうした立法上の配慮からみても、刑法243条を立法上の過誤とするのは妥当ではないと考える。

　つぎに刑法243条にいう同240条後段の未遂とはどのような場合なのかについて、考えてみる。

　刑法243条は強盗についての未遂を定めたものとする主張を検討する。結果的加重犯説がこれを説くのは、前述のように、刑法240条後段の未遂を結果的加重犯とする以上、致死の結果について未遂ということが考えられないことから、同243条に意味を持たせようとした結果である。これに対して、故意犯包含説をとりながら、同条は強盗の未遂を含むとする見解はより積極的な理由付けをする。刑法240条につき「本罪が攻撃犯であると同時に財産犯の一形態（利欲犯）であることも否定できない」（曽根　前掲144頁）とされるのがそれである。

　しかし、これらの主張は以下の理由から妥当ではないと考える。前者（結果的加重犯説）は、たしかに、条文はできるだけ有効なものとして解すべきであるから、そのことがこの主張を支えることになる。しかし、前述のように、刑法240条後段を結果的加重犯のみを定めたとすることには疑問がある。さらに、刑法は結果的加重犯を定める犯罪類型では結果的加重犯に未遂の規定をおいていない。たとえば、すでにみたように刑法128条は同126条3項や同127条を除いて定められている。つぎに、後者（故意犯包含説）もつぎの点で妥当ではないと考える。この立場では、強盗が未遂の場合も、殺人が未遂の場合とともに、刑法240条後段の未遂になるから、そのかぎりにおいて強盗と殺人とを同等に評価することになる。しかし、たとえば刑法37条を見ても分かるように、人の生命は財産より重要な法益である。また、刑法199条と同236条の法定刑を比べれば前者の上限は死刑であり後者のそれは有期懲

役だから前者が重い。したがって、強盗の未遂と殺人の未遂を等しく刑法240条後段の未遂とするのは妥当でないと考える。

　そもそも、強盗殺人罪はその刑罰を比較すれば分かるとおり、強盗罪と殺人罪の総和ではない。強盗の機会に行われがちな凶行の一つとしてより重要な法益を害する行為である殺人に注目し、より重く処罰する。したがって、強盗と殺人とがともに満たされていないかぎり既遂でないとして、両者の総和が強盗殺人であるように考えることは、やはり、妥当でない。よって、刑法243条の未遂は同条240条後段についていえば人の死の結果についての既遂・未遂をいい、そのような機会に財物の強取よりも重要な人の死という結果が生じてしまった以上、強盗罪の成否は強盗殺人罪の成否に影響しないものと考える。

【参考文献】

草野豹一郎「刑法第二百四十条の解釈」警察研究21巻1号15頁（1950年）

井上祐司「［69］強盗罪（5）―強盗殺人・強盗致死」福田平・大塚仁編『演習刑法各論［新演習法律学講座16］』378頁（青林書院新社、1983年）

井田　良「強盗致死傷罪」阿部純二ほか編『刑法基本講座〈第5巻〉―財産犯論』127頁（法学書院、1993年）

曽根威彦『刑法の重要問題［各論］補訂版』168頁（成文堂、1996年）

【事例問題】

(1) 甲はXの土蔵から金品を強奪しようと企て刀を突きつけてXを脅して土蔵の錠を開けさせたのち口封じのためにXを殺害したあと土蔵から金品を奪った。乙は日頃恨みに思っているYの殺害を決意し同人方へ押し入ってYを殺害したのち、Yの懐から偶然にも落ちた鍵を見つけこれを使ってYの土蔵から金品を奪った。甲と乙の罪責はどうか。

(2) 甲は深夜、Xの家に侵入して金目のものを物色中、Xに気づかれ取り押さえられそうになったので手にしていた重い懐中電灯で殺意をもって殴りこれを殺害したが、物音に気づいた家人が騒ぎはじめたのでなにも盗らずに逃走した。甲の罪責はどうか。

(村木保久)

第16講　無銭飲食と詐欺罪の成否

―【問題点】―
◇詐欺罪の基本構造について
◇窃盗罪と詐欺罪の分水嶺はどこにあるか
◇処分行為の存在はいかなる場合に肯定されるべきか

1 総　説

　詐欺罪とは、人を欺いて錯誤に陥らせ、その錯誤による瑕疵ある意思に基づいて財物または財産上の利益を交付させる罪である（$\frac{246}{条}$）。その成立には、「①欺罔行為→②錯誤→③錯誤にもとづく財物の交付・利益の処分→④財物の移転・利益の移転」という要素が因果的に連鎖していることが必要とされる（西田168頁、川端178頁以下、大コメ13巻27頁等参照）。平易に換言すれば、「①（相手を）だまし→②（それにより相手方が）だまされ→③だまされたが故に財物（利益）を与えてしまい→④財物（利益）が移転した」という事実の流れが認められなければならない、ということである。

　詐欺罪は、狡猾な者のおこなう犯罪の典型であるといえる。そこで、人をだますといった手法を用いる分、そういう手法を用いない「窃盗」よりも重い罪であるはずだと感じるかもしれないが、現行刑法はそうはなっていない（詐欺罪の法定刑は窃盗罪の法定刑と同じである。なお、法務省において窃盗罪の法定刑に新たに罰金刑を設ける方針が固められたと報道されている（2005/09/05）。）。

　ところで、詐欺罪は、相手方が自分の意思——これは瑕疵ある意思ではあるが——から財物（や利益）を交付する（処分する）ケースを取りこむという点で、窃盗罪、強盗罪と異質であり、恐喝罪と同質である。恐喝罪は、欺罔行為ではなく暴行または脅迫を手段とする罪であるので、その点で詐欺罪と区別される。また、詐欺罪は、強盗罪や恐喝罪と同様、1項犯罪と2項犯罪をもっている。「財物」を騙し取れば1項（1項詐欺という）、「利益」を騙して得れば2項（2項詐欺という）の問題となる。以下で問題にする「無銭飲食」にも、1項詐欺を問題にすべき場合と、2項詐欺を問題にすべき場合との2種がある。

2 問題の所在：学説と判例

1 一言に無銭飲食といっても、i. もともと無銭飲食をするつもりで店に入る（注文する）パターン（犯意先行型）と、ii. 飲食をはじめた後に無銭飲食の意思を生じたパターン（犯意後行型・飲食先行型）とがある。前者は1項詐欺、後者は2項詐欺にかかわる問題である。以下、分けて述べていこう。

　i. 犯意先行型：すでに述べたように、これは、もともと金を払うつもりがなく料理などの注文をし、食事をしたようなケースを指す。このようなケースに、「①欺罔行為→②錯誤→③錯誤にもとづく財物の交付・利益の処分→④財物の移転・利益の移転」という事実の流れが認められるであろうか。

　まず、欺罔行為についてである。以前は、支払意思のないことを店員に告げないという「不作為」を欺罔行為と見る見解もあったが（小野『新訂刑法講義（各論）』(3版) 253頁）、今日ではほとんど支持されていない。そもそも、刑法上重視される不作為は、作為義務を前提に認められることになるのであるが（「しなければならないこと」を「しない」こと（作為義務違反）が刑法上の不作為である。）、飲食はするが支払をするつもりはない旨を店員に告げる義務を客が有していると見るのは不自然だと考えられるからである。

　そこで、支払意思のないことを秘して注文するという「作為」に欺罔行為性を認めるというのが、今日の一般的な考えとなっている（判例同旨：大判大9・5・8刑録26輯348頁、最決昭30・7・7刑集9巻9号1856頁）。店員は、客から注文を受ければ支払意思あっての注文であると信じるのがふつうであるため、支払意思がないのにそれを秘して注文する行為は、支払意思がないのにあるかのごとく装い相手方を錯誤におとしいれる行為（つまり①騙す行為）であるといえる。注文を受けた店員は、食事の後代金を支払ってくれるものと誤信するにいたっているため、そこに②錯誤を認めることができる。その錯誤にもとづいて飲食物が提供され、それが消費されたのであるから、③財物の提供、④財物の移転も問題なく肯定される。このようにして、1項詐欺が成立することになる（なお、これが、たとえば、高級料亭などでなされたことであれば、あわせて、特別のサービスを受けた点で、財産上の利益を得たともいえるため、2項詐欺も成立しうる。しかし、それが1項詐欺罪の成立に付随する形である場合は、まとめて（包括して）1項詐欺罪の成立をもってよしとされる。立石・後掲「百選II」86頁、斎藤信治『刑法各論』143頁参照）。

　ii. 問題は、当初は支払意思があった「犯意後行型」である。たとえば、ふ

つうに食事をするつもりで店に入り注文し、食事を始めたところ、財布を持ってきていないことに気づいたため、そこで初めて支払を免れる意思を生じ、駅まで友人を迎えに行ってくると嘘をいって店外に出てそのまま支払を踏み倒した、といったケースである（偽計逃走型）。支払意思があって飲食物を注文したのであるから、注文行為を欺罔行為とみることはできない（正常な注文行為そのものである）。したがって、すでにここで「犯意先行型」の場合と同じ理論構成をとることはできないということに気づくことになるが、それでも詐欺罪の成立について検討しなればならない。食事を（少しでも）した以上、その分の支払義務（債務履行義務）が生じる。にもかかわらず、それをだまして免れて利益を得たという点から、2項詐欺罪の成立の可能性が出てくるからである。ちなみに、店員の隙をみてこっそり逃げたという場合（単純逃走型）は、欺罔行為も錯誤も処分行為も認められず、不可罰の利益窃盗である（民事上の責任は別論）。

　要件充足の確認をしよう。行為者は、店員に嘘をいい、店員もそれによって騙されているので、①欺罔行為と②錯誤は一応存在するとしよう（とはいえ、処分行為を導くような欺罔行為でなかったとされる余地は残されている）。では、③の利益処分行為の有無についてはどうか。店員は騙され、それにより外出を許可したのであるが、この行為を利益処分行為と見てよいであろうか。もし、利益処分行為と見ることができないとなると、2項詐欺罪の成立要件の充足が認められないということになる。

2　学　説

　利益処分行為はいかなる場合に肯定されるか。学説は、特にその主観面について、①利益処分が意識的に為された場合にのみ処分行為性を認めるとする立場（意識的処分行為説）と、②利益処分が無意識で為された場合にも処分行為性は認められるとする立場（無意識的処分行為説：平野『刑法概説』216頁、大谷・274頁、西田・175頁以下）とに分けられるが、①意識的処分行為説は、さらに、何について認識していれば意識的処分行為ありとすることができるかについて、見解が分かれている。すなわち、①-1：利益の移転という結果についてまで明確に認識し（利益移転の意思が明確に示され）ていた場合にのみ、（本来の意識的処分があったと見て、）処分行為性を肯定する立場と（厳格説：注釈刑法（6）200頁〔福田〕、平場『判例演習刑法各論』〔増補版〕

235頁、藤木・323頁、立石・後掲「百選II」89頁、同・後掲「詐欺罪の諸問題」193頁)、①-2：利益移転結果を明確に認識していなくても、なんらかの利益を与えることの認識があれば、処分行為性を肯定してよいとする立場（緩和説：前田・232頁以下、山口・252頁以下、井田・114頁以下）とがある。

①-1の立場に立つと、2項詐欺罪の成立範囲は最も絞り込まれる。上記事例に関しても、処分行為が否定され、2項詐欺罪は成立しないと説かれる。すなわち、駅まで友人を迎えに行くと嘘を言って店員を欺き、外出の了承を得たのであるが、店員においては、一時外出に対する許諾意思は生じたといえるものの、利益が行為者に渡ることを意識していたとはいえない。よって、利益の処分意思はなかったものとされ（このように、本説によれば、利益移転結果についての意識こそ「処分意思」の内容だとされるのである）、処分行為性が否定されることになるのである。

②の立場は、利益が、被欺罔者の意思的行為（ここでいう「意思」という言葉は、平易にいえば、「そうしようとしてそうする」という単純な主観的状態を指すのであって、「利益移転結果発生の認識」を意味するのではないので注意。）にもとづいて欺罔行為者に移転したと見られる関係が認められれば足りると説くことから、2項詐欺の成立範囲が広がることになる（その分、窃盗罪の守備範囲を侵すおそれが生じるとの指摘もなされるが、この点については後述。）。すでに述べたように、「駅まで友人を迎えに行く」と騙されそれを了承した店員には、「利益移転結果についての意識」はない。そのため、「意識的な利益処分行為」の存在を認めることはできない。支払免脱という利益移転は、店員の意識しないうちに生じたものと見られることになるわけである（しかも、支払いの請求をしなかったという不作為によって導かれたかたちになっている）。しかしそれでも、処分行為性を認めることができると主張される。すなわち、店員はだまされたために外出をみとめ、それにより支払の免脱という利益を与えたことになったのであるが、「外出を認めたこと」自体は意思的に為したものと見ることができ、その意思的行為にもとづいて利益は移転している。したがって、たとえ具体的利益処分結果については無意識であったとしても、意思的行為によって直接に財産上の利益が移転したとして、処分行為を認めることができる、というのである（大谷『刑法各論』(2版)166頁以下）。

①-2は、詐欺罪の本質論から意識的処分行為説を妥当とする立場であるが、厳格説では、詐欺罪の成立範囲が不当に狭まってしまうとし、処分行為の認められる範囲を適切に広げることを目指す。たとえば、行為者がその場から離れることなど、「拘束」から解放されることについての認識が被欺罔者にあれば、そこに事実上の利益を処分する意識の存在を認めることができるの

であるから、それをもって処分行為を肯定することができるといった考えが展開される（井田・116頁参照）。重要なのは、利益移転という最終結果そのものを意識している必要はなく、その前段階の、しかし結果対象としての利益と直接的に結びついている、そういった事実上の利益を移転することについての意識があったと認められれば、意識的処分行為があったとしてよいということである。「駅まで友人を迎えに行く」といわれ、それに対して許諾の意思を示した場合についても、店外に出て行くという利益を与えることを了解している点から、最終的な利益移転を導く事実上の利益移転については意識があったと見ることができ、処分行為の存在が肯定されることになる。

3 判 例

裁判所は、基本的には、意識的処分行為説に依拠しているといえる。

たとえば、**最決昭30・7・7**（刑集9巻9号1856頁）は、厳格説に立っているかのような説示を含んでいる。事案は、所持金も支払意思もない被告人が、そうでないかのように装って、料亭で飲食・宿泊した上、自動車で帰宅する知人を見送ると申し欺いて、店外に出てそのまま逃走した、という無銭飲食・宿泊に関するものであった。最高裁は、「刑法246条2項にいわゆる『財産上不法の利益を得』とは、同法236条2項のそれとはその趣を異にし、すべて相手方の意思によって財産上不法の利益を得る場合をいうものである。従って、詐欺罪で得た財産上不法の利益が、債務の支払を免れたことであるとするには、相手方たる債権者を欺罔して債務免除の意思表示をなさしめることを要するものであって、単に逃走して事実上支払をしなかっただけで足りるものではないと解すべきである。されば、原判決が『（…）飲食、宿泊をなした後、自動車で帰宅する知人を見送ると申欺いて被害者方の店先に立出でたまま逃走したこと』をもって代金支払を免れた詐欺罪の既遂と解したことは失当であるといわなければならない。」と説示している（強調点筆者）。

ただ、本事案はむしろ犯意先行型の事案として位置づけられるものであり、実際、1項詐欺の成立が肯定されたことから、この説示部分は、多くの論者によって傍論にすぎないとされているので留意が必要である（反対：立石・後掲「百選II」89頁）。ただ、傍論であるとしても、詐欺罪が成立するには被欺罔者に「債務免除の意思表示」をさせる必要があり、相手方に「知人を見送る」と嘘をついて外

出許可を得て逃走したというだけでは、その要件は充たされない、という厳格な見方が示されたものとして注目すべきではある。

　下級審の判断ではあるが、無銭宿泊に関する判断が東京高裁によって下されているので（東京高判昭31・12・5東/高刑時報7巻12号46頁）、見てみよう。事案は、宿泊客が、「映画を見に行ってくる」と偽って外出許可を得てそのまま戻らなかったというものであった。これにつき、東京高裁は、「刑法246条2項の不法利得罪が成立するには、被欺罔者が錯誤にもとづき債務を免除するとか、支払の猶予を与えるとか、その他何らかの財産上の利益供与に関する積極的な処分行為を必要とする」（強調点筆者）旨判示し、詐欺罪の成立を否定している。外出を許可する意思表示では足りない、すなわち、利益処分意思が明示的に示されなければ処分行為は認めるべきでない、という考えが展開されていると見ることができる。この考えに依拠すれば、債務免除等の財産上の利益を処分する明示的な意思表示はなかったということが重視されることになり、そこから、積極的な処分行為がみとめられず、2項詐欺の成立に必要な要件が充たされないということになる。利益を処分するという明示的な意思表示を要求する点で、最高裁の言及した判断手法が展開されているといえるのである。

　一方、**東京高判昭33・7・7**（高裁特5巻/8号313頁）は、「被欺罔者による意思表示は必ずしも明示的たるを要しない」との見方を示し、2項詐欺罪の成立を肯定した裁判例である。問題となったのは、宿泊客が、旅館に滞在を始めて3日後の午後3時頃に、旅館主に「今晩必ず帰ってくるから」と嘘を言って、旅館から立ち去り、宿泊料等の請求をさせなかったという無銭宿泊の事案であった。これについて、東京高裁は、上記の見方より、「支払の請求をさせなかったことは、とりも直さず、被告人が同旅館を立ち去るにあたり、支払を即時にしなくともいい旨、換言すれば同旅館において被告人の支払を少なくとも一時猶予する旨の意思を暗黙に表示させたわけであるから、2項詐欺罪が成立する」旨判示した。

　旅館主の意思表示は、直接的には、外出の許可に向けられたものであったわけであり、支払を免除する意思を有していたわけではない。その意味では、債務の免除という利益を無意識に与えてしまったかたちとなっている。そこで、高裁は、支払免除という利益から（その前段階ともいうべき）支払猶予と

いう利益に視点を移し（この点をめぐっては上記東京高裁判決にも留意する必要がある）、そういう利益（支払を今しなくてもよいという利益）を与えることについては意識するに至っており、その意識内容は、明示的に告げられていないものの、外出を許可し支払の請求をしなかったという態度によって示された（つまり黙示的に示された）と見ることができるのであるから、それをもって詐欺罪の成立を認めることができる、という判断をしたものと見ることができる。この判決においては、あくまで利益移転の意思が表示されたこと、ひいては利益移転に意識が向いていたことが重視されたのであり、無意識的な処分行為で詐欺罪の成立が認められたのではない（そういう論理構成も可能であったにもかかわらず、である。）から、意識的処分行為を必要とする考え方に立脚したものと位置づけられるべきであるが（判文上も、意識表示の存在が必要だと述べられている）、ただ、利益を処分する明確な意思表示の要求は維持されなかったため、その意味で、比較的緩やかな基準が採用されたといえる（井田・114頁以下参照）。

なお、本件被告人の抱いた支払猶予の意識を、「財産上の」利益移転の意識とすることなく、単なる「事実上の」利益を与える意識と見ると、本判決は、事実上の利益を与えることについて意識していたことをもって詐欺罪の成立を認めたものとして位置づけられることになり、緩和説（①-2）に親和的な裁判例として位置づけられることになる（支払いの一時猶予については、西田・170頁、山口・245頁等参照）。（このような理解に立てば、前述最高裁が示した基準については、拘束性を有しない傍論として位置づけるのが穏当ということになろうか）。

③ 検討・私見

1 なぜ窃盗罪とは別に詐欺罪があるのか。両者の守備範囲はそれぞれどこまでなのか。

他人の財物を、その者の目を盗んで取った行為者は、窃盗罪で処罰できる。相手の目の前で取ったとしても窃盗である。いずれも、人の物を「勝手に」、つまり「その者の意思に反して」取ったといえるからである。しかし、人の財産・財産的秩序を十分保護するには、「相手方にうまいことをいって財物や利益を処分させる気にさせ、その者に財物・利益を提供させる」という「ずる賢い」行為にも対応する策が必要となる。相手みずから交付してきた

といえることから、表面上は、いってみれば「了承」を得た上で財物を得たというかたちになっているので、窃盗罪が予定する「取る行為」をしたとはいいがたく、窃盗罪で処罰することは困難である。しかし、当然のことながら、このような狡猾な行為が放置されるのはおかしい。そこで、相手方の「了承」のもと利益を提供してもらったとみえるケースでも、相手方をうまく丸め込んだからこそそうなったといえる場合には、同様に処罰すべく、詐欺罪の規定が用意されていると考えられるのである（暴行または脅迫を用いて交付させるケースは恐喝罪）。その意味で、詐欺罪は、相手方が財物・利益の移転について、表面上「了承」していると見られるため、窃盗罪の守備範囲から外れると捉えられる事案を処理する役割を担っている規定として捉えるべきである（辰井・後掲97頁参照）。

このように考えると、2項詐欺罪は、利益の移転についての「了承」が引き出されたといえるケース、すなわち、騙されたが故に利益を処分する意思を有するに至ってしまったというケース、騙されたことによって利益を「意識的に」処分するにいたったといえるケースを捕捉する犯罪だと理解する考え（意識的処分行為説）が妥当ということになる。

ただ、意識的処分行為説の中でも、厳格説に従うと、レストランの店員に「駅まで友人を迎えに行ってくる」と嘘をいい外出許可を得て、そのまま支払を踏み倒したという、すでに挙げたケースについて、2項詐欺罪の成立を肯定することができない。店員は、あくまで外出を許可する意思表示をしたにすぎなかったことから、そこに財産上の利益を与える明確な意識が及んでいたと見ることはできず、処分行為の存在を否定することにならざるを得ないからである。代金の請求をしなかったという不作為を問題にするにしても、代金の請求をしないことを意識していたわけではないし、支払を猶予するつもりもなかったのであるから、やはり利益処分について意識があったとすることはできない。そうなると、（そもそも処分行為をさせるような欺罔行為がなかったとの考えから、）結局利益窃盗として無罪とされることとなるが、しかし、本当に利益処分について意識なしとして、窃盗罪の守備範囲の問題にしてしまうことは妥当であろうか。

2　「駅まで友人を迎えに行く」と言われ、それを信じて外出を許可した店員の意識は、確かに第一次的には、外出を許可することに向けられていた

ものである。しかし、未払いの客に外出の許可を出す行為には、そのまま逃走される現実的可能性（代金が踏み倒される可能性＝リスク）が付帯しているという点を見落としてはならない。すなわち、その行為は「逃走の機会を付与する性質の行為」として理解されなければならないのである。このような視点からすると、外出を許可する行為は、財産上の利益を意識的に与える行為とはいえないものの、それにつながる「事実上の利益を意識的に与える行為」として捉えられることになる（菊池京子「詐欺罪の諸問題」現代刑事法2巻4号54頁、大塚・262頁、前田・232頁、長井圓「20　詐欺罪」ロースクール刑法各論)81頁以下参照）。

　他方、隙をつかれて逃走されたケースについては、この種の意識的な事実上の利益処分行為を認めることはできない。両者をいずれも窃盗の範疇の問題として同置することは、この相違を無視することを意味し、相当でないはずである。「駅に友人を迎えに行ってくる」との偽計が用いられた事例は、相手方に、利益——事実上の利益ではあるが——を処分することについて意識させたことが認められるという点で、むしろ、財産上の利益処分についての意識が認められる詐欺罪の典型的ケースに近いと見るのが適切であろうと思われるのである。

　ただ、厳格説に立つかぎり、前述のとおり、財産上の利益処分について意識が直接的に及んでいない以上、処分行為性を肯定することはできない。処分行為性を肯定するには、緩和説に立つほかない（「財布を忘れたので家にとりに行ってくる。少し待っていてほしい。」などと嘘をついて外出許可を得た場合なとは支払猶予の意識あり、となる）。

　3　もっとも、「駅まで友人を迎えに行ってくる」と店員を騙した事例について、2項詐欺罪の成立を認めるとの結論それ自体は、無意識的処分行為説からも導かれうる。同説によれば、引きおこされた錯誤によって意思的な行為がなされ、それにもとづいて利益の移転が為されたかどうかが重要なのであるが、この事例では、外出を了承した行為によって支払の免脱という利益移転が生じた、という関係が認められるので、2項詐欺罪の成立を肯定することができるわけである。

　ただ、同説の論理からすると、店員に嘘をいって注意をそらしその隙に品物を持ち逃げしたケースについてまで、詐欺罪の成立が認められるおそれがあるので注意が必要である。この事例は、異論なく窃盗とされてきたはずで

あった。しかし、無意識的処分行為説に立つと、騙されたために代金を請求しないという不作為に出ることとなり、そうして占有が移転したということが認められることになりうるのである（処分行為は不作為でもよいとされるので、こう解することが可能となる）。しかしこれでは、窃盗罪と詐欺罪の守備範囲についてのこれまでの思考枠組みが崩れることになる上、詐欺罪の成立範囲がいたずらに拡大することになる（立石・後掲「百選Ⅱ」89頁、山口厚「詐欺罪における処分行為」『平野古稀祝賀（上）』（1990）450頁、斎藤・後掲106頁）。騙して注意をそらせその隙に逃走して代金の支払いを免れるという行為についても、客体が財物から利益にかわっただけなので、2項詐欺とされるおそれが生じる（騙されたことから店員が一定の行動にでて、そしてその行動が、代金を請求しないという不作為の形態をとるものであったということが認められるのであれば、その不作為によって利益が移転したことをもって、不作為による無意識的な利益移転の事実を肯定することは理論上やはり不可能ではない。したがって、同説から2項詐欺罪が認められてしまうということは十分ありうると理解される）。

　このように考えると、無意識的処分行為説では、窃盗罪と詐欺罪との境界線がかなり不明瞭になってしまうといわざるをえない（斎藤・後掲106頁）。

　そうすると、意識的処分行為説が基本的に妥当であるということになるが、厳格説は前述のような問題を有しているため、緩和説に立って問題解決に当たるべきという結論となる。少なくとも何からの利益移転について意識が及んでいた場合に処分行為性を認めると考えるならば、店員の注意をそらせた事例については、詐欺罪の成立は明確に否定されることになる。

　4　ところで、「ちょっと表で携帯電話を掛けてくる」と店員に嘘をつき了承を得て外に出て、そのまま逃走したケースは、各説からどう処理されるか、触れておこう。

　厳格説からは、支払免除の利益を与える意思表示をさせていないとして、2項詐欺不成立となる。

　無意識的処分行為説からはどうか。店員は騙されて、出入り口付近までとはいえ店外に出ることを了承するという意思的行為をさせられたと見ることができ、同時にここに代金請求等の必要な具体的措置を講じないという不作為の存在を見てとることができる（欺罔されなかったならば、その時点で支払を確実に得られるための具体的措置をしたであろうと考えられるから、そこに不作為を認めることができる）。したがって、意思的な不作為によって無意識的にではあるが利益が移転したということができるので、そこから2項詐欺罪の成立を肯定するという結論が引き出されうる。

　他方、財産上の利益（代金債権の準占有）が、被害者の意思にもとづいて

欺罔行為者に終局的に移転したとはいえない、とする立場もある（大谷・274頁以下、西田・176頁以下）。すなわち、店員は客が出入り口付近に止まることを前提に店外に出ることを了承したにすぎなかったという点に着目し、店の支配内での移動を了承する意思的行為しかしていないので、利益移転がそういう店員の意思的行為から生じた、と見ることはできないとし（むしろ、さらに逃走しようという客自身の意思のみから生じたことであるとする）、2項詐欺の成立を否定するのである。

緩和説からも、こういった考え方をすれば、2項詐欺の成立は否定されることになる（「解放」という利益を与えることについての意識もなかったとして）。

しかし、より現実に即した考えをするなら、次のような考えが成り立つこととなろう。すなわち、店員は、「ちょっと表で携帯電話を掛けてくる」と欺かれ了承したのであるが、出入り口付近までとはいえ、店外に出ることを了承する行為には、逃走の機会を与えるという性質が付帯しているといえる。したがって、表に出ることを了承した行為は、支払免脱という利益につながる前段階的な事実上の「利益」を与えることについて意識しつつ為された行為と見ることができ、処分行為性を肯定することができるのである。このような思考方法に立脚すれば、「駅まで友人を迎えに行く」といわれたにせよ、「ちょっと表で携帯電話を掛けてくる」といわれたにせよ、それに対して許諾の意思を示した場合については、処分行為の存在が肯定されることになる。

【参考文献】

斎藤信治「詐欺罪の基本問題──訴訟詐欺・キセル乗車・自己名義クレジットカード不正使用・悪徳商法に関連して──」法学新報103巻4・5号105頁以下

鈴木左斗志「詐欺罪における『交付』について」松尾浩也先生古稀祝賀論文集（上）（1998）515頁

辰井聡子「47　無銭飲食・宿泊」刑法判例百選（5版）

立石二六「41　無銭飲食・宿泊」刑法判例百選II（4版）

同「詐欺罪の諸問題──無銭飲食・宿泊、キセル乗車を中心として──」刑法基本講座第5巻185頁

平野龍一「詐欺罪における交付行為」犯罪論の諸問題（上）（1982）329頁

山口　厚「詐欺罪における交付行為」問題探究刑法各論（1999）146頁

『大コンメンタール刑法13巻』（2版）3頁以下〔高橋省吾執筆〕

---【事例問題】---

(1) Aは、イタリア料理店で食事を済ませたところ、期待したほどおいしくなかったと感じたことから、代金なんて払う必要ないと身勝手な考えをおこし、店員に、「トイレはどこか」と問い、さも店内のトイレに行くかのように思わせ、トイレの先にあった非常口から店外に出てそのまま家に帰った。Aの刑責はどうか。

(2) Aは、高級フランス料理店に入って食事をし、残すところデザートのみとなったところで、財布を持ってきていないことに気づいた。一瞬困惑したが、ちょうど出口に近い席に座っており、店内では携帯電話の使用を控えるべき雰囲気もあったことから、かかってきた携帯電話に出るためにいったん店外に出るかのような立ち振る舞いをし、店外に出てしまえば逃走できると考え、実行した。店員はその様子を見て、携帯を使用するために外に出たのだとすっかり誤信するに至ったため、Aはそのまま逃走することができた。Aの罪責はどうか。

（曲田　統）

第17講　クレジットカードの不正使用

【問題点】
◇詐欺罪の成否　◇欺罔行為の内容と欺罔行為の相手方
◇被害者と損害の内容　◇詐欺罪の既遂時期　◇名義人の承諾

1　総　説

　クレジットカードの不正使用は、ⓐ適法に取得した自己名義の有効なクレジットカードを代金支払意思または能力なく（支払期日における預金残高が代金相当額に満たないことを予期している）使用する場合と、ⓑカード名義人ではない者が他人名義のクレジットカードを使用する場合とに分けられる。後者には、拾得もしくは盗取、または偽造するなどして不正に取得した他人名義のクレジットカードを使用する場合と、カード名義人の許諾がある場合など不正に取得したのではないクレジットカードを使用する場合とがある。犯罪の実態としては、他人名義のクレジットカードの不正使用の方が問題であるが、解釈論上問題とされているのは、自己名義のクレジットカードの不正使用である（「クレジットカード」を単に「カード」と称することもある）。

　汎用クレジットカードの取引は、一般に次の仕組みで行われる。クレジット会社は、申込者の信用状態を調査したうえで、会員契約に基づいて申込者（カード会員）にクレジットカードを発行し、他方で、商品やサービスの提供者（加盟店）と加盟店契約を締結している。カード会員は、①加盟店にクレジットカードを呈示して売上票に署名することで、②商品やサービスを購入することができる。そして、③加盟店が売上票をクレジット会社に送付すると、④クレジット会社は、送付された売上票に基づいて、代金相当額から所定の手数料を差引いた金額を加盟店の預金口座へ振替により立替払いする（立替払説。加盟店がカード会員に対して有する債権をカード会社に譲渡すると解する債権譲渡説もある）、その後、⑤クレジット会社はカード会員の決済口座から振替により代金相当額を徴収するというものである（三者間取引）。なお、通常は、有効なクレジットカードを呈示された場合には、加盟店はカード会員に対してクレジット取引を拒絶できない。

　代金支払意思または能力がないにもかかわらず商品またはサービスを提供

させる行為は、一般に、詐欺罪を構成する。詐欺罪は、「欺罔行為—錯誤—交付行為—損害」が、客観的には因果的連鎖の関係にあり、主観的には故意によって包摂されていなければならない犯罪類型である（立石二六「無銭飲食・宿泊」刑法判例百選Ⅱ各論4版88頁(1997.5)）。クレジットカードの不正使用については、詐欺罪に要求される因果的連鎖を崩すことなく、どのように理論構成するのかに問題がある（以下、説明の便宜上、商品を購入した場合を前提とする）。

2 自己名義のクレジットカードの不正使用

1 判例の状況

　自己名義カードの不正使用の問題については、最高裁の判断はまだ出されていない。高裁裁判例においては、加盟店が被欺罔者でありかつ被害者でもあるとして、欺罔により商品を交付させたことにつき加盟店に対する1項詐欺罪の成立を認めている（1項詐欺罪説）（福岡高判昭56・9・21刑月13巻8＝9号527頁、名古屋高判昭59・7・3判時1129号155頁・判タ544号268頁、東京高判昭59・10・31判タ550号289頁、東京高判昭59・11・19判タ544号251頁。なお、和歌山地判昭49・9・27時775号178頁）。1審判決には詐欺罪の成立を否定したものもあるが、いずれも高裁により破棄されている（福岡地判昭56・3・26［前掲福岡高判昭56・9・21の原審・高裁判決中の引用］、名古屋地判昭59・2・7判タ544号269頁［前掲名古屋高判昭59・7・3の原審］）。

2 学説の状況

　（1）否定説　詐欺罪の成否をめぐっては見解が分かれており、学説の中には、少数ながら詐欺罪の成立を否定する見解がある。①否定説は、行為者は加盟店に対して欺罔行為を行っているわけではなく、また加盟店は錯誤に陥らないとして詐欺罪の成立を否定する（中山・156頁、石井芳光「クレジットカードの不正利用と法律問題」手形研究161号(1970)59頁、神山敏雄「クレジット・カード濫用の刑事法上の考察」岡山大学法学会雑誌36巻3＝4号(1987.3)451頁、同・経済犯罪の研究1巻(1991.3)308頁以下、山中敬一「自己名義のクレジット・カードの不正使用に関する一考察（2完）」関西大学法学論集37巻1号(1987.4)94頁以下、山中・322頁、吉田敏雄「クレジットカードの不正使用」刑法判例百選Ⅱ各論4版(1997.5)92頁）。

　（2）1項詐欺罪説　学説の多数は詐欺罪の成立を肯定する。まず、裁判例と同じく、②被欺罔者・交付行為者・被害者をともに加盟店と考えて、1項詐欺罪（財産上の利益の場合には2項詐欺罪）の成立を認める見解がある（大塚・250頁、大谷・265頁、福田・256頁、大塚ほか編『大コンメンタール刑法13巻』2版90頁(髙橋省吾)、末道隆之「クレジットカードの不正使用」刑法判例百選Ⅱ各論5版(2003.4)100頁、土本武司『民事と交錯する刑事事件』(1979.6)238頁以下）。この説によれば、代金支払意思または能力がないのに、加盟店に対しそれがある

かのごとく装ってクレジットカードを呈示する行為が挙動による欺罔であり、加盟店が錯誤に陥り、その錯誤に基づいて商品を交付し、当該商品を取得した時点で既遂に達する。財産上の損害は、加盟店が商品の占有を失ったことである。商品の交付自体が損害である以上、クレジット会社から加盟店が代金相当額を受領しても損害は認められることになる。

(3) 2項詐欺罪説　これに対して、加盟店に対する欺罔も加盟店の錯誤も認められないとして、③被欺罔者・交付行為者・被害者をクレジット会社であると考え、カード会員が加盟店を介してクレジット会社を欺罔し、クレジット会社をして加盟店に代金相当額を立替払いするという交付行為をさせて、自己の代金債務を免脱するという財産上不法の利益を得たとして、2項詐欺罪の成立を認める見解が主張された（藤木英雄『刑法各論：現代型犯罪と刑法（有斐閣大学双書）』（有斐閣・1972）370頁、兼元俊徳「クレジット・カードをめぐる法律問題」警察研究46巻3号（1975.3）63頁）。

(4) 三角詐欺構成　最近は、加盟店を被欺罔者とし、クレジット会社を被害者とする構成が有力である（いわゆる「三角詐欺」。被欺罔者と被害者とが同一人ではないにもかかわらず、詐欺罪の成立が肯定される場合）。損害の内容、さらに損害の発生時期（詐欺罪の既遂時期）をめぐって、学説は錯綜している。1項詐欺罪の成立を認める見解は、④**（三角詐欺1項詐欺罪説）** クレジット会社に代金相当額を立替払いさせたことによって、カード会員は実質的には商品または商品の代金という財物を騙取したとする（内田・315頁、芝原邦爾「クレジットカードの不正使用と詐欺罪」法セミ334号（1982.12）117頁）。2項詐欺罪の成立を認める見解は、まず、⑤**（代金支払免脱説）** クレジット会社に立替払いをさせることによって、カード会員が加盟店に対する代金支払を免れたことが不法な利益であり、立替払いの時点で2項詐欺罪の既遂が成立するとする（山口厚（旧説）「クレジットカードの不正使用」刑法判例百選Ⅱ各論2版（1984.4）97頁、京藤・後掲刑法基本講座209頁、曽根・159頁）。さらに、2項詐欺罪の成立を認めつつも、その既遂時期を商品購入の時点に認める構成がある。⑥**（修正された代金支払免脱説）** 商品を購入して売上票を作成した時点で、クレジット会社が代金債務を事実上引き受けることにより、行為者は代金債務を免脱するという利益を得たことになるので、商品購入の時点で2項詐欺罪の既遂が成立するとする（西田・199頁、林・254頁、堀内・151頁、前田・237頁。前田・237頁は、詐欺罪の損害を「将来かならず発生する危険」と捉えて、商品の交付の時点でクレジット会社に対する「損害（実損発生の高度の蓋然性）」を認める）。また、⑦（**第三者交付詐欺説**）詐欺罪に要求される損害と利得の同一性（素材同一性）を考慮して、加盟店を欺罔して売上票を作成することにより、クレジ

ット会社をして第三者である加盟店に「代金相当額の支払を受ける地位」を得させた点を捉え、第三者に対して財産処分を受ける「地位」を交付させたという2項詐欺罪の成立を認める見解も主張されている（山口・262頁、山口厚『問題探求刑法各論』（有斐閣・1999.12）174頁）。あるいは、⑧（**立替払い債務負担説**）行為者が商品を得て、クレジット会社は加盟店に対する立替払い債務を負担したことにより損害を受けたので、商品購入の時点で2項詐欺罪の既遂が成立するという見解もある（中森喜彦「クレジットカードの不正使用と詐欺罪の成立」判タ526号（1984.7.15）79頁）。

3　検討・私見

(1)　欺罔・錯誤

(a)　加盟店に対する欺罔・錯誤　加盟店は、カード会員に代金支払意思または能力がない場合にはクレジット取引を拒絶すべき信義則上の義務をクレジット会社に対して負っている。そして、その義務に違反した場合には立替払いを拒絶される危険があるから、加盟店としても会員の代金支払意思または能力に関心をもっており、したがってカード会員がこれを隠すならば欺罔にあたるというのである（前掲福岡高判昭56・9・21参照、一部の1項詐欺罪説）。また、信義則上の確認義務までは認められないとしても、売上票の送付により加盟店が取得した「財産を処分しうる権能または地位」に基づき、「顧客の支払意思・能力に無関心ではいられ」ないという意味で、「疑問は残るものの、加盟店に対する欺罔行為、加盟店の（法益関係的）錯誤を肯定することができる」とする（山口・261-262頁）。あるいは、クレジット取引が円滑に完成することが加盟店の取引目的であるから、行為者の代金支払意思または能力は取引上重要な事実であって、加盟店も無関心であるわけではない（林・252頁）という。しかし、信用取引というクレジットカード取引の基本的性格（加盟店に対して代金を保証することで、代金不払いの危険をクレジット会社が負担し、代金支払意思または能力の評価を加盟店に免れさせるところに重要な意義がある）からすると、加盟店は呈示されたカードの有効性及び名義人と使用者との同一性だけを確認すれば足り、その代金支払意思または能力を確認する必要まではないし、それは事実上不可能である。そうだとすると、加盟店は行為者の代金支払意思または能力に関心をもたないといえ、行為者が代金支払意思または能力がないことを隠したとしても、加盟店に対する欺罔も加盟店の錯誤も認めることはできないと考えられる。

また、帰責事由がない限り加盟店はクレジット会社から代金相当額の支払を受けられ、カードの呈示はそのことを表示しているのであるから、代金支払についての欺罔行為も加盟店の錯誤も認めることはできない。さらに、加盟店は、クレジット会社との加盟店契約に基づき、有効なカードが呈示されている場合には、錯誤に陥ったと否とを問わず商品を交付しなければならないのであるから、この意味での錯誤に基づく交付行為を認めることはできない。

(b) **クレジット会社に対する欺罔・錯誤** これに対して、③2項詐欺罪説は、クレジット会社に対する欺罔を認める。しかし、売上票を受領したクレジット会社は、行為者に代金支払意思または能力がないことを知っていたと否とにかかわらず、加盟店契約に基づいて代金相当額を支払わなければならない。したがって、クレジット会社に錯誤に基づく交付行為も認めることはできない。よって、③説は支持できない。

(c) **私見** クレジットカード取引は、クレジットカード制度を予定されている方法で適正に利用するという、カード会員・加盟店・クレジット会社間相互の信頼関係を基礎として成立している信用取引の一形態であるから、クレジットカード制度を適正に利用するということは、同制度の基本的要請である。加盟店は、クレジット取引の内容や回数等から、明らかに不正利用が疑われる場合には、クレジット取引を拒絶することができるのである。また、カード会員には、クレジット会社との契約に基づき、代金支払意思または能力がないときには、クレジット取引を差し控える契約上の義務がある。したがって、カード会員が代金支払意思または能力がないのにこれを秘して加盟店にクレジットカードを呈示して商品等を購入しようとする行為は、クレジット取引を適正に行う意思がないのにこれを秘したもので、クレジット取引を適正に行うであろうことを信じて取引に応じた加盟店を欺罔したことになると考えられる（同旨、京藤・後掲刑法基本講座208頁）。そして、加盟店には、確かに代金相当額の立替払いを受けられるという点についての錯誤は認められないが、カード会員がクレジットカード制度を適正に利用してクレジット取引を行うという点についての錯誤に陥って交付行為を行ったといえるのである。

(2) **被害者及び損害の内容**

(a) 加盟店の損害　　裁判例・1項詐欺罪説は、財物の交付自体が損害であると解している。しかし、加盟店はクレジット会社から代金相当額の立替払いを受けることができるので経済的な損失はなく、実質的にみて、加盟店には財産上の損害が認められないとの批判が向けられている。

　(b) クレジット会社の損害　　そこで、多くの見解は、クレジット会社を被害者とする三角詐欺であると構成する。④説は商品または商品代金を行為者の利得と考えるが、クレジット会社の損害は立替払い債務であって商品との間に同一性を認めることは困難であるし、現実に商品代金を取得するのは加盟店であるから、この見解を支持することはできない。また、クレジット会社の立替払い債務を損害とみて2項詐欺罪の成立を認めると、立替払いの時点に詐欺罪の既遂を認めることになる（③説・⑤説）が、行為者が商品の取得を目的としている事実を考えると、既遂時期が遅すぎることになる。そこで、クレジット会社の立替払い債務を損害としつつも、立替払いが確実となる商品購入の時点に損害を認める見解（⑥説）があるが、いまだ現実の立替払いも債務の免脱もない時点で、財産的損害発生の危険が認められるだけで、既遂を肯定することはできないし、このように考えると、本来侵害犯である詐欺罪を（具体的）危険犯と解することになり妥当ではない。また、⑦説は、加盟店に「代金相当額の支払を受ける地位」を交付したことがクレジット会社の損害であるとして、売上票の作成時に詐欺罪の成立を認めるが、詐欺罪は財産に関する侵害犯であって、「地位」を交付しただけで損害の発生を認めるのは疑問である。⑧説は、売上票の作成により事実上債務を負担したことを損害ととらえるが、商品の取得と債務の負担とに同一性を認めることは困難である。

　(c) 私見　　クレジットカード制度の狙いのひとつは、加盟店に生じた損害を填補することで、売掛金が未収のまま損害を被る事態を加盟店に回避させることにある。クレジットカード取引においても、カード会員は加盟店と直接売買契約等を締結し、加盟店に対して代金債務を負担する。そして、クレジット会社が加盟店に対して代金相当額の支払をしたときは、その後の権利関係に変動が生じて、クレジット会社はカード会員に対する求償権（立替払い説）または代金債務（債権譲渡説）を取得するにとどまる。そこで、ク

レジット会社から加盟店契約に基づいて代金相当額が支払われない場合には、カード会員は加盟店に対して直接代金債務を履行しなければならない。そうだとすると、クレジット会社による加盟店への代金相当額の支払は、カード会員と加盟店との関係（売買契約等）に基づくものではなく、（密接に関連してはいるが）それとは独立した、加盟店とクレジット会社との加盟店契約に基づいて、代金相当額の支払がいわば保証されているにすぎず、加盟店に生じた損害が填補されたにすぎないとみるべきである（同旨、原田國男「コンピュータ、クレジット・カード等を利用した犯罪」石原一彦ほか編『現代刑罰法大系 2巻：経済活動と刑罰』(1983.2) 223-250頁 [236頁]）。したがって、なお加盟店に損害を認めることが可能であると思われる。損害保険等により補償が受けられる場合にまで実質的損害を否定しないのと同じことである。なお、2項詐欺罪の成立を認めた場合、行為者が取得したのは財産上の利益であるから、行為者の取得した物を第三者が情を知って譲り受けたとしても、盗品等に関する罪（刑法256条）は成立しなくなり不都合である。1項詐欺罪の成立を認めれば、その適用に問題はない。

③ 他人名義のクレジットカードの不正使用

1 他人名義カードの不正使用と詐欺罪の成否

クレジットカードの名義人ではない者が、名義人になりすまして自己に債務を発生させることなく商品等の提供を受ける場合である。名義人であると偽ったことが加盟店に対する欺罔であり、名義人であるとの錯誤に陥った加盟店が商品等を提供することが交付行為であるから、加盟店に対する商品等の1項詐欺罪（なお、サービスの提供の場合には2項詐欺罪）が成立すると考えられる（大塚・250-251頁、土本・前掲265頁など）。自己名義カードの不正使用の場合に詐欺罪の成立を否定する見解（山中・324頁）も2項詐欺罪の成立を認める見解（藤木・前掲370頁、兼元・前掲64頁、中森・前掲80頁など）も、この場合には、加盟店はカード会員以外の者とのクレジット取引が許されないことから、加盟店に対する1項詐欺罪の成立を認める。

この点、他人がクレジットカードを不正に使用したときでも、加盟店は、カードの無効通知を受けていない限りクレジット会社から代金相当額の支払を受けることができ、したがって、加盟店に実質的損害を認めることができ

ないのであるから、代金相当額を支払わなければならないクレジット会社を被害者と考えるべきである (2項詐欺罪とする) との見解がある (前田・後掲法セミ110頁)。だが、カード名義人は、カードを盗難・紛失して他人に不正使用された場合であっても、クレジット会社に対する代金支払債務を免れないから、実質上損害を被るのは名義人であるともいえてしまう (もっとも、一般に、名義人から盗難・紛失の届出があり、盗難・紛失について名義人に帰責事由がない場合には、クレジット会社が会員契約に基づき会員の損失を填補する。また、偽造の場合には、一般的に名義人に帰責事由がないため、クレジット会社が名義人に代金を請求することはない)。やはり、商品等の交付自体を損害と認めるべきであろう。

2 名義人の承諾と詐欺罪の成否

(1) 問題の所在 名義人の偽りを欺罔と考えると、カード名義人の使用許諾があり、名義人により利用代金が確実に支払われる場合にも、詐欺罪の成立を肯定することになる。しかし、加盟店による署名確認が徹底されておらず、例えば妻が夫名義のクレジットカードを使用するようなことが事実上黙認されている現状からすると、このような場合にまで詐欺罪の成立を認めるのは妥当ではないとの疑問が呈されている。そこで、カード名義人がカードの使用と代金決済を承諾している場合にまで、詐欺罪を構成するかが争われている。名義人の承諾がある場合には、利用者に代金支払意思及び能力が認められることになるから、欺罔行為の要素に（したがって錯誤の要素にも）代金支払意思または能力が含まれるかが問題となる。

(2) 判例の状況 判例は、カード名義人との同一性を偽ることが欺罔行為であり、名義人の承諾は詐欺罪の成否に影響を与えないとする (最二小決平16・2・9刑集58巻2号89頁、東京高判昭56・2・5判時1011号138頁、東京高判昭60・5・9刑月17巻5＝6号519頁など)。下級審裁判例には、名義人との同一性を偽ることを欺罔行為としつつも、名義人本人の利用と同視できる場合には詐欺罪の成立を否定するもの (大阪高判平14・8・22刑集58巻2号116頁［前掲最二小決平16・2・9の原審判決］、京都地判平13・9・21刑集58巻2号93頁［同1審判決］)、名義人との同一性を偽ること及び代金支払意思または能力を偽ることが欺罔行為であり、名義人の承諾があった場合には欺罔行為が否定されるとするもの (大阪高判平元・11・15高検速報平元年175頁、東京高判平3・12・26判タ787号272頁、大阪地判平9・9・22判タ997号293頁など) がある。

(3) 学説の状況 ①（**名義人欺罔説**）カード名義人との同一性を偽ることが欺罔行為であるとする見解がある (前掲最二小決平成16・2・9、片岡聰「クレジットカードと犯罪」捜査研究34巻9号(1985.6) 11頁など)。クレジットカード制度は、カード名義人個人に対して個別的に信用を

供与することを基礎とし、その取引においては名義人本人の利用のみが予定されていることを理由とする。この見解によれば、名義人がカードの使用及び代金決済を承諾していたとしても、詐欺罪の成立が肯定されることになる。これに対して、クレジットカード取引の実態を考慮して、一定の場合には詐欺罪の成立を否定するべきであるとの見解が主張されている。まず、②（**名義人同視説**）名義人との同一性を偽ることが欺罔であるが、名義人本人の利用と同視できる場合には、名義人との同一性を偽る行為は欺罔行為といえず、したがって詐欺罪を構成しないという見解がある（野村稔「クレジットカードの名義人に成り済まし同カードを利用して商品を購入する行為と詐欺罪の成否」現代刑事法6巻12号（2004.12）82-83頁、平井義丸「消費者信用をめぐる犯罪の実態と法律上の問題点について」（法務研究報告書74集1号）」（1986.12）56-57頁）。名義人の利用と同視できるかは、同一の消費共同生活体に属する夫婦や親子等といった利用者と名義人との人的関係、及び名義人からみたカード利用の相当性（利用内容・回数・金額等のカードの利用状況）を考慮して判断するとする（野村・前掲82-83頁。なお、平井・前掲56-57頁は、「カード名義人の妻などごく近い近親者」の場合に名義人の利用と同視できるとする）。クレジットカード取引の実態を考慮するべきであり、名義人の利用と同視できる場合には、利用者が名義人との同一性を偽っても、代金決済が円滑に行われ関係者に財産的損害は生じないからであるという。次に、③（**名義人及び支払意思・能力欺罔説**）名義人との同一性及び代金支払意思または能力を偽ることを欺罔行為とする見解がある。この見解によれば、名義人がカードの使用及び代金決済を承諾している場合には、行為者には代金支払意思及び能力が認められることになるので、欺罔行為とはいえず、詐欺罪を構成しない。クレジットカード取引の実態を考慮して名義人の承諾がある場合に欺罔行為を否定しようとし（山中・324頁など）、あるいは、自己名義カードの不正使用の場合における欺罔行為と同様に考える（大塚・250-251頁。大谷・265頁など）見解である。また、④（**支払意思・能力欺罔説**）代金支払意思または能力を偽ることが欺罔行為であり、名義人との同一性を偽った点は欺罔行為ではないとの見解も主張されている（石井芳光「クレジットカードの不正利用と法律問題」手形研究160号（1970）53頁）。クレジットカードによる信用取引の本質を正規の支払手続によって支払を受け得るかどうかという点に求め、加盟店は、クレジットカードの使用者を問題にすることなく、カードの有効性のみを問題とすれば足りることを理由とする。この見解によれば、他人名義のカードであるか否かは欺罔にとって重要ではなく、代金決済について名義人の承諾があ

った場合には欺罔行為は認められず、詐欺罪を構成しないことになる。

　(4) 検討・私見　　クレジットカード制度は、カード名義人個人の信用を基礎として、それを審査して確認したクレジット会社が、名義人個人に対して一定限度内の信用（支払保証）を供与することを根幹とする。クレジット会社による信用供与は特定個人に対してなされているのであるから、誰に対して信用が供与されているかも極めて重要な要素となる。そうだとすると、クレジットカードによる信用取引において支払の確実性だけを問題とする④説はとりえない。そして、クレジットカード取引においては、信用を供与された名義人本人が供与された信用の範囲内でクレジット取引を行うことが予定されており、カード名義人と使用者とが異なることを予定していないのであるから、名義人との同一性を偽ること自体を欺罔行為とするべきである（①説）。

　クレジットカード取引の実態を考慮することには意味があると思われる。しかし、実際に黙認されていることだけを理由に詐欺罪の成立を否定することはできない。②説は、名義人の利用と同視できる場合には代金決済が円滑に行われ、関係者に財産的損害が生じないことをその理由とする。確かに、その多くの場合には名義人により代金決済が行われるであろうが、それは利用者と名義人との人的関係に基づいて事実上決済されているにすぎない。名義人の明示の承諾がある場合は格別、それがない場合には、決済されずに財産的損害が発生する可能性を否定できないというべきであろう。また、クレジット会社による代金相当額の支払いとは無関係に加盟店に対する詐欺罪の成立を認める立場からは、同様に、代金決済の有無は詐欺罪の成立に影響を与えないと考えるべきである。したがって、②説はとりえない。

　クレジットカード制度の基本的性格からすれば、カードの有効性と名義人との同一性だけを確認すれば足りるのであって、名義人または利用者の代金支払意思または能力までを確認する必要はない。したがって、名義人の承諾、すなわち代金支払意思または能力を偽ったとしても、それ自体を欺罔行為ということはできない。クレジットカード制度はあくまで特定の名義人個人に信用を供与する制度なのであるから、カード利用者と名義人との間の内部的な承諾は、加盟店に対する関係では意味をもたないと考えるべきであろう。

③説を支持することはできない。また、名義人の承諾がある場合には、ほぼ確実に代金決済がなされるので、名義人の承諾を理由に欺罔行為を否定するとの見解（③説）にも、名義人の承諾がある場合には実際上代金決済が行われて関係者に財産的損害が生じないという着想があると思われる。しかし、既に述べたように、代金決済の有無は、基本的に詐欺罪の成否、とりわけ欺罔行為とは無関係だと考えられるのである。なお、カード名義人の承諾があり、現実に名義人が代金を決済したことは、量刑事情にすぎないと考えるべきであろう。

【参考文献】

芝原邦爾「クレジットカードの不正使用と詐欺罪」『法学セミナー』334号（1982.12）116-117頁。

前田雅英「クレジットカードの不正使用と詐欺罪」『法学セミナー』425号（1990.5）105-110頁。

安里全勝「他人名義のクレジット・カードの不正使用と詐欺罪」『山梨学院大学法学論集』24号（1992.12）496-505頁。

京藤哲久「三者間詐欺——訴訟詐欺と自己名義クレジットカードの不正使用」『刑法基本講座　第5巻』（法学書院・1993.10）199-211頁。

高橋省吾「第246条（詐欺）」『大コンメンタール刑法　13巻』2版（青林書院・2000.11）86-92頁。

野村稔「クレジットカードの名義人に成り済まし同カードを利用して商品を購入する行為と詐欺罪の成否」『現代刑事法』6巻12号（通号68号）（2004.12）79-84頁。

【事例問題】

(1) Xはクレジット会社Aの会員としてクレジットカードの発行を受けていたが、代金支払の意思がなく、また支払期日における決済銀行の預金残高が代金相当額に満たないことを知りながら、クレジット会社Aの加盟店Bにおいて、自己名義のクレジットカードを呈示して、物品を購入した。Xの罪責を論ぜよ。

(2) Yは、C女と同棲していたが、クレジット会社Dが発行したC名義のクレジットカードを密かに持ち出して、加盟店Eにおいて同カードを呈示して物品を購入した。Yはクレジットカードを使用する際、売上票にC女の姓を署名したが、

カード表面には女性名であるC女の姓名がローマ字で打刻してあり、裏面にはC女の姓のみが漢字で署名されていた。Yの罪責はどうか。

(大杉一之)

第18講　不法原因給付と横領罪

───【問題点】───
◇不法原因給付物と横領罪の成否
◇不法原因給付物と不法原因寄託物との区別

1 総　説

　横領罪（刑法252条）の刑罰は、他の財産罪である窃盗罪（刑法235条）・詐欺罪（刑法246条）・恐喝罪（刑法249条）と比較して軽く、長期においてそれらの二分の一（懲役）にすぎない。それは、横領罪がもともと自分の支配下にある他人の財物をわがものとする犯罪なので、他人の支配を排除し財物を領得する窃盗罪などの領得罪に比較して、「形態において平和的であり、動機において誘惑的である」（滝川幸辰「増補刑法各論」団藤重光ほか編『滝川幸辰刑法著作集第一巻』334頁（世界思想社、1981年））からである。

　さて、ここでは行為者が目的物を占有するに至った事情のひとつとして「不法原因給付」を取りあげて考えてみよう。すなわち、不法原因給付によって自己の占有するに至った財物について横領罪が成立するのか、という問題である。ところで、横領罪の客体は前述のように「自己の支配内にある」財物、すなわち「自己の占有する他人の物」（刑法252条1項）である。「自己の占有する」とは自らが現実に支配していることをいい、「他人の物」とは自己でない者の所有にかかるものをいう（なお同条2項）。したがって、これらからすれば自分が現実に支配している自分の物でない財物について横領罪は成立することになり、その財物を占有するに至った事情は横領罪の成否とは何ら関係がないように見える。しかし、その事情が横領罪の成否に影響を及ぼすことが条文のうえで明らかな場合がある。たとえば、遺失物横領罪（刑法254条）がそれである。つまり、自己の占有する他人の物であっても、それが「たまたま」自己の占有するところとなった場合には、横領罪ではなく遺失物横領罪が成立する。また、たとえば、占有取得が「窃取」にもとづく場合には、その窃盗犯人がのちに横領の行為をしても窃盗罪のほか重ねて横領罪が成立するわけではない。だが、不法原因給付という事情について刑法はとくに定めてい

ない。したがって不法原因給付物の横領に横領罪が成立するのは当然のようにも思われる。そこで「不法ナル原因ニ基クヲ得ルハ勿論犯罪行為ニ基クコトヲ得」(大場茂馬『刑法各論上巻』459頁(巌松堂、1909年))とされるのである。しかし、不法原因給付物について民法708条本文は「不法ノ原因ノ為メ給付ヲ為シタル者ハ其給付シタルモノノ返還ヲ請求スルコトヲ得ス」と規定しているため、給付者は被給付者に対して返還を請求できない。それゆえ、給付者に民法上保護されるべき利益がないにもかかわらず、刑法が、被給付者の（横領）行為を横領罪にあたるとすることによって、不法原因給付の給付者を事実上保護することになってしまってよいものかどうかということが問題とされるのである。

なお、財産罪によって得られた物の占有を取得した場合には盗品譲受等罪(刑法256条)が成立する。この場合にも盗品譲受等は公序良俗に反し不法原因給付といえるが、このような場合は措いておく。なぜならば、ここで対象とする事実関係は、まずもって、給付者が給付物に対して所有権を有している場合であり、そのかぎりで「他人性」は明らかである。これに対して盗品等は給付者が所有権を有しているといえない場合で、こうした点からまず考えてみる必要があると思われるからである。

2 学　説

不法な原因にもとづいて給付された、自己の占有する物を横領することが刑法252条の横領罪にあたるかのかについて、学説は概ねつぎの3説に分けることができる。

まず、第1の見解（横領罪説）は、民法708条本文が給付者に給付物の返還請求権を否定しているが、不法原因給付物についても横領罪が成立するとする（大場茂馬・前掲459頁、小野清一郎『新訂刑法講義各論』267頁（有斐閣、1949年）、草野豹一郎『刑法要論』353頁（有斐閣、1956年）木村・155頁、藤木英雄『刑法講義各論』340頁（弘文堂、1976年）、内田・363頁前田・261頁）。その根拠は大きくふたつに分けることができ、それらは独立して横領罪説を支えている。その第1は、「その委託関係が民法上保護されないことは必ずしも刑法に於て横領罪の成立を妨げるものではない」(小野・前掲267頁)とされるものである。これは刑法と民法はいわば次元を異にするから、横領罪の成否は民法708条に拘わらず刑法独自の視点から論じるべきであるとい

うものである。この見解によれば不法原因給付後の民法上の所有権の所在を論ずることはそもそもそう重要なことではないことになる。その第2は、刑法と民法とのあいだの統一性を図ろうとするものである。すなわち、民法708条本文について給付者から被給付者に対する給付物の返還請求権を否定する一方で所有権にもとづく物上請求権を認めたかつての判例(たとえば大判大7年8月6日民録二四輯一四九四頁)を根拠として不法原因給付によっても所有権の移転することはないから、被給付者はなお「他人の物」の占有者であるとする。

つぎに、第2の見解（無罪説）は不法原因給付物について横領罪が成立しないとする（泉二新熊『日本刑法論下巻』1641頁（有斐閣、1908年）、宮本英脩『刑法大綱各論』383頁（弘文堂、1934年）、牧野英一『重訂日本刑法下巻』436頁（有斐閣、1938年）、滝川幸辰・前掲473頁、宮内・後掲132頁、団藤・636頁、大塚・291頁、佐伯仁志・後掲114頁、山口厚『刑法各論　補訂版』297頁（有斐閣、2005年））。その根拠も、横領罪説の主張に対応する形で、大きくつぎのふたつに分けることができる。そして、それらが相まってこの見解の根拠となる。その第1は刑法と民法との統一的な理解である。つまり、所有権の所在はともかく民法708条本文が給付者が返還を請求できないにもかかわらず、このような場合を刑法が横領罪とすることは、民法で保護しない財産権を刑法が保護することになってしまう。すなわち「私法上当該所有権に対し法的保護を放棄したものを、刑法上保護を与えるということ問題である。……第二次規範としての刑法は、第一次規範の不法とする行為につき、特に可罰的価値のあるものを可罰的不法とする……第一次規範において保護の必要性を否認しているものを、第二次規範において保護することは、かかる刑法的（可罰的）不法の根本原則に矛盾する」(宮内・後掲132頁)とされるのである。その第2は横領罪の条文の文言に由来する。民法708条により所有権は被給付者に帰属することを前提として、その結果として給付物は自己の占有する「他人の物」ではなく、自己の占有する「自己の物」となり、したがって横領罪は成立しないというものである。すなわち「若シ民法ノ解釈ニシテ給付者ノ所有権喪失ヲ認ムルヲ正当ナリトセハ其目的物ハ既ニ自己ノ占有スル他人ノ物ニ非サルカ故ニ本問題ハ之（著者註：横領罪の成立）ヲ否定ス可キ」(泉二・前掲1641頁)とされるのである。

さらに、第3の見解（二分説）は不法原因給付物については横領罪が成立する場合と成立しない場合とがあるとする。その基準については、目的物の所有権が受給者に与えられた場合（給付）に横領罪は成立しないが、目的物

の所有権が受給者に与えられたとはいえない場合（寄託）には横領罪が成立する、とする。もっとも、この立場においても、後者の場合の罪責について見解が分かれている。その第一は、寄託の場合でも給付者と受給者とのあいだに信任・委託関係を欠くから刑法252条などの委託物横領罪ではなく遺失物等横領罪が成立するという見解がこれである（江家義男『増補刑法各論』325頁（青林書院新社、1963年）、野村稔「50 不法原因給付にかかる物件の横領」平野龍一ほか編『刑法判例百選Ⅱ各論〔第三版〕』104頁（有斐閣、1992年））。その第二は、この場合には給付者が受給者に目的物占有を移転する際に寄託が存在することから（委託物）横領罪が成立するという見解がこれである（林幹人『財産罪の保護法益』170頁（東京大学出版会、1984年）、平澤・後掲248頁、曽根・後掲216頁、大谷實『刑法各論〔第2版〕』181頁（成文堂2002年）、西田典之『刑法各論〔第3版〕』212頁（弘文堂、2005年））。確かに、不法原因給付物は法の保護を与える必要のない委託関係にもとづいて被給付者が占有することになったのだから遺失物等横領罪とする見解にも理由はある。しかし、不法原因給付物は遺失物と異なり、その占有が占有者のもとにたまたま移転したわけではない（事実として信任委託関係にもとづいて占有者は目的物を占有している）から、やはり（委託物）横領罪とするのが妥当と思われる。したがって、以下、二分説についてはこれについて述べる。二分説の根拠はつぎの点に由来する。すなわち、民法上、不法原因給付の「『給付』とは、相手方に利益を与えるものであれば、たとえば不倫なサービスのような事実上の利益を与えるものでも、金銭や物の交付（不動産については登記、動産については引渡）のように財産権や財産的利益を与えるものでもよい。もっとも、相手方に終局的な利益を与えない場合、……いまだ給付がなされたとは解されていない」（石川利夫「不当利得の特則」遠藤浩ほか編『民法(7)〔第4版〕』71頁（有斐閣、1997年））、「給付は受領者に事実上終局的な利益を与えるものでなければならない」（我妻栄『債権1158頁（岩波各論下巻）』書店、1972年））とされていることである。こうしたことから「不法な目的に基づき金銭を委託するのは、委託であって給付にはあたらず、なお返還請求権があると解することも可能といえよう」（西田・前掲212頁）とされるのである。

3 判 例

不法原因給付物を横領した場合に横領罪が成立するのかという問題をめぐっては、明治43年7月5日の大審院判決において横領罪の成立を認めて以来、

最高裁判所も昭和23年6月5日の判決でこれを踏襲しており、判例はほぼ一貫して横領罪が成立するという立場（横領罪説）をとってきているといえる。なお、のちに詳しく検討する民法708条をめぐって被給付者に所有権を認めた昭和45年10月21日の最高裁判所大法廷判決〔民集24巻11号1560頁〕が出されてからあとも、横領罪説を変更する最高裁判所の判断はなされていない。

つぎに、判例の流れを整理して少し詳しく見ておくことにしよう。

1 贈賄金

前述の明治43年7月5日の判決は、贈賄目的で交付を受けた者が自らの用途に費消したという事実関係に対するものであって、そのなかで大審院は給付者につき「民法第七百八条ノ制限アル為……取戻ヲ為ス事能ハサルハ勿論ナルモ……金円ノ上ニ所有権ヲ喪失スヘキモノニ非ス」〔刑録16輯1361頁〕として被給付者の横領につき横領罪が成立するとした。また同様に、仲介者が「贈賄金」を贈賄せずに費消したという事実関係について大審院は明治43年9月22日の判決のなかで「刑法第二百五十二条第一項ノ罪ハ……其物カ被告ノ占有ニ帰シタル原因カ適法ナリヤ将タ不法ナリヤ問フ所ニアラス故ニ被告カ不法ノ原因ノ為ニ物ノ給付ヲ受ケタル場合ニ於テ其物ノ給付者カ民法ニヨリテ物ノ返還ヲ請求シ能ハサルトキト雖モ之カ為ニ給付者カ其物ノ所有権ヲ喪失シ被告カ之ヲ取得スヘキモノニ非サルヲ以テ被告カ占有セル物ハ依然他人ノ所有物トシテ存続シ被告ハ之ヲ自己ニ領得スル権利ヲ有セス従テ被告カ不法ニ領得スルニ於テハ当然刑法第二百五十二条第一項ノ犯罪ヲ構成スヘシ而シテ民法第七百八条ハ……叙上ノ犯罪行為ヲ適法ナラシムルモノニ非ス」〔刑録16輯1531頁〕とした。そして大審院は大正2年12月9日の判決でも「民法上不法ノ原因ニ因リテ給付シタルモノニ付テハ給付者ニ於テ之カ返還ヲ請求スルコトヲ得ト雖モ之カ為ニ給付者カ其ノ物ニ付所有権ヲ喪失スルコトナケレハ……被告カ公務員ニ贈賄スル目的ヲ以テ他人ヨリ給付セラレタル金円ヲ不法ニ領得シタル行為ヲ認メ之ヲ横領罪ニ問擬シタルハ相当ナリ」〔刑録19輯1393頁〕とした。

最高裁判所も、受け取った買収のための資金をモルヒネ購入などに費消したという事実関係について、昭和23年6月5日の判決のなかで「刑法第二百

五十二条第一項の横領罪の目的物は単に犯人の占有する他人の物であることを要件としているのであって必ずしも物の給付者において民法上その返還を請求し得べきものであることを要件としていないのである。……被告人は他に贈賄する目的をもって本件金員を……受け取り保管していたものであるから被告人の占有に帰した本件金員は被告人の物であるといふことはできない。……本件金員は結局被告人の占有する他人の物であってその給付者が民法上その返還を請求し得べきものであると否とを問わず被告人においてこれを自己の用途に費消した以上横領罪の成立を妨げない」(刑集2巻7号641頁)とした。

2 密輸出のための金地金買入資金

密輸出の金地金買入資金であることを知りながらこれを預かったその一部を着服して横領したという事実関係について、大審院は昭和11年11月12日の判決で「判示金員カ……民法上給付者……ヨリ被告人ニ返還ヲ請求スルコトヲ得ストスルモ之カ為給付者……ニ於テ其モノニ対スル所有権ヲ喪失スルコトナケレハ……被告人ニ於テ擅ニ之ヲ自己ノ為着服スレハ横領罪カ成立スル」(刑集15巻1431頁)とした。

3 賭博類似行為への出資金

賭博類似の不法な貯金組合に対する出資金を横領したという事実関係について、大審院は昭和17年5月6日の判決で「民法上不法の原因に因り給付したるがため給付者に於いて返還を請求し得ざる物と雖も受領者に於いて不法に之を領得するに於いては横領罪を構成する……」とした。

さらにこれらの外に下級審の裁判例としてつぎのようなものがある。不調に終わった闇取引の商談の途中に手渡された取引資金を横領したという事実関係について東京高等裁判所は昭和26年4月28日の判決のなかで「不調に終わったその取引の交渉中一時買い主が仲買人に手渡しておいた金員が所論のように民法上不法原因に因る給付となるものとは到底解せられないのみならず、そもそも民法上不法原因に因り給付したものであっても、給付者がその物の所有権を失うことはない」(判例体系35巻299頁)として横領罪の成立を認めた。また、必要とされる許可を得ずに賃貸された物(著者註:「変圧器」)を占有するに至った

者がこれを売却処分したという事実関係について、東京高等裁判所は昭和29年6月29日の判決のなかで「賃貸借が所論のとおり無効且つ公序良俗に反する脱法行為であるとしても……委託によって占有を開始した本件変圧器が他人のものであることには何ら変わりない」<small>(判例体系35巻299頁)</small>とした。

4 検討・私見

　不法原因給付物の横領をめぐる学説について考えてみよう。まず、横領罪説については、それがおよそ不法原因給付であればすべて横領罪とするものなのかという点について疑問がある。たとえば、芸娼妓契約における前借金としての抱主の貸金について最高裁判所は昭和30年10月7日の判決でこれを不法原因給付にあたるとした<small>(民集9巻11巻1616頁)</small>。しかし横領罪説が、このような事実関係のもとで当該芸娼妓が貸金を費消した場合、その行為を横領罪とするかについては疑問がある。確かに横領罪説は不法原因給付物についておよそ横領罪が成立するように見える。しかし横領罪説がその対象として論じているのは、主として、「金銭ヲ賄賂トシテ公務員ニ送ルヘキコトヲ託セラレタル場合、又ハ犯罪ノ正犯者カ従犯者ヨリ犯罪ノ用ニ供スル器具ヲ預リタル場合」<small>(大場・前掲459頁)</small>や裁判所が横領罪にあたるとした事実関係についてだからである。そして横領罪説からも「刑法上、不法原因に基いて給付せられた物に付横領罪が成立するや否と云うことが問題になるのは、其の物の所有権が相手方に未だ移転して居ないと考えらるる場合……が問題となる」<small>(草野・後掲232頁)</small>とされている。つぎに、無罪説は昭和45年の最高裁判所判決がその根拠を裏付けることになったといえそうだが、たとえば、預けた金銭が、そうでなければ横領罪が成立するのに、たとえばそれがたまたま贈賄のための準備として預入れたために横領罪は成立しない（いわば被給付者の取り得（どく））というのはやはり妥当でないように思われる。さらに、二分説については、二分説のいうような民法708条の解釈は刑法学者特有の解釈だとされ<small>(佐伯仁志・道垣内弘人「対談民法と刑法第3回不法原因給付」法学教室No.225 41頁以下)</small>、たとえば、つぎのようにいわれている。「このような解釈は民法においては採られておらず、『給付』と『寄託』とを区別することに意味があるのか、疑問があるように思われる」<small>(山口・前掲297頁)</small>とされる。

こうしたことからすれば不法原因給付物の横領については民法708条の解釈および前述の昭和45年の最高裁判所判決の理解が重要であるように思われる。とくに同判決についてはこれを受けて「現在の民事判例を前提とする以上，不法原因給付物は『他人の物』でないことになるから，委託物横領罪の成立を肯定する見解……は，現在においてはもはや維持できないと思われる」(山口・前掲297頁)とさえいわれている。

そこでまず昭和45年の判決について考えてみよう。そのなかで最高裁判所の判決は不倫関係維持のために贈与された建物の所有権について「建物所有者のした贈与に基づく履行行為が不法原因給付にあたる場合には、贈与者において給付した物の返還を請求できないことの反射的効果として、目的物の所有権は贈与者の手を離れて受贈者に帰属するにいたったものと解する」とした。そしてその理由を「同条（著者註：民法708条）は、みずから反社会的な行為をした者に対しては、その行為の結果の復旧を要求することを許さない趣旨を規定したものと認められるから、給付者は、不当利得に基づく返還請求をすることが許されないばかりでなく、目的物の所有権が自己にあることを理由として、給付した物の返還を請求することも許されない筋合いであるというべきである」と述べた。したがって、この昭和45年判決は、民法708条が有名無実と化すことを避けるため「反射的効果」として被給付者に給付物の所有権を認め給付者からの所有権にもとづく物上請求権を否定したものであった。「反射的効果」として得られた所有権については「通常の所有権の帰属と同様に解してよい」(田山輝明「74 所有物返還請求権と民法708条」星野英一・平井宜雄・能見善久『民法判例百選Ⅱ債権〔第五版〕』158頁（有斐閣、2001年）)とする見解もあるが、他方、そのような所有権が「適法な原因によって取得された所有権と全く同じ効力をもつのか……給付の目的物が偶然に給付者の手許に戻った場合に受領者から逆に返還を請求しうるものなのか、第三者との関係はどうなるか、等問題も多い」(山本進一「74 所有権返還請求権と民法七〇八条」星野英一・平井宜雄『民法判例百選Ⅱ債権（第二版）』160頁（有斐閣、1982年）)とする見解もある。したがって、この昭和45年判決をもって横領罪説はもはや成り立たなくなったと、直ちにいうことはできないように思われる。さらに、最高裁判所はのちの昭和46年10月28日の判決ではいわゆる妾関係維持の目的のために建物を贈与したという事実関係について「不法の原因により既登記建物を贈与した場合、その引き渡しをしただけでは、民法

七〇八条にいう給付があったとはいえない」とした。無罪説もこのような場合に被給付者が横領行為をした場合、（民法708条の場合にあたらないから当然ともいえるが給付者に返還請求権がある以上）横領罪の成立を認めるようにも思われる。そうだとすれば無罪説は給付物がおよそ不法原因と結びついて占有が被給付者に移転した場合すべてについて横領罪が成立しないというわけではないように思われる(もっとも民法の学説のうえではこの場合に判例とは異なり給付者による取戻を否定する立場も有力である（我妻・前掲1168頁、水本浩『債権各論（民法セミナー7下）』64頁（一粒社、1985年)))。

つぎに、民法708条の存在理由を考えてみよう。同条はなぜ不法原因給付につき給付物の取戻を否定したのだろうか。それは「民法七〇八条は……すでになされた反社会的な行為に基づく給付の救済を自業自得として消極的に拒否するものである」(石川・前掲67頁)とされ、民法90条と相まって「両者はあいたずさえて反社会的行為を憎みそれを拒否するもので、積極・消極の手法の違いはあるが、表裏一体となって、反社会的な行為に関与した者にいっさいの法律上の救済を拒否する法理を定めたものだといってよい」(石川・前掲67頁)とされる。つまり、民法708条の目的は、不法原因給付物を給付者に返還させないないしは被給付者に所有権を取得させる点にあるのでなく、その不法原因を非難してその給付の関係を法の保護範囲から排斥する点にある（それゆえ前述の昭和45年判決も「反射的効果」といういい方をしたように思われる)。そうである以上、民法708条が「反射的効果」として被給付者に所有権を帰属させた客体、すなわち「不法原因給付」により占有した物、に対する被給付者の行為を刑法がどのように評価するかは刑法自身に突きつけられた問題といってよいように思われる。この点について、たとえば「利得者は所有権を取得することになり、横領罪は成立しないというべきであろうか」(我妻・前掲1170頁)とされつつ「もっとも、何人からも返還請求を受けないことの反射的効果として……所有権が帰属する物を恣に処分することが横領罪ないし背任罪にならないのかどうかは刑法の立場から検討されるべきであろう」(我妻・前掲1170頁)とされている。その意味では従来、横領罪説の根拠のひとつである刑法と民法とは次元を異にするという見解は妥当であるように思われる。しかし、どのような場合に横領罪が成立すべきかはさらに検討をする必要がある。そしてその基準として、不法原因給付（およそ不法原因にもとづいて占有が移転する

場合）を分析し民法708条の不法原因給付とそうでない不法原因寄託に分ける考え方（二分説）は妥当であるように思われる。もっとも、二分説に対しては前述のような批判がある。民法でいわれる「終局的な利益を与える」というのは「国家の助力を求めなければならない」（我妻・前掲1156頁）という必要がない程度まで給付がなされてしまったこととされるから、従来、二分説が「寄託」とする場合も「終局的な利益を与える」ものように思われるからである。また、給付原因の不法性と横領行為の違法性の問題を「給付」の有無、つまり単純に「給付」か「寄託」か、に置き換えてしまうことにも問題はあるように思われる。しかし、近時、二分説を支持するものも少なくない。それは窃盗犯人から盗品であることを知って窃取しても窃盗罪が成立するように、不法原因給付物についてもある一定の場合には被給付者による横領は横領罪として当罰的と考える（たとえば、田・前掲261頁）からである。そしてその合理性・論理性はつぎの点にあるように思われる。すなわち、前述のように、民法708条の目的がこのような給付関係を非難して民法の保護のもとに置かないことにある以上、むしろ同条とは別に給付者と被給付者との関係を事実に沿って観察し刑法を適用して非難してもよいように思われる。そしてそこに「給付」と「寄託」とを分けることに意味があると思われる。つまり「給付」・「寄託」という言葉を実質的に理解し、個別的具体的にあてはめることが重要であると思われる。たとえば、賭博に負けた者が引き渡した指輪について勝った者がそれを処分しても横領罪にはならない。当事者の意思および行為態様は事実上所有権を（終局的に）引き渡すものといえる（給付）からである。これにたいして、たとえば、賭博に負けた者から、勝った者に渡すようにいわれて預かった者が指輪を売り払った場合は横領罪が成立すると思われる。当事者の意思および行為態様は事実上、占有を移転するものでも所有権を移転するものとはいえない（寄託）からである。そして、このような区別に基づいて横領罪の成立を認めることは返還を義務づけたり犯罪を促すものではない。たとえば預かった賄賂資金を横領したという設例についていわれるように、「受託者が処罰されるのは、贈賄しなかったからではなく、これを中止して、委託された金銭を委託者に返還しなかったからである」（西田・前掲212頁）。このような次元でみると、不法原因給付物につき横領罪が成立すると解しても

刑法と民法とは価値観を共有しているものといえる。したがって、二分説は、民法708条が目的とする全体としての法秩序の維持にも合致し、結論において妥当であると思われる。

【参考文献】

草野豹一郎「不法原因による給付受領者の領得行為と横領罪」『刑事判例研究第四巻』223頁（巖松堂書店、1959年）

宮内　裕「不法原因給付と横領罪・詐欺罪」刑法学会『刑法講座6』132頁（1964年）

平澤　修「不法原因給付と詐欺・横領罪」阿部純二ほか編『刑法基本講座〈第5巻〉―財産犯論』248頁（法学書院、1993年）

曽根威彦『刑法の重要問題［各論］補訂版』213頁（成文堂、1996年）

佐伯仁志「56　不法原因給付にかかる物件の横領」芝原邦爾ほか編『刑法判例百選Ⅱ各論［第五版］』114頁（有斐閣、2003年）

【事例問題】

(1) 甲はY殺害のために、銃砲所持許可を得て猟銃を所有しているXから事情を話して当該猟銃を借り受けたが、そののちに怖くなってその猟銃を知り合いのZに売却してしまった。甲の罪責はどうか。

(2) Xは甲と愛人関係を維持することを条件に甲が居住するマンションを買い与えたが、その甲はXと分かれてYと結婚する際に、当該マンションを売却した。当該マンションの登記がXにある場合と甲にある場合とで、甲の罪責はどうか。

（村木保久）

第19講　横領罪における不法領得の意思

―――――【問題点】―――――
◇財産罪の中での横領罪の特殊性　◇横領罪の本質は何か
◇不法領得の意思の内容
◇展開――横領罪と背任罪の区別という論点との接点をはかること。

1 総　説

　刑法典第36章以下の財産罪の種類は多様である。その体系的分類方法も又幾種類かに分けられるのであるが、本講の対象である横領罪は、所謂領得罪（その中でも他人の占有の侵害を伴なわない領得罪）であり、個別財産に対する罪である。
　(1) 刑法典第38章は「横領の罪」と題し、単純横領罪（$^{252}_{条}$）、業務上横領罪（$^{253}_{条}$）、占有離脱物横領罪（$^{254}_{条}$）の各罪を規定している。占有離脱物横領罪をもって基本犯とする見解も存在するが、本罪は財物についての委託関係が前提とされていない罪であり、単純横領罪や業務上横領罪とは異質の犯罪類型である。本講でとり上げる横領罪は単純横領乃至業務上横領の内容である、委託物横領罪の方である。猶、「横領の罪」に対しては親族相盗例（$^{244}_{条}$）の準用がある（$^{255}_{条}$）。横領罪に於ける不法領得の意思の問題性は、単純横領と業務上横領の別により異なるものではないので、ここでは、特記しない限り、広く横領罪として捉え、その罪と不法領得の意思の問題として論ずることとする。
　(2) 横領罪とは自己の占有する（$^{252条}_{1項}$）、或いは業務上自己の占有する（$^{253}_{条}$）他人の物又は公務所から保管を命ぜられた自己の物（$^{252条}_{2項}$）を横領する行為を内容とする。単純横領罪と業務上横領罪の関係は後者が業務関係に於いて占有する他人の物の横領であるところから、単に個人的信用毀損に止まる前者の横領に比し、法益侵害性が大であり、又、社会的信用性の危殆度も大であるところから、これを加重類型として特別罪としたものである。よって、主体、客体にちがいが出てくることと、業務上横領罪に関しては背任

罪との区別という別個の問題点が生ずることに注意を要する。因みに共犯関係が生じた場合の65条の適用にも注意。

　(3)　横領罪に於ける不法領得の意思という問題性について、予めその概略を示し、全体像を提示した上で、あらためて横領罪及び不法領得の意思を個別にとりあげることとする。後者については、前出第12講、第13講も参照されたい。

　財産罪には多数の種類があるが、その大半は他人の物乃至財産を自己或いは第三者のものとする所謂財産領得罪である。窃盗罪、強盗罪、詐欺罪等、本講の横領罪も勿論この中に分類される。これ等の領得罪については、例えば、典型的な領得罪といわれる窃盗罪の場合、故意は「他人の財物を窃取する」ことの認識であるが、その認識の他に、いわば、他人の財物を領得して自分の物の如く扱ったり、或いはその経済的利得性を得るというような所謂「不法領得の意思」も必要とされるというのが伝統的な見解である（不法領得の意思の正確な定義については前出第13講参照）。これと同様、横領罪に於いても「自己の占有する他人の物を横領する」ことの認識の他に、不法領得の意思が必要なのではないかということなのである。この問題は二つの異なる観点から浮上してくる。即ち、一つ目は、横領罪は自己が既に占有している他人の物を横領するのであるから、そこには奪取性（占有侵害性）がなく、従って、少くとも、不法領得の意思を実現させるような凡ゆる態様のものが横領であるというように、行為の態様を明確にするための基準として機能し得るのではないか、という点である。二つ目は、こちらの方がより根元的な視点であるが、そもそも横領罪の本質を考えてみた場合、横領行為の実質は何であろうかという問題があるのである。後述するが、ここで学説は所謂領得行為説と越権行為説に分かれる。後者に依れば不法領得の意思は要求されない。しかし、前者に依ればこれが要求されて、一つ目の視点で述べたところにつながっていくのである。それ故、本講の問題点の基本は、第12講、13講同様、横領罪の保護法益如何というところに帰着するのである。

　(4)　不法領得の意思については既に第13講があるのでそこを参照されたい。ここでは、横領罪に於ける不法領得の意思に限定して述べる。判例に依れば、「他人の物の占有者が、委託の任務に背いて、その物につき権限がないのに

所有者でなければできないような処分をする意思」である（最三小判昭24・3・8刑集3巻3号276頁）。必ずしも占有者が自己の利益取得を意図することを必要とするものではないし、占有者に於いて不法に処分したものを後日補塡する意思が行為当時あったからといって横領罪の成立を妨げないものとされる。窃盗罪に於ける不法領得の意思との違いは、「権利者を排除し」という文言がなく、「委託の任務に背いて」行われなければならないとされる点、及び、「経済的用法に従いこれを利用し又は処分する意思」という限定がついていない点である。端的に見るなら、要件が少ないだけ横領罪の不法領得の意思の方が窃盗罪のそれより広義であるといえようが、本質的には同一であるといってよい（団藤・630頁）。横領罪に於ける不法領得の意思がこのようなものであるとすれば、①委託の趣旨に反することの認識を必要とし、②利得意思が明示で要求されていないところから、毀棄・隠匿目的での横領もあり得るという考えが可能となる。但しこの点については後の学説の項であらためてまとめることとする。不法領得の意思を領得罪の本質的な主観的要素として認めるのであれば、個々の犯罪でその内容に相異を生ぜしめることはおかしいといわなければならないが、本罪のように、例えば、占有侵害という要素が存在しない罪種に於いては、その内容に若干の広狭・差異が生ずることは止むを得ないことである。その程度の問題であろう。

　(5) 横領罪の成立要件のうち、本講に関わるものを概観しておきたい。上述の如く、本講では単純・業務上の別を問わず、広く横領罪とするので、条文別の詳述は行わない。必要な限度で触れるに止める。
①主体：単純横領罪については他人の物の占有者（252条1項）及び公務所の命令による自己物の保管者（252条2項）であり、業務上横領罪の場合は業務上の他人の物の占有者（253条）である。身分犯であるので65条の適用がある。
②客体：「物」である。動産の他不動産も含まれる。委託関係による占有物でなければならない。委託関係は、委任や寄託、使用貸借等、物の保管を内容とする契約や法定代理人の地位その他から発生するのが一般的であるが、更には、取引上の信義誠実の原則や条理、習慣等からも発生することが認められている（注釈刑法(6)401頁）。物は自己が「占有する」ものに限定される。共同占有物の領得は本罪ではなく、窃盗罪である。本罪の占有には、窃盗罪と異な

り、事実上の占有のみならず、法律的占有も含まれる。この点で問題となるのは銀行預金である。他人の金銭を委託されて保管する者が保管の方法として銀行に預金した場合、この預金に対し保管者の占有が認められるかにつき、肯定説が通説・判例であるが、否定説も存在する。銀行預金契約は民法666条の消費寄託であって、預金者は預金の払戻請求権をもつに過ぎず、預金について占有するものではないというのである。この見解によると、預金の引出し行為は横領罪を構成しないこととなる（この論点に関し、山中「刑法各論Ⅰ」372頁、西田・205頁等参照）。又、物は「他人の」物でなければならない。この、物の「他人性」のところで問題となるのは、例えば、㋑売買の目的物、㋺共有物、㋩月賦販売契約物、㊁委託された金銭〔金銭は代替性をもつところから、若干の問題が生ずる。特定物として委託された場合には内容物の占有は委託者にあるのでこの場合の着服は横領ではなく窃盗である（西田・207頁、前田・258頁。反対：山口・296頁）。消費寄託の場合は金銭の所有権自体受託者に移るので横領の問題は生じない。これに対し、使途限定で委託された金銭の場合、民事法では金銭の所有と占有は一致すると解されている為、受託者に占有が移れば所有権も同時に移転すると解される。従って、この場合民事法的には金銭は受託者にとり「自己の物」である。しかし、刑事法の考えでは金銭も他の動産同様、委託者の所有に属すると解するのが通説・判例である。ただ、上述のように、金銭には代替性があるところから、金銭自体ではなく、金額所有権として捉えるべきであるとする見解が有力である（藤木・332頁、大谷・302頁、中森・162頁、曽根・173頁、山口・296頁、西田・208頁他）。そのように捉えれば、例えば、同額の金銭を保有している場合の寄託金一時流用などは横領行為にあたらず、横領罪を構成することはないといえる〕。㋭不法原因委託物もここで問題となる。不法原因給付物につき、民法708条は給付者に返還請求権を認めない。この考えが同様に不法原因委託物にも適用されるのかということである。判例は、横領罪の目的物は単に犯人の占有する他人の物であれば足り、必ずしも物の給付者が民法上の返還請求を得べきことを要件とするものではないとして適用を認める（最判昭23・6・5刑集2巻7号641頁他）。学説は判例を支持するもの（藤木・340頁、内田・363頁、前田・260頁他）、委託は給付にあたらず、なお返還請求権があると解して横領罪の成立を認めるもの（西田・212頁、林「財産犯の保護法益」169頁以下）、民法上保護されない所有権を刑法で保護することは法秩序の統一からみて失当であるとするもの

(団藤・637頁、平野「刑法概説」224頁、中森・159頁。猶、大塚・291頁は所有権は受給者に移転するとされ、横領罪成立を否定）がある。

③行為：「横領すること」である。この横領するという行為の本質は何であるかということについて学説上大きな対立がある。領得行為説と越権行為説といわれるものの対立である。本講の主題である「不法領得の意思」はここに関わる問題であるので、その主たる議論は学説・判例として次の項でまとめることとし、ここでは極く簡略にその他を概説するに止める。横領行為とは、他人の物或いは保管を命ぜられた自己の物の占有者が委託の趣旨に背いて、その物につき権限がないのに、所有者でなければできない処分をする意思が外部に現われたもののことをいう。その態様は、売却（特に、二重売買）、贈与、交換、入質、費消、着服、隠匿等、いずれにせよ、既に占有している物についての上記の意思が確認できるようなものでなければならない。概括すれば、客観的な処分行為がなければならないということである。このような行為に出れば既遂となる。例えば、売却の場合、相手方にその意思表示をすることで既遂となる。猶、本罪は状態犯であるので、横領後の処分行為は不可罰的事後行為である。業務上横領罪に関し、所謂不当貸付の例が挙げられる。役職員に貸付権限があるかないかにより、背任罪との択一が生ずる問題でもある。判例によれば、貸付権限がある場合でその権限を濫用しての貸付は、金融機関本人の名義に於いて、且つ、その計算でなされた場合は背任罪であり、役職員自身の名義且つ計算での場合には業務上横領罪であるとし、貸付自体に権限がない場合は、所有権の直接侵害として同じく業務上横領罪である（大判大3・6・13刑録20輯1174頁、大判昭10・7・3刑集14輯745頁、最判昭28・12・25刑集7巻13号2721頁、最判昭33・10・10刑集12巻14号3246頁等）。

(6) 罪数関係につき、一個の委託関係に基づく物の所有権が一回侵害される場合を一罪とする。委託・所有関係が単一である場合で、犯意が継続し、日時が近接し、種類が同一・近似である数個の横領行為には包括一罪が認められる（例えば、数十名から預かっていた現金を10ヶ月位の間に横領・費消したというような場合である）。

2 学説・判例

既述の如く、横領行為の本質に関しては通説・判例たる領得行為説と越権

行為説（不法処分説）の大きな対立がある。前者は、横領とは本罪の客体を不法に領得することであり、不法領得の意思を実現する全ての行為を意味するものであると解し、所謂財産侵害行為として捉える考え方である。これに対し、後者は、横領とは委託に基づく信任関係の破棄であり、占有物に対する権限を越えた行為をすることであると解し、所謂保管義務違反行為として捉える考え方である。よって、一時使用はもとより、毀棄・隠匿目的での処分も横領に含まれることとなる（前出第13講参照）。不法領得の意思は上記領得行為説を採る場合に必要とされる要件である。越権行為説を採る論者はこの要件の存在を必要としない。

横領罪に於ける不法領得の意思の内容が、窃盗罪等でいわれる不法領得の意思の内容と若干異なるということは既に指摘した。前者では「権利者を排除し」という文言、及び、「経済的用法での利用・処分意思」ということが要件とされない。この事は本罪での不法領得の意思の具体的内容を決定するにあたって重要な要素となるが、いずれにせよ、その点を論ずる前に、まずは不法領得の意思が横領行為の要件たるや否や、学説状況を明らかにしておきたい。(1)でそれをまとめ、(2)で不法領得の意思の具体的内容につきみることとする。

(1) 不法領得の意思の要否は、前述のように、具体的には、領得行為説と越権行為説の対立に帰する。まず、横領罪は領得罪であるとし、従って不法領得の意思を要すとする領得行為説が通説・判例である（団藤・629頁、平野・226頁、西原・252頁、山中・各論Ⅰ387頁、山口・299頁、西田・234頁、林・288頁、他。大判大6・7・14刑録23輯886頁、最判昭28・12・25刑集7巻13号2721頁、他多数）。これに対し、横領罪の本質は、委託に基づく信任関係の破棄にあるとし、従って、行為者が占有物に対してその権限を越えた行為をすることが横領であり、敢えて不法領得の意思は必要とせず、とする越権行為説は有力ではあるが（木村・158頁、大塚・注釈(6)437頁、内田・364頁、川端・200頁、前田・263頁、他）、少数説であろう。

但し、この問題は必ずしも鮮明に線引きしにくいところがある。何故ならば、不法領得の意思の要否に関しては截然結論の分れるところであるが、横領行為が一方で領得性をもちながら他方で委託者への義務違反的な性質をもつことも否めないところから、いわば折衷的な見解或いは表現も散見せられるからである。例えば、植松・445頁によれば「両者の間に実質上の差があると

は思えない」とされ、領得意思概念も価値化し、使用窃盗も窃盗になる場合があるし、毀棄目的での支配の移転まで領得の意思による行為と認められるようになってきているのであるから、両者の間に一線を引くことは出来ず、越権処分することが即ち領得の意思をもってする行為であるとされる。又、基本的に領得行為説に立ちつつ、「横領行為といえるためには、客観的には権限を逸脱する行為、主観的には不法領得の意思が必要となる」($\frac{大谷}{309頁}$)というもの、或いは、基本的には越権行為説かと思われるが、「そもそも(a)領得行為説と、(b)越権行為説が本当に対立する学説なのかという点を、見直す必要がある」とし、「(a)領得行為説にしても、受託者に与えられている物の利用権限の逸脱を問題にせざるを得ない。その意味で『委託の趣旨(権限)を越えたか否か』で横領行為の存否を判断することになる。(中略…筆者。)一方、越権行為説を採用するにしても、権限の中味を具体的に検討すると領得行為説とほぼ同様の処罰範囲にいたる。なんらかの信頼を裏切った行為(例えば「中身を見るな」と封をされた封筒を破る行為)まで横領として処罰することは、領得罪としての罪質に矛盾する。処罰に値する程度の経済的見地からみて重要な権限に絞る必要がある」($\frac{前田}{263頁}$)という見解も折衷説といえるであろう(福田・大塚「刑法各論」133頁参照)。猶、大塚・295頁以下、領得行為説、越権行為説双方を批判し、義務違反説を主張される。曰く「わたくしは、いわゆる領得罪の概念を認め、その成立要件として不法領得の意思を必要とする立場には賛成しがたい。窃盗罪の主観的要件として、窃盗の故意があれば足りるのと同様に、横領罪においても、横領の故意が存在する以上、主観的要件には欠けるところはないと解する。また、越権行為説は、いわゆる権限を超えた行為を、法律的に厳格な意味での権利の範囲を逸脱し、ないしはそれを濫用する行為の趣旨に解する点において妥当でないとおもう。むしろ、横領罪の本質は、他人の物の占有者が、その委託者に対して、委託の趣旨にしたがって物の保管をする法律上の義務を負担するのに、その義務に違反して物を不法に処分することにあると考えるべきである。そして、この義務は、法令の規定によって生ずるほか、委託者との間の契約、事務管理、習慣、条理などによって導かれるものも少なくないと解する。こうして、わたくしは、横領罪の領域においても、法益侵害説を補充すべき義務違反説の具体的妥当

領域を見出すのである」と（この見解に対する批判として、大谷・285頁は、実際上の解決として新しい提案ではないとし、山中・387頁は、財産的利益の取得が横領罪の本質であるから義務違反とみるのは不当であるとする）。

(2) 不法領得の意思が必要であるとする場合、具体的にどのような内容のものとして把握されるのかが問題となる。既述の（総説(4)）、横領罪における不法領得の意思の定義に照して検討するとよい。まず、①受託者に返還意思がある場合であっても不法領得の意思は否定されない。判例によれば、自己の保管する会社の機密資料をコピーする為いったん社外に持ち出し、後に返還したという場合、領得意思が認められる（東京地判昭60・2・13判時1146号23頁—新潟鉄工事件）。社外持出しの上、コピーをするというような行為は権利者の許容外のことであり（西田・214頁）、また、所有者でなければできない処分でもあるから、不法領得意思が発現した行為であるといい得る。これと重なる場合として、②一時使用の問題がある。判例は広く窃盗罪も含めて、一時使用であっても不法領得の意思を排除するものではないことを拡げる傾向にある。但し、窃盗罪の場合には、一時使用の違法性が「権利者排除」の意思に関係づけられるところ、本罪に於いてはその要素が問われない為、一時使用の時間的長さを判断基準とする場合、判例が同時に考慮に入れているとされる客体の価値（林陽一「刑法判例百選Ⅱ各論4版」60頁）ではなく、委託の趣旨に反するか否かが問題とされるものと思われる。例えば、貸与を受けて保管中の自動車を、その使用目的終了後も返却することなく逮捕されるまで数日間乗り廻していた事案につき不法領得の意思が認められている（大阪高判昭46・11・26高刑集24巻4号741頁）。学説は、権利者が許容しないであろう程度、態様で当該受託物を利用した場合には領得意思が肯定されるとするもの（西田・214頁、大谷・311頁）、その事を前提とし、更に、所有者が許容しない価値の侵害を伴う場合、そこには所有権の侵害があるからそのような行為を行なう意思を不法領得の意思というべきであるとするもの（山口・302頁）、「態様、時間、使用行為の社会的・経済的評価に照して判断されるべきである」（山中・387頁）とするもの、「委託の趣旨、使用期間、使用による価値の減少等の事情を総合的に考慮して、領得罪としての刑事規制の要否を実質的に判断すべきであろう」（平川・384頁）とするもの等、その理由は様々である。次に③所謂毀棄・隠匿目的の場合も問題である。領得罪に於いて不法領得の意思が要求される根拠の一つは毀棄罪、

隠匿罪との区別という点である。そこで本罪に於いても同様の問題が生ずるが、上述の如く、判例上「経済的用法に従いこれを利用処分する意思」が必要とされていない為（東京高判昭34・3・16／高刑集12巻2号201頁）、毀棄・隠匿の意思も不法領得の意思に含まれると解され得るのである（大判大2・12・16刑録19輯1440頁、東京高判昭56・12・24高刑集34巻4号461頁）。学説は対立している。本罪に於ける不法領得の意思は所有者として振舞う意思であると解して（団藤・630頁、福田・274頁）、毀棄・隠匿目的での横領を認める見解に対し、毀棄・隠匿目的の場合は認めるべきではないとする見解も有力である（平野・225頁以下、大谷・311頁、中森・164頁、西田・214頁、山口・301頁によれば「物の利用により効用を享受する意思があることによって、責任が加重される点に不法領得の意思の本質を見出す場合には、効用の享受意思を欠く、毀棄・隠匿の意思を含めることには疑問がある」とする）。因みに、越権行為説の立場からは毀棄の権限は与えられていないとして、当然横領罪が成立する（川端「刑法講話」II各論」243頁）。猶、前田・265頁は毀棄と隠匿を分け、隠匿に関しては、判例に従い横領行為とするが、毀棄については判例上横領とされたことはないとする。但し、前田説は不法領得の意思を不要とする見解であるので、あくまで客観的行為の視点からの結論であることに注意。④不法領得の意思は自己領得の意思に限定されるのか、第三者領得意思も含まれるのかも問題となる。委託者本人の為にする意思の有無もこれと関連する。最判昭24・3・8刑集3巻3号276頁は横領罪における不法領得の意思を定義づけた判例であるが、同時に、占有者が自己の利益取得を意図することを必要とするものではなく、又、後日の補填意思があったとしても横領罪の成立を妨げるものではないとした。古くは、自己に領得する意思実行があることと判示した例もあるが（大判明44・10・26刑録17輯1795頁、大判昭6・12・17刑集10巻789頁、大判昭8・3・16刑集12巻279頁）、判例上、自己の為であるか、他人の為であるかにより影響されるものではないということは定着していると考えてよい。他の利得罪に於いて（2項強盗、2項詐欺等）、既に第三者利益も明文化されていることから、本罪でもこれを是認すべきであるといわれている（大塚「刑法論集（2）」145-146頁）。学説もこれを認めるが（団藤・630頁、大谷・312頁。山口・303頁はこれを通説としている）、但し、自己と全く無関係な第三者に領得させる行為はこれにあたらないと限定する見解もある（平野・226頁、西田・215頁。山口・303頁は第三者に領得させることにより自己が間接的に領得する場合、更に、贈与等第三者に特に領得させる意思のある場合としている）。本人の為にする意思がある場合に関しては、判例は原則として不法領得の意

思を排除するものとしている（大判大15・4・20刑集5巻136頁、最判昭28・12・25刑集7巻13号2721頁、最判昭33・9・19刑集12巻13号3047頁—納金スト事件）。しかし、本人の為にする意思がある場合であっても、本人が行なってはならない行為を行なうという意思がある場合には不法領得の意思ありとする裁判例がある。例えば、会社役員が会社の資金を贈賄の為に支出したのであるが、このことにつき株主総会の議決を経、後日その追認を得たとしても、その議決は違法であり、委託物横領罪が成立するというものがある（大判明45・7・4刑録18輯1009頁、町長による公金の流用につき同旨、大判昭9・12・12刑集13巻1717頁）。この点につき学説は、本人の為にする意思がある以上、本人が行なうことが許されないからといって行為者が自己の為に領得する意思で行なったとすることはできないとするもの（山口・304頁）、処分が委託の趣旨に反し、絶対に許されないときには不法領得の意思は認められるとするもの（福田＝大塚「刑法各論」135頁）がある。猶、この問題に関し、最決平13・11・5刑集55巻6号546頁があるので（刑法判例百選Ⅱ、5版登載判例）、採り上げておく。本件は仕手集団に対抗する為に、業務上保管する会社の資金を工作資金として流用したというものであり、もし、株式買取が実現すれば、会社にとって総額600億円という高額支出となるというものである。一審判決は、被告人に支出に関する一般的権限があり、社長の包括的承諾がある等、具体的権限も認められ得るとし、専ら会社の為に行なったものと認められるとして不法領得の意思を否定した。これに対し二審は、本件支出に関し被告人には支出の具体的権限はなかったとし、その支出行為は違法であって、本人たる会社にも行い得ないものであった場合には、専ら会社の為にする行為であるとはいえないとして、不法領得の意思を認めた。これに対し被告人側上告。決定は上告棄却。その理由として、被告人に会社の不利益を回避する意図があったことは認められる。しかし、本件の高額性からみて、会社の為にするのであれば、それに相応する様々な事前・事後調査・確認・報告要請等、当然為されるべき行為に出ていないこと、又、違法行為を目的とするものとされるおそれもあったことに照らし、本件交付につき被告人の不法領得の意思を認めた原判決の結論は正当であるとする。但し、この決定では、違法である等の理由から本人としても行い得ない行為であることが直ちに行為者の不法領得の意思を推認させるものと考えるべきではないとし、「行為の客観的性質の問題と行為者の主観の問題は、本来、別異のものであって、たとえ商法その他

の法令に違反する行為であっても、行為者の主観において、それを専ら会社のためにするとの意識の下に行うことは、あり得ないことではない」ので、商法その他の法令に違反するという一事から行為者の不法領得の意思を認めるべきではないとされたことに注目。不法領得の意思は客観化される傾向にあるが、それに対し一線を劃している。上嶌一高「刑法判例百選II各論5版」122頁はこの決定に批判的である。「本人の為にする」場合、不法領得の意思が如何なる意味で否定されることになるのかという基本的問題意識の下で、本決定が更に「専ら」とした点において、又、「本人の為にする意図」を要求した点において、基準として不明確さを増したと批判する。例えば、会社の目的外の行為に保管する金員を支出し、しかもその支出がそれ自体違法であるというような場合、前出大審院明45年判決は、本人たる会社の為であると否とを問わず、横領罪を構成するとしたものであるとすれば、この判例に従うのであるか、或いは本決定により、専ら本人の為にする意図乃至意識であったとして横領罪の成立が否定される可能性が開かれたのか不明であるとする。⑤補塡意思があった場合も問題となる。判例はこれを考慮せずと明示した（最判昭24・3・8刑集3巻3号276頁）。但し、下級審判決の中には、一時流用の事案につき、遅滞なく補塡する意思があり補塡できる資力がある場合には違法性を欠き、横領罪は成立しないとするものがある（東京高判昭31・8・9裁特3巻17号826頁。山口・302頁参照）。特に、使途を特定された金銭その他の不特定物の一時流用は後日の補塡意思があったとしても不法領得の意思に欠けるところはなく横領罪が成立するというのが確立判例であるとされている。佐久間「判例百選II 4版」113頁は判例の立場を是とする。これに対し、確実な補塡意思と能力がある場合には領得行為にあたらないとするもの（町野「判例百選II 2版」199頁、西田・216頁）、不法領得の意思が認められないとするもの（大塚・304頁。但し、本来不法領得の意思を認めない立場であるので、このような場合には横領罪の故意に欠けるとする。大塚・305頁参照）、可罰的違法性がないとする見解等がある。

③ 検討・私見

前項、学説を紹介した項目に合わせて私見を述べることとする。本稿は、通説・判例に従い、基本的には領得行為説を採るべきであるということを結

論とする。そもそも横領とは他者から委託されて自己が占有する物をほしいままに領得する行為である。第三者への物の移転も含め、広く自分の物としてこれを支配下におくことである。従って、この中に、委託の趣旨に背いてという要素があることも否定されない。しかし、刑法37条が明示するように、235条以下はいわゆる財産を侵害する罪として構成されているのであるから、その罪の本質の理解や条文の解釈の基本はそこに求めるべきであろうと考える。態様の相違は様々にあるにせよ、とにかく他人の財産を侵害するという罪種が規定されているのである。第一義的にその共通観念の通用を考え、可能であれば、それをもって妥当とすべきである。「物の窃取」、「物の強取」、「物の詐取」等に等しく「物の横領」として把握すべきである。このように把握することが、解決できないような問題を生ぜしめるというような場合にのみ、異なった側面からの立論を探れば足りる。越権行為説は、所有権の侵害に違法の本質を見るのではなく、信任違背という義務違反性にそれをみる。その視点は財産罪の範疇では特別なものといえる。従って、一般的な思考を補充する形で導入されるべきである。更に、越権行為の判断基準は、業務上横領罪の場合はともかくとして、一般横領罪に於いては必ずしも明確でない場合があることも懸念される。委託が書証のような外面的形式をもってで示されるとは限らないからである。それにも不拘、越権行為説は委託の内容を基準としてそれに基づく信任関係の破棄を問題とするものである。領得行為説に比し、行為の具体的態様の背後を探らなければならないという点で、一義的ではないといわざるを得ない。又、領得行為説の立場からみるなら、越権行為が全て所有権侵害になるとはいえないと考えられる。信任関係の存在に焦点を当てるとすれば、必然的に保管義務違反説となり、財産罪としての特質からは離れていくといえるのではないだろうか。

　さて、領得行為説に立つとすると、不法領得の意思は当該行為の主観面として存在するはずのものである。これが主観的超過要素か否かは更に問われなければならない。本罪の故意を、自己の占有する他人の物を、権限を逸脱して処分することについての認識であるとし、それに加えて、本罪は領得罪であるから、故意のほかに不法領得の意思も必要であるとして、いわゆる利欲意思としての不法領得の意思を別に要求する場合は（大谷・311、312頁参照）、主観的超

過要素である。これに対し、横領行為とは不法領得の意思の発現行為をいうと考える場合には、不法領得の意思が横領罪の故意となる。私見は横領罪に利欲犯の性質を認めるので、経済的用法に従って利用・処分する意思を物の効用を利用・処分する意思と解し、それを不法領得の意思の内容として、故意とは別にあるべきものと考える。利欲犯と考えることにより、直接的にはやはり、毀棄・隠匿の場合を横領からはずすべきであるとするのである。占有しているかいないかにより、物の毀棄・隠匿が法定刑を異にする犯罪に振り分けられることを疑問とするからである。問題は「経済的用法に従って利用・処分する意思」を判例が明示しなかったという点である。しかし、上述の如く、これを物の物たる効用の利用・処分意思と考えるのであれば、この要素は「物」という条文上の概念そのものに内在していると考えられる。従って、敢えて別記を要さないのであるということもできる。

　以上述べたように、領得行為説に拠つが、しかし、委託の趣旨に反するという要素を無視することも本罪の本質を歪めることになる。所有者でなければ出来ないような行為を受託者がしたからといって、それが全て横領行為になる訳ではない。包括的な委託も考えられるのであるから、明らかに委託の趣旨に反するといえるような、背信的領得行為をもって本罪の行為と解すべきである。判例の定義によってもそこまでが不法領得の意思に含まれている。従って、敢えて折衷をいうまでもなく、領得行為説により把握することが可能であると考える。以上が上記（1）に対応する部分である。

　次に（2）に関し、個別にみていく。①返還意思の有無は不法領得の意思に影響を与えるものではないと考える。物の効用性を利用することと事後の返還は関わりをもたないからである。②一時使用はやはりその全てを横領とすることはできない。ここでは委託に伴なう許容の範囲内であるか否かが客観的に判断されなければならないであろう。時間、態様、価値に減損の程度をみるべきである。③毀棄・隠匿目的の場合は上記（1）でとりあげた。この場合は、物の効用を利用する意思がないのであるから、不法領得の意思なきものとして横領罪不成立と解する。④第三者領得意思は積極に解する。自己領得に限定する必然性はない。第三者に物を物として与えることも効用の利用に他ならない。本人の為にする意思がある場合、本人であっても行うこ

3 検討・私見

とが許されないような行為に出たとしても、利欲的な意思を認めることは出来ないと考える。不法領得の意思はないと考えるべきである。そこに何らかの違法行為が認められる場合には、その違法行為自体を評価すれば足りると思う。⑤補塡意思がある場合、使途を特定された物の流用は委託に反するものであるから、不法領得の意思を認めるべきである。しかし、不特定物の一時流用は、補塡意思とその能力がある場合、不法領得の意思がないものとして扱ってよいと考える。

【参考文献】

立石二六「情報の不正入手と横領罪」（ジュリ判例百選Ⅱ各論5版122頁）：新潟鉄工事件判決評釈

山中敬一「刑法各論Ⅰ」：内容詳細。

川端　博「刑法講話Ⅱ各論」：全体的に理解するのに適。

【事例問題】

(1) M男は妻Y女の病父Tの死期を知らされ、死の前日から死後死亡届を出すまでの数日間、Y女以外の相続人には無断であったが、後日平等に分配する意図で、Y女が管理していたT名義の預金を次々に引き出した。しかし、結果的には遺族の反対を押しきり自分を葬儀委員長とする不相応に派手な葬儀を出し、保管中の金銭を全てその経費として消費してしまった。M男の刑責如何。

(2) 質商を営むAの妻Bは質草として預ったダイヤの指輪があまり見事であったので、Aに見つからないように注意しつつ、外出の度に身に着けては金庫に返しておくことをくりかえしていた。Aはうすうす気付いていたが黙認していた。A、Bの刑責如何。

(山本雅子)

第20講 横領と背任の区別

―【問題点】―
◇横領行為の意義　◇背任罪の罪質
◇横領罪と背任罪の区別

1 総　説

　横領罪（252条）および業務上横領罪（253条）は、他人から委託されて占有・保管する他人の財物を不法に領得する犯罪である。他方、背任罪（247条）は、他人のためにその事務を処理する者が図利・加害目的をもって任務違背行為を行い、本人に財産上の損害を加える犯罪である。これらの犯罪は信任関係に違背する点で共通の性格をもつ（仮案442条以下および改正刑法草案350条以下は、これらの罪を同一の章に規定する。）。そこで、他人のための事務処理者が、自己の占有する他人の財物を不法に処分した場合に、横領罪と背任罪のいずれが成立するのかが問題になる。たとえば、銀行の支店長が回収不能となることを知りながら無担保で、自己の保管する銀行の金員を銀行名義で貸付けた場合に、業務上横領罪となるのか背任罪となるのかが必ずしも明白でない。そこで本講では、両罪の基本的性格を明らかにするため、まず横領行為の意義を明らかにし、次に背任罪の罪質に関する議論を整理し、その後に横領と背任の区別について検討する。

2 「横領」の意義

　(1) 学説・判例　　委託物横領罪における横領行為の意義について、領得行為説と越権行為説の対立がある。
　領得行為説は、財産犯的側面を重視し、横領とは、行為者が委託に基づいて占有している他人の財物を不法に領得する行為、すなわち不法領得の意思の発現行為であると解する（団藤・631頁、西原・252頁、福田・278頁、香川・572頁、西田・213頁、林・288頁ほか多数説。なお、藤木・329頁参照。）。その理由は、横領罪も領得罪であるから、不法領得の意思を必須の要素として含まなければならないとする点にある。判例も基本的に領得行為説に立ち、

不法領得の意思が認められなければ横領罪は成立せず、横領行為とは自己の占有する他人の物について不法領得の意思を実現する一切の行為をいうとする（大判大6・7・14刑録23巻886頁ほか）。

これに対して、越権行為説は、委託信任関係の破壊という側面を重視し、横領とは、行為者が委託に基づいて占有している他人の財物について権限を越えた処分行為をすることであるとする（木村・159頁、植松・444頁、内田・364頁、川端・200頁ほか。なお、大塚・295頁参照。）。すなわち、近代社会における財産権の中核は、従来の「所有」から「利用」へと転化しているので、財物の不正な利用を横領として処罰する必要があるというのである。

(2) 検討　従来の学説の状況は、旧派刑法学が不法領得の意思を必要として領得行為説を支持するのに対して、新派刑法学が不法領得の意思を不要として越権行為説を支持する傾向にあった。そして、領得行為説に対しては、横領行為が「不法領得の意思の発現行為」であるとすれば、横領罪の客観面と主観面が対応することになり、不法領得の意思は主観的超過要素ではなくなってしまうという難点があると指摘され、越権行為説に対しては、信義誠実義務に違反することを重視して不法領得の意思を不要と解するならば、自己の占有する他人の財物を一時使用する場合や、これを毀棄・隠匿する行為も横領罪にあたり、処罰範囲が拡大することになるという批判が向けられてきた。しかし今日では、こうした対立状況を見直す必要があるとする意見が有力である。すなわち、領得行為説に立っても、受託者に与えられている物の利用権限を問題にしなければならないし、越権行為説を採用するにしても、処罰に値する程度の経済的見地からみて重要な権限に絞る必要がある（前田・263頁ほか）というのである。

思うに、領得行為説が指摘するように、横領罪は単なる背信罪ではなく、利欲犯としての性格を有する背信的領得罪であると解すべきである（前田・213頁ほか）。問題は、いかにして「不法領得の意思の発現行為」の限界を明確にするかにあるといえよう。この点で、客観的には権限を逸脱する不法な処分行為が存在すること、すなわち委託者たる本人から課せられた基本的な義務に違反することが必要であり、主観的には不法領得の意思、すなわち委託の趣旨に反してその物の経済的用法に従って所有者でなければできないような処

分をする意思が必要であるとする見解（大谷・309頁,林・288頁ほか）が妥当な方向を示しているように思われる（詳しくは第19講を参照）。

③ 背任罪の罪質

(1) 学説　背任罪における「その任務に背く行為」の意義について、権限濫用説と背信説の基本的な対立がある。

権限濫用説によれば、背任行為とは、本人から与えられた法的代理権を有する者がその権限を濫用して本人に財産的損害を加えることをいう。すなわち、瀧川博士が、「背任罪は、財物に対するよりも、権利に対する犯罪という点に特色がある。財産は、財物から紙上の権利に転化しつつあるのが現代である。…背任罪に独立の地位を与えるには、従来の背信説よりも権限濫用説が、はるかにまさっている。」（瀧川幸辰『刑法各論』174頁）とされるのがこれである。これによれば、背任罪の成立は法的代理権のある場合に限られるので、本人に対する対内的関係においては成立せず、主として法律行為の相手方たる第三者に対する対外的関係において認められることになる。この説に対しては、本人との対内的関係における任務違背行為や物の毀損等の事実行為によって本人に重大な損害を加えることもあるので、法的代理権のある場合に限定するのは狭きに失するとの批判が向けられる。

これに対して、背信説は、背任行為とは、信義誠実義務に違反して本人に財産上の損害を加えることであるとする（団藤・648頁ほか通説）。これによれば、背任罪は法律行為のみならず事実行為に関しても、また本人からの有効な権限授与がなくとも成立しうることになる。判例も背信説の結論に従っており（大判明44・10・13刑録17輯1698頁ほか）、たとえば虚偽の事実を帳簿に記載するという事実行為についても背任罪の成立を認めている（大判大3・6・20刑録20輯1313頁）。しかし、この説に対しては、誠実義務の違反それ自体を処罰することになり、背任罪の成立範囲が不当に拡大されることになるという批判が向けられる。

そこで、背信説の主張者の多くは、処罰範囲を限定するためにその内容をより厳格に理解する。たとえば、植松博士が、背任罪の本質は背信にあるが、横領が権限超越を特色とするのに対し、背任は権限濫用を特質とするとして、

「背信的権限濫用説」を主張され（植松・452頁。同旨、大塚・317頁、藤木・343頁、大谷・325頁ほか。）、内田教授が、任務違背を事実上の権限濫用として理解することにより、権限逸脱ないしは無権限行為としての横領との限界を画定しようとする意味で、「事実上の事務処理権限の濫用」をもって背任行為と解する「新しい権限濫用説」を提唱され（内田・345頁。同旨、前田・270頁、伊東・283頁ほか。）、あるいは曽根教授が、特定の高度の信頼関係を生じさせる他人の事務そのものに関する信頼違背に基づく財産侵害のみを背任と解すべきであるとする「限定背信説」を論じられるのがこれである（曽根・181頁。同旨、平川・389頁、林・267頁ほか。なお、山口・313頁参照。）。また近時、上嶌教授が、本人の財産処分についての意思決定を委託されている者のみを事務処理者と解し、事実行為についての信頼関係を破る場合を背信罪の対象から排除すべきであるとする「意思内容決定説」を提起されたのも（上嶌一高『背任罪理解の再構成』245頁）、従来の背信説を限定的に理解する試みの一つといえよう。

　(2)　検討　　権限濫用説は、背任罪の成立範囲を明確にするという点では優れているが、適切な処罰範囲を確保しえないという批判を免れない。法的代理権に基づかずに財産的処分が委ねられた場合や、事実行為によって本人に損害を与えた場合も可罰的となしうる背信説が基本的に妥当である。しかし、背信説を無限定に認めると、単なる債務不履行によって本人に損害を発生させた場合も処罰されてしまう。そこで問題は、いかにして背任罪の処罰範囲を合理的に限定すべきかにある。

　「背信的権限濫用説」ないし「新しい権限濫用説」については、従来の背信説をどのように限定するのか必ずしも明瞭ではなく、また後述するように、権限の「逸脱」か「濫用」かによって横領罪と背任罪を区別することは適切でないことから、背任罪の罪質としての一般的妥当性をもちえないといえよう（山口・313頁ほか）。他方で、「意思内容決定説」は、事実行為や二重抵当を背任罪の対象から除外することになるので、その成立範囲は明確になるが、刑事政策的に十分な処罰範囲を確保しうるかという疑問が生ずる（西田・224頁ほか）。したがって、高度の信頼関係の存在を必要とすることによって背任罪の主体を限定的に理解する「限定背信説」の目指す方向が妥当であると思われる。すなわち、対向的信頼関係と区別された「内部的信頼関係」を必要とし（山口厚『問題探求　刑法各論』201頁）、あるいは「継続性・裁量性をもつ財産上の義務」のある場

合（林271頁）に限定すべきであろう。テスト・ケースとされる二重抵当については、抵当権設定に必要な書類の授受があれば、一般に高度の信頼関係を認めることができると考えられる（林・272頁。これに対して、山口・前掲書201頁は、二重抵当等について背任罪は成立しないとする。）。

4 横領と背任の区別

(1) 学説　横領罪と背任罪の区別について、以下の諸説が対立している。

①法律行為・事実行為区別説—行為が法律行為か事実行為かによって区別する見解である。すなわち、背任罪の罪質に関する権限濫用説を前提にして、背任罪は法律上の処分権限を有する者による権限濫用であり、横領罪は事実行為による特定物または特定利益の侵害であるとする（瀧川幸辰『刑法各論』173頁）。

②客体区別説—行為の客体によって区別し、横領罪は自己の占有する他人の財物に対する背信行為であり、背任罪は財物以外の財産上の利益に対する背信行為であるとする（木村・150頁、斎藤（金）・315頁、西原・255頁、岡野・190頁ほか）。

③権限区別説—横領罪は委託物に対する一般的（抽象的）権限を逸脱する処分行為を内容とし、背任罪は事務処理者が一般的権限の範囲内で権限を濫用したにすぎない場合に認められるとする（植松・458頁、福田・286頁、大塚・320頁、内田・346頁、藤木・354頁、川端・216頁、前田・282頁、佐久間・156頁ほか）。すなわち、一般的権限の範囲内で権限を濫用してもその効果は一応本人に及ぶので、不法領得の意思の発現とはいえず、趣旨に反してその権限を濫用したものとして背任罪にあたるとする。

④領得行為区別説—横領の意義に関する領得行為説を基礎として、自己の占有する他人の財物を自己のために領得する行為が横領罪、その要件を具備しない場合が背任罪であるとする（曽根・184頁、西田・234頁、中森・175頁、山口・327頁ほか。なお大谷・335頁参照。）。

(2) 判例　判例は、客体が財産上の利益である場合には、権限を逸脱しても背任罪を認める。たとえば、債権者から質物の保管を委託された者が質物を債務者に返却した事案（大判明44・10・13刑録17輯1698頁）や、電話加入権の名義書換の手続を委任された者がこれを第三者に売却せしめたという二重譲渡の事案（大判昭7・10・31刑集11巻1541頁）がこれである。

他方、他人の事務処理者が自己の占有する他人の財物を不法に処分した場

合においては、本人の利益を図って行ったときは横領罪も背任罪も成立しないが、自己の利益を図って行ったときは、一般的権限の範囲内であっても横領罪が成立する（大判大6・12・20刑録23輯1541頁ほか）。これに対して、第三者の利益を図って行ったときは、判例の立場は必ずしも一貫していないが、財物に対する処分行為が何びとの名義・計算で行われたかを標準としていると解される。すなわち、その処分が自己の名義ないし計算で行われれば横領罪、本人の名義かつ計算で行われれば背任罪とするのがその基本的傾向であるといえよう（名義・計算区別説）。リーディング・ケースとされる大判大正3年6月13日（刑録20輯1174頁）は、質商の主人の事務を処理する従業員が、第三者たる顧客の利益を図る目的で、主人の金銭中から質物の価格を上回る金銭を不当に貸出し、あるいは質物を取らずに貸出したという事案について、「本人〇〇の計算に於て其事務担当者として為したるものにして自己の計算に於て之を為したるものにあらざるときは其間横領行為あることなく、任務に背き本人に財産上の損害を加へたるものに外ならざるを以て背任罪を構成すべく、若し又之に反して名を貸借に籍り、其差額又は金額を領得するの目的を以て若くは単に自己の計算に於て前示の貸出を為したるものとすれば、自己の占有せる他人所有の金員を横領したるものなること論をまたざるを以て横領罪を以て論ぜざる可らず」と判示した。また、大判昭和10年7月3日（刑集14巻745頁）は、「町村の収入役が自己若は第三者の利益を図り又は本人に損害を加ふる目的を以て町村長の命令なくして町村の名を以て其の金員を擅に支出し町村に損害を加へたるが如き場合に於ては背任罪を構成すべきも、本件の如く被告人が第一審共同被告人たるK村収入役Tと共謀して同村の名を以てせずして被告人の利益に其の保管する公金を貸与し該村に損害を加へたるが如き場合は背任罪を構成せずして横領罪を構成する」と判示した。さらに、最判昭和33年10月10日（刑集12巻14号3246頁）は、信用組合の支店長等が支店の預金成績の向上を装うため、支店長が信用組合のため業務上保管する金員を預金謝礼金名下に一部預金者に支出交付し、さらにこれを補填するため、正規の融資を受ける資格のない者に組合名義で正規利息よりも高い利息で金員を貸し付けたという事案について、組合名義でなされていても、「組合の計算においてなされた行為ではなく、被告人等の計算においてなされた行為である」から、業務上横領

罪を構成するとした。

ところで、最判昭和34年2月13日（刑集13巻2号101頁）は、社団法人森林組合の組合長、常務理事であった被告人両名が共謀のうえ、組合員の造林資金として貸し付けるよう使途の特定された政府貸付金を業務上保管中、諸経費の支払いに窮していた町から要請されて、その一部を組合の名義で第三者たる町役場に貸与したという事案について、たとえ貸付が組合名義をもって処理されているとしても、「何ら正当な権限に基づかず、ほしいままに被告人ら個人の計算において」行ったもので、不法領得の意思があるとして業務上横領罪が適用された。本判決は、委託の趣旨からみてその金銭の処分が絶対に許されない場合には、本人（組合）名義であったか否かは重要ではなく、そのほしいままの貸与行為は組合の所有権を侵害するものとして、不法領得の意思が認められるとしたものと解される。

判例の一般的傾向

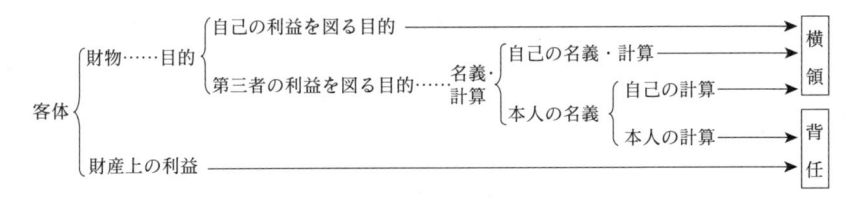

```
         ┌ 財物……目的 ┌ 自己の利益を図る目的 ─────────────────┐
         │            │                     ┌ 自己の名義・計算 ─→ 横
         │            │                     │                      領
客体    ─┤            └ 第三者の利益を図る目的 ─ 名義・計算 ┤
         │                                  │ 本人の名義 ┌ 自己の計算 ─→
         │                                              │
         │                                              └ 本人の計算 ─→ 背
         └ 財産上の利益 ──────────────────────────────→ 任
```

(3) 検討　以上の学説・判例を検討してみよう。

まず、①説については、上述のようにその前提とする権限濫用説に疑問があるし、財産上の利益を事実行為によって侵害した場合には横領罪も背任罪も成立しないという不都合が生ずる。領得行為説の立場からみれば、不法領得の意思の発現が売買等の法律行為として行われることは多く、逆に財物の処分行為が保管物の毀損のような事実行為として行われても、不法領得の意思の発現とは認められず、本人との信頼関係を破る背任行為として評価されるべき場合もあるからである。次に、②説は、背任罪を実質的に2項横領罪と解する見解であるが、両罪に1項犯罪と2項犯罪のような質的共通性は認められず、財物の侵害が利益の侵害よりも刑が重くなる（横領罪には罰金刑がない。）点も説明しがたい。財物に対する処分行為であっても背任罪の成立を認めるべき

場合があることからも、この説には疑問があるといえよう。さらに、③説は、横領罪に関する越権行為説からも領得行為説からも主張されているが、権限の「逸脱」は「濫用」の一種であると考えられること、二重抵当や秘密の漏示のような権限逸脱行為でも、客体が利益であるため横領罪が認められず背任罪とすべき場合があること、また一般的権限の範囲内であっても横領とすべき場合もあることから、この説の基準を一般化することには疑問があると思われる。

　横領罪と背任罪は、いわば「2つの交錯した円のような関係」にあり（平野龍一『犯罪論の諸問題（下）』351頁）、その交差する場面においては、法条競合として重い横領罪が成立すれば軽い背任罪は成立しないと解される（大塚・319頁ほか通説。大判明45・6・17刑録18輯856頁ほか。ただし、択一関係か特別関係かについては学説の争いがある。）。したがって、まず横領罪の成立要件を検討し、それが認められない場合に背任罪の成否を論ずる④説が妥当である。すなわち、自己の占有する他人の財物を自己または第三者の利益のために処分すれば横領罪が成立するのに対し、他人の財物を不法領得の意思に基づかずに、委託の趣旨に反して権限を逸脱して不法に処分した場合、および権限を濫用して不法に処分し、本人に財産上の損害を加えた場合が背任罪にあたることになる。名義・計算区別説に立つとされる判例も、その経済的効果が誰に帰属するのかを一応の基準として領得行為の有無を判断していると解されるので、両罪を区別する実質的な基準は④説と同様になると思われる。すなわち、行為者の名義・計算で財物を処分した場合は、本人でなければ許されない処分をしたという意味で領得行為が認められるので横領罪になり、本人の名義・計算で財物を処分した場合は、本人が反対債権の取得等により経済的効果を受けるので、行為者に領得行為が認められないことから背任罪になるとしたものといえよう。これを上述の限定背信説の立場から説明すれば、他人のための事務処理者の範囲を内部的信任関係のある場合に限定するので、(ⅰ) 他人の財物を対向的信任関係を破壊して不法に処分した場合や、およそ任務と無関係に不法に処分した場合には背任罪は成立せず、横領罪の成否が問題となり、(ⅱ) 他人の財物を対内的信任関係を破壊して不法に処分した場合には、その処分が不法領得の意思の発現とみられるときには横領罪が成立し、そうでないときには背任罪が成立することになる、といえよう（曽根威彦『刑法の重要問題〔各論〕』229頁参

照。ただし、不法領得の意思不要説の立場から、）。
領得の有無を客観的に判断すべきであるとする。

【参考文献】

上嶌一高『背任罪理解の再構成』（1997年）238頁

神山敏雄「横領と背任」別冊法学教室『刑法の基本判例』（1999年）160頁

木村光江「横領と背任の区別」西田典之・山口厚編『刑法の争点〔第3版〕』（2000年）204頁

香城敏磨「背任罪―その意義と関係―」芝原邦爾編『刑法の基本判例』（1988年）156頁

香城敏磨「背任罪の成立要件」阿部純二・板倉宏・内田文昭・香川達夫・川端博・曾根威彦編『刑法基本講座第5巻財産犯論』（1993年）251頁

曽根威彦「横領と背任の区別」『刑法の重要問題〔各論〕』（1995年）219頁

筑間正泰「横領と背任の区別」阿部純二・板倉宏・内田文昭・香川達夫・川端博・曾根威彦編『刑法基本講座第5巻財産犯論』（1993年）267頁

林　幹人『財産犯の保護法益』（1984年）243頁

平川宗信「背任罪」芝原邦爾・堀内捷三・西田典之・町野朔編『刑法理論の現代的展開各論』（1996年）232頁

平野龍一『犯罪論の諸問題（下）』（1984年）243頁

山口　厚「背任罪」『問題探究刑法各論』（1999年）192頁

【事例問題】

Aは、金融業を営む会社の支店長として、現金の貸付・保管等の業務に従事していたが、友人のBから頼まれて、許容されている支店の貸付限度額である30万円の枠を超え、かつ正規の貸付手続をとらずに、会社名義でBに100万円を貸し付けたが、Bに資力がないため、貸付元利金の回収不能に陥る事態を未必的に認識していたにもかかわらず、Bに架空名義の借用書を差し入れさせ、その架空人に貸し出したかのように仮装し、会社の貸付帳簿にもそのように記載し、Bから受け取った利息を会社に入れ、架空人からの入金として帳簿処理していた。Aの罪責を論じなさい（東京地判昭和58年10月6日判時1096号151頁参照）。

（鈴木彰雄）

第21講　情報の不正入手と財産罪

―――【問題点】―――
◇情報の不正入手にはどのような形態があるか
◇窃盗罪、横領罪、背任罪の成立可能性
◇刑法上の財産罪で捕捉できないケースはあるか

1 総　説

　情報化社会という言葉が一般化して久しい。多大な価値を伴う情報の存在についても、多くの人が認識するにいたっている。特に企業は、情報について敏感であらざるを得ない。企業間において、経済的価値の高い情報を有しているかどうかが市場競争における優劣を決める一つのファクターになっていることを想起すれば、このことは納得のいくこととなろう。企業においては、経済的利益獲得を目指して、さまざまな研究・開発が展開され、その過程で、高い価値をもつ情報が創造されうる。そうなると、そのような情報は、競争の勝者たらんとする他社にとっては何にも比しがたい脅威となり、探知目標（情報収集対象）となる。こういった諸情報は、他社にとってはのどから手が出るほど欲しいものなのである。したがって、各企業は、重要情報の漏洩を防ぐために、情報資料の持ちだしに対しての防衛策を講じなければならなくなる。しかしそれでも、情報資料の持ちだし、複写、そして漏洩という事態が生じるという現実がある。企業は常に重要情報（企業秘密）漏洩の危険を抱えているのである（佐久間・後掲163頁参照）。

　こういった現状において、刑法はいかなる対応をすることが可能か。これまでも、社員が自社の機密情報を持ちだす、複写するといった事案が複数件おきており、それぞれの事案に対して裁判所が重要な判断を下してきている。上記問題に対する刑法による対応可能性を探るためには、それらの判例を分析することがなにより重要となる。

2 代表判例

裁判所はいかなる判断を下してきたか。知っておく必要のある判例を列挙し、見ていくこととしよう。

第1判例：大日本印刷事件（東京地判昭40・6・26下刑集7巻6号1319頁）

被告人X、被告人Yは、ともに大日本印刷の社員であった。

①Xは、企業情報収集を業とするAにそそのかされ、数回にわたり、上司らの保管にかかる会社の機密書類（大口受註報告書等）を持ち出し、それらをAに交付した。Aは、これらの資料を、T社の社員Bに預けた。

②Yは、人事異動によって、かつての部下の下で勤務することになったことに腹を立てて、ア）会社の機密書類であり上司の保管にかかる工事見積書等については、持ち出しをし、イ）同じく機密書類であり上司の保管にかかる稟議決済一覧表については、借り出しをし、これを会社備付の感光紙に複写し、これらをT社の社員Cに売却した。

以上の事実に関して、東京地裁は、以下のような理由から、被告人Xおよび被告人Yの行為が窃盗罪を構成すると判断した。すなわち、

①Xの行為については、

被告人側から当該書類はすでに使用価値のなくなったものであり財物性がない旨の主張が為されたが、それら書類については、社内のロッカーあるいは廊下にあった役員の机の中に保管されていたことから、「財物性」を認めることができる、とされ、

不法領得の意思がなかったとの主張に対しては、書類を第三者に手渡すために無断搬出したことから、権利者（所有者ないしは占有者）を排除し、自己が完全な支配を取得する行為であることも、当然理解していたものと認められ、「不法領得の意思」が認められ、

これら書類を自己の支配下に移したことにより、窃盗罪が成立する、との判断が下された。

②Yの行為のうち、

ア）工事見積書等を持ちだした行為については、上司が保管する会社所有

の書類を持ちだしたとの認定がなされ、会社による所有・占有が認められないとの被告人側からの主張が否定され、窃盗罪の成立が肯定された。

イ）稟議決済一覧表を借り出し、会社備付の感光紙に複写し、それを外部の者に売却した行為については、被告人側から、秘密書類そのものを窃取したわけではなく、単にその素材である感光紙の窃取が問題になるに過ぎない旨の主張が展開されたものの、この点につき、東京地裁は、当初からの意図のとおり大日本印刷内で、ほしいままに、同社の機密書類を同社所有の感光紙に同社の複写機を使って複写し、これを社外に持ち出したものであるから、全体的に見て、単なる感光紙の窃取ではなく、同社所有の複写した右稟議決一覧表を窃取したものと認めるのが相当である、との判示がなされ、窃盗罪の成立を肯定した。

第2判例：鐘淵化学事件　（大阪地判昭42・5・31判時494号74頁）

被告人Xは、鐘淵化学工業大阪工場技術課長代理であり、塩化ビニールの研究、資料等の保管などの業務を担当していた。Xは、同社を退社する際に、それまでの研究生活に対する記念、愛着の念や、家業に使う糊の研究に役立てようなどの意図から、右大阪工場技術課に置いてあった、その業務上保管中にかかる同会社所有の諸物件を領得しようと企図し、機密扱いされていた「重合触媒剤」と「助剤」を各少量、そして機密資料とされていた塩化ビニールの新規製法に関する研究報告書写等を綴った「各種文献ファイル」一冊を工場から持ち出した（結局Xは、持ち出した物を同業各社に売り渡し200万円を超える利益を手にしていた）。

この事実に対して、被告人側は、まず、「両剤」は刑法上の「物」にあたらない旨主張した。

しかし、大阪地裁は、「被告人が領得した右両剤はその量少なくその製造原価あるいは購入価格においては、いずれも極めて僅かなものにすぎない事実は認められるが、しかし、これら両剤が、その所有者である前示会社の塩化ビニール製造上有している価値、特にその製法の独自性ひいてその機密性との関係において有している価値は極めて大なるものがあるのである（しかも被告人はそのことを知悉している）、その意味において、右両剤はその製造

原価等の如何及び量の多少にかかわらず一種の大なる主観的価値を有しているのであり法の保護に値すること勿論であるから、右は刑法第二五三条にいう「物」にあたる」、とした。

また、被告人は、「各種文献ファイル」について、被告人の所有である旨主張したが、

「会社の職員がその身分に基づきその職務のために会社から配付を受ける資料文献はもとより、職員自身が、その職務のために、その地位に基づいて、自ら、若しくは他の職員を使用して、会社の文献、資料用紙、器具機械等を用いて作成した資料、文献の如きも、特別の事情のない限り、その者の個人所有に帰するものではなく、それらはなお会社の所有であると解するのが至当であるところ、本件ファイルはそのようなものの一であることが認められるので右をもって被告人の所有となすことはできない。」とされた。

このような判断から、大阪地裁は、被告人Xの行為が業務上横領罪に当たることを認めた。

第3判例：建設調査会事件（東京地判昭55・2・14判時957号118頁）

被告人Xは、建設業界誌を発刊する会社（建設調査会）の業務部長であった。Xは、転職に際して、同社の機密資料であり他の社員が保管する購読会員名簿をコピーして、転職先となるA社に譲り渡すことを企図し、他の社員とともにいったん退社後、ふたたび会社に戻り、保管場所であった事務机内から購読会員名簿を取り出し、社外に持ち出して、近くのコピーサービス店でコピーし、その約2時間後に、元の場所に名簿原本をもどした。

争点は、不法領得の意思の有無であった。すなわち、被告人Xは、名簿の原本を、社外でコピーしてすぐに返還する意思で持ち出したことから、そこに不法領得の意思を認めることができるのかが争われた。

東京地裁は、不法領得の意思について、次のように述べた。すなわち、「窃盗罪の成立に必要な不法領得の意思とは、権利者を排除し、他人の物を自己の所有物と同様にその経済的用法に従いこれを利用し処分する意思をいい、永久的にその物の経済的利益を保持する意思であることを必要としないと解するを相当とする（最高裁判所昭和二六年七月一三日判決、最高裁判所刑事

判例集五巻八号一四三七頁）。」と。そして、「本件購読会員名簿について、機密資料扱いにされており、社外に持ち出すことが固く禁じられていたこと」、「そのことを業務部長であった被告人X本人も十分知っていたこと」、「被告人Xにおいて、購読会員名簿のコピーを作成し、これを転職先会社に譲り渡すことを企てるに至っていたこと」、を指摘した上で、「購読会員名簿の経済的価値は、それに記載されていた内容自体にあるものというべく、この内容をコピーし、それを自社と競争関係に立つ会社に譲り渡す手段として、本件購読会員名簿を右認定事実の如き態様により利用することの意思は、権利者を排除し、右名簿を自己の所有物と同様にその経済的用法に従い利用する意思であつたものと認めるのが相当である。そして、被告人がその不法領得の意思をもって、右認定事実記載のとおりの状況下で、事務机引出内から本件購読会員名簿を取り出し、これを社外に持ち出したものであるから、まさに本件購読会員名簿の占有は被告人の占有に移つたものというべきであり、従つて被告人の右行為については窃盗罪が成立することになる。」と判示した。

第4判例：東洋レーヨン事件（神戸地判昭56・3・27判時1012号35頁）

①被告人Xは、東洋レーヨン株式会社愛知工場製造部工務技術課員であった。Xは、上司から職務上の参考資料として利用するため業務上預り保管中の、同社所有にかかる「"プロミラン"専用紡糸機およびスチームコンデイショナーの開発に関する最終報告について」と題する極秘扱いの報告書一冊を、ほしいままに他に売却処分して利得しようと企て、代金100万円で、東洋レーヨンの競争会社であるN社の社員Aらに売却した（第一所為）。

②さらに、被告人Xは、機密資料であった、ポリエステル製造設計図、MAS研究会発表資料、テトロンフィルム製造装置設計図、タイヤコード製造装置設計図、そして直接延伸引取機設計図を持ち出し、写真複製を作成して、前記Aらに売却することを企て、これらの機密書類を、保管者を欺罔して借り出したり無断で持ち出したりすることによって手に入れ、社外に持ち出し写真複製を作成し、Aらに売却し、原本は返却した。被告人は写真複製の売却をK社の技術部長Bにも持ちかけたが、買取を拒否され、これについては売却を遂げなかった（第二各所為）。

以上の事実に関して、神戸地裁は、次のように述べて、①第一所為について、業務上横領罪の成立を肯定し、②第二各所為について、背任、同未遂罪の成立を否定した。

まず、①　被告人Xが前記機密資料をAらに売却したという第一の所為について、本件資料が、被告人Xの担当業務の遂行の上で参考になる資料であり、Xの上司から業務遂行上の参考として閲覧するようにとの指示を受けて交付されたものであったこと、配布先も限定され極秘扱いとされていたこと、閲覧後は上司が管理することになっていたこと、最終的に100万円で売却されたものの、Xは800万円で売却しようとしていたことから、Xは本件資料の価値を十分に知っていたといえること、といった諸点が指摘され、そのうえで、次のような判断が下された。すなわち、以上の諸点からすると、本件資料が、被告人Xの独占的使用に委ねられ、使用後は専らXがその廃棄処分を任されていたものとは認められず、これを受領後は会社所有物としてXにおいて、業務上これを保管すべき義務があったものであり、Xもこの旨知悉していたというべきである、と。こうして、被告人に本件資料を保管すべき義務はなかったとの被告人側の主張はしりぞけられ、業務上横領罪の成立が認められた。

②第二各所為については、次のように判断した。まず、「刑法二四七条の背任罪が成立するためには、或る一定の他人の事務を処理する者が、当該事務を処理するにあたり、その事務処理をなすにつき負担している任務に違背し、本人に対する加害目的又は自己もしくは第三者の図利加害目的で、当該事務処理行為に出ることを要するものであり、当該行為が右の任務に違背するものではなく、事務処理の範囲を逸脱してなされたものである場合には、他の罪を構成することはとも角、刑法二四七条の背任罪を構成するものではない。」と述べ、背任罪の成立範囲について明言した。そのうえで、被告人Xの職務上の任務の範囲を具体的に指摘し、次のような判断を示した。すなわち、「被告人Xの担当事務は、ナイロン紙製造に用いられていた製造装置に関するものではあるけれども、その全般にわたるものではなく、きわめて限定された部分について、開発改良のための調査研究をし、研究報告書を作成するという事務を担当していたにすぎないのであって、合成繊維製造設備

全般について開発改良のための調査研究をなし研究報告書を作成する事務までも担当していたものではない。また、右担当事務を処理するにあたって知ることのできた東レが秘密とする事項を適正厳格に保持し、これを社外に漏してはならない任務を有していたものというべきであるが、しかしながら、およそ東レの有する合成繊維関係の調査研究結果資料であればすべて適正厳格に秘匿し保管するという広範な任務までをも有していたわけではない。かように、被告人Xの担当事務ないし有していた任務は限定されたものであって、被告人Xは、本件各資料の内容となっている製造装置等についての調査研究を担当していたものではない。よって、本件各資料に対する保管・秘匿の任務はない」と。上記各機密資料はいずれも、被告人X以外の者が保管者であって、被告人Xが適正に保管する任務を負っていたとはいえない、とし、任務違背性を否定し、背任罪が成立するとの検察官の主張をしりぞけた判断である（事務処理を逸脱した行為だというべきであり、その意味で、窃盗ないし詐欺罪の範疇の問題だとの指摘もなされている）。

第5判例：新薬産業スパイ事件　（東京地判昭59・6・28判時1126号3頁）

　被告人Xは、製薬会社甲の代表取締役であり、被告人Yは、同会社の常任顧問であった。被告人Zは、国立予防衛生研究所（予研）の技官であった。X、Y、Zは、共謀の上、同研究所の抗生物質製剤室の室長が管理する、製薬会社乙の新薬製造承認申請に関する機密ファイルを持ち出し、コピーし、ファイルの情報を入手することを企てた。Zは、同室長の戸棚に保管されていたファイルを持ち出してYに手渡した。Yはそれを製薬会社甲の本社に持って行きコピーし複製を作成した後、予研に行きZにファイル原本を返還した（本件における贈賄関係の部分については省略）。

　この事実につき、東京地裁は、客体の財物性について肯定した上で、不法領得の意思について次のように述べて、X、Y、Zいずれにも窃盗罪が成立するとした。すなわち、「複写という方法によりこの情報を他の媒体に転記・化体して、この媒体を手許に残すことは、原媒体ともいうべき本件ファイルそのものを窃かに権利者と共有し、ひいては自己の所有物とするのと同様の効果を挙げることができる。……しかも、本件ファイルが権利者に返還されるとしても、同様のものが他に存在することにより、権利者の独占的・排他

的利用は阻害され、本件ファイルの財物としての価値は阻害され、本件ファイルの財物としての価値は大きく減耗するといわなければならない」。このような効果を狙う意図と目的をもって本件ファイルを持ち出したのであるから、「これは正に被告人らにおいて、権利者を排除し、本件ファイルを自己の所有物と同様にその経済的用法に従い利用又は処分する意思であったと認められるのが相当である」。「たとえ複写後すみやかに返還し、その間の権利者の利用を妨げない意思であり、かつ物理的損耗を何ら伴わないものであっても、……不法領得の意思があったものと認めざるを得ない」、としたのであった。

第6判例：新潟鉄工事件　（東京地判昭60・2・13判時1146号23頁）

　被告人Xは、新潟鉄工のコンピューターシステムの開発を担当する企画管理本部の部長代理であり、被告人Yは、同社のコンピューターシステム開発のグループマネージャーであり、被告人Zは、同社にハードウェアの部品を納入していたプロテック社の代表取締役であった。Xは、独立してコンピューターシステムの開発・販売を業とする会社を設立しようと考え、Y、Zにその意向を打ち明けた。しかし、新会社において新たなコンピューターシステムを開発して販売できるようになるまでには相当の期間と資金を要することから、Xは、当面は新潟鉄工の企業秘密である自動設計図システム（CADシステム）のファイルをまねたり手を加えるなどして販売していこうと考え、Yに、CADのファイルなどのコピーをとっておくよう依頼したところ、Yはこれに応じた。Xは、Zにもこの計画を打ち明けたところ、Zはこの方針を了承し、協力する意向を示した。さらに、X、Y、Zは、新会社設立に向けての打ち合わせの際に、新潟鉄工の企業秘密であるコンピューターシステムの各資料を、コピーして複製を作るために社外に持ち出すことを共謀したうえで、Yが新潟鉄工のために業務上保管していたコンピューターシステムの各資料を、社外に持ち出した。

　東京地裁は、X、Y、Zの行為について、業務上横領罪の成立を認めた。

　弁護人は、被告人らが本件資料を持ち出したのは、単にコピーするためであって、処分する意図はなく、コピーした後にもとの場所に返還しているの

であるから、被告人らには不法領得の意思はなく、業務上横領罪は成立しない旨主張していたが、この点について、東京地裁は次のように判示した。すなわち、「他人の物を一時的に持ち出した際、使用後返還する意思があつたとしても、その間、所有権者を排除し、自己の所有物と同様にその経済的用法に従つてこれを利用し又は処分をする意図がある限り、不法領得の意思を認めることができると解されるところ、前記認定のとおり、被告人らが持ち出した本件資料は、新潟鉄工が多大な費用と長い期間をかけて開発したコンピューターシステムの機密資料であつて、その内容自体に経済的価値があり、かつ、所有者である新潟鉄工以外の者が同社の許可なしにコピーすることは許されないものであるから、判示のとおり被告人等が同社の許可を受けずほしいままに本件資料をコピーする目的をもつてこれを同社外に持ち出すにあたつては、その間、所有者である新潟鉄工を排除し、本件資料を自己の所有物と同様にその経済的用法に従つて利用する意図があつたと認められる。したがつて、被告人らには不法領得の意思があつたといわなければならない。」と。

第7判例：綜合コンピュータ事件（東京地判昭60・3・6 判時1147号162頁）

被告人Xは、株式会社綜合コンピューター（コンピューターやソフトの開発・販売等を営業目的とする会社）の営業課長であり、被告人Yは、同社のインストラクターとして、プログラムの記録されたフロッピーシートを管理し、また、これを使用して同社の顧客のコンピューターにプログラムを入力するなどの業務を担当していた。

Xは、独立して、同社と同様の営業を行う新会社を設立することとし、それに際し、Yを引き抜くこととした。Yはこれに応じた。しかし、Xは、独自のプログラムを開発するのは多大に時間および経費がかかることになってしまうため、綜合コンピューターの開発したプログラムを利用することを決めた。そして、XとYらは、共謀して、Yの管理下にある、綜合コンピューターが開発したプログラムが記録されているフロッピーシートを利用して、新会社で取り扱うコンピューターに綜合コンピューターの開発したプログラムを入力することとした。Yは、上記フロッピーを持ちだし、これを行った。

X、Yは背任罪で起訴された。

東京地裁は、次のように判示した。すなわち、「被告人Yは、……株式会社綜合コンピューター（……）に、インストラクターとして勤務し、同社において甲新聞販売店用に開発した同新聞販売店購読者管理システムのオブジェクトプログラム（本件プログラム）を磁気により記録したフロッピーシートを管理し、これを使用して同社の顧客である同新聞販売店経営者方に設置されるオフィスコンピューターに右オブジェクトプログラムを入力しその使用方法につき技術指導するなどの業務を担当していたものであり、右オブジェクトプログラムの入力使用等に当たっては、同社が業務として同社の顧客方に設置するオフィスコンピューターに対してのみ、右フロッピーシートを使用するなど、同社のため忠実にその業務を遂行すべき任務を有していたものであり、被告人X及びAは、同社と競合してこれと同様の営業を行うことを企図していたものであるが、被告人両名及びAは、共謀の上、被告人Yの前記任務に背き、自己らの利益を図る目的で、……A方において、右A及び被告人Xが同社と無関係に読売新聞販売店であるBに賃借（リース）させ、同人方に設置予定であったオフィスコンピューターエリア三D型一台に、被告人Yにおいて、前記フロッピーシート五枚分の前記オブジェクトプログラムを入力し、もって株式会社綜合コンピューターに対し、右オブジェクトプログラム入力代金相当額（……）の財産上の損害を加えたものである。」と。このようにして、背任罪の成立が認められた。

3 代表判例をとおして

以上の諸判例については、次のように整理されることとなろう。
①　社員が会社の機密資料の原本を無断で持ち出したケース。
ア．窃盗罪の成否
　…他人の「占有・所有」する「財物」を、「不法領得の意思」をもって、持ち出したといえるのかどうか（第1判例「大日本印刷事件」）。
イ．業務上横領罪の成否
　…「自己の占有する」「他人（会社）の」「物」を横領したといえるか

(「自己の占有」について、第4判例「東洋レーヨン事件」第1所為。「他人の」「物」について、第2判例「鐘淵化学事件」)。

② おなじく、社員が会社の機密資料の原本を持ち出した場合であるが、複製の作成を意図してなされたものであり、事後、原本が返却されたケース。

ア．窃盗罪の成否

…窃盗罪における「不法領得の意思」があったといえるか(第3判例「建設調査会事件」第5判例「新薬産業スパイ事件」)。

イ．業務上横領罪の成否

…横領罪における「不法領得の意思」があったといえるか(第6判例「新潟鉄工事件」)。

ウ．背任罪の成否

…「任務違背性」を肯定することができるか(第4判例「東洋レーヨン事件」第2所為（消極）。第7判例「綜合コンピューター事件」（積極）)。

③ 社員が会社の秘密資料を持ち出すことなく社内でコピーし、そのコピーをほしいままに処分したケース

窃盗罪の成否

…財物性を認められるか(第1判例「大日本印刷事件」②イ．稟議決済一覧表のコピー・処分)。

1　窃盗罪、横領罪、いずれの成否を問うにしても、まず、客体が「（財）物」でなければ話にならない(刑法235条は「他人の財物を窃取した者は…」と規定するし、252条以下は、「…他人の物を横領した者は…」と規定している)。この点、行為者はいずれも情報それ自体を獲得せんとして行動していることから、情報そのものを（財）物と見るという理論構成も想定されよう。しかし、一般的には、情報の財物性は否定されている(判例も、情報それ自体の奪取としてではなく、あくまで「情報の化体した紙」の奪取という構成を図る)。管理可能性説に立ち、情報を財物の範疇に入れることのできるような管理可能性基準を設定するということをすると、労働力や債権、電気以外のエネルギーといったものも広く財物概念に嵌ることになってしまいかねず、そうなるとその代償は大きすぎる(よって事務的管理可能性説は支持し難いとされる)。したがって、管理可能性説に立つとしても、より固いしばりをかけ(たとえば、物理的管理可能性の認められる場合に限定したり、自然力のエネルギーに限定したりするなど)その範囲を狭める工夫がとられこととなるが(山口171頁参照)、それに伴い、情報もまた（財）物ではないとされることになるのである(ただ、一般的にそういわれるだけで、本当に、物理的管理可能性説に立つと情報の財物性が否定されるのか、という疑問をもつ必要はある。西田・現代刑事法2巻4号「鼎談」21頁以下の発言

参照)。

では、一般的には、何をもって財物性が認められるのであろうか。

当該客体それ自体を(「情報」から切り離して)見てみると、書類、報告書が入っているファイル、感熱紙といった物であり、それ自体の価値としてはいずれもわずかだといえる。そのため、「使用価値のなくなった物を持ち出したに過ぎない」(第1判例「大日本印刷事件」の原本持ちだし行為に関しての弁護人からの主張)とか「感熱紙の窃取が問題になるにすぎない」(第1判例「大日本印刷事件」における稟議決裁一覧表複写行為に関しての弁護人による主張)といった見方が出てきうることになる。「情報それ自体は財産罪の保護対象となっておらず、もっぱら財物のみが保護対象であり、その財物の価値も僅少であるならば、財産罪は成立しないはずだ」、との考え方である。

しかし、財産罪における「物」に当たるかどうかを判断する際には、その対象に備わっている価値の実体に目を向けなければならず、実質的な観点が求められることになるから、「紙」を「情報」と分離して捉え、対象の価値を「媒体となっている紙そのもの」の価値として理解することの説得力は弱い。たとえ紙などの媒体物それ自体にはほとんど価値がなくとも、情報(価値)の化体した物として捉えることで、重大な価値を有する物として理解されることになるのである。その意味で、判例が、書類がロッカーあるいは机の中に保管されていたという事実を重く見たことにはうなずける。それは、「なぜ保管されていたか、その書類が、単なる紙としての価値以上の価値を帯有していたからだ」、という見方である。ここには、外部に漏示されないという価値をも見て取ることができ、同時にその価値は多大なものとして理解される。そこに重要な秘密情報が記載されているからこそである。紙を紙としてでなく、情報(価値)の化体された物として見ることにより、実体的な捉え方が可能になるのである(東京地判平成10年7月7日も参照)。

判例(第1判例「大日本印刷事件」判決)はまた、秘密情報を会社の備品である感光紙に複写し持ち出した事案について、「全体的に見て、単なる感光紙の窃取ではなく、同社所有の複写した稟議決済一覧表を窃取したものと認められる」とし、複写した物は会社の物だと位置づけ、そこに単なる紙以上の価値を見てとったが、これも上述の視点からすれば理解できるところであろう。「情報が化体された媒体物」には、媒体物そのものの価値を超える価値を認めなければな

らないのである。この考え方は、マイクロフィルムを窃取した事案を扱った近時の判例（札幌地判平成5年6月28日）においても採用されている。すなわち、「本件マイクロフィルムは、住民基本台帳のマスターファイルからその上に転記された住民の氏名・住所等の情報と一体不可分の関係にあり、右情報の価値をも包含している。本件証拠上、この情報の正確な価値を評定することはできないが、本件マイクロフィルムの財物としての価値は前記のフィルム自体の価値を遥かに超えていることは明らかである。しかし、それは、あくまでも有体物たる本件マイクロフィルムの財物としての経済的価値が、それに化体された情報の価値に負うところが大きいということを意味するに過ぎない。」とされているのである。なお、感光紙が自己所有の物であったならば窃盗罪の成立は困難なものにならざるを得ない（井田・81頁 鋤本・後掲56頁）。この論理からすれば、横領罪もまた成立困難ということになる。ここに現行刑法の財産罪体系の一つの限界があるといえよう。

　自己の作成した資料については、第2判例「鐘淵化学事件」判決が、なお会社所有の資料であるとの判断を示している。会社の業務の一環として作成した資料である以上、会社の所有を否定するのは妥当でないから、作成に自己が携わったとしても、他人所有性を否定することはできない。

　もっとも、本質的には、情報それ自体に価値があると見られているのに、「情報を盗んだから窃盗罪」とは構成せず、「情報の化体した『紙』を取ったから窃盗罪」と構成していることには、やはり歯がゆさを感じざるを得ないであろう。そこで、今一度、情報は財物として理解できないのか考えてみる必要がある。

　たとえば、物理的管理可能性説によれば、電気は無体物であるものの、物理的に管理可能とされ、財物性が肯定される（刑法245条は注意規定と位置づける）。これは、電気もまた、蓄電池に蓄えるといった方法によって物理的に管理可能であるかぎりで、占有移転の対象になりうるという見方にもとづく。そこで、情報もまた、媒体に記録して管理される対象となるから、そこに物理的管理可能性を認めることができるのではないかとも考えられるが、これについては、情報の「非移転性」という特質（資料をコピーしてもコピー元の情報は残ったままで失われないという性質）からこれを否定すべきだとの理解（例：鋤本・後掲57頁）、その内容を知りうる者が漏洩すればどうしよう

もない（排他的物理的支配の不可能性）との理解（例：佐久間・後掲176頁）が示されている。このような理解からすれば、情報それ自体は（財）物たり得ず、これは、媒体に記録されることによって初めて、窃盗罪や横領罪の客体になるということになる。

　会社の資料を「占有」していた事実が認められれば、（業務上）横領罪の問題となりうる。第4判例「東洋レーヨン事件」判決では、業務上適正な管理が要求されていた事実から、被告人による占有が肯定されたが、妥当であろう。横領罪における占有は、委託信任関係に基づいたものであることが要されるから（大コメ334頁参照）、会社が行為者に当該資料の管理・保管を委託していたといえる場合に（第2判例「鐘淵化学事件」の被告人はこの種の業務担当をしていた）、行為者による占有が肯定されることになる（会社の機密資料を管理・保管する任務を負っていない者が、機密資料を持ち出す行為は、会社の占有を侵害する行為であるから、窃盗罪の範疇である。その社員に一定の使用が認められていたとしても、独占的に占有する権利が与えられていたことにはならないから、やはり占有侵害性が肯定される。コピーして返却するつもりであったとしてもこのことに変わりはない）。

　2　窃盗罪の成立に「不法領得の意思」の存在を要求する立場からは、同罪の成立をめぐって不法領得の意思の存否が問題となる（不法領得の意思の詳細については、本書「第13講」参照）。特に、すぐに返すつもりで原本を持ち出したような場合が問題となる。

　たとえば、友人宅の棚の隅に置かれていた指輪がとてもすてきだったので、一度身につけて外を歩いてみたいと考えた者が、友人の気づかないうちにその指輪をそっと自分の指に付け、そのまま持ちだし、町内を一周して帰ってきて、本の場所に戻しておいたというような場合（借りる意思しかなかった場合）には、権利者排除意思の存在が認められず不法領得の意思はなかったとされるのが普通である。ならば、機密情報の化体した紙を一時持ち出し返還したような場合も同様に、不法領得の意思なしとすべきではないかとの見方もでる。しかし、自動車の一時使用の事案について、判例（最決昭55・10・30刑集34巻5号357頁）が、返還の意思があったとしても権利者排除意思なしとすることはできないとの判断を下していることに注意が必要である。たとえ借りる意思であっても、物の利用それ自体にすでに高い財産的価値の費消という性質が認められる場合には、そのような利用をする意思があったことをもって、権利者排除意思を肯定するということが可能だとされるのである（日高・百選II5版58頁以下参照）。そうなると、コピーして他者に渡す目的での機密資料の一時持ち出しについても

同じことがいえるかどうかが問題となるが、たとえ原本を返還する意思のもとでなされたとしても、同一内容の資料が他会社に渡ることとなれば、その資料に記された情報の独占的利用状態が害され、資料の財産的価値が大きく減耗することになるから、権利者排除意思を否定するのは相当でないということになる（第3判例「建設調査会事件」、第5判例「新薬産業スパイ事件」参照）。

不法領得の意思は、横領罪の成立要件でもありうる（不法領得の意思必要説）。そこで、横領罪における不法領得の意思について確認する必要が出る。横領罪における不法領得の意思の内容について、判例はすでに、「他人の物の占有者が委託の任務に背いて、その者につき権限がないのに所有者でなければできないような処分をする意志をいう」とし（最判昭24・3・8刑集3巻3号276頁）、窃盗罪における不法領得の意思とは異なり、権利者排除意思、ならびに経済的用法に従って利用・処分する意思は不要としていた。しかし、第6判例「新潟鉄工事件」で、裁判所は、「所有権者を排除し、自己の所有物と同様にその経済的用法に従ってこれを利用し又は処分する意図がある限り、不法領得の意思を認めることができる」と判示した。そのため、最高裁とは異なる基準（「権利者排除意思」ならびに「利用・処分意思」がなければ横領罪は成立しないという基準）から判断がなされたのではないかとも考えられる。この点については立ち入らないが（少しだけ述べると、たしかに、新潟鉄工事件で東京地裁は、「所有者である新潟鉄工以外の者が同社の許可なしにコピーすることは許されないのであるから、コピー目的で許可なく持ち出すにあたっては、所有者である新潟鉄工を排除する意思があった」として排除意思を認め、さらに、「このような行為には、資料を自己の所有物と同様にその経済的用法に従って利用する意図があった」として利用意思を認めることを通して、不法領得の意思ありと結論づけたのであるが、しかし、そういった意思まで認められる以上、最高裁のいう不法領得の意思もまた認められる、という関係がそこにはあるから、最高裁とは違う基準にしたがった判断とは実質的にはいえないとも考えられるのである）、いずれにしても、自己の占有する会社の機密資料をコピー目的で社外に一時持ち出そうとする意思には、高い経済的価値を費消することの意思が伴っているため、本権者でなければできないような利用行為をする意思（権利者排除意思）（大谷311頁参照）、ならびに利用意思のいずれも認められることとなり、結局は、いかなる立場によっても、不法領得の意思は認められるということになる。

なお、窃盗罪と横領罪の類型的区別に基づいて、不法領得の意思内容に相違を認めることを妥当とする見解（立石・百選II5版125頁）がある一方で、横領罪における不法領得の意思に排除意思・利用意思を盛り込まない（前記最高裁の）立場に批判的な見解もある（前者からすれば、本件東京高裁判決が、わざわざ横領罪の不法領得の意思の定義に混乱を生じさせるような判示をした点については批判が向けられることとなろうが、後者からすれば、むしろ好意的に捉えられることになろう）。後ろの見解は、第一に、使用窃盗を窃盗

罪から外そうとする思想と共通の思想から、そして第二に、横領罪の利欲犯的性質を重視する思想から出てきたものである。ここにいう第一の思想とは、一時使用の目的で占有物を使用した場合（使用横領）については横領罪の成立を否定してよいであろうという考えのことである。この考えからすれば、「本権を有する者でなければ使用できない態様で利用する意思」（大谷311頁）が認められた場合にはじめて、横領罪における権利者排除意思が肯定されることになる。第2の思想とは、横領罪も領得罪に他ならないのであるから、窃盗罪と同じく、利用意思があってはじめてその成立が認められる、とする考え方のことである（大谷312頁）。この考えからすれば、毀棄・隠匿の意思では、横領罪は成立しないということになるが、コピー目的での一時持ち出しはそのような意思でなされるものでなく、利用意思でなされるものであるから、利用意思は当然肯定されることになる。

　3　最後に、背任罪関係について見てみよう。背任罪は、他人の物を客体とする犯罪ではない。そのため、客体の財物性や帰属主体を問う必要はない。事務処理上知り得た機密情報を他人に電話で伝えるなどといった行為も、背任罪となりうる。

　さて、問うべきは、まず、行為者が、「他人のためにその事務を処理する者」に当たるかどうかである。第7判例「綜合コンピューター事件」判決によれば、インストラクターの地位にいた被告人Yに主体としての性質が認められ、営業課長であった被告人Xには認められなかった（よって、65条1項が適用罰条としてあげられている）。Yについては、綜合コンピューターの開発したプログラムの記録されているフロッピーシートを直接的に管理し、一定の業務活動の範囲内でのみ使用することが認められていたということから、背任罪にいう事務処理者として位置づけられた。一方、Xについては、プログラムの記録されているフロッピーシートを直接的に管理することや使用することが認められていたわけではなかったことから、背任罪の主体というには不十分だと考えられたのであろう（林（幹）・百選II 5版130頁以下参照）。

　このように、背任罪の主体の認否については、一般的な事務的管理を行う地位にいたかどうかではなく、具体的・直接的に管理・保管する地位にいたかどうかを問わなければならない（佐久間後掲193頁）。このような判断枠組みは、当

該事務に対する包括的裁量性の認められる場合に背任罪の主体としての地位を認めるという考え方（藤木344頁）になじむ上、背任罪の成立範囲を適切に画するためにも不可欠であると思われる（林(幹)・百選Ⅱ130頁参照）。

では、背任罪の成立要件である任務違背行為性はどのような場合に認められるであろうか。任務違背性については、判例は従来、信義誠実義務に反する行為を意味すると解してきた（背信説。大判大3・6・20刑録20輯1313頁）。しかし、学説から、任務違背行為をあまりに広範に認めることになってしまうとの批判があった（大塚249頁以下参照）。そのような状況の中、第4判例「東洋レーヨン事件」では、その第2各所為をめぐって、事務処理の範囲を逸脱してなされたものであり背任罪は成立しない、との判断が示された。これは、学説上有力化している「背信的権限濫用説」流の考え方を展開したものと解することができる。背信的権限濫用説によれば、任務違背性は、背信的行為（信義誠実義務に反する行為）が事務処理上有している権限を濫用して行われた場合に認められることになる（本書「第20講」参照）。本件で裁判所が、権限から逸脱した行為について背任罪の成立を認めず、他罪の成立可能性を指摘したことは、まさに従来の背信説の基準に「権限濫用性」の観点から限定を加えるものであり、学説の主流と軌を一にする判断が下されたとみることができる（佐久間・192頁参照）。

このようにして、背任罪は、その者が事務処理上有している権限を「濫用」して信義誠実義務に反する行為をしたということが認められる場合に成立しうることになる。

ただ、財産上の損害の問題がある。実害発生の危険が生じた時点でこれを認めるとするなら格別、実害発生を要件とする立場からは、機密資料（のコピー）が他者に渡り、実際に経済的損害が発生したことが認められない以上、未遂止まりということとせざるを得ないであろう（佐久間・後掲193頁参照）。ただ、複製物が他に存在することになってしまうこと自体によって、秘密情報の価値の本質を担う「独占的利用状態」が否定されるため、情報の財産的価値の減少を認めることも不可能ではない。

4 以上のように、企業の秘密情報を他に持ち出す行為については、一定の範囲で、各財産罪で対応可能である（機密情報資料の受け手側も盗品等に関する罪で処罰可能である）。しかし、そもそも、立法当初、近時行われているような産業スパイ行為は想定されて

いなかったため、対応の限界を否定することはできない。刑法上の処罰の間隙を埋めるためには立法的解決によるしかないが、その具体的手法をめぐっては、どこまで企業秘密は守られるべきかという本質論とともに議論していくことが必要である（佐久間・後掲197頁参照）。

【参考文献】

内田文昭「秘密資料の無断持ち出しと窃盗罪」判例タイムズ538号44頁

内田文昭「会社機密のもちだしと窃盗・横領・背任――業務上横領罪の成立する一事例」判例評論109号38頁

佐久間修「いわゆる産業スパイ事件に関する四つの判決について――会社の君津市資料を不法に主文する目的でその原本ないしコピーを持ち出す行為と行為者の責任――」法政論集（名古屋大学）94号163頁

鋤本豊博「18 窃盗罪」ロースクール刑法各論52頁

村井敏邦「機密資料を持ち出してコピーさせた行為と窃盗罪の成否」ジュリスト743号（昭和55年度重要判例解説）185頁

山口厚「企業秘密の保護」ジュリスト852号46頁

山中敬一「30 情報の不正入手と窃盗罪――新薬産業スパイ事件」判例百選II（4版）62頁

【事例問題】

(1) Aは、リストラ対象とされたことに腹を立て、自社の機密資料を他者に売り渡すことを計画した。ある日の晩、社員がみな帰宅したことをいいことに、上司のデスクの中から機密資料を抜き取り、自分のデスクにおいてあった自己所有の小型コピー機でコピーをし（自己所有の用紙を使用）、それを社外に持ち出し、自社のライバル会社に売り渡した。Aの罪責はどうか。

(2) Aは、リストラ対象とされたことに腹を立て、自社の機密資料を他者に売り渡すことを計画した。ある日コンピューターに保存されている会社の機密データにアクセスし、データを抜きとり、それを添付ファイルのかたちで、ライバル会社のBに送信した。Aの罪責はどうか。

（曲田 統）

第22講　放火罪における焼損の意義

　　　　【問題点】
　◇放火罪の性格　◇既遂時期
　◇公共の危険の発生と焼損
　◇難燃性建造物の場合の判断基準

1　総　説

1　放火罪の基本概念

　放火および失火の罪は、建造物やその他の物を焼損する類型である。一面では個人の財産を侵害する点で財産に対する損壊罪的な性格をも有するが、火力という破壊力を用いることによって公衆に不安と脅威を与えるところから、本来的には公共危険罪として位置付けられている。毀棄及び隠匿の罪（第四十章）とは別個に、放火及び失火の罪が第九章に置かれているという条文上の配序からも、現行刑法は社会的法益を侵害する犯罪として規定していることがわかる。

　放火罪は危険犯（108条・109条1項は抽象的危険犯、実際に公共の危険の発生を必要とする109条2項・110条は具体的危険犯）であるが、通常、危険犯において法益侵害の危険が発生すれば足り、法益侵害の結果惹起は必要でないところ、放火罪においては火を放つという実行行為の時点で法益侵害の危険が生じており、さらに進んで客体が焼損したことで既遂に達する構造になっている。

　放火罪の実行行為は、火を放って目的物を焼損することであり、作為によるほか不作為による場合も実行行為性が認められる。行為者が新しく火をおこして目的物に点火することはもちろん、作為義務（消火義務）のある場合には、既発の火勢を助長する行為や既発の火力を放置する行為も本罪の実行行為となる。放火罪の構成要件的結果が「焼損」であり、既遂の要件ともなっている。しかし、公共の危険（公共の危険とその認識については、次の第23講を参照のこと）の理解をめぐって立場が異なることから、既遂時期をどのように画するかについて理論上の対立

2 焼燬と焼損

　平成 7 年（法91）の平易化改正の以前は「焼燬」の語が用いられていたが、同改正は実質的に解釈および内容を変更を意図するものではなかったことから、現行法の文言の「焼損」についても、従来の議論はそのまま参考となるであろう。もっとも、焼損の語感として効用喪失説に優位であるとの指摘（曽根・〔新版〕(1995) 210頁、またその議論については、大塚・372頁、西田・268頁、松尾『刑法の平易化』48頁）や、焼燬という言葉の意味と既遂時期を関連させて理解する学説の存在を指摘した上で、焼損の文言から独立燃焼説をストレートに導き出すことが困難になったのではないかとの懸念も示されている（齊藤誠二「放火罪における「焼燬」と「焼損」」日本大学司法研究所紀要 7 巻 1 頁、同「「焼燬」と「焼損」」白門47巻12号 6 頁）。一方、焼燬の語の字義そのものと関連させずに、放火罪・失火罪の理論的根拠から検討する立場からすれば、平易化改正による影響は受けないといってよい。現在では、このような立場を支持する論者が多いように思われる。

2 学　説

　焼損をめぐる諸学説の大きな相違は、既遂時期の違いに現れる。独立燃焼説は比較的早い時点に既遂を認め、これに対して効用喪失説では比較的遅い時点で既遂に達することとなる。両説の間の時点に既遂時期を置く説として、重要部分燃焼開始説や一部損壊説が主張される。（なお、重要部分開始説・一部損壊説も中間説に分類されることも多いが、本講では比較のため両説を独立に取り上げた。）

1　独立燃焼説

　独立燃焼説は、放火罪の本質として公共危険罪の性質を重視する立場から、放火の火勢が媒介物を離れて目的物に移り、そこで独立に燃焼を継続する状態に達することを焼損とする（団藤・194頁、草野・研究 (2)・127頁および149頁、齊藤・172頁、下村・諸問題31頁、藤木・88頁、同・刑法各論（有斐閣大学選書）94頁および注釈刑法 (3) 170頁、村瀬・大コメ〔第二版〕25頁、西田・268頁、岡野・218頁、川崎・284頁、佐久間・177頁、中森・200頁、堀内・212頁、斉藤信宰・〔第三版〕358頁、村松格・229頁ほか）。このため、目的物の効用が害されることは必要でないとする。その根拠は、放

火罪は公共危険罪であることからすると、目的物が独立に燃焼を開始した時点で公共の危険が発生したといいうる、との点に求められる。立法例としてもドイツやフランスでは、本説と近い立場が通説であるとされる。現在では積極的な主張者は少ない学説ではあるが、有力説とされている。

もっとも、本説を支持する論者の中には、建造物の場合のみ独立燃焼によるべきで、その他の物件は効用喪失によって判断するとの立場（平出・401頁）や、プレハブ家屋のようにきわめて引火しやすい客体への放火の場合は燃え上がり説によって判断するべきだとの立場（佐久間・177頁）などもあり、客体の性質によって基準を異にすべきだとの主張も見られる。

2 効用喪失説

効用喪失説は、効用毀滅説・効用滅却説とも称されるもので、火力によって目的物の**重要部分**が焼失して、その物の本来の効用が失われる程度にまでの損壊のあったこと焼損とする（牧野・上85頁、瀧川・各論 (1951) 216頁、瀧川春雄／竹内正・刑法各論講義 (1965) 257頁、木村・189頁、植松・97頁、香川・172頁、曽根223頁ほか。また三原・252頁は、具体的な場合に応じて本来の効用を妨げられる程度に燃焼毀損した時を既遂とする効用喪失説に立つ）。その根拠は、放火罪と同じく公共危険罪として把握される119条の出水罪などには「浸害」の概念が置かれているが、その概念は効用が喪失することを要すると解されているところから、放火罪の焼損についても同様に理解するべきである、というものである。そのため、客体の重要部分が失われて、**その効用を喪失する**程度に達してはじめて、公共の危険が発生するといいうる。すなわち、物の損壊の程度を財産犯的側面から把握することが必要であるとする。この立場は、判例の採る独立燃焼説に対する批判として主張され、我が国の多数説を構成している。

3 重要部分燃焼開始説

重要部分燃焼開始説は、重要部分炎上説・燃え上がり説とも称されるもので、目的物の**重要部分**が**燃焼を開始**したこと（＝燃え上がること）を焼損とする（平野・248頁、福田・67頁ほか）。独立燃焼説を基本に置きつつも、独立燃焼の程度では容易に消火することが可能なため、いまだ焼損とはいえず、容易に消火できない段階に達して初めて既遂といいうるとの主張である。独立燃焼で既遂と

するには早すぎるとして、既遂時期を遅らせる必要があることを根拠とする。放火罪が公共危険罪であることから、物の効用喪失までは必要なく、重要部分の燃焼が開始したときに公共危険の発生を認め得ると主張する。

この説に近いと思われるものには、客体が難燃性の場合は、客体の重要部分が炎によって熱せられて高温になり、有毒ガスが発生した時点をもって焼損とする、あるいは加熱されて酸化した部分にもし可燃物が接触すれば延焼する危険が生ずるほどの高温に達したときをもって焼損とする立場（前田・313頁）などがある。

4　一部損壊説

一部損壊説は、毀棄説とも称されるもので、火力によって毀棄罪にいう損壊の程度に達したことをもって焼損とする（江家・増補92頁、西原・現代法学全集第二版(1983) 245頁、大塚・372頁および373頁、中山・210頁、大谷・379頁、川端242頁、山中・刑法各論II 484頁ほか。また斎藤・223頁以下は厳格化された毀棄説を採る）。効用喪失説を基本として、同説では重要部分が失われて効用を喪失することが必要であるとするが、その点を緩和して、**一部損壊**で足りると修正する。その根拠は、放火罪には毀棄罪の性質と公共危険罪の性質があり、刑法は火力による毀棄の行為を他の毀棄罪と同列に規定せず、他の公共危険罪と同列に規定していることからすると、毀棄の概念の理解としては一部損壊で足りるとするのが現行刑法の姿勢である。そして、一部損壊の時点で公共危険が発生する、とする。焼損といいうる程度を、毀棄罪にいう毀棄と統一的に把握することで、放火罪の二つの性質を精確に理解することができるとの主張である。

5　中間説

近時では、難燃性の建材を用いた建造物の普及が進んでいることから、一見すると独立燃焼にすら至っていない段階であるにもかかわらず、有毒ガスが発生して人が死傷したり、高熱で壁面が崩落して効用が喪失するなどの事態も見られる。そのため、木造家屋の場合は独立燃焼説で判断するとしながら、難燃性建造物の場合は、効用を喪失したときに焼損を認めるべきだとする立場（新効用喪失説）（河上和雄・捜査研究26巻3号43頁）や、放火罪には公共危険罪の性格があることに着目して、難燃性建造物の場合は目的物に火が移って気化ガスが

継続的に発生するときに焼損を認めるべきだとする立場（諸沢英道・判評 315号227（65）頁）、あるいは難燃性建造物では火力によって目的物が損壊して有毒ガスが発生したときは、公共の危険を生じる可能性があるとして、そこに焼損を認めようとする立場（大谷・379頁）、不燃性建造物では独立燃焼説に新効用説を併用する立場（板倉・171頁）など、多様な主張が見られるようになった。

上記1から5に分類される説のほか、最も既遂時期を遅い段階で認める物理的壊滅説がある（勝本・各論(2) 446頁、岡田朝太郎・講義356頁を参照のこと）。同説は物が物理的にその存在を失うときに既遂を認める説であるが、今日ではその支持者はほとんどない。また、焼損は抽象的危険犯（108条、109条1項）にとっては既遂の要件であり、具体的危険犯（109条2項、110条）にとっては焼損に加えて公共危険の発生が既遂の要件であるところ、両者に共通する焼損の概念を別異に解することはできないはずであるから、この点でも物理的壊滅説は適切ではない。

③ 判　例

1 焼損（焼燬）に関して判例は、旧刑法の時代から一貫して独立燃焼説に立っている。ただし、実行の着手との関係について、放火罪をめぐる諸判例があり、かつては構成要件標準説であったが、やがて具体的危険説によって着手を認めるようになった（総論27講・第18講を参照のこと）のであるが、本講で問題とする焼損とは、放火行為に着手した後の構成要件的結果の発生にかかる概念であるから、両者を混同しないように注意しておかなければならない。

2 大審院時代から、焼損（当時は焼燬）の判断について独立燃焼説を採っている（大判明35・12・11刑録8輯11巻97頁（旧刑法）、大判明43・3・4刑録16輯386頁）。明治43年判決は現行刑法で独立燃焼説を採用することを宣明したリーディングケースとされるが、同判決においては独立燃焼説を採る理由は明確にはされていなかった。大判大7・3・15刑録24輯219頁は、放火罪は静謐に対する犯罪であるとした上で「苟クモ放火ノ所為カ一定ノ目的物ノ上ニ行ハレ其ノ状態カ導火材料ヲ離レ独立シテ燃焼作用ヲ営ミ」得る場合は既に公共危険を生じているとの理由から、「目的物ヲシテ全然其ノ効用ヲ喪失セシムルニオヨハサルモ」焼燬の結果を生じ、

既遂に達していると判示しており、効用喪失説を排している。その後、最高裁の時代においても最判昭23・11・2刑集2巻12号1443頁は、家屋の押入内の壁紙にマッチで放火したため火は天井に燃え移り家屋の天井板約一尺四方が燃えた事案について、「火勢は放火の媒介物を離れて家屋が独立燃焼する程度に達したことが認められる」として焼損を肯定した。この最高裁判例の事案のように、建造物の燃焼する部位について、天井板のほか、屋根（屋根裏）、庇、壁など、家屋から普通は取り外すことのない部分を燃焼させた場合は、家屋の一部を独立燃焼させることで足りる（旧刑法下の判例においても同様である。大判昭9・11・30刑集13巻1631頁など）が、畳、建具その他家屋の従物のように、取外し自由な部分を燃焼させただけでは焼損とはいえず、未遂に留まる（最判昭25・12・14刑集4巻12号2548頁）と判示されている。独立燃焼の程度について、火焔びんを投げ、そのガソリンの燃焼により乗用自動車の運転台座席被覆の一部を焼燬しただけで、自動車自体に燃え移り独立燃焼の程度に達しないときは、刑法110条の放火罪（建造物等以外放火）は成立しないとした事例（最判昭33・9・16家月10巻9号110頁）がある。また下級審ではあるが、こたつ櫓、布団、畳などの建具類が焼失した外は、なげし、壁代用のベニヤ板の一部を焦がした程度で、その少部がわずかに炭化しただけでは、独立燃焼の程度に達したとはいえないとした裁判例（東高判昭33・12・19高等裁判所刑事裁判特報4巻24号660頁）や、導火材料の火力によって厚さ5分(ぶ)の板壁に穴が空くまで燃焼しても、導火材料の炭俵が燃え尽きるとともに自然鎮火した事案において、独立燃焼の程度に達していないとした裁判例（広島高判昭33・10・17高等裁判所刑事裁判速報集［昭33］12号）がある。木造建築を中心とする一般建造物について、判例の立場は明らかである。

3 難燃性建造物について、学説では中間説などが主張するように、一般建造物と難燃性建造物とを区別して取り扱う立場もあるが、判例は独立燃焼説をもって統一的に判断している。12階建マンション内部のエレベーターのかごの一部を燃焼させた事案について、かごの内部でガソリンをしみこませた新聞紙に点火して、かご内の側壁に用いられていた化粧鋼板の表面の化粧シートを約0.3㎡ほど溶解・気化させたり、一部は炭化状態にし、また一部を焼失させたときは、独立燃焼を認めている（最決平元・7・7判時1326号157頁、判タ710号125頁）。下級審においても、派出所であるコンクリート造の不燃性建造物であっても、内部に木製の可燃部分があり、その他片面板張りの引戸等の可燃物が存在すると

きは、放火罪の客体となる（東京高判昭52・5・4判時861号122頁）としており、建造物を構成する内部の可燃物に燃え移れば焼損を認めうるとされている。不燃性の建造物においても、その可燃部分が独立して燃焼するに至れば焼損に至ったものであり、放火罪は既遂となる（東京高判昭49・10・22東京高等裁判所（刑事）判決時報25巻10号90頁、同旨のものに札幌高裁昭47・12・19刑月4巻12号1947頁・判タ289号295頁など）としている。これに対して、鉄筋コンクリート造の建物に火を放ち、塵芥処理場のコンクリート内壁表面の厚さ約2.5センチのモルタルを合計約12.9平方メートルにわたって剥離、脱落させると共に、同所のコンクリート天井表面に吹きつけてあった厚さ約1センチの石綿を合計約61.6平方メートルにわたって損傷、剥離させた外、蛍光灯などを溶融、損傷し、同所の吸気ダクトの塗装約14平方メートル等を燃焼させた事案について、検察官の主張した新効用喪失説（河上説）を排して、独立燃焼にまで至っていないとした裁判例（「東京交通会館事件」東京地判昭59・6・22判時1131. 156、判タ531号245頁）があるが、これは判例が独立燃焼説に依拠していることからすれば納得できよう。

4 検討・私見

1　独立燃焼説に対しては、単に目的物に燃え移った（＝独立燃焼）程度では、財産的侵害があったとすることはできず、放火罪の公共危険罪の性格を強調するあまり、放火罪には同時に損壊罪の性質があることを看過しているとの批判が向けられる。さらに、独立燃焼したことがただちに公共危険を発生させるわけではなく、そのことは刑法110条1項の建造物等以外放火罪が予定しているところからみて、独立燃焼の作用をもって公共の危険が発生したとみることは難しいとの批判や、わが国の建築事情も顧みると、いまだ耐火性建築物の普及は十分ではなく、木造家屋が多いから既遂時期が早くなって、実際に発生した被害に較べて放火罪の重い法定刑が量刑の面で、あまりに苛酷であるとの批判が加えられる。既遂時期が早すぎて、未遂犯や中止犯の余地がほとんどなくなって不都合だとも批判される。独立燃焼説の中でも、例外的に既遂時期を遅らせようとする立場（修正独立燃焼説）もあることからも、このような批判に対して現実的な線を見出そうとする努力が窺われるところである。また独立燃焼とはいっても、単に媒介物から目的物に火が移っ

ただけでは足りず、そこでの燃焼がある程度は継続するという燃焼の継続可能性が必要である（西田・268頁）とか、公共危険が発生しうるところまで現実に燃焼することが必要であるとか、焼損というかぎりは客体の一部が一定以上、火によって燃えて損傷すると解するのが自然である（前田・313頁。なお、林・333頁）など、独立燃焼をどのように解するかにも若干の差異があり、統一的な基準が見られないとも、独立燃焼説を支持するといいつつも実質は中間説に分類されるべき立場が含まれているとも批判される。

　だが、このような批判に対して、独立燃焼説からは次のような反論がなされる。抽象的危険犯は非本来的危険犯であるから、公共危険の発生がなくても独立燃焼に至れば既遂とするべきである。焼損の概念は放火罪のみではなく、未遂の規定を持たない失火罪（116条）においても要件とされていることからすると、効用喪失説や中間説など他の立場に立って既遂時期を遅らせると、失火の場合には不可罰的な未遂の範囲が拡がって、失火罪の成立する範囲は著しく狭くなり不合理である。量刑の点についても、昭和22年改正により放火罪（108条）にも執行猶予の言渡しが可能となったのであるから、必ずしも酷とはいえない。近時は新建材などの使用によって有毒ガスが発生して早い時点から公共危険を生じさせることも多くなり、都市部での過密な住宅立地では延焼の危険も大きいことなど、日本の事情を考慮すれば、独立燃焼の時点をもって既遂とする理解にも合理性が認められる。更に独立燃焼に依拠すると、実際の捜査として炭化の進行程度を物理的に判定することで、既遂か未遂かを判定することは可能である（青柳・通論II163頁）として、そのメリットも指摘されている。

　2　効用喪失説に対しては、次のような批判が向けられる。目的物の効用喪失に至る以前に公共の危険は発生するのが一般であり、効用喪失説は毀棄罪的な性格を偏重しすぎている。火は周囲の物質を加熱して引火点に到達させると発火させる性質があって危険性は非常に高いが、水は一定量がたまって溢れることにより危険を生ぜしめるものである。このように、もともと火力と水力はその性質も異なるから別個に解するべきである。刑法も水力を用いた犯罪と火力を用いた犯罪とを別の章（第九章と第十章）に分けて規定していることから、出水罪の浸害と放火罪の焼損を同じく解する必然性は乏し

い。近時は燃えにくい新建材が多用されているが、もし建造物の重要部分が失われる時点に至ってようやく既遂に達するというのでは、放火罪の既遂時期が遅きに失し、公共危険が現実に発生した場合でも未遂となる可能性があり、既遂の成立範囲は著しく狭められてしまう。文言の語義を重視する立場に対しては、嘗ての文言である焼燬の「燬」の語義には火によって効用を喪失するとの意味はなく、改正後の焼損の文言も単なる平易化・現代語化であったから、改正前と同様に解するべきで殊更に焼損の語を強調することはできないとの指摘が向けられる。

3 重要部分燃焼開始説には、次のような批判が向けられる。具体的に何をもって「燃え上がった」というのか、その判断には困難を伴う。同じく重要な部分とは、どの部分をいうのか曖昧である。難燃性の建設材の場合は炎が上がらず、燃え上がったとはいいがたく、既遂時期を明確に画定することができなくなる、など具体的な適用場面に窮するとの批判がある。

4 一部損壊説に対する批判には、次のようなものがある。一部損壊したといいうる程度の理解には差が見られ、仮に早い時期に一部損壊を認めていくと結局は、独立燃焼説と同じことになってしまう。そうであれば一部損壊説を採用する実益はない。放火罪には公共危険罪の性格もあるのに、専ら損壊の程度によって焼損の有無を判断するのは妥当ではなく、毀棄罪の性格を過度に重視している。財産犯の基準である「毀棄罪にいう損壊の程度」の概念をもって、公共危険の発生を判断することになるが、放火罪において必要とされる、物の燃焼が一定程度継続したか否かの判断と財産犯の基準とは馴染みにくい。

5 中間説に対する批判は、次のようなものがある。焼損という文言からすると、何かが燃えることが必要であるところ、必ずしも炎が上がることまでは要求しないが、燃焼の一種として高温による酸化までは必要であろう。しかるに、中間説においては、酸化の反応がなくても効用の喪失があれば焼損を認める立場があり、文言の解釈として不自然である。不燃性建造物において、強い火力を加えて一部を損壊したところ、他の部分にまで火が及んで公共の危険を発生すると焼損であるが、最初の部分にのみ留まって他の部分には燃焼が及ばないときは焼損ではなく、したがって放火罪ではなくて建造

物損壊罪（260条）となるという立場について、火による燃焼が拡大していく点で公共危険罪の性格が認められている放火罪を的確に理解しているとはいえないと批判され、むしろ火力の危険性に着目するべきであるとの指摘がなされている。

6 独立燃焼説と重要部分燃焼開始説が公共危険罪の性格を重視するのに対して、効用喪失説と一部損壊説は財産犯的性格にも重きを置く立場である。これら諸学説を検討すると、各学説ともに一長一短のあるところであろう。

独立燃焼説では既遂時期が早くなりすぎる虞があり、効用喪失説では効用が失われるまで待って既遂を認めると、未遂の段階で公共危険が発生することにもなるから、既遂時期が遅きに失する。重要部分燃焼開始では、燃え上がりの理解に難があり、同様に一部損壊説も立場によっては独立燃焼説と実質的に異ならないものとなる。中間説についても、効用喪失説や一部損壊説と同じく、放火罪の二面性を適切に捉えているとはいいがたい。中間説が難燃性建造物の場合に適切な解決を求める努力をしていることは考慮に値するが、現段階では必ずしも統一的な基準として完成しているわけではなく、これを採用することは難しい。各学説の中には、抽象的危険犯といえども、およそ公共危険の発生が考えられないような場合にまで、常に危険の発生が擬制されることは疑問であるとして、公共危険の発生と焼損を別個に考えるべきであるとの主張が見られる。しかし、焼損は既遂要件であるとともに、すべての放火罪に共通の要素であるから別個に切り離して理解するべきではなく、焼損をもって公共危険の発生時期の徴表と解するべきであろう。

我が国では、殊に都市部においては著しい過密な住宅事情にあり、いまだ木造建築が主流である現状に鑑みれば、火力の有する危険性は軽視しがたいものがある。火力が媒介物を離れて目的物を独立に燃焼させるに至れば、それが社会にもたらす公共危険はもはや軽いものではなく、放火罪をもってのぞむべきであろう。放火罪には二面性があるとはいうものの、あくまで基本は公共危険罪であり、財産犯的性格は副次的なものである。副次的な性格にすぎない財産犯の基準である効用の観点を中心にして、公共危険が発生したか否かを判断するのは適当でない。したがって、判例も一貫して採用している独立燃焼説が妥当であろう。その際、新建材など難燃性の建築材の場合に、

どのような状態に達すれば焼損を認めるうるかが重要である。独立燃焼にいう燃焼とは、目的物から炎を発して燃えることのみをいうのではなく、火力による高温でその目的物が酸化することも含む広義の燃焼と解すべきである。そうであれば、難燃性建築物の可燃部分が独立燃焼を始めたときはもちろん、目的物から炎を発しなくても、同建造物の建材の酸化が開始して一定程度継続する可能性の生じた時点に、焼損を認めることに困難はない。媒介物の火によって、仮に有毒ガスを発したとしても、その媒介物を取り除けばガスの発生も収まるような場合には、独立燃焼とまではいうことができないと解する。このように解すると、なるほど公共危険が発生しているにもかかわらず、焼損を否定することになる。しかし、放火罪には公共危険の性格が認められるとはいえ、もし現実的に公共危険が発生したか否かによって（放火罪に共通する要素たる）焼損そのものの有無を判断することになれば、目的物の燃焼がない放火罪を肯定することにつながるが、これは現行刑法が認めていない犯罪類型を創出することになる。また、焼損の概念によって既遂・未遂の領域を截然と画する必要性を考慮すれば、他説と比較して明確に判断できる点に独立燃焼説を支持すべき合理性があるものと思われる。

【参考文献】

井田　良「放火罪をめぐる最近の論点」『刑法基本講座　第6巻』（1993）182頁

河上和雄「放火罪に関する若干の問題について」捜査研究26巻3号43頁

武田　誠『放火罪の研究』（2001）（特に20頁以下、54頁以下）

中　義勝「放火罪の問題点」『刑法講座　第5巻』（1964）122頁

日高義博・川端博「放火罪における「焼損」の概念」『現代刑法論争Ⅱ〔第二版〕』（1993）246頁

星周一郎「焼損概念について」東京都立大学法学会雑誌36巻2号415頁・37巻1号101頁

星周一郎『放火罪の理論』（2004）（特に159頁）

宮原三男「放火罪」『刑事法講座　第四巻』（1952）689頁

諸澤英道「放火罪」『現代刑法講座　第四巻』（1982）91頁

村瀬　均『大コンメンタール刑法　第二版　第七巻』（2000）20頁

現代刑事法5巻7号（No.51）〈特集〉「放火罪をめぐる諸問題」

【事例問題】

(1) Aは自己所有のアパートを燃やそうと思い、マスターキーを使って他の居住者の部屋に立ち入り、室内にあったゴミ箱に火をつけて立ち去ったところ、家人が帰宅して気付いて火を消し止めたものの、床の片隅が約1㎡ほど焼けた。Aの罪責はどうか。

また、Bは周囲に人家のない他人所有の倉庫を燃やそうと思い、外壁際に置かれていたダンボール箱に火をつけて立ち去ったところ、たまたま付近に夜鳥観察にきた人によって消し止められたものの、外壁が約4㎡および天井が約2㎡焼けた。Bの刑責はどうか。

(2) Cは鉄筋コンクリートで造られた他人の家屋に放火しようと思い、ガソリンを染み込ませた布に火をつけて玄関から投げ込んだところ、壁に使用されていた建材が熱せられて有毒の気化ガスが発生したが、この後、第三者が消火することなく自然に鎮火した。Cの刑責はどうか。

(滝井伊佐武)

第23講　放火罪における公共の危険の認識

―【問題点】―
◇公共の危険の内容　◇公共の危険の判断基準
◇公共の危険の認識の要否　◇公共の危険の認識の内容

1 総　説

1　放火罪は、公共の安全を保護法益とする公共危険罪の典型である。そして、危険犯は、公共の危険の発生をことさらに構成要件要素としない抽象的危険犯と、公共の危険の発生を構成要件要素とする具体的危険犯とに区別される。放火罪については、刑法108条、109条１項は抽象的危険犯であるが、これに対して、刑法109条２項、110条のごときは、構成要件上、公共の危険の発生をまってはじめて処罰されるものであるゆえ、具体的危険犯であるとされる。

放火罪における「公共の危険」については、公共の危険の内容、公共の危険の発生の有無の判断基準、公共の危険の認識の要否、公共の危険の発生の認識の内容等が、従来、問題とされてきた。

2 公共の危険の内容

1　学説・判例

まず、放火罪における公共の危険の内容については、学説上、４つの見解がある。第１説は、不特定の人の生命・身体または財産に対する危険と解するものであり、第２説は、特定・不特定を問わず、多数人の生命・身体または財産に対する危険と解し、第３説は、不特定かつ多数人の生命・身体または財産と解する。そして、第４説は、不特定または多数人の生命・身体または財産に対する危険と解する（通説）。

この点、判例においては、①刑法110条に関して、「其放火行為ニヨリテ一般不特定ノ多数人ヲシテ前掲第百八条及第百九条ノ物件ニ延焼スル結果ヲ発

第23講　放火罪における公共の危険の認識　249

生スベキ虞アリト思料セシムルニ相当スル状態ヲ指称スルモノニ外ナラス」(大判明44・4・24刑録17輯655頁)とされ、②刑法116条2項に関して、「第百八条及第百九条ノ物ニ延焼セントシ其他一般不特定ノ多数人ヲシテ生命身体及ビ財産ニ対シテ危害ヲ感セシムルニ付キ相当ノ理由ヲ有スル状態ヲ発生シタルコトヲ謂フモノトス」(大判大5・9・18刑録22輯1359頁)とされていた。

　すなわち、判例は、公共の危険という場合の「公共性」については、既述の学説のうち、第4説に立ち、また、「危険」の内容については、刑法108条および109条の物件に延焼する危険と解したのであるが、しかし、近時、最高裁判例(最決平15・4・14刑集57巻4号445頁)は、被告人は、妻と共謀のうえ、長女が通学する小学校の担任教諭の所有する自動車に放火しようと企て、小学校教職員用の駐車場で無人でとめられていた被害車両に対し、ガソリンを車体のほぼ全体にかけたうえ、ガスライターで点火して放火した。本件駐車場は、市街地にあり、公園および他の駐車場に隣接し、道路を挟んで前記小学校や農業協同組合の建物に隣接する位置にあった。また、本件当時、被害車両の近くには、前記教諭以外の者の所有にかかる2台の自動車が無人でとめられており、うち1台（第1車両）は被害車両の左側部から3.8メートルの位置に、他の1台（第2車両）は第1車両の左側部からさらに0.9メートルの位置にあった。そして、被害車両の右側部から3.4メートルの位置にはゴミ集積所が設けられており、本件当時、可燃性のゴミ約300キログラムが置かれていた、という事案につき、刑法「110条1項にいう『公共の危険』は、必ずしも同法108条及び109条1項に規定する建造物等に対する延焼の危険に限られるものではなく、不特定又は多数の人の生命、身体又は前記建造物以外の財産に対する危険も含まれると解するのが相当である。そして、市街地の駐車場において、被害車両からの出火により、第1、第2車両に延焼の危険が及んだ等の本件事実関係の下では、同法110条1項にいう『公共の危険』の発生を肯定できるというべきである」として、公共の危険は、108条、109条1項に規定する建造物に対する延焼の危険に限らず、不特定または多数人の生命・身体または財産に対する危険を含むとするにいたっている。

2　検討・私見

　公共の危険における「公共性」については、多数人の生命・身体または財産に侵害の及ぶ場合はその侵害が「公共性」をもつことはもちろんであるが、それがたとえ少数人に対するものであっても不特定であれば、多数人のものへと発展する蓋然性をもつものというべきであるから、結局、第4説のごとく、不特定または多数人に対するものと解すべきである。

　一方、「危険」の内容については、これを燃焼による危険のみを前提とするときには、刑法108条および109条の物件に延焼する危険と解しても、人の生命・身体または財産に対する危険と解してもそれほどの相違はみられないであろう。しかし、近時、とくに問題となっている、燃焼に伴って発生する有毒ガスによる人の生命・身体に対する危険を含めて考えるなら、刑法108条および109条の物件に延焼する危険のみを考えることは狭きに失する嫌いがある。しかし、公共危険罪のひとつである刑法118条のガス漏出罪が危険の内容につき、「人の生命、身体又は財産に危険を生じさせた」としていることからすれば、同じく公共危険罪である放火罪において「公共の危険」というこれと異なる文言を用いながら、同一の内容を含ましめたとは考えがたいであろう。また、109条2項、110条の物件に火を放ったところ、山林、牧草等に延焼し、それによって人の生命、身体、財産等に対する危険が生じた場合、あるいは、直接、不特定または多数人の非建造物に延焼する危険が生じた場合には、やはり公共の危険が発生したといってよいであろう（島田聰一郎「放火罪の故意と公共の危険の認識」現代刑事法5巻7号42頁参照）。公共の危険は延焼の危険より広いものと解される。

　それゆえ、危険の内容については、放火罪が火力による建造物等の焼損を処罰するものであることから、基本的には刑法108条および109条の物件に延焼する危険と解しつつも、さらにその放火による燃焼によって発生する不特定または多数人の生命・身体または財産に対する危険をも意味するものと解すべきであろう（松宮孝明「放火罪における公共の危険の認識」刑法の争点〔第3版〕214頁参照）。

3 公共の危険の判断基準

1 学説・判例

次に、いかなる場合に公共の危険が発生したといえるか、その判断基準が問題となる。基本的に2つの考え方がある。第1は、自然科学的・物理的観点から、具体的状況の下で延焼の可能性があり、不特定または多数人の生命・身体・財産に対する侵害の可能性があるかどうかを客観的に判断すべきであるとする見解であり（澤登俊雄「刑法概論」251頁以下参照）、第2は、社会心理学的観点から、公共の危険は「客観的なものでなければならないが、その客観性は、物理的客観性ではなく、心理的客観性を有すれば足りる。すなわち、たまたま当時の自然的・人為的条件から見て物理的には危険がない場合であっても、一般人の印象からすれば危険を感ずるような状態になったとすれば、公共の危険があると言うべきである。『危険』とは、そういう心理状態を意味している」（植松正・各論II 96頁）とされるものである。

この点につき、判例は、既述の①および②の判例のごとく、第2説によっている。

2 私 見

放火罪が公共危険罪であり、公共の安全を第一次的法益としており、「放火罪の保護目的が、社会の一般構成員の安全感・平穏感を確保することにあるとすれば」（井田良「放火罪をめぐる最近の論点」刑法基本講座第6巻185頁）、単に物理的・科学的な客観性ではなく、具体的状況における一般人の危険感を重視すべきであろう。

4 公共の危険の認識の要否

さらに問題となるのは、放火罪の成立要件として、公共の危険が発生することについて行為者にその認識が必要とすべきか否かである。

4 公共の危険の認識の要否

1 判 例

　この点につき、判例は、抽象的危険犯についてのみならず具体的危険犯についても公共の危険の発生の認識については不要説に立っている。大審院においてすでに、刑法108条につき、他に延焼させる意思がなくても放火罪の成立は妨げられないとするもの（大判昭4・1・31 新聞2969号4頁）があり、また、109条1項につき、公共の危険の発生が明文で要求されていない以上、その認識は不要であるとするもの（大判昭10・6・6 刑集14巻631頁）がある。他方、具体的危険犯についても、刑法110条1項に関して、「公共ノ危険ヲ生セシメタルコトヲ以テ該犯罪構成ノ要件トナセトモ火ヲ放チ同条所定ノ物ヲ焼燬スル認識アレハ足リ公共ノ危険ヲ生セシメル認識アルコトヲ要スルモノニ非サルコト同条ノ解釈上明白ナリ」（大判昭6・7・2 刑集10巻303頁）と解して以来、一貫して不要説をとってきた。また、暴走族のリーダーであるAが配下のBほか数名の者に、対立するグループのCの単車の焼損を命じたところ、BらがC方の居宅軒下におかれた単車のガソリンタンク内からガソリンを流出させ、ライターで点火して同車を焼損するとともにC方に延焼させたという事案につき、最高裁は、次のように判示して、不要説を維持する立場をとった。「110条1項の放火罪が成立するためには、火を放って同条所定の物を焼燬する認識のあることが必要であるが、焼燬の結果公共の危険を発生させることまでを認識する必要はない」（最判昭60・3・28 刑集39巻2号75頁）というのがこれである。

　もっとも、109条2項、110条2項につき、「第109条第2項本文第110条第2項所定の自己の所有物を焼燬する各罪の犯意があるとするためには、所論のように、公共の危険発生の認識をも必要とすると解するのが相当である。それが、未必的認識で足りることは、いうまでもない。けだし、自己の所有物を焼燬する行為自体は、同法第115条にあたらない限り、本来適法行為であり、したがって同法第109条第2項本文第110条第2項の各罪は、現実に公共の危険を発生せしめる行為（その行為は、違法行為である）を処罰するものであって、公共の危険発生の事実を構成要件としているとみるべく、そしてその各罪の犯意としては、構成要件たる事実全部の認識を必要とし、したがって公共の危険発生の事実の認識をも必要とするといわなければならないからである」（名古屋高判昭39・4・27 高刑集17巻3号262頁）として、認識必要説にたつ高裁判例がある。

2 学　説

　これに対して、学説においては、公共の危険の発生を結果的加重犯ないし客観的処罰条件と解する立場から判例の立場を支持する少数の見解があるものの、多くは必要説の立場が支持されてきた。

　不要説の論拠は次のようなものである。①109条2項における「罰しない」というのは処罰条件を意味し、110条1項における「よって」というのは結果的加重犯を意味するものである（藤木英雄『刑法講義各論』(1975年) 92頁参照）。②必要説は、具体的危険犯において、放火して客体を焼損する認識があっても、公共の危険の認識がない場合には失火罪とするが、抽象的危険犯においては、放火して客体を焼損する認識があれば放火罪の故意としては十分なものとされている。それにもかかわらず、放火して客体を焼損する認識があっても、公共の危険の認識がない場合を失火罪とするのは妥当ではない。③公共の危険を108条、109条1項の物件への延焼の可能性とすれば、公共の危険の認識とは、とりもなおさず108条、109条1項の故意ということになる。そうすると、必要説の立場では、公共の危険の認識がなければ109条2項、110条は成立せず、公共の危険の認識があれば108条、109条1項が成立することになって、109条2項、110条が成立する余地がなくなることになり、不当であるというものである（藤木英雄『注釈刑法(3)』(1969年) 92頁注(7)、西田典之「放火罪」芝原・堀内・町野・西田編『刑法理論の現代的展開――各論』293頁参照）。

　これに対して、必要説は、次のように反論する。(i) 責任主義の原則からすれば、とくに明白な反対根拠がない限り結果責任を認めることはできない。また、自己の物を焼くこと自体はなんら違法ではないから、認識不要説のように、公共の危険の発生を客観的処罰条件と解すると、109条2項、110条2項は何も違法でないことに処罰条件だけが規定されているということになるが、これは疑問である。したがって、公共の危険の発生は構成要件要素であり、その認識が必要である（立石二六「放火罪における公共危険の認識」北九州大学法政論集14巻3号160頁参照）。さらに、不要説は、110条1項について、これを結果的加重犯とするが、そもそもこの場合、重い結果たるのは社会的法益である公共危険罪であり、基本犯は火力による毀棄等の罪であって個人的法益に属するものである。このように基本犯と重い結果とが同一の罪質でないときも結果的加重犯と解することができるのかという疑問があり、他方、「よって」という文言は「それを原因として」

とも解し得るから、110条1項を結果的加重犯と解するのは妥当ではない(立石二六・前掲論文164頁参照)。(ii) 109条2項、110条2項については、もともと自己の物を焼くことそれ自体は犯罪ではないから、その結果として公共の危険が発生したとしても、それはせいぜい過失犯であり、さらにそれが108条や109条1項に規定された物に燃え移ったとしても、それも過失犯であり、結果的加重犯としての延焼罪になるとは思えない。したがって、少なくとも109条2項と110条2項が成立するためには自己の物を焼くという認識のほかに、公共の危険が発生するという認識がなければならない(斉藤誠二「刑事法学の動き」法律時報51巻5号115頁参照)。(iii) 延焼の危険の発生を認識・認容しても、延焼それ自体を認容しない(または延焼まで認容したことを証明できない)心理状態は存在し得る。しかも、公共の危険の発生と延焼の危険の発生とは必ずしも同じではない。延焼の危険と無関係に公共の危険が生ずることもあり得る。たとえ、延焼の認識・認容がなくとも(またそれが証明できなくても)、付近の人々が退避または消火活動を開始することを強く動機づけられるような状態が生ずることを認識・認容して行為に出ることはあり得る。109条2項や110条は、このような場合の処罰を予想した規定だということになるのである(井田良「放火罪をめぐる最近の論点」刑法基本講座第6巻186頁以下参照)。

3 検討・私見

刑法109条2項、110条2項は、自己所有物を焼損するものであるから、それ自体は違法ではない。したがって、109条2項、110条2項の処罰根拠は、ひとえに公共の危険の発生ということになる。そうであれば、公共の危険は構成要件要素と解さざるを得ないのであり、責任主義の観点からは、構成要件要素たる公共の危険については認識が必要といわなければならない。認識不要説によれば、行為者の認識内容としては何ら犯罪には該当しないにもかかわらず、客観的に公共の危険が発生すれば故意犯が成立することになってしまうことになり妥当ではない(宮本英脩『刑法大綱』(1935年)433頁参照)。

また、110条1項は、他人の物の焼損であるが、公共の危険が生じない場合は火力による器物損壊罪にすぎない。そこで、器物損壊罪の法定刑(3年以下の懲役又は30万円以下の罰金若しくは科料)よりもはるかに重い110条1項の法定刑(1年以上10年以下の懲役)

を理由づけるのは、やはり公共の危険の発生であり、これを構成要件要素としてその認識を必要といわざるを得ない（宮本英脩『刑法大綱』(1935年) 433頁参照）。

さらに、109条2項の自己所有の物件を過失により焼損し、公共の危険を発生させた場合、たとえば、自分の家の庭で自分の物を焼いたが、その火の不始末のために残り火が隣家に燃え移ったという場合は失火罪となり50万円以下の罰金として処罰されるにすぎない。しかし、不要説においては、109条2項の物件を故意に焼損し、その結果として公共の危険を発生させたが、行為者がこれを認識していなかったという場合、たとえば、自分の家の庭で自分の物を焼いたが、意外にもその火が勢いよく燃え上がり、近所の人に危険だという感じを与えたという場合は、110条2項が成立し、1年以下の懲役で処罰されることになる。前の場合より後の場合のほうが刑が重いというのは明らかに刑の均衡を失している（飯塚敏夫『刑法論攷』(1934年) 442頁、林幹人『刑法各論』(1999年) 330頁参照）。また、不要説においては、たとえば、自分の家の庭で自分の物を焼いたが、その火の不始末のために残り火がいったん燃え上がり、そこで隣家に燃え移ったという場合は111条1項の延焼罪が成立し、3月以上10年以下の懲役で処罰されることになる。いったん火が燃え上がり近隣の者が危険を感じたか否かだけで、失火罪となるか延焼罪となるかの違いが生ずることを説明することはできないであろう（斉藤誠二・前掲論文115頁参照）。以上により、109条2項、110条については、公共の危険の認識は必要と解すべきである。

ところで、ここまでの議論は、108条、109条1項において、具体的状況下における公共の危険の発生が構成要件要素でないということを前提としているということに注意しなければならない。「自己の所有する物を焼くという認識」を、必要説はそれは「なんら違法な意思ではない」とし、これに対して、不要説はそれだけで「放火の意思」としているのであるが、もし、108条、109条1項において、具体的状況下における公共の危険の発生が構成要件要素であるとすると、「物を焼くという認識」が直ちに「放火の意思」とはいえないことになり、不要説の前提が崩れることになるからである。そこで、108条、109条1項において、具体的状況下における公共の危険の発生が必要か否かという点を検討する必要が生ずる。

従来、108条や109条1項のような抽象的危険犯については、公共の危険の

発生は不要であり、公共の危険の発生は擬制されると解されてきた。しかしながら、たとえば、人里はなれた山間の人の現在しない他人の家あるいは他人の炭焼き小屋に放火した場合に、具体的状況下において全然公共の危険が発生していないにもかかわらず、抽象的危険犯であるとして108条あるいは109条1項で処罰することが果たして妥当なのであろうか。少なくとも後者においては公共の危険が発生していない以上、その罪質は建造物損壊に過ぎないのではないかと思われる。108条、109条1項の建造物に放火すれば、通常公共の危険は発生するから、あえて法文に公共の危険の発生が必要とは規定しなかっただけであり、やはり、構成要件要素として公共の危険の発生が必要と解すべきであろう（立石二六・前掲論文161頁以下、島田聡一郎・前掲論文41頁参照）。

　かようにして、108条、109条1項においても公共の危険が構成要件要素であるとするなら、故意の内容として、現住建造物あるいは他人所有の非現住建造物に放火する意思だけでは「放火の故意」としては不十分であり、さらに公共の危険の発生についての認識も必要となってくる。そうだとすると、不要説の必要説に対する既述の②の批判は意味をなさなくなると思われる。

　また、既述のように、公共の危険の内容を延焼の危険よりも広いものと解した場合、不要説の必要説に対する批判の③も前提を欠くことになる。不要説は、公共の危険を認識するということは、すなわち108条、109条1項の建造物に対する故意が成立するとする。しかし、それは公共の危険が108条、109条1項の物件への延焼の危険と同じであると解するからであって、公共の危険が延焼の危険より広いものと解する場合には、108条、109条1項の建造物への延焼は認識していなかったが、それ以外の公共の危険の発生は認識していたという場合があり得るからである。

　以上のように、109条2項、110条においてのみならず、108条、109条1項においても公共の危険の発生は構成要件要素であると解すべく、いずれにおいても公共の危険の認識は必要と解すべきである。

【参考文献】
島田聡一郎「放火罪の故意と公共の危険の認識」現代刑事法5巻7号（2003年）38頁以下。

立石二六「放火罪における公共危険の認識」北九州大学法政論集14巻3号（1986年）149頁以下。

西田典之「放火罪」芝原・堀内・町野・西田編『刑法理論の現代的展開——各論』（1996年）280頁以下。

井田　良「放火罪をめぐる最近の論点」刑法基本講座第6巻（1993年）182頁以下。

斉藤誠二「刑事法学の動き」法律時報51巻5号114頁以下。

【事例問題】

(1) Aは暴走族のリーダーであるが、対立する暴走族のリーダー甲の単車を破壊することを企て、自己の配下のBに「甲の単車を燃やせ、潰せ」と指示した。Bは、甲宅から約30cm離れた軒下に置かれた甲所有の単車のタンクからガソリンを流出させて、ライターの火を点火して火を放ち、同車のサドルシートなどを順次炎上させて同車を焼損し、甲方家屋に延焼させ、公共の危険を生ぜしめた。AおよびBの罪責はどうか。

(2) Aは、人家から300メートル以上離れた山腹で、周囲の雑木を切り払い、小雨の降る中で、付近に延焼しないように監視しつつ自己の所有する炭焼小屋を焼損した。Aの罪責はどうか。

（山本光英）

第24講　往来妨害・危険罪の問題点

―【問題点】――
◇126条1・2項の「現に人がいる」こと、および汽車等の「破壊」の意義
◇126条3項の「よって人を死亡させた」の意義
◇127条における人の現在性の要否、および「前条の例による」の意義

1　総　説

　刑法第11章「往来を妨害する罪」は、公衆の交通の安全を保護法益とする。交通の安全は人間の活動にとって不可欠の条件であり、これに対する妨害行為は、不特定または多数人の生命・身体および財産に対する重大な危険・実害を生じさせることになるので、本章の罪は公共危険罪の一類型として理解されている。このうち、往来妨害罪および同致死傷罪（124条）は往来を妨害する罪の基本的類型としての性格を有し、往来危険罪（125条）は、現代における重要な交通機関の安全を厚く保護しようとする規定である。また、汽車等転覆・破壊罪および同致死罪（126条）は、現に人がいる汽車等に実害を生じさせる行為を特に重く処罰し、往来危険による汽車等転覆・破壊罪（127条）は、往来危険罪の結果的加重犯を126条と同様に処罰する趣旨の規定である。さらに過失往来危険罪（129条）は、重大な加害行為について過失犯を処罰する（他に多数の特別法がある）。本講は、これらの罪のうち特に議論の多い問題点を検討する。

2　往来妨害罪の問題点

　往来妨害罪（124条1項）は、通路妨害罪ともいわれ、陸路・水路・橋を損壊・閉塞して往来の妨害を生じさせる行為を罰する。本罪は公共危険罪であるから、陸路等は不特定または多数人の往来の用に供せられるものに限られ、単に個人が私用に供するにすぎないものはこれにあたらない。「損壊」とは、通路の全部または一部を物理的に毀損してその効用を害することをいい、「閉塞」とは、有形の障害物を置いて通路を遮断することをいう。本罪の既

遂が成立するに必要な「往来の妨害を生じさせた」とは、通行を不可能または困難にする状態を生じさせることをいい、現に特定の人の往来が妨害されたという結果の発生を必要としない（具体的危険犯）。

往来妨害致死傷罪（$\substack{124条\\2項}$）は、往来妨害によって人を死傷させた場合に適用される結果的加重犯である。損壊・閉塞の行為自体から死傷の結果が生じた場合について、①本罪の成立を否定する説（$\substack{団藤・224頁\\ほか通説}$）と、②これを肯定する説（$\substack{香川・210頁、\\前田・333頁ほか}$）が対立している。①説によれば、たとえば橋を損壊する行為によって誤って人に傷害を与えた場合には、往来妨害罪と過失傷害罪の観念的競合となるが、橋を損壊した結果として通行人が交通を妨げられて川に転落して負傷した場合には、本罪にあたることになる。②説では、このいずれの場合にも本罪が成立することになる。判例は、違法な橋梁損壊の工事中に橋梁が墜落して作業人夫および通行人が死傷した事案について本罪の成立を肯定した（$\substack{最判昭36・1・10刑\\集15巻1号1頁}$）。①説は、損壊・閉塞それ自体では往来が妨害されたとはいえず、さらなる公共危険の発生をまってはじめてその結果的加重犯が成立しうると解するからであろう。しかし、結果的加重犯は基本犯の既遂・未遂を問わず重い結果の発生によって成立するという通説的見解に従うならば、損壊・閉塞が1項の未遂の要件をみたすかぎり、損壊・閉塞行為自体から人の死傷の結果が生じた場合にも2項の罪の成立を認めることができると思われる（$\substack{『大コンメンタール刑法［第2版］\\［第7巻］〔渡邊一弘〕200頁参照}$）。

1個の損壊・閉塞行為から複数の者に死傷の結果が生じた場合の罪数関係について、①本罪の包括一罪とする説（$\substack{大塚・398\\頁ほか}$）と、②本罪と過失致死傷罪の観念的競合とする説（$\substack{内田・483\\頁ほか}$）がある。①説は公共危険罪としての性格を重視するが、2項は公共危険罪ではなく人の死傷に関する規定であると解する立場からは、②説が支持されることになる（$\substack{大谷・\\408頁}$）。

3 往来危険罪の問題点

往来危険罪（$\substack{125\\条}$）は、鉄道またはその標識を損壊する等の方法で、汽車等の往来の危険を生じさせる行為を罰する。本罪にいう「汽車又は電車」にどの範囲の交通機関が含まれるかについて争いがあるが、判例はガソリンカー

を含むとし（129条について、大判昭15・8・22刑集19巻540頁。通説も同旨。）、通説はディーゼルカー・モノレール・ケーブルカーはこれに含まれるが、ロープウェイ・バス・トロリーバスは軌道上を走行するものではないので、これに含まれないとしている。

「往来の危険を生じさせる」とは、汽車・電車・艦船の衝突・転覆・脱線・沈没・破壊等、車船の往来に危険な結果を生ずるおそれのある状態を生じさせることをいう（具体的危険犯）。その程度は、実害の発生が必然的ないし蓋然的な段階に達する必要はなく、安全な往来を妨害する結果を発生させる可能性が認められれば足りる。この意味での危険の発生を肯定した判例として、入庫中の無人電車を暴走させた事案（後掲の最大判昭30・6・22［三鷹事件］）、企業体の一部の従業者が業務命令に反し、正規の運転計画に従わないで電車を運行した事案（最大判昭36・12・1刑集15巻11号1807頁［人民電車事件］）等に関するものがあり、これを否定したものとして、駅信号所において電車の通行に必要な信号操作を放置したが、連動式自動閉塞機の作用などによって実害発生のおそれがなかった事案（最判昭35・2・18刑集14巻2号138頁［西日本鉄道争議事件］）に関するものがある。

本罪の故意として、汽車等に脱線等の実害を生じさせる具体的危険の認識を必要とする（通説。ただし、藤木・114頁はその認識を不要とする。）。

4 汽車等転覆・破壊罪の問題点

126条は、現に人がいる汽車等を転覆させる等の実害を生じさせる行為を特に重く処罰する規定であり、汽車等転覆・破壊罪（$\frac{1項}{2項}$）と同致死罪（$\frac{3}{項}$）からなる。これらの行為は125条の罪に比較して往来の安全を害する程度が高く、同時に人の生命・身体に対する侵害の可能性も高い点に特徴がある（抽象的危険犯または準抽象的危険犯）。本条において特に問題となるのは、1・2項における「現に人がいる」ことの意義、汽車等の「破壊」の意義、3項における「よって人を死亡させた」の意義、および殺意をもって汽車等を転覆・破壊し、よって人を死亡させた場合の取り扱いである。

(1)「現に人がいる」の意義　「人」とは犯人以外の者をいい、人数の多少を問わない。人の存在時期について、①実行の開始時に現に人がいれば足り、転覆等の結果発生時に人がいることを要しないとする説（木村・200頁、齊藤（金）・99頁、

香川・218頁ほか)、②結果発生時に現に人がいることを要し、かつそれで足りるとする説(団藤・230頁、内田・485頁、中山・222頁、平川・132頁ほか)、および、③実行の着手時から結果発生時までの間のいずれかの時点に人が現在していれば足りるとする説(植松・127頁、福田・79頁、大塚・401頁、大谷・411頁、中森・216頁、岡野・232頁、西田・286頁、前田・335頁ほか通説)がある。判例は①説に立つとされる(艦船の覆没について、大判大12・3・15刑集2巻210頁)。

思うに、汽車等にいる人の生命・身体の安全は、上記のいずれの時点においても保護されなければならず、行為者がいずれかの時点に人がいることを認識していれば、公共危険罪としての本罪の非難に価するので、③説が妥当である。なお、上記の判例は、実行の開始時に現に人がいたが、結果発生時にはいなかった事案の関するものであり、必ずしも③説を排除する趣旨ではないであろう。

(2) 汽車等の「破壊」の意義　汽車・電車の「破壊」の意義について、①損壊の程度の大小を問わず、不特定または多数人の生命・身体に対する危険を生ぜしめるに足りる損壊であることを要するとする説(木村・200頁ほか)と、②汽車・電車の実質を害して、交通機関としての機能・効用の全部または一部を失わせる程度に損壊することで足りると解する説(団藤・231頁ほか通説。なお、中森・216頁参照。)がある。判例は、列車の車両の天井や座席の一部を爆破してその安全な運行の継続を不可能にした事案について、②説の立場に立った(最判昭46・4・22刑集25巻3号530頁[横須賀線電車爆破事件])。

思うに、交通機関としての作用を害する程度の損壊は公共の危険を伴うのが通常であるから、②説が妥当である。したがって、物理的破壊の程度ではなく、汽車・電車の運行能力や艦船の航行能力の喪失を中心に判断すべきである。

(3) 「よって人を死亡させた」の意義　「人」とは、現に汽車等にいた人に限るとする説(曾根・234頁、中森・217頁ほか)もあるが、公共危険罪としての性格に鑑み、それ以外の歩行者等もこれに含まれる(団藤・232頁ほか多数説)と解すべきである。判例も後説に立つ(後掲の最大判昭30・6・22[三鷹事件])。

本条3項は1・2項の結果的加重犯であり、人の現在する汽車の転覆等によって人を死に致したことが必要である。通説的見解によれば、人が現在する汽車の転覆等の結果として人を死に致したことが必要であるから、汽車の

転覆等が未遂にとどまった場合には、それによって人を死に致しても3項の適用はなく、また、転覆等の手段自体から致死の結果が生じた場合も3項にあたらないとする（大塚・403頁、大谷・413頁、中森・217頁ほか）。しかし、上述のように、結果的加重犯は基本犯の既遂・未遂を問わず成立すると解するならば、転覆等が未遂に終わっても、人の死という重大な結果が生じた以上、3項の適用を認めることができるのではないだろうか。本条1・2項の実行に着手すれば、「前二条の罪を犯し」といえるように思われる（『大コンメンタール刑法［第2版］〔第7巻〕〔渡邊一弘〕225頁参照）。判例は、車内で爆発物を爆発させて電車を破壊するとともに乗客を死亡させた事案について、3項の適用を認めた（東京高判昭45・8・11高刑集23巻3号524頁［横須賀線電車爆破事件］）。

　本条1・2項の結果として人に傷害を生じさせた場合について、①傷害の点は1・2項の罪に吸収されるとする説（小野清一郎ほか『ポケット註釈全書(1)刑法［第3版］』302頁ほか）と、②1・2項と傷害罪または過失傷害罪の観念的競合となるとする説（大塚・403頁、大谷・414頁、内田・486頁ほか。同旨、前掲東京高判昭45・8・11。）がある。転覆等に伴って生ずることが当然に予想される傷害について何ら規定していない法の趣旨は、②説によるものと考えるのが合理的であろう。

　(4) 殺意をもって汽車等を転覆・破壊して人を死亡させた場合の取り扱い

　　殺意をもって汽車等を転覆・破壊し、よって人を死亡させた場合をどのように取り扱うかについて、①単純に本条3項のみを適用し、殺人が未遂に終わったときは、3項の未遂処罰規定がないことから、刑の権衡上、本条1・2項と殺人未遂罪の観念的競合とする説（木村・201頁、斎藤(金)・100頁、中山・223頁、大谷・414頁、内田・487頁、岡野・233頁、曽根・223頁、中森・217頁、西田・287頁、前田・336頁ほか）、②殺意のない場合に3項により死刑または無期懲役となるので、刑の権衡上、殺人罪と3項の観念的競合を認め、殺人が未遂に終わった場合には1・2項と殺人未遂罪の観念的競合とする説（団藤・232頁、植松・128頁、福田・80頁、藤木・115頁ほか。なお、香川・220頁参照。）、および、③1・2項と殺人罪または殺人未遂罪の観念的競合とする説（大塚・404頁ほか）が対立している。判例は②説に立つ（大判大7・11・25刑録24輯1425頁）。これらの学説の対立は、3項を結果的加重犯のみを定めた規定と解するか、そうであれば刑の不均衡をどのように回避すべきかという問題に関連している。

　思うに、3項の法定刑が殺人罪のそれより重いことから、殺意のある場合も3項に含まれるとする①説が妥当である。3項は結果的加重犯のみを定め

たものと解するならば、理論的には②説より③説が合理的であるが、③説では、殺意のある場合が結果的加重犯より刑が軽くなるという明らかな不均衡が生ずる。刑事学的にみても、たとえば電車を転覆させる場合には、乗客の死の結果を未必的に認識していることが多いので、240条後段の場合と同様に、3項は殺意のある場合を含む規定として理解することができるであろう。

5 往来危険による汽車等転覆・破壊罪の問題点

往来危険による汽車等転覆・破壊罪（127条）は、往来危険罪が汽車の転覆等の危険を含んでいることから、そうした実害を生じさせた場合を126条と同様に罰する趣旨の規定である。すなわち、結果の重大性に鑑み、結果的加重犯が実質的に故意犯と同視されることになる。本罪においては、人の現在性の要否と、「前条の例による」とすることの意義が問題になる。

(1) 人の現在性　本罪の成立について、汽車等に人が現在することを要するか否かについて争いがある。必要説は、「前条の例による」とされる126条では人の現在性が要件となっているので、これとの均衡から本罪においても人の現在性が必要であるとし（団藤・229頁、中森・218頁、曽根・235頁、西田・287頁、前田・338頁、平川・133頁、山口・405頁ほか）、不要説は、往来危険行為は汽車の転覆等の危険を伴っていること、および法文上特に人の現在性が要件とされていないことを理由とする（福田・78頁、大塚・405頁、内田・488頁、大谷・416頁ほか）。判例（後掲の最大判昭30・6・22〔三鷹事件〕）は不要説に立つ。

思うに、基本犯である往来危険罪において人の現在性が要件とされていないこと、公共危険罪としては人の現在する場合に限定する理由はないことから、不要説が妥当である。これによれば、人の現在しない汽車等を故意に転覆させる等の行為は、126条には該当しないが本条によって罰せられることになり、この点で本条は転覆等について故意ある場合も含むことになる。

(2) 「前条の例による」の意義　往来危険により汽車の転覆等の結果を生ぜしめた場合に126条1・2項の例によることは明らかであるが、転覆等の結果さらに人を死亡させた場合に、同条3項の適用があるか否かについて争いがある。①肯定説は、前条3項の適用を除外するならば「前条第1項第2項の例による」と規定されるべきであるから、文理上当然に3項も適用され

るとする（植松・126頁、香川・222頁、内田・488頁、藤木・116頁、大谷・416頁、岡野・234頁、中森・218頁、前田・338頁ほか多数説）。これに対して、②否定説は、127条が結果的加重犯の要件として掲げているのは転覆等の場合だけであること、また前条3項を適用して常に「死刑又は無期懲役」とするのは重きに失することから、人を死亡させた場合には前条3項を適用すべきではないとする（大塚・405頁、川端・251頁、曽根・235頁、平川・134頁ほか）。この立場からは、人を死に致した場合は、前条1・2項と過失致死罪（大塚・406頁ほか）または傷害致死罪（草野豹一郎『刑事法学の諸問題1巻』262頁）の観念的競合となる。さらに、③折衷説は、126条の場合と可罰性を等しくするために、126条と同様に「現に人がいる」汽車等に限って前条の例により、その限りで3項の適用があるとする（団藤・229頁、西田・288頁、林・345頁ほか）。これによれば、無人電車を転覆させて車外の人を死亡させた場合には、125条と殺人罪・過失致死罪等の観念的競合となる。

　この問題について、最大判昭和30年6月22日（刑集9巻8号1189頁［三鷹事件］）は、被告人が入庫中の無人電車を暴走させて他の電車の入出庫を妨害しようと企て、7両連結の無人電車を発進させて電車の往来の危険を生じさせたところ、同電車は予期に反して暴走し、車止めに衝突して脱線破壊し、付近にいた6人を死に至らせたという事案について、127条、126条3項を適用した原判決を支持した。その多数意見は、上記の肯定説があげる文理上の理由のほか、125条の行為は人の致死等の惨害を惹き起こす危険を十分に包蔵しているので、重大な結果が発生した以上は126条各項の場合と同様に処断するのが127条の法意であるとした。これに対して、5人の裁判官の少数意見は、127条は人を死に致した場合について何ら規定していないから、多数意見は厳格解釈を本則とする刑罰法規の解釈としては無理であること、また、125条の罪を犯して過って人を死に致した場合でも2年以上の有期懲役にすぎないのに、125条の罪の結果として人の現在しない汽車・電車を転覆させて人を死に致した場合に死刑または無期懲役の刑に限るのは余りにも刑の権衡を失することになるとした。

　文理解釈としてはいずれの説も成り立ちうるので、この問題は実質的な観点から検討されなければならない。思うに、往来危険罪を犯し、汽車等を転覆させることなく誤って人を死亡させた場合に2年以上の有期懲役（125条と210条・211条の観念的競合）にとどまるのに、汽車等の転覆によって誤って人を死亡させた場合

に死刑または無期懲役という重刑を科すことには合理的理由がないと思われること、126条3項が重く処罰するのは、人が現在する汽車の転覆等について認識があれば致死の結果について通常予見可能性ないし過失が認められるからであるが、人が現在する汽車の転覆等について認識のない者にこれと同じ主観的帰責を認めるのは困難であること、そして何よりも「二重の結果的加重犯」を認めるのは責任主義の原則に反する疑いがあることから（下村42頁）、②説および上記判例の少数意見が妥当であると考える。

【参考文献】

下村康正「刑法127条の解釈」(1)(2)『刑法各論の諸問題』(1978年) 32頁

曽根威彦「往来危険罪の結果的加重犯」『刑法の重要問題〔各論〕』(1995年) 293頁

半田祐司「往来妨害・危険罪の問題点」阿部純二ほか編『刑法基本講座第6巻各論の諸問題』(1993年) 202頁

【事例問題】

(1) Aらは、幅員約5.9メートルの県道上の側端から中央部分にかけて車長約4.26メートルの乗用車をやや斜め横向きに置き、ガソリンを振りまいたうえ、点火した火炎びんを投げ込んで同車を炎上させ、これによって燃料に引火して爆発するおそれを生じさせたが、同車は県道の幅員を部分的に遮断したにすぎず、道路の片側に遮断されていない部分が約2メートル余り残されていた。Aらの行為は124条1項にいう陸路の「閉塞」(壅塞)にあたるか（最決昭和59年4月12日刑集38巻6号2107頁参照）。

(2) Aは、現に人がいる漁船（267トン）の船底約3分の1を厳寒の千島列島ウルップ島海岸の砂利原に乗り上げさせて座礁させたうえ、同船の機関室内の海水取入れパイプのバルブを解放して同室内に約19.4トンの海水を流入させ、自力離礁を不可能にして航行能力を失わせたが、船体自体には破損は生じなかった。Aの行為は、126条2項にいう艦船の「破壊」にあたるか（最決昭和55年12月9日刑集34巻7号513頁参照）。

（鈴木彰雄）

第25講　代理・代表資格の冒用と文書偽造罪

―――――【問題点】―――――
◇本罪の性質の検討及び形式主義と実質主義それぞれの基本的な考え方
◇有形偽造、無形偽造の正確な区別
◇文書概念と電磁的記録への拡大

1　総　説

1　刑法第17章文書偽造の罪という章名の下には、詔書偽造罪（154条）、公文書偽造罪（155条）、虚偽公文書作成罪（156条）、公正証書原文不実記載罪（157条）、偽造公文書公使罪（158条）、私文書偽造罪（159条）、虚偽診断書作成罪（160条）、偽造私文書等行使罪（161条）、電磁的記録不正作出及び供用罪（161条の2）等、多種類の偽造罪が規定されている。それぞれの犯罪につき固有の問題点が多く、且つ、議論も細かい。当総説に於いては総括的な問題点を論じ得ないので詳細は末尾の参考書を利用されたい。ここでは文書偽造罪の中でも代理・代表資格の冒用という論点に絞られているので、その点を論ずるに当り、必要最少限度の総説的な基本概念の説明からはじめることとするが、それに先んじて明確にしておかなければならないのは、文書偽造罪の概括的保護法益である。

2　文書は人間社会の殆どの交渉事に関わる事実を記録し、保存し、伝達し、確認し、又、証明する為の極めて本質的且つ確実な手段として伝統的に用いられてきているものである。それ故、文書に於いてはその真正なることが唯一の価値であるといえる。それにより社会の交渉、取引等、人間関係の約束事が確実なものとして把握され得ることになるからである。文書の真正さが損われると、それによって、例えば、詐欺罪とか、横領罪というような個人的財産犯の原因ともなるのであるが、しかし、現行刑法上は個人的法益を侵害する罪としてではなく、文書という手段がもつ社会的有用性或いは重要性に鑑みて、文書に対する公共の信用を保護しようとする、所謂社会的法益を侵害する罪として体系づけられる（各種偽造罪も同様である）。通説・判

例である。最近の学説としては、文書偽造罪の本質は、強力な証明力・証拠力をもつ制度としての文書の侵害であるとするものがある（川端・260頁；この見解は通説が保護法益の基礎として前提視していた点を明確に理論化したものであると評することができると思う）。本稿では一応通説の表現で論じていくこととする。猶、本罪が成立するには、文書の真正に対する公の信用を害する危険があれば足りるのであって、必ずしも現実に実害が発生し、又は発生する虞のあることを要しない（大判明43・4・22 刑録16輯725頁）。即ち、危険犯である。

3 文書偽造罪については問題点が多いので、本講に直接関わりをもつ論点に絞って概念の整理をすることとする。第一に「文書」とは何か、その範囲、第二に冒用という術語の意味、第三に名義人の概念、第四に偽造自体の意味について、学説・判例の検討に先立っての一応の理解を求めておきたい。

(1) 文書：文書には広狭二義のものがある。広義の文書は狭義の文書の他、図画を含む。狭義の文書とは文字若しくはこれに代るべき符号・記号を用いて、ある程度持続すべき状態に於いて、意思又は観念を一定の物体上に表示したものをいう。これに対し、象形的符号を用いたものが図画である。そこで、文書・図画は文字等が表示されていることを要するのであるから、所謂可視・可読性が認められなければならない。よって、現在広範に使用されるビデオテープや、DVD等、可視・可読の為に特別の装置を要するものの文書性には問題があり、これ等は電磁的記録と解すべきである（刑法7条の2及び161条の2参照）。持続性という点から砂絵のようなものは文書・図画たり得ないが、ボード用ペンで書かれた表示は文書とされる。又、意思・観念の表示という点から、単なる名刺や表札は文書ではない。質的には、一定の法律関係若しくは取引上重要な事実関係につき証拠となり得べきものが刑法上の保護客体である。

(2) 冒用：冒という字は物をかぶるという意味があり、そこから向う見ずに冒（おか）す意といわれる。即ち、他人の名義を冒し用いることをいう。

(3) 名義人：文書はそれを発する者の意思或いは観念の表示であるから、当然、当該文書の作成人が存在するのである。これを作成名義人という。本講の問題である代理・代表資格の冒用とは、まさに当該文書に示されたA代理人Bという冒用署名につき、事実上の作成人はBであるところ、文書の内

容にあたる意思表示がもたらす責任はAに向けられるのであるから、ここにA代理人Bのうち、作成名義人たる者は一体誰なのかという問題が生じ、ここから、本論点たる有形偽造、無形偽造を論ずることになるのである。ひとまずは、ここまでの理解でも足りると思う。

　ところが、文字で表わされるが如く、名義人と作成人は元来別概念である。通常一個人が文書を自分名義で作成する場合には当人は名義人であり作成人である。しかし、例えば本講のように複数人が関与する場合、両概念を厳密に区別する必要が出てくる。蓋し、作成人による名義の冒用は有形偽造（後述）であり可罰的であるからである。従って、本講を紙幅を問わず論ずるとするなら、名義人とは何か、作成人とは何かについての学説の詳細をみるべきなのであるが、ここでは概略の紹介に止め、参考文献を後に挙げて、それに委ねる。

　名義人の意義については学説が分れている。
㋑通説であるところの「文書の内容から理解される意識主体」であるとする見解。この考え方は本講に関係する。即ち、代理・代表名義の文書を作成する場合、その事実的意識主体はまさに代理人・代表人であるはずだからである。しかし、通説でもある多数説は有形偽造であると解し、被代理人たる本人を名義人とする。その根拠とするところは、当該文書の法的効果は本人に帰するからであるというのである。判例（最決昭45・9・4刑集24巻10号1319頁）もこの考え方に拠った。一見、ダブルスタンダードが見られることは否定できない。
㋺これに対し「文書を作成すること自体に関する責任の主体」であるとする見解。この場合、代理名義の文書は代理人が作成するのであるが、それが公共の信用を得るのは被代理人たる本人の意思の化体であるからである。即ち、「文書の形式的成立にいつわりのないことを保証する者が名義人なのである」（川端265頁）。よって代理・代表名義の冒用は他人名義の冒用の場合と等しい論理で有形偽造であり、ここでは通説の採る「意識内容の主体」という基準は捨てられたのである。

　作成人とはどのような者をいうのかについても見解が分れている。通常は、事実として自ら文書の作成行為をした者が作成人である。文書表示の意思を自ら実現させているからである。これに対し、表示意思を他者に実現させる

場合がある。代筆者であるとか、或いは本講の場合のように代理人・代表人という形で作成されることもあるのである。この場合誰を作成人とみるべきかということについて見解が分れる。㋑事実説は実際に作成した者が作成人であるとする（山中「刑法各論Ⅱ」569頁）。よって、他者に作成させたような場合は、名義人と作成人は一致しない。Aの代理人Bが「A代理人B」名義で文書を作成する場合、作成人はBであるから、名義人と作成人が一致しない不真正文書となり、有形偽造に該るといわなければならない（もっとも、正式の代理人である場合は実質的に構成要件に該当しない）。㋺これに対し、作成という事実行為ではなく、誰の意思に基づいて作成し、作成されたことになっているかを基準として名義人・作成人を特定する意思説がある（林・354頁参照）。ここでは更に、文書の効力が誰に帰属するかを問題とする立場（平野・255頁、町野・312頁、他）と、事実上誰の意思に基づいて作成されたかを問題とする立場（林・354頁、曽根・250頁以下、伊東・368頁、他）に分れる。この意思説によれば、いずれにせよ、作成意思を実現した者が作成人であるということになるのであるから、代理・代表名義を許諾し、自らの作成意思を実現させた本人が作成人となる。

(4) 偽造：真正でない文書を作成することをいうが、本罪の場合には必ず「行使の目的」をもってそれがなされることを要す（条文参照）。真正でない文書とは如何なるものをいうか。二つの態様がある。まず、一つにはその形式を偽って文書を作成する場合であり、具体的には、正当な権限がないのに他人の名義を冒用して文書を作成する場合である。これを有形偽造という。作成された文書は必ずしも外形内容の完備したものであることを要さず、一見したところ真正の文書であると信じさせるに足るものであればよい。二つには文書の内容そのものを偽って作成する場合であり、これは権限のある者が内容に虚偽記載をすることをいう。これを無形偽造という。これには更に、自己の名義において文書を作成する場合（156条、160条）、他人にその名義における文書を作成させる場合（157条）の二態様がある。

現刑法は有形偽造を罰するのを原則とし、無形偽造を罰するのは例外である。その理由は、我国に於いては、文書に対する公共の信用性を保護する為に必要なのは作成名義の真正さであり、成立の真正さであるという形式主義の考え方が採られているからである。これに対し、文書の内容の真正さを保

護すべきであるとする考え方を実質主義という。一般には形式主義に立てば有形偽造が原則とならざるを得ないし、実質主義に立てば無形偽造こそむしろ原則であると考えることとなろう。文書に対する信頼性は、その文書が有する効力に対し如何なる人間が責任を負うのかという事についての安定性に懸ること大であるとすれば、形式主義を是とすべきか。現刑法は偽造と虚偽作成・記載を区別して規定し、前者を原則とするものであるところから、形式主義の立場で解釈すべきものと思われる。例えば、借用書を紛失した貸主Aが全く同様の記載内容で借手Bの名義の複製を作成したような場合、実質主義の考え方からすれば不処罰であるが、形式主義に立つ限り構成要件該当性は認められる。原則として可罰的であるといわなければならない（しかし、現実にはこのような場合、真実であることが明らかである時は文書偽造の成立を認める必要はないのではないかという指摘が形式主義に立つ見解からも示唆されている。平野・261頁参照。但し、如何なる事由により阻却を認めるべきかは明らかでない）。

4 代理・代表資格の冒用とは、権限のない者が無断で「A代理人B」とか「甲会社代表乙」という名義の文書を作成する場合のことである。この場合、作成者はBであり、乙であって、その名義も表示されているところから、これが果して、Aや甲の名義を冒用したといえるのかという問題を生ぜしめるのである。即ち、代理・代表名義の文書の作成名義人は誰かということである。

文書とは一定の意識内容の表示であるから、名義人とはその意識内容の主体であるに他ならない。そこで、A代理人Bと署名された文書を目にする時一般人はその意識内容の主体をAと考えるであろうか、それとも、Bであるのか、又、極めて穿った見方であるが、A代理人Bという実際には存在しない名義があると想定することも出来るのではないか、という学説もみられる（後述）。社会生活に於いて代理・代表名義の使用は決して少くない。この点の名義冒用を明確に把握しておくことは重要且つ必須である。前述の如く、現刑法は形式主義の立場を採っており、特に私文書に関する無形偽造については極く例外的にしか可罰性を認めない。従って、代理・代表名義の冒用が有形偽造か無形偽造かという論点は現実の利害を生むのである。次項、学

説・判例で具体的にみていくこととする。

②　学説・判例

1　学　説

　以下、A代理人Bという表現を例とする。通説、判例共に本人Aを名義人と解し、Bは代理名義を冒用する有形偽造を行なう者としている（有形偽造説）。無形偽造説を採る学説は殆んど見られないようであるが（川崎「百選Ⅱ各論4版171頁参照」）、木村博士の見解を挙げてその主張されるところをみることとする。曰く、「文書の作成者が自己名義の上に虚偽の代理資格または代表資格を付加して作成したところの代理名義冒用の文書は、冒用せられた資格を与えた者すなわち本人の名義の文書とみられるから作成者が他人名義を用いて作成した不真正文書すなわち偽造文書だと解する説もあるが、これは民法上の代理権の効果と刑法上の文書の名義人とを混同したものであるのみならず、この場合は資格がないのにあるとした点で文書の内容に虚偽があるにすぎず、名義人と作成者は一致しているから真正文書であるが、内容に虚偽があるから虚偽文書と解すべきである」（木村「全訂新刑法読本」134頁）。代理・代表権を有しない者がその形式での文書を作成する場合、それが有形偽造となるか否かは、名義人と作成人との人格的同一性の有無で決する訳であるが、この場合Bが代理権を有していないことは間違いない。そこで問題は、Bが名義人たり得るか否かということになる。無形偽造説によれば、Bは自己の意識内容を表示した主体であると考えられる。従って、Bに於いて名義人たることと作成人たることは合致する。故に真正文書であるということになるが、A代理人というところに虚偽があるのであるから虚偽文書となる。よって無罪説となるべきところ、無形偽造説を採られる牧野博士（「重訂日本刑法下巻」113頁、114頁以下）、木村博士（「刑法各論」250頁）共に所謂実質主義の立場から、これを無罪とされない。例えば、木村博士によれば、有形偽造に準ずるような重要な無形偽造、即ち、代理・代表名義の冒用は159条3項により処罰すべきものとされるのである。しかし、代理・代表名義冒用の場合のみ当該条項に含まれるとすることはやはり不分明である。

　学説の多くは有形偽造説である。しかし、その理論的根拠については説が

分れている。

㋑当該文書の名義人は本人であり、文書の効果は本人に帰属するとする説（団藤・278頁、平野・261頁、中山・238頁、大谷・475頁、西原・291頁、中森・241頁、岡野・268頁、山口・454頁、他）。

㋺「A代理人（代表者）B」という名義を一体で捉え、この名義が偽られているから有形偽造であるとする説（植松・155頁、福田・96頁、西田・338頁、山中・Ⅱ578頁、他）。

㋩「文書の名義人は、文書作成の責任者、すなわち文書に表示されている意識内容を文書に表示した責任者を意味する。代理文書・代表文書の場合は、本人の意思に基づいて文書が作成されているのであるから、意識内容表示の責任としての文書作成責任は、本人に帰属する。それゆえ、本人を名義人と解すべきである」（平川451頁）として、㋑説の法的効果説とは異なる「作成責任」というところに根拠を求める見解である（川端・265頁、林・142頁、曽根・249頁、他）。

2 判 例

この問題に関する代表的な判例は最決昭45・9・4刑集24巻10号1319頁登載のK義塾有印私文書偽造等被告事件である（判例百選Ⅱ各論の1978年版以降各版参照）。事案につき、簡潔にまとめられているので、百選5版の〈事実の概要〉部分を借用する（筆者塩見教授に謝してお許し願いたい）。

〈事実の概要〉

昭和38年8月6日に開かれた学校法人Kの理事会は、議案のうち、理事任免及び理事長選任に関する件について結論が出ないまま解散しており、理事の甲を理事長に選任したり、当日の理事会議事録の作成権限を甲に与える旨決議したりしてはいなかった。にもかかわらず、同年8月10日、甲は同じく理事の乙と共謀し、行使の目的をもって、「甲を理事長に選任した」、「当日の議事録署名人を甲とすることを可決した」などと記載した「理事会決議録」と題する文書を作成のうえ、「理事録署名人、甲」と記名し、甲の印を押印した。

第1審判決（山口地判昭41・6・4刑集24巻10号1324頁）は、「被告人甲において権限がなかった理事会議事録についての署名人の資格を冒用し、理事会議事録署名人作成名義の理事会決議録なる文書を偽造し」たとして（強調、引用者）、有印私文書

偽造罪（刑159条1項）の成立を肯定し、原判決（広島高判昭和44・5・29刑集24巻10号1330頁）もこの判断を是認した。被告人側上告。上告は以下の理由で棄却された。「他人の代表者または代理人として文書を作成する権限のない者が、他人を代表もしくは代理すべき資格、または、普通人をして他人を代表もしくは代理するものと誤信させるに足りるような資格を表示して作成した文書は、その文書によって表示された意識内容にもとづく効果が、代表もしくは代理された本人に帰属する形式のものであるから、その名義人は、代表もしくは代理された本人であると解するのが相当である（明治42年6月10日大審院判決、判決録15輯738頁参照）。……理事会決議録なる文書は、その内容体裁などからみて、学校法人K理事会の議事録として作成されたものと認められ、また、理事録署名人という記載は、普通人をして、同理事会を代表するものと誤信させるに足りる資格の表示と認められるのであるから、被告人らは、同理事会の代表者または代理人として同理事会の議事録を作成する権限がないのに、普通人をして、同理事会を代表するものと誤信させるに足りる理事録署名人という資格を冒用して、同理事会名義の文書を偽造したものというべきである。」

　この決定の中で引用された大審院判決は代理者は自己の為ではなく本人の為に文書を作成するのであるから、その文書は本人の文書であり、効力もまたその本人に生ずるとして、被代理人が名義人であると明示した。最決昭42・11・28刑集21巻9号1277頁は共同代表者の一人であっても他の共同代表者の氏名を冒用した場合、本人名義の文書の偽造になるとして、同様の見解をとっている。判例は、文書の効果が本人に帰属するということを根拠とするものであるように解される。但し、この「効果の帰属」という点に関し、「実体法的に法律効果が名義人に及ぶ」とみるべきではなく、例えば法律効果の帰属主体たりえない理事会に「効果の帰属」を肯定している判例の主旨から考えると、効果の帰属とは「表示内容について名義人に法的に意味ある責任が生ずる」というように解されるべきであるとの指摘がある（塩見・百選Ⅱ5版183頁）。猶、同解説に依れば、法人格をもたない「理事会」を名義人と明言したところに、本決定は明治42年判決を超える意義をもつとの評価がなされている。塩見見解は学説的にはⒶ説に与するものとしてよいと思う。

3 検討・私見

　文書偽造罪が社会法益を侵害する罪として規定されていることは動かない事実である。保護法益は文書に対する公けの信頼或いは信用であるとされる。保護法益は解釈の巾と質を決定するものであるから、当該犯罪に於いて「公けの信用」がそれであるとするのであれば、その「公けの信用」とはどのような場合に侵害されたといえるのかということが明らかにされなければならない。
　文書は人間間の意思内容の確認手段に他ならない。社会生活は（これを社会システムといいかえてもよいのであろうが）、相互の意思を真正なものとして文書の上で確認し、それに基づいてシステムが機能していくのである。従って、意思の化体たる文書が真正か不真正かという事が極めて重要な要素となってくる。不真正即ち偽造である。そこで当然ながら、不真正とは何に関していわれるのかということが問われることになる。記載内容が虚偽である場合もそういえるであろうし、そのような文書を発する権限のない者が権限ある如く発した場合も偽物の文書といわなければならない。発行者が明らかに虚無人であれば、そもそも文書とはいえないであろう（判例反対）。文書の真正さはこのように様々な形で検証の対象となり得る。従って、不真正に関する唯一の定義がある訳ではない。公けの信用性を保たせる文書とはどのような形式と内容をもっていなければならないのか、そして、更に重要なことは、その措信性の保護に刑罰があてられるということである。即ち、可罰性というレヴェルでの不真正を把握するのだということである。その観点で考える場合、作成名義の真正、成立の真正という形式的真実をいう形式主義と、内容自体の真正をいう実質主義のいずれが妥当であるかといえば、やはり前者とならざるを得ないであろう。何故ならば、内容に虚偽があるとしても、名義の真正、成立の真正が保たれている限り、当該文書内容についての責任追及が可能であるからである。この点を明確に理論化された学説㈧の見解は明快であると評価できる。又、形式主義を原則とし、例外的に重要事項の実質的無形偽造を可罰的とする通説・判例の立場は正しいといわなければなら

第25講　代理・代表資格の冒用と文書偽造罪　275

ないであろう（学説㈥は通説の改良である）。

　さて、代理・代表資格の冒用について、以上の原則論はどのように働くべきであろうか。ここでは更に名義人、作成人という複数人が問題となるのが特徴である。そもそも文書が特定の意思や観念の表示である以上、その主体である名義人の存在は絶対要件である。A代理人Bという文書の場合、代理権限の範囲内の裁量内容である限り、その文書の名義人は本人たるAであるといわなければならない。但し、事実上の作成者は明らかにBである。よって、ここで、所謂事実説か意思説かの対立が生ずる訳である。事実説の実体は、文書の意思内容を表示した事実的主体はまさにそれを作成したBであるという事実的把握である。通説も名義人とは意思表示の主体であるということを基本とする。しかし、代理名義の場合には、文書の効果が本人に帰属するということを根拠として有形偽造であるとするのである。総説の個所でも示したように謂わば二種の基準が見られることになる。しかし、代理制度の場合、代理人の事実的作成行為は本人に代ってのものでしかないのであるから、ここでは意思説を是とすべきである。人格的同一性という規範概念は意思説に相当するものである。学説㈣はAを名義人とするのではなく、又、Bを名義人とするのでもなく、A代理人Bという一体の（即ちA代理人という肩書がついているBであるということを重視）ものを名義人とする。しかし、冒用である限りそのものは実在しない名義人なのである。従って、有形偽造であるという。事実説を採るのであれば認められる見解であるが、既述の如く、私見は意思説に依るので、㈣説の技巧を必要としない。但し、平成15年の最高裁決定（平15・10・6刑 集57巻9号987頁）は名義人の決定にあたっては、文書の形状・記載内容、使用目的などを考慮して、その文書から認識される人格主体は誰かという極めて実質的な基準を示しているのではないかという指摘がある（長井長信「重要判例解説平成15年度」178頁。同旨、西田・338頁）。基準の細密化は確かに実体に近づくとはいえるが、反面、判断の相対化につながることも否定できないであろう。

　代理・代表資格の冒用という問題と極めて密接な関係を有するのは代理・代表資格の濫用、逸脱の問題である。しかし、この問題は本来、代理権、代表権が正規に存在していることを前提とするものであるので、ここではふれないが、併せて整理しておかれることを望む。

【参考文献】

川端　博「文書偽造罪の理論」（立花書房）

長井長信「重要判例解説平成15年度」

平川宗信「刑法各論」詳細且つ解り易い。

刑法判例百選Ⅱ各論各版該当表題解説（本稿でとりあげなかった旧い学説もとりあげられている）。

---【事例問題】---

(1) 弁護士Мは岳父たる弁護士Yの事務所のスタッフとして働いていた者であるが、Yが咽頭癌により発声を失ったまま入院中であることを奇貨とし、自己をYの代理人であるとするY名義の文書を作成し、それを用いて、多数の客からの多額の預り金を事務所経費の名目で恣ままに費消。剩へ、Yの死去後、事務所名義もMのものとした。Мの刑責を問う。

(2) 甲自然保護団体は有志が対等且つ平等な立場で任意に構成しているものであったが、募金活動が成功を納めた後、経理の不透明な部分が判明し、地方紙の記事となる惧れが出た為、有志の一人である乙は急拠独断で代表者印を作り、代表者乙の署名・押印の書面で弁明文を作成し、公表して、事なきを得た。乙の刑責如何。

（山本雅子）

第26講　虚偽公文書作成罪の間接正犯

【問題点】
◇身分犯と間接正犯　◇公正証書原本等不実記載罪（157条）との関係
◇補助公務員の扱い　◇虚偽公文書作成罪と文書の作成権限

1 総　説

1 虚偽公文書作成罪（刑法156条）は、「公務員が、その職務に関し、行使の目的で、虚偽の文書若しくは図画を作成し、又は文書若しくは図画を変造したときは、印章又は署名の有無により区別して、前二条の例による。」と規定している（有印詔書等の場合は無期または3年以上の懲役、有印公文書等の場合は1年以上10年以下の懲役、無印公文書等の場合は3年以下の懲役または20万円以下の罰金）。それに対し、公正証書原本等不実記載罪（157条）は、「公務員に対し虚偽の申立て」をするという行為態様で、「登記簿、戸籍簿その他の権利若しくは義務に関する公正証書」および「公正証書の原本として用いられる電磁的記録」に不実の記載をさせた者に対し、5年以下の懲役または50万円以下の罰金を科し（1項）、同じく、「免状、鑑札又は旅券」については、1年以下の懲役または20万円以下の罰金を科す（2項）旨規定する。

2 虚偽公文書作成罪は、公文書の名義人等の当該文書につき作成権限を有する公務員が、行使の目的で、内容虚偽の公文書等の偽造（無形偽造）または変造（無形変造）を行う行為を処罰の対象としているため、真正身分犯と解するのが一般である。そこから、身分犯に対し非身分者の間接正犯が成立しうるのかという問題が生じる。

また、身分犯に対する非身分者による間接正犯が可能だとしても、虚偽公文書作成罪のいわば間接正犯的形態を処罰する公正証書原本等不実記載罪が、虚偽公文書作成罪に比べかなり軽い法定刑を規定していることから、公正証書原本等不実記載罪で処罰される行為態様（すなわち「虚偽の申立て」）および行為客体（すなわち「公正証書原本」等）以外の行為態様または行為客体で、公文書の作成権者を利用して虚偽の公文書等を作出させる行為を、虚偽

公文書作成罪の間接正犯で処罰しうるのかという問題がでてくる。

2 判 例

1 判例には、虚偽公文書作成罪の間接正犯を肯定したものと否定したものとがある。

2 肯定判例

虚偽公文書作成罪の間接正犯を肯定した判例としては、以下のものがある。

(1) 大判昭和11・2・14刑集15巻113頁

村の助役である被告人が、村会議員の選挙にあたって投票の不正増減を行い、選挙長（村長）名義で作成すべき選挙録に、選挙記録係をして虚偽の記載をなさしめ、情を知らない選挙長に署名させたという事案につき、「原判決ノ所論被告人ノ行為ヲ刑法第156条ニ問擬シタルハ被告人カ如上ノ如ク選挙事務ニ関係アル吏員ナルカ為ニ非ス……原判決ハ右被告人ノ行為ヲ以テ所謂間接正犯ト解シ右情ヲ知ラサル選挙長Mヲ利用シ判示ノ如ク虚偽ノ文書ヲ作成シ且之ヲ行使シタルニ付被告人ヲシテ直接ニ其ノ責ニ任セシメタルモノナルコト自ラ明ニシテ又其ノ解釈ニ誤アルコトナシ」として、156条の間接正犯の成立を認めた。あえて、「選挙事務ニ関係アル吏員ナルカ為ニ非ス」と述べていることから、同罪の間接正犯の主体の範囲を特に限定してはいないとも解しうる。

(2) 大判昭和15・4・2刑集19巻181頁

村の助役である被告人が、軍事扶助金の詐取を企て、村長が作成権限を有する軍事扶助調書に虚偽の事項を記載し、情を知らない村長に署名・押印させたという事案で、156条の間接正犯の成立を認めた。

(3) 最判昭32・10・4刑集11巻10号2464頁

県地方事務所の建築係である被告人が、着工前の父親の住宅に関する現場審査申請書に建前が完了した旨の虚偽の報告を記載し、この申請書を情を知らない所長に提出し、同所長に署名・押印させたという事案で、「刑法156条の虚偽公文書作成罪は、公文書の作成権限者たる公務員を主体とする身分犯

ではあるが、作成権限者たる公務員を補佐して公文書の起案を担当する職員が、その地位を利用し行使の目的をもってその職務上起案を担当する文書につき内容虚偽のものを起案し、これを情を知らない右上司に提出し上司をして右起案文書の内容を真実なものと誤信して署名若しくは記名、捺印せしめ、もって内容虚偽の公文書を作らせた場合の如きも、なお、虚偽公文書作成罪の間接正犯の成立あるものと解すべきである。けだし、この場合においては、右職員は、その職務に関し内容虚偽の文書を起案し情を知らない作成権限者たる公務員を利用して虚偽の公文書を作成したものとみるを相当とするからである」として、156条の間接正犯の成立を認めた。虚偽公文書作成罪は身分犯であるという前提に立った上で、文書の作成権限者ではない、公文書の起案を担当する補助職員に、156条の間接正犯の成立を認めている。

3 否定判例

(1) 最判昭和27・12・25刑集6巻12号1387頁

私人である被告人が、米国領事館から旅券の交付を受けるため、日本において兵役に服したことがない等の虚偽の内容を記載した証明願を、村役場の係員に提出し、情を知らない同係員に村長名義の虚偽の証明書を作成させたという事案で、「刑法はいわゆる無形偽造については公文書のみに限ってこれを処罰し、一般私文書の無形偽造を認めないばかりでなく、公文書の無形偽造についても同法156条の他に特に公務員に対し虚偽の申立を為し、権利義務に関する公正証書の原本又は免状、鑑札若しくは旅券に不実の記載を為さしめたときに限り同法157条の処罰規定を設け、しかも右156条の場合の刑よりも著しく軽く罰しているに過ぎない点から見ると、公務員でない者が虚偽の公文書偽造の間接正犯であるときは、同法157条の場合の外これを処罰しない趣旨と解するのを相当とする」として、156条の間接正犯の成立を否定した。「公務員でない者が」としているため、非公務員が虚偽公文書偽造の間接正犯的行為を行った場合は、157条に該当する場合を除き不処罰とされることは明らかであるが、公務員の場合については問題が残る。

(2) 156条の間接正犯の成立を否定した下級審判例

私人が、作成権限を有する公務員に対し虚偽の内容を記載した自動車検査証再交付申請書を提出し、情を知らない同公務員をして知事名義の自動車検

査証を作成交付させた事案につき、156条の間接正犯の成立を否定した（大阪高判昭30・6・20）。
（判特2巻14号715頁）。

市役所の土木課に勤務する被告人が、部内の者が住民票抄本の交付を申請する場合には、申請者自身が用紙に所要事項を記入することが認められていたことを利用し、知人のために住民票抄本用紙に虚偽の内容を記入して担当職員に提出し、情を知らない同職員に市長印を押捺させたという事案で、「作成権限を有しないものが間接正犯であるときは、同法157条の場合の外これを処罰しない趣旨と解すべき」として、156条の間接正犯の成立を否定した（旭川地判昭36・9・21判時289号39頁）。

県教育委員会の銃砲刀剣類の登録審査委員であったAが、知人Bに依頼され、登録申請用紙および登録原票用紙に虚偽の内容を記載したものを提出し、教育委員会の係員に内容虚偽の同委員会名義の登録原票を作成させたという事案で、Aは公務員の身分を有するが登録原票作成権限を有するものではなく、また、同作成権限者を補佐して公文書を起案する地位にあったものでもない、他方、Bは公務員たる身分を有しないから登録原票の作成については、156条の間接正犯の成立を否定すべきであるとした（甲府地判昭38・2・13下刑集5巻1・2号91頁）。

4 以上、156条の間接正犯の成否に関する判例を見てきたが、大審院の時代には、156条の間接正犯の主体については特に限定していないとも解することができるが、最高裁の時代になってからは、明らかに主体を限定しているといえる。すなわち、当該公文書の作成権限者および作成権限はないが作成権限者を補佐して公文書の起案を担当する公務員については、156条の間接正犯の主体となりうる（もちろん作成権限者は直接正犯にもなりうる）が、非公務員については、157条との関係から、157条に規定されている行為以外では、156条の間接正犯として処罰されることはないというのが判例の立場であるといえよう。

しかし、補助的公務員の範囲および、157条にいう「虚偽の申立て」以外の行為態様による虚偽公文書の作出、たとえば、私人が夜間に公務所に侵入して、机上に置かれている公文書の中に内容虚偽の文書を紛れ込ませて、情を知らない作成権限者に署名・押印させた場合等の処理については、必ずしも判例の立場が明確であるとはいえない。

3 学　説

　虚偽公文書作成罪の間接正犯の成否に関する学説は多岐にわたり、分類および名称も意見の一致を見ていない状況である。ここでは、今日最も妥当だと思われる分類および名称を用いる（山口442頁参照）。

1　否定説

　公文書の作成権限を有する公務員以外の者については、156条の間接正犯の成立を否定する見解である（草野豹一郎『刑事判例研究』3巻217頁、下村62頁、安平政吉『文書偽造罪の研究』190頁、植松166頁、大塚474頁、香川274頁、前田385頁、山中597頁ほか）。その理由としては、①157条の公正証書原本等不実記載罪が、156条の間接正犯的形態の行為を規定し、その法定刑を156条よりもかなり軽くしていることから、157条に当たる場合のほかは156条の間接正犯は不可罰とすべき、②156条は当該公文書の作成権限を有する公務員による身分犯であるから、この身分を欠く者は身分犯である156条の実行行為をなしうる余地はなく、間接正犯も成立しない、といった点があげられる。

　もっとも、この否定説にも、見解により、事実上156条の間接正犯の成立を認める範囲には幅がある。最も狭いのは、156条の主体は、当該公文書を作成する権限のある公務員、すなわち当該公文書に記載された公務員のみであり、補助者は作成者ではないという見解（香川271頁）である。この見解によると、文書の作成権限者が他の作成権限者を利用した場合等にしか156条の間接正犯は成立しないことになる。これに対し、今日有力なのは、公文書の実質的な作成権限という観点から見て、補助的公務員にも公文書の実質的作成権限を認め、補助的公務員も156条の主体に含ませる見解である（大塚474頁、前田386頁）。この見解は、結論的には、最高裁判例の立場と同様になるが、補助公務員も作成権限者とする点において、判例とは異なる。

　否定説の中には、156条の間接正犯を否定し、156条の教唆犯を認める見解もある（佐伯千仭『刑法講義総論338頁』、中山242頁、久岡康成『刑法の争点（新版）』213頁、斎藤260頁）。

2　一部肯定説

　公文書の起案を担当する公務員については、156条の間接正犯の成立を肯定するが、それ以外の者については間接正犯の成立を否定する見解（団藤296頁、平野

263頁、藤木147頁、大谷465頁、町野352頁、林376頁、山口443頁など）。この公文書の起案を担当する補助公務員に156条の間接正犯が成立しうる理由としては、「作成権限者に準ずる地位」（藤木）にある、「補佐的・実質的権限」（林）がある、「『職務に関し』といいうる限度」（山口）である、といった点があげられる。この見解は判定の立場と一致し、形式的には公文書の作成権限をもたない補助的な立場の公務員にも、156条の間接正犯の成立を肯定するものである。

3　一部否定説

156条の間接正犯が成立しうる範囲は、身分によっては何等の制限も受けないが（当然、非公務員も主体となりうる）、157条が「虚偽の申立て」という行為態様による場合を156条の法定刑に比べ減軽している趣旨に鑑み、その行為が虚偽の申立て・申請という行為態様によるものであるかぎり、不可罰とする見解（西田330頁、同「公文書無形偽造の間接正犯について」『西原春夫先生古稀祝賀論文集 (3)』276頁、奥村正雄『刑法の争点［第3版］』225頁、松原芳博「公文書無形偽造の間接正犯」現代刑事法35巻68頁）。

4　肯定説

公文書の作成権限の有無、公務員であるか否かも問わず、156条の間接正犯の成立を広く認めるが、157条に該当する場合には、法条競合により157条が優先して適用されるとする見解（瀧川幸辰『刑事法判決批評2巻』134頁、牧野英一『刑法研究9巻』228頁、柏木千秋『刑法各論』274頁、松本一郎「公文書の無形偽造と間接正犯」『藤木英雄編・判例と学説8刑法II』325頁、川端271頁）。肯定説の主な論拠は、①公文書に対する社会的信頼という156条の保護法益は、非公務員も職務権限を有する公務員を通じて間接的に侵害しうる（瀧川、川端）、②157条の法定刑が軽いのは、156条の間接正犯的形態のうち、日常、頻繁に行われるもので、当罰性の軽いものについて定型的に法定刑を減軽したものと解すべきであり（牧野）、また、このような行為形態では、虚偽の事実を申し立てる誘惑にかられやすいといえ、この場合、積極的に公務員に働きかけてこれを利用して虚偽文書を作成しているわけではなく、義務づけられた申立に付随して虚偽の事実の申告がなされやすいから（川端）などである。

4　検討・私見

1　身分犯と間接正犯

身分犯には間接正犯は成立しえないとの見解は、現行法を前提とすれば、採ることは困難である。非身分者も身分者の実行行為に関与し法益を侵害することができるという理由から、刑法65条1項には、教唆犯・幇助犯のほか、共同正犯も含まれると解する立場からは、非身分者が身分者を道具のように利用して犯罪を実行する場合に間接正犯の成立を否定することはできないであろう。また、女性が男性と共謀して被害女性を姦淫した事案につき「身分のない者も、身分のある者の行為を利用することによって、強姦罪の保護法益を侵害することができる」として女性に強姦罪の共同正犯を認めている判例の立場（最決昭40・3・30刑集19巻2号125頁）からも、非身分者による身分犯の間接正犯の成立を肯定する余地は十分あろう。

　しかしながら、強姦罪（177条）の間接正犯と虚偽公文書作成罪の間接正犯を同列に扱えるものであろうか。まず、条文上、「公務員が」と明記されている虚偽公文書作成罪に対し、強姦罪は、「男性が」と明記されていない。強姦罪の場合は、客体が「女子」と規定されているため、事実上行為の主体は男性に限定されると解されるにすぎない。実際、公文書の作成になんらかの関わりのある職務を行う公務員は、虚偽の公文書を作出することが理論的には例外なく可能であるのに対し、老幼、疾病、障害等により、男性であっても、事実上強姦罪を犯すことが不可能な者も少なくないであろう。身分犯である強姦罪につき非身分者の間接正犯が成立するからといって、虚偽公文書作成罪においても広く非身分者による間接正犯が成立しうるとすることは妥当ではない。156条と同じく、「公務員が」と明記されている収賄罪（197条1項）において、非公務員が公務員を言葉巧みに騙し、その情を知らない公務員に職務に関し金品を受け取らせたとしても、非公務員に収賄罪の間接正犯を認めるのは妥当ではないのと同様に、虚偽公文書作成罪においても、156条の間接正犯を肯定するためには、「公文書作成の職務に関与する公務員」という身分は必要であろう。

2　公正証書原本等不実記載罪との関係

　公正証書原本等不実記載罪の法定刑が、いかなる理由で虚偽公文書作成罪の法定刑よりもかなり軽いのかという点につき争いがある。行為客体である「公正証書原本等」が文書として重要性が低いとはいえないのであるから、

「虚偽の申立て」が問題となる。一部否定説や肯定説からは、このような行為態様は、日常的であり、誘惑的である（西田330頁）等といった点が指摘されている。しかし、「虚偽の申立て」という方法が、日常的で誘惑的であるかは疑問である（山中597頁、山口444頁）。仮に、日常的で誘惑的であるとしても、それは、156条の法定刑よりもかなり軽い法定刑を規定していることの理由とはならないだろう。最も日常的で誘惑的な犯罪である窃盗罪の法定刑は決して軽くはないのである。157条の法定刑が156条の法定刑に比べかなり軽い理由としては、156条の保護法益としては、主たる保護法益である公文書に対する公共の信頼のみではなく、副次的に、公務員に対する信頼も保護法益に含まれると解すれば（林376頁）、157条は公務員に対する信頼は侵害していないという点、さらに、157条の場合は、公務員による（実質的・形式的）審査が予定されていて、虚偽の申立てはその段階でチェックされることが想定されている（山口444頁）という点に求められるべきである。

3　私見

以上検討してきたところから、広く非公務員にまで156条の間接正犯の成立を認める肯定説および、一部否定説を採ることはできない。また、否定説の中の、間接正犯を否定した上で、156条の教唆犯を肯定すべきだとするいわゆる教唆犯説についても、教唆とは人に犯罪実行の意思を生じさせて、犯罪を実行させることであると解する立場からは、これを採ることはできない。

残るのは、否定説と一部肯定説である。すでに述べたように、156条の間接正犯を肯定するには「公文書作成の職務に関与する公務員」という身分が必要であり、かつそれで足りるとする立場では、公文書の起案を担当する補助公務員の扱いが問題となる。公文書の作成権限については、①公文書の作成名義人（作成権限者）、②公文書の作成名義人から、その決済を待たずに自らの判断で公文書を作成する権限（代決権）が与えられている代決者、③代決権は与えられていないが、事前の決済を受けずに（決済は事後）、一定の手続に従って公文書を作成することが許されている準代決者、④公文書の起案を行うが決済は作成権限者または代決者が行う起案担当者、⑤単なる文書作成作業を担当するにすぎない機械的補助者に区分できる（山口438頁）。名義人、代決

者が作成権限を有することは当然であり、準代決者についても、作成権限を認めてよいであろう。問題は、④の起案担当者である。この起案担当者に作成権限を認めれば否定説に分類される見解となるのに対し、作成権限を否定した上で、156条の間接正犯の成立を肯定するとなれば、一部肯定説である。起案担当者も、「職務に関し」、公文書の作成に関与する「公務員」であること、職務権限はないが間接正犯とはなりうるという分かりづらい構造が回避できること、公文書作成の実際は起案担当者の手に委ねられる場合が多いこと、といった点を考慮すれば、起案担当者に、単独で行使できるものではなくても、公文書の作成権限を認めるほうが合理的であるように思われる。

【参考文献】

町野朔「有形偽造と無形偽造」『犯罪各論の現在』（1996年）344頁

西田典之「公文書無形偽造の間接正犯について」『西原春夫先生古稀祝賀論文集（3）』（1998年）261頁

奥村正雄「公文書無形偽造の間接正犯」刑法の争点［第3版］（2000年）224頁

松原芳博「公文書無形偽造の間接正犯」現代刑事法35巻63頁

和田俊憲「虚偽公文書作成罪の間接正犯」刑法判例百選Ⅱ各論［第5版］（2003年）180頁

【事例問題】

(1) 中古車販売業者のAは、深夜、陸運事務所に忍び込み、同事務所に備え付けの廃車証明書用紙に虚偽の内容を書き込み、決済を待つばかりの廃車証明書用紙の間に紛れ込ませ、翌日、情を知らない係員を通し県知事名義の廃車証明書を作成させた。Aの刑責はどうか。

(2) 市役所の市民係長Aは、印鑑証明書の作成についての代決者である市民課長の補助的職務を行っているが、情を知らない市民課長の決済を受け、市長名義の虚偽の内容の印鑑証明書を作成させた。Aの刑責はどうか。

（中村雄一）

第27講　インターネットとわいせつ犯罪

【問題点】
◇わいせつ物頒布罪にいう「わいせつ物」、「頒布」とは何か。サーバーにわいせつ画像データを記憶、蔵置して、アクセスしてきた者に見せる行為、あるいは、わいせつ画像を添付ファイルで送信する行為は、わいせつ物頒布罪に該当するか。

1 総　説

　「情報化社会」の発達に伴い、われわれの経済活動や日常生活の行われる場や対象は、これまでのハードウェアからソフトウェアへ、有体物から無体物へと広がり、移行してきている。これに伴い、財産罪の領域では、所有の対象たる「物」を専ら法的保護の対象としてきたこれまでの法システムは、「物」とは異なり「非移転性」をその本質的特徴として習得、深化、委譲、ライセンス化される「情報」の保護について根本的な修正を迫られており（2005年改正（新）不正競争防止法21条参照）、営業秘密・企業秘密の不正な取得等に対して、窃盗罪、横領罪、背任罪などの財産罪を適用する裁判例が主流となっている（立石二六・判例百選Ⅱ各論124頁参照）。同時に、健全な性風俗の維持についても、これまでの有体物による侵害ではなく、情報・データによる侵害からどのように効果的にこれを保護するのかが問われている。これについては、サイバーポルノに関してわいせつ物頒布罪（175条）の成立を、営業秘密の侵害に対して財産罪の成立を肯定する各判例は、犯罪の客体は情報それ自体であるとし、しかし、刑法で処罰するためには、その情報が何らかの媒体に化体していなければならないとする、客観的・外在的制約を付しているにすぎない、とする見方なども有力になりつつある。

　このように、インターネットの普及によって、わいせつ物の頒布や陳列の形態もこれまでとは異なる様相を呈するようになってきているなか、とりわけ、ここではインターネットを通じてのわいせつなデータの送信が問題となるが、それを罪刑法定主義の要請を満足させつつどのように対処するかが問

われているのである。

2 インターネットとわいせつ犯罪

1 論　点

　まず、わいせつ物頒布罪の成立要件についてであるが、それは、「わいせつな文書、図画その他の物」を「頒布」、「販売」、「公然と陳列」することである。「わいせつ」とは、「いたずらに性欲を興奮または刺激せしめかつ普通人の正常な性的羞恥心を害し善良な性的道義観念に反する」ことを指称するとされている（最大判昭32・3・13刑集11巻3号997頁）。すなわち、規範的・倫理的な一般人が社会通念に照らし客観的に判断して、その物が過度に性欲を刺激するものであると評価できることをいう。「図画」とは、図画、写真（陽画・陰画）のほか、ビデオテープ、未現像の映画フィルムも含まれる。「その他の物」とは、彫刻、録音テープなどをいう。さらに、「頒布」とは、不特定または多数の者に無償で交付すること、「販売」とは、有償で譲渡すること、「公然と陳列」するとは、不特定または多数人が認識できるような状態に置くことをいう。なお、販売目的での所持罪にいう「所持」とは、自己の事実上の支配に置くことをいう。

　さて、コンピュータ・ネットワーク（パソコンネット、インターネット）をとおしてのわいせつデータの送信の事例で、とりわけ問題となるのが、「わいせつ物」とはなにかということと、「公然陳列」概念の外延である。すなわち、本罪の構成要件との関係で、まず、わいせつな画像を記憶、蔵置させたホストコンピュータのハードディスクを「わいせつ物」というのか、次に、かりにこれを肯定したとして、会員をして自己のパソコンを利用して、右ハードディスク内の画像データにアクセスしてこれをダウンロードし、同じく自己のパソコンの画像表示ソフトを用いてこれを再生閲覧することができるように設定することが、はたして行為者において「公然と陳列した」といいうるのか、の2点である。

2 「わいせつ物」概念について

インターネットによるわいせつデータの配信事例で、わいせつ物頒布罪を肯定する多数説は、「わいせつ物」について、陳列の客体は「有体物に固定・化体していることを前提とした情報」であるとして、陳列の客体はわいせつ情報（画像データ）であることを直截に認めつつ、ただその情報はハードディスク等の「物に化体」していなければならないという「外在的制約」があるにすぎない（山口厚・ジュリ1117号73頁）としている。また、陳列するのは「ビデオテープ」の形状そのものではなく、そこに録画されたわいせつ画像であり、「有体物に固定されたわいせつ画像データを表示する情報」をわいせつ図画・物と捉えるべきであるとするのも同様の理解である（前田・411頁）。さらに、わいせつ物とされるべきはユーザー側のハードディスクにあるコピーではないかという批判については、ダウンロードは、ホストコンピュータのハードディスクを閲覧する一つのプロセスに過ぎないとしている（塩見淳・法教257号137頁）。

以上のような有体物としてのコンピュータをわいせつ物であるということは不自然かつ技巧的であるとして、右見解を一歩進めて、情報としてのわいせつな画像データそれ自体を、直截にわいせつ物の概念に含ませるべきであるとする見解もあり（堀内捷三・研修588号5頁）、近時、判例にも同様の見解に立つものが現れている（岡山地判平9・12・15判時1641号158頁）。

これに対して、否定説は、わいせつ画像のデータを記憶、蔵置させたハードディスクは、そのままではわいせつ画像が見えるわけではなく、これを見るためにはパソコンの起動に始まる一連の動作が不可欠であって、ダウンロードした画像データの内容は閲覧ソフトを立ち上げるまでは不明であるから、本件ハードディスクはわいせつ物には該当しないと考える。また、175条のわいせつ物は情報の伝達・流通のために当該媒体の授受によることを前提としており、わいせつ情報とその情報を化体している媒体とが密接な一体性・同一性を備えることが本罪の「わいせつ物」の条件であるところ、肯定説によると「わいせつ物は有体物をいう」という前提が放棄されている（浅田和茂・判時1743号216頁、園田寿・現代刑事法11号10頁、橋本正博・現代刑事法17号81頁）、ということなどをその論拠としている。

過去の裁判例では、本罪における「わいせつ図画」とは、必ずしも、媒体たる有体物自体にわいせつ性が顕在し、そのままで視覚的にわいせつ画像を

見ることができることを要せず、一定の操作を施すことで、媒体に潜在するわいせつ性を外部に認識できる程度に顕在化させることが容易であれば足りるとし、ビデオテープやハードディスクなどの媒体は公然陳列罪の客体であるわいせつ物に当たるとしており（大阪地判平11・3・19）、多数説も同様の理解であった。

3 「公然陳列」概念について

第二の論点は、電話回線を通してハードディスク内の画像データにアクセスしてきた会員をして、一定の操作をすることで右画像データを再生、閲覧することができる状況を設定することが、「公然陳列」に当たるのか否かである。公然陳列は「不特定または多数の人が閲覧することのできる状態に置くこと」で足りるとするのが一般的な理解であるところ（最決昭32・5・22刑集11巻5号1526頁）、過去の主流判例・多数説は、本件類似の事例につき、公然陳列罪の成立を認めてきた。その理由とするところは、先の公然陳列の意味に照らして、行為者が、利用者において容易に閲覧することができるように設定することはまさに陳列したことに他ならないこと、加えて、後述最決平成13年7月16日の原審判決が示すように、わいせつな画像データを顕現させ、閲覧することが可能な状態を作出すれば、「わいせつ画像が社会内に広範に伝播することを可能にし、健全な性風俗が公然と侵害され得る状態を作出した」ということができ、抽象的危険犯としての本罪の構成要件が充足されているといいうることなどである。

一方、否定説は、行為者本人が表示操作を行い直接にそれを閲覧させた場合はともかく、わいせつ画像データの閲覧に受信者側の操作が必要とされる場合は、かりにデータの頒布・販売に該当しても、もはや「わいせつ物」の「陳列」には当たらず、また、「陳列」したというためには、陳列されたときにその場で閲覧できるという、陳列と閲覧の「同時性・同地性」が必要であるとする（浅田・前掲216頁、園田・前掲10頁参照）。さらには、肯定説に立ちながらも、175条を一種の結果犯と解して、わいせつ物陳列罪の典型的な事例においては、行為者側による現実の表示行為が存在することとの関係上、わいせつ画像が画面上に再生されて閲覧に供された時点で陳列罪の既遂時期とする、として一定の

限定を付す見解も主張されている（堀内・前掲3頁、山本光英・判評487号59頁）。

4　最高裁決定

このような理論的な対立がある中、最決平成13年7月16日刑集55巻5号317頁は、いわゆるパソコンネットのホストコンピュータのハードディスクにわいせつな画像データを記憶、蔵置させて、不特定多数の会員が電話回線を利用してこれをダウンロードして再生閲覧できるよう設定したという事案につき、わいせつ物頒布罪の成立を是認した。その理由とするところは、まず、「わいせつ物」については、本件ハードディスクに記憶、蔵置されたわいせつ画像データは、会員が電話回線を通じてアクセスし、画像表示ソフトを使用して容易にわいせつ画像として顕現させ、閲覧できるので、右ハードディスクはわいせつ物に包含されるとすることにあるように思われる。「わいせつ物」とはわいせつ情報が化体された有体物であれば足りるとする、従来の裁判例を基礎に展開された原審の理由づけをそのまま承認しているのである。次に、「公然陳列」概念については、これまでの判例・多数説と同様の理解に立った上で、本件では、わいせつな画像を再生閲覧する操作は簡単なものにすぎず、会員は、比較的容易にわいせつな画像を再生閲覧することが可能であったとして、被告人の行為は公然陳列に当たると判示した。抽象的危険罪とされる本罪の性質に照らし、過去の主流判例の立場を確認したものである。

5　検討・私見

「わいせつ物」概念は一貫して拡張解釈されてきた。情報が紙のような媒体に固定され可視性があるものから、顕在化の可能性があれば足りるとして、未現像のフィルムまでもわいせつ物に含まれるとされてきた。同時に陳列概念も拡張されてきた。映画の放映（最決昭33・9・5刑集12巻13号2844頁）や録音テープの再生（東京地判昭30・10・31判時69号27頁）も陳列に当たるとされた。この場合、わいせつ物とはフィルムやテープ（有体物）であり、陳列される対象は映像（画像データ）であり、ここに至り、従来わいせつ画像（情報）とこれが化体している媒体との一体性が前提とされていたのとは異なり、わいせつ物と陳列の対象との間に

は乖離が生じるに至った。サイバーポルノにおいてはさらに、再生閲覧のためにはデータを受信する側による一定の行為が必要であるという事情が加わるのである。しかし、わいせつ物陳列罪の本質は媒体自体の存在ではなく、媒体に記録、投影された情報であることからすると、このような拡張は、情報化社会の発達に伴い必然的に求められたものであり、媒体自体の存在は、まさに175条の文言からする「外在的制約」でしかないともいいうるのである(拙稿「判批」現代刑事法4巻8号79頁)。

　このようなわいせつ物概念の拡張傾向の中で、右乖離を避けようとして、画像データそれ自体をわいせつ物と理解する判例・学説もあらわれたのはある意味では当然の成り行きともいえよう(もっとも、前田雅英・ジュリ1140号99頁は、情報そのものをわいせつ物に取り込む「実務上の切迫性は、まだ生じていないと解すべきである」としている)。映画の放映を陳列とした前掲最決昭和33年9月5日及び前掲最決平成13年7月16日によって右乖離は承認され、類似の事例については陳列罪で処理するという実務の流れは確定したといえようから、外在的制約をはずした情報そのものを175条の客体とする解釈は、今後、公然性が要件とされていないわいせつ物頒布・販売罪といった領域で展開される余地を残すのみである。

3 インターネットとわいせつ犯罪の関連問題

　サイバーポルノ関連犯罪については、さらにいくつかの問題が提起されている。

　いくつかの事例を挙げて、紹介してみよう。

　①Aは、顧客の要望に応じてCD-Rにコピーして販売する目的で、わいせつな画像データを記憶、蔵置させたCD-Rを数十枚所持していた。

　②Bは、わいせつ画像データを電子メール・システムを利用して顧客に送信した。

　③Cは、アメリカに設置してあるホストコンピュータのハードディスクに画像データを日本国内からアップロードして（日本語によるサイトとする）、同様の方法で、日本からアクセスしてきた不特定多数人にこれを閲覧させた。

①のAの罪責について。

わいせつ物の販売目的所持罪にいう所持とは、販売目的でわいせつ物を自己の支配下に置くことをいい、販売罪の予備を独立罪として処罰するものである。本罪は「わが国における健全な性風俗を維持する」ことを保護法益としているので、日本国外で販売する目的での所持は、販売目的所持罪に該当しないことになる。さて、Aの罪責に関して、類似の例としては、ダビングテープのみを販売する目的でわいせつビデオのマスターテープを所持した場合にも本罪の成立を認めた判例がある（富山地判平2・4・13判時1343号160頁）。積極説は、「内容が原本と一致したビデオが容易かつ大量に作成し得るので、ダビング済みのものを用意しておくことと・・・実質的な差違はな」く（前田・414頁）、社会的危険性は高いことをその根拠とする。他方、消極説は、ダビング目的であって販売目的の所持ではなく、販売されるのはマザーテープそのものではなくわいせつな情報であり、また、「予備の予備を処罰することになるから妥当でない」（西田・359頁）としてこれを批判する。

②Bの罪責について。

前掲最決平成13年7月16日の判断を前提としても、わいせつな画像データを電子メール・システムで顧客に送信する行為については、別個の考慮が必要である。ここでは、画像データが保存されている媒体が公然陳列されているわけではなく、データそれ自体が頒布、販売されているわけでもないからである。横浜地裁川崎支部判平成12年7月6日は、多数の顧客に対してわいせつ画像を電子メールの添付ファイルにまとめて送信したという事案につき、175条が174条との比較において重く処罰されるのは、わいせつ情報が媒体に固定されることにより伝播可能となる点にあるとして、わいせつ画像データは、インターネットにおける電子メール・システムを媒体とする「わいせつ図画」に当たると解して、わいせつ図画販売罪を認めている（研修628号119頁参照）。この判例に対しては、前掲最決平成13年7月16日に対して否定的な立場からの批判のほか、電子メール・システムを「わいせつ図画」といいうるのか、画像データをメール・サーバーに有料で送信することが「販売」といえるかなどの批判が加えられている。

③Cの罪責の罪責について。

第27講　インターネットとわいせつ犯罪　293

　Cの罪責は、国外のサーバーにわいせつな画像をアップロードする行為の法的評価を問うものである。わいせつ物陳列罪は、国外犯を処罰していない(刑法3条参照)。そこで、外国のプロバイダーのサーバーにわいせつ画像データを蔵置して、これに日本国内からアクセスすればわいせつ画像を再生閲覧することが可能となる状態を設定する行為の擬律については、争いがある。なお、この場合には、ⓐ日本からわいせつ画像データをアップロードする場合と、ⓑ外国でデータをアップロードする場合の2つが考えられる。本問は、ⓐの場合に関する設問である。

　本問に関して肯定説は、公然陳列状態は、わいせつな内容を認識することが可能な場所全体（映画室、上映室）に及ぶと解して、日本国内からアクセス可能である限り、ⓐ、ⓑとも国内犯としてわいせつ物公然陳列罪が成立するとする(山口・506頁)。

　限定肯定説は、外国のサーバーへのわいせつ画像のアップロード行為を本罪の構成要件的行為と捉えて、その着手が日本国内で行われた場合には、国内犯としてわいせつ物公然陳列罪の成立を肯定する(大谷・514頁、前田・413頁)。この場合には、ⓐの場合にのみ犯罪が成立する。

　否定説は、外国で賄賂の収受が行われた場合における公務の公正に対する国民の信頼という法益侵害は日本で生じていると考えられるのに、刑法4条が国外犯処罰規定を設けていることとの対比から、また、アップロード行為は本罪の予備行為であって実行行為の一部とはいえないとの解釈も可能であることなどから、肯定説は疑問であるとする(西田・359頁)。

　4　サイバーポルノ関連犯罪のうち、上述の如く、わいせつなデータをインターネット等のメールに添付して送信する行為については、学説の多くは、一定の処罰の必要性を考慮しつつも、現行法の解釈としては困難であるとしている。そこで、現在、以下のような立法提案がなされている(山口厚L&T No.26 9頁以下参照)。

（わいせつ物頒布等）
第175条　わいせつな文書、図画、電磁的記録に係る記録媒体その他の物を

頒布し、又は公然と陳列した者は、2年以下の懲役若しくは250万円以下の罰金若しくは科料に処し、又は懲役及び罰金を併科する。電気通信の送信によりわいせつな電磁的記録その他の記録を頒布した者も、同様とする。

2　有償で頒布する目的で、前項の物を所持し、又は同項の電磁的記録を保管した者も、同項と同様とする。

　この法案は、頒布の客体に、わいせつな「電磁的記録に係る記録媒体」を明記して、これまでの判例・多数説からの結論を明文化し、また、1項後段の「電気通信の送信によりわいせつな電磁的記録その他の記録を頒布した者」を処罰するとして、上述のようにいまだ争いのある、メールに添付してわいせつな情報を送信する行為を捕捉するものである。なお、「その他の記録」とは、ファックス送信行為を処罰するために、電磁的記録に限らない趣旨であるとされている。さらに、「頒布」とは、単なる交付とは異なり、不特定多数人へ交付するという限定された意味を有し、電磁的記録を送信し、受信させ、保存させることを表現する言葉である。

　2項は、販売目的所持罪の客体を電磁的記録にまで拡大するものであるとされている。法案175条は、「頒布」と「販売」の区別を廃し、両者を「頒布」に統一した。それは、無体の電磁的記録物を有償で送信する場合に、所有権の移転を予定した「販売」という概念に沿わず、ビデオテープの有償のレンタルについては、頒布か販売かの争いがあったことによる。それにより、販売目的所持罪が、有償頒布目的（わいせつ物）所持・（わいせつ電磁的記録）保管罪に改められた。それにしたがい、レンタル目的のわいせつなビデオテープの所持、ダビングして販売する目的での所持も捕捉されることになった。

【参考文献】
・鎮目征樹「プロバイダ等の刑事責任」（特集・サイバー犯罪の現在）現代刑事法6巻1号17頁
・只木誠「サイバー犯罪と犯罪地」（特集・サイバー犯罪の現在）現代刑事法6巻1号28

頁
・林陽一「わいせつ情報と刑法175条」（特集・サイバー犯罪の現在）現代刑事法 6 巻 1 号10頁
・山口厚「サイバー犯罪の現状と課題」（特集・サイバー犯罪の現在）現代刑事法 6 巻 1 号 4 頁

---【関連問題】---

①アメリカに在住する日本人のDは、アメリカに存在するサーバーにアメリカで違法なデータをアップロードし、日本からアクセスする不特定多数の会員にわいせつな画像データを閲覧させた（わいせつ物頒布罪等は、刑法3条の国民の国外犯の対象ではない）。犯罪の場所的適用範囲の関係でDの刑事責任につき検討せよ。

②ホームページの開設等のサービスを提供しているサービスプロバイダー社長Eは、パソコンのハードディスクにわいせつな画像データを記憶、蔵置させて、不特定多数人に再生閲覧をさせていたXのホームページの存在を知りながら、長期間にわたってその存在に気づかないふりをしてこれを放置していた。Eの刑事責任について、正犯か、幇助犯か、それとも無罪かについて、検討せよ。

（只木　誠）

第28講　公務執行妨害罪における職務行為の適法性

―【問題点】――
◇職務行為の適法性　◇職務行為の適法性の法的性質
◇職務行為の適法性の要件　◇職務行為の適法性の判断基準
◇職務行為の適法性に関する錯誤

1　総　説

1　公務執行妨害罪は、公務員に向けられた行為を対象とするが、それは公務員を保護しようとするものではなく、公務員によって行われる国または地方公共団体の作用、すなわち公務の円滑・公正な遂行を保護法益とするものである（最判昭28・10・2刑集7巻10号1883頁）。したがって、行為の客体と保護の客体とが異なる罪である。公務の円滑・公正な遂行が、私的業務に比べて手厚く保護されているのは、国民主権のもとで公務が国民の総意にもとづいて国民の利益の実現を目的とするからであるが、公務の遂行は個々の国民に対して向けられ、国民の個人的利益を侵害する可能性を秘めているものであるから、そこに国家的利益と個人的利益との衝突、拮抗対立する関係が生ずる。そうした利益衝突を調整するため公務の保護の範囲を適正に限界づける必要がある（山中敬一『刑法各論Ⅱ』（2004年）713頁参照）。

　本罪の保護の対象としての公務の範囲を定めるについては、国または公共団体の側の利益のみを一面的に考慮して拡張的に理解されるべきではなく、公務の向けられる相手方たる国民個人の利益が不当に侵害されることのないように慎重に配慮しつつ、必要な限度にとどめられなければならない。公務員であることにより特別な刑法的保護を受けるべきいわれはないのであり（憲法14条、15条参照）、また、国家権力だからといって絶対的に尊厳を保障されるべきものでもない（憲法11条、13条、31条等参照）。もっとも、現実には本罪によって公務員の地位自体が保護される面がないではない。しかし、これは公務が保護されることの反射的効果とみるべきである（大塚・各論［第三版］561頁注(1)、大谷・各論［追補版］570頁、前田・松本・池田・渡邉・大谷・川村編『条解刑法』252頁参照）。

第28講　公務執行妨害罪における職務行為の適法性　297

　公務執行妨害罪については、公務員の行う職務行為が適法であることが必要かどうか、職務行為が適法であるといえるための要件は何か、その判断基準、そして職務行為の適法性に関する錯誤をどのように取り扱うかといった問題がある。

2 職務行為の適法性

　1　本罪の成否に関し、公務員の行う職務行為が適法であることを要するか否かについては、刑法は明示していないが、適法でなければならないとするのが判例・通説である。これに対して、いやしくも公務員の職務執行行為と認められるものであれば足り、職務行為が必ずしも適法であることは必要でないとする見解もある（小野清一郎『新訂刑法講義各論〔第3版〕』(1950年) 20頁参照）。しかし、これは公務の保護を強調しすぎるものであり、違法な公務員の行為についてまで刑法的保護を与えるのは妥当ではないから、判例・通説が妥当である（大塚・563頁以下参照）。
　2　職務執行行為が違法であった場合に、その職務執行行為によって権利を侵害された者が暴行・脅迫の手段を用いてその執行を妨害した場合、公務執行妨害罪の構成要件該当性がなく、本罪は成立しない。その場合に、用いられた暴行・脅迫につき、暴行罪（208条）、脅迫罪（222条）の違法性も、正当防衛によって阻却されることがある（山中敬一・前掲書717頁参照）。

3 職務行為の適法性の法的性質

　職務行為の適法性の法的性質については、これを違法要素と解するもの（団藤重光・各論〔第三版〕51頁参照）や客観的処罰条件と解するもの（香川達夫・各論〔第三版〕39頁参照）があるが、ここにおける適法性の判断は、利益衝突場面での衡量によって判断されるものではなく、また、構成要件要素としても適法性の錯誤について適正な解決を図ることができるから、記述されていない規範的構成要件要素と解すべきであるとされる（大塚・564頁注(5)、山中・前掲書717頁、大谷・572頁、西田・415頁参照）。
　ここでいう適法性は、あくまでも刑法上の適法性であり、当該職務行為の根拠法令上の適法性とは別個の観念である。公務員の職務行為に明白かつ重

大な瑕疵があって当然無効という場合には適法性を欠くことはもちろんであるが、職務の執行が単に訓示規定に違反する程度の瑕疵を伴うのみである限りでは、なお、刑法的には適法と解すべきである（大塚・564頁注(4)参照）。

4 職務行為の適法性の要件

1 学　説

公務員の職務行為が適法といえるためには、一般に、次のような要件を備えることが必要であるとされている。(1) 行為が当該公務員の抽象的職務権限（一般的職務権限）に属すること、(2) 公務員がその職務行為を行う具体的職務権限を有すること、(3) その行為が公務員の職務行為の有効要件である法律上の重要な条件・方式を履践していること、というのがこれである。学説は、(1) の要件を必要とすることには一致がみられるが、その他の要件については見解が分かれる。

第1説は、(1)、(2) の要件に加えて (3) の要件を「重要な方式」に限定することなく、訓示規定を除く法定の方式を履践していることとし、さらに (4) として、公務員において一定の処分を必要と考えるについての事実の認識に関して錯誤がないかまたは錯誤が過失に基づかないことを要するとするものである（宮本英脩『刑法大綱』(1935年) 492頁参照）。

これに対して、第2説は、その行為がその公務員の抽象的権限に属し、かつ、執行に必要な一般的形式を具備すれば足りるとするものである（江家義男『増補刑法各論』19頁、牧野英一『刑法研究2巻』209頁参照）。そして、これらの中間に属するものとして、(3) の要件をめぐって、すなわち、どの程度の「方式」違背があれば適法性を欠くことになるかということについて、大要3つの見解に分かれる。第3説は、職務行為について法律上一定の方式・要件が定められている場合には、これに違背するものはすべて違法となるとするものである（滝川幸辰『刑法各論』(1951年) 267頁参照）、第4説は、訓示規定・任意規定に違反しただけでは適法性を失わないとする見解であり（大塚・565頁以下参照）、そして、第5説は、職務行為の要保護性の見地から、職務行為が必ずしも根拠法令上の適法要件のすべてを満たしていなくても、相手方の保護に欠けるところがない場合は、刑法上は適法とみてよいとする

第28講　公務執行妨害罪における職務行為の適法性　299

ものである（藤木英雄『刑法講義各論』(1976年)23頁参照）。

2　判　例

　判例は、一般的には、職務行為の適法性を必要とする立場に立つものと思われるが、何をもって職務行為の適法性の要件とするかについては明確ではない。一応、当該職務行為が、公務員の抽象的職務権限に属するものであることを要求することは一致しているといってよいが、具体的職務権限の有無その他については明確ではない。たとえば、「国税徴収法第11条ハ訓示規定ニシテ市吏員カ県税市税ノ滞納処分トシテ財産ノ差押ヲ為スニ際シ其ノ資格ヲ証明スヘキ証票ヲ示ササルモ之ニ因リ其ノ処分ヲ無効ナラシムモノニ非ス」（大判大14・5・7 刑集4巻276頁）としており、また、訓示規定か否かに触れず、収税官吏が法律で定められた身分を証明する証票を携帯しなかった場合において、証票携帯の有無は収税官吏の職務権限に影響しないことを理由にあげて、公務執行妨害罪の成立を認めたもの（大判大14・3・23 刑集4巻187頁）がある。また、具体的職務権限に関し、市会議長が有効に成立した日程変更の動議を無視して日程を進めようとした場合（大判昭7・3・24 刑集11巻296頁）や、必要な形式の具備に関し、執達吏が公正証書に基づいて強制執行を実施するに当たり、その公正証書の謄本を債務者本人に交付せず、その内妻に交付したため適式の送達が行われていない場合（大判大7・5・14 刑録24輯605頁）等について、判例は、適法性の解釈をゆるやかにして、適法な職務執行であるとしている。このような判例の態度は、戦後にも引き継がれ、たとえば、警察官の職務質問に際して、答弁を拒否して逃げ出した被告人を追いかけ、腕に手をかけて引き止めた警察官の行為に対して、刑訴法の規定によらない限り、身柄の拘束、意に反する連行、答弁の強要は許されないとする警職法2条3項の規定にもかかわらず、なお、適法な職務質問の範囲内にあるとして、公務執行妨害罪の成立を認めている（最決昭29・7・15刑集8巻7号1137頁、最判昭30・7・19刑集9巻9号1908頁）。

　これに対して、従来の判例とは若干趣を異にするものとして、訓示規定ではないとしつつも、政令所定の検査証を携帯しなかった収税官吏に対する公務執行妨害罪の成立を認めたものがある。すなわち、「所得税法施行規則63条は、収税官吏は所得税法63条の規定により帳簿書類その他の物件を検査す

るときは、大蔵大臣の定める検査証を携帯しなければならないと規定しているが、この規定は、専ら、物件検査の性質上、相手方の自由及び権利に及ぼす影響の少なからざるを顧慮し、収税官吏が右の検査を為すにあたり、自らの判断により又は相手方の要求があるときは、右検査証を相手方に呈示してその権限あるものであることを証することによって、相手方の危惧の念を除去し、検査の円滑な施行を図るため、特に検査証の携帯を命じたものであって、同条は単なる訓示規定と解すべきではなく、殊に相手方が検査証の呈示を求めたのに対し、収税官吏がこれを携帯せず又は携帯するも呈示しなかった場合には、相手方はその検査を拒む正当の理由あるものと認むべきである」としつつ、「相手方が何等検査証の呈示を求めていないのに収税官吏において偶々これを携帯していなかったからといって直ちに収税官吏の検査行為をその権限外の行為であると解すべきではない」（最判昭27・3・28刑集6巻3号546頁）としている。検査章携帯を命じた規定を単なる訓示規定ではないとして、職務行為の適法性要件を従来より厳格に解すべしとする態度がうかがわれよう。

3　検討・私見

既述の学説のうち、第1説は、職務行為の適法性の要件として考えうるあらゆるものを要求する点において、もっとも厳格な立場であるが、適法性の要件を厳格に解するあまり、公務執行妨害罪の成立範囲が狭きに失することになる。この点、個人的利益を偏重することになり妥当でない。これに対して、第2説は、逆に、公務執行妨害罪の成立範囲が広くなりすぎ、国家的利益を偏重しすぎることとなり妥当でない。また、第3説は、些細な方式違反があったに過ぎない場合においても職務行為が違法となり、第1説と同様、公務執行妨害罪の成立範囲が狭くなりすぎるため妥当でない。この点、職務行為の方式・要件については、「私人の権利の不当な侵害を予防する目的で課せられた、その要件の充足が正当な職務行為であるために本質的な事項」（たとえば、逮捕時における逮捕状の事前呈示）と「私人の権利保全のための論理必然的な要請というまでの重要性を帯びず、公務員の職務行為の態様を定型化し、職務執行の能率化を期するとともに、あわせて、私人に対して公務員の職権行使である旨を告知してその責任の所在を明確にするに止まる」単

なる手続的事項とに区別し、前者を遵守しない場合には、たとえ現場において相手方が異議を唱えることがなくても、これを適法な職務行為として刑法による保護を与えることはできないが、後者を遵守しなかった場合については、相手方からその非違を指摘されながらそのまま職務を強行することは刑法上の要保護性を欠くことになるが、相手方が行為の際に何ら異議を述べなかったときは、せいぜい公務員の服務上の責任を生ずるに止まり、刑法上の公務の要保護性に影響を及ぼすものではないとする第4説は傾聴すべきものがある。これに対して、たしかに、適法性を備えた職務行為が刑法上保護に値するとはいえても、そのことから直ちに職務行為の要保護性からその適法性が生ずるということにはならない。当該職務行為の法律上の条件・方式に違背し、したがって不適法な職務行為を実質的に要保護性が認められるからといって、これを「適法な」職務行為とすることはできないと思われる。したがって、第5説のように、(3)の要件を職務行為の要保護性の見地から判断したり、要保護性を適法性そのものに代置したりする見解は妥当ではなかろう（城下裕二「職務行為の適法性」223頁『刑法判例百選II各論〔第5版〕』参照）。結局、(3)の要件について、重要な方式・要件を欠く場合は当該職務行為は違法となり、訓示規定・任意規定に違背するだけである場合は適法性に影響しないとする第4説が妥当と思われる。

5 職務行為の適法性の判断基準

1 学説

次に、当該職務行為が適法性の要件を備えているかどうかを何人の立場を標準として判断するか、すなわち適法性の判断基準が問題となる。これについては、①当該公務員が適法と信じてなした行為であれば適法と解してよいとする主観説（公務員標準説）、②裁判所が法令を解釈して客観的に定めるところによるとする客観説（裁判官標準説）、③一般人の見解を標準として、一般人の見解において一応公務員の職務執行行為と認められる場合であれば適法と解してよいとする折衷説（一般人標準説）（木村・各論301頁、川端・各論363頁、大塚仁ほか編・大コンメンタール刑法(6)第2版〔頃安健司〕105頁など参照）が対立している。

まず、①主観説は、公務員がその職務を行うについては、特定の事実についてその職権職務を執行するに必要な条件が具備しているか否かを自ら判断する権能があるということであり、当該公務員がその抽象的職務権限に属する事項に関して具体的に職務の執行の原因となるべき事実ありと信じた場合においては、たとえその裁量判断が客観的事実に符合しないとしても、その行為を職務行為とすべきであるとする（泉二・各論67頁参照）。

これに対して、②客観説は、さらに、裁判所による客観的判断は、当該職務行為の時点における具体的状況に照らして客観的に判断されるべきであるとする「やわらかな客観説（ゆるやかな客観説）」（行為時標準説）（団藤・各論53頁、大谷・各論526頁、前田・各論〔第3版〕440頁など参照）と事後的に、純客観的に判断すべしとする「純客観説」（裁判時標準説）（大塚・各論567頁、福田・各論14頁、中山・各論504頁、曽根・各論〔第三版補正二版〕298頁など参照）とに分かれる。

③折衷説は、適法か違法かに争いがあれば最終的には最高裁判所において決着をつけるしかなく、それには長い時間を要するものであるから、事件が発生した時点での突嗟の判断に間に合うべくもなく、問題は、事件発生の時点での一応の判断として、適法と推定するか、違法と推定するかであり、その際、通常人であればどう考えるかを判断基準とするのは理由のあることである。法の究極にあるものは、所詮健全な社会常識あるいは社会通念であるのであるから、その意味から言っても、一般人を標準とするという考え方には正しいものがある（大塚仁ほか編・大コンメンタール刑法(6) 第2版〔頃安健司〕107頁参照）とする。

2　検討・私見

①主観説に対しては、「公務員の信念によって、違法な職務執行が適法な職務執行に転化するわけがない」（瀧川『刑法各論』267頁）との批判があり、他方、③折衷説に対しては、何が一般人の見解であるかが不明確であり、国家的利益を偏重し個人的利益を軽視する結論を導きだす危険性を含むとか（荘子邦雄「公務執行妨害罪における職務行為の適法性」木村還暦祝賀『刑事法学の基本問題（下）』799頁参照）、法令をよく知らない一般人は、公務員の職務行為を外見だけで適法と評価しがちであり、事実上主観説と変わりない結論になりやすいなどの批判がある。結局、客観説が通説となっている。そこで、客観説によるとして、「やわらかな客観説（行為時標準説）」によるか、「純客観説（裁判時標準説）」によるかが問題となる。

この争いは、誤認逮捕のような場合に結論の相違をきたすが、たとえば、適法な逮捕要件を備えていても、裁判時に無実であることが判明したという場合、「やわらかな客観説」は、職務執行時に適法であれば、その職務行為は要保護性をもつとして、公務執行妨害罪の成立を肯定する。しかしながら、無実の者に逮捕行為に抵抗しないことを期待することは困難であること、また、この説は、結局は当該職務執行の外観を重視することになり、折衷説、さらには公務員が過失なくして適法と信じたことを要求する主観説の一種(宮本英脩『刑法大綱』492頁参照)にも接近することになろう。違法な職務行為が外観によって適法行為に転化する謂われはないであろう。したがって、「純客観説（裁判時標準説）」が妥当である。

6 職務行為の適法性に関する錯誤

1 公務員の職務執行が客観的に適法であるにもかかわらず、これを違法であると誤信して公務執行を妨害した場合、どのように取り扱うべきであるか。これが職務行為の適法性に関する錯誤の問題である。これについても、学説は分かれる。

2 判例・学説

判例は、公務員の適法な職務執行を違法であると誤信して、これに暴行・脅迫を加えた場合については、これを法律の錯誤であり、故意を阻却しないと解している(大判昭和7・3・24刑集11巻5号296頁)。

これについて、学説は、①法律の錯誤として故意を阻却しないとする見解(藤木・各論26頁)、②職務行為の適法性は公務執行妨害罪の構成要件要素であるから、事実の錯誤として故意を阻却するとする見解(植松・各論25頁、中山・各論509頁、前田・各論442頁、伊達秋雄「公務執行妨害罪」刑事法講座4巻678頁など参照)、③適法性を基礎づける事実と適法性の評価を区別し、前者の誤認のみを事実の錯誤とする見解（二分説）(大塚・各論571頁以下、福田・各論15頁、曽根・各論〔第三版補正二版〕298頁以下、中義勝「公務執行の適法性と錯誤」関西大学法学論集12巻2・3号267頁以下など参照)、④職務行為の適法性は客観的処罰条件であり、その錯誤は故意を阻却しないとする見解(香川・各論〔第三版〕42頁以下参照)がある。

3 検討・私見

②説は、軽率に適法な職務行為を違法と誤信した者、あるいは誤信したと主張する者を不可罰とすることになり、政策的にも妥当でない。そこで、これを回避するために④説が主張されるが、この④説によれば、②説とは逆に、客観的に違法な職務執行に対する抵抗もつねに公務執行妨害罪を成立することになり、単にその可罰性が阻却されるにすぎないという奇妙な結論にならざるを得ず、また、犯罪の成否とは無関係な客観的処罰条件という範疇を承認することじたい、理論的批判を免れないであろう（吉川経夫「公務執行妨害罪の問題点」刑法講座5巻71頁参照）。また、③説に対しては、職務行為の適法性に関する錯誤を事実の錯誤と法律の錯誤とに区別することは困難であるとの批判がある。たとえば、この立場では、民事訴訟法規を誤解して執行官には不動産に対する差押の権限はないと考えて、執行官の差押に抵抗した場合は事実の錯誤であるとされるが（大塚・各論571頁以下参照）、むしろこの場合は法律の錯誤ではないかと思われる（大谷・各論529頁、大塚仁ほか編・大コンメンタール刑法（6）第2版〔頃安健司〕142頁以下参照）。そもそも、公務の適法性は、根拠法令上の適法判断とは独立した刑法独自の見地からの実質的違法判断を含んだ規範的構成要件であることから、適法性に関する錯誤は事実の錯誤ではなく、法律の錯誤と解すべきであろう（藤木英雄「公務執行妨害罪における職務の適法性」法曹時報24巻7号29頁参照）。

【参考文献】

大塚仁ほか編・大コンメンタール刑法（6）第2版〔頃安健司〕797頁以下。
藤木英雄「公務執行妨害罪における職務の適法性」法曹時報24巻7号1頁以下。
吉川経夫「公務執行妨害罪の問題点」刑法講座5巻62頁以下。
荘子邦雄「公務執行妨害罪における職務行為の適法性」木村還暦祝賀『刑事法学の基本問題（下）』781頁以下。
谷口正孝「公務の執行に対する反抗」ジュリスト116号25頁以下。
谷口正孝・大関隆夫「公務の妨害」判例タイムズ70号38頁以下。

【事例問題】

(1) 警察官Xは、警邏中、Aが日本刀の仕込杖を所持していたのを現認したので、同人を銃刀法違反の現行犯として逮捕しようとしたが、Aの傍らに寄りかかってきたBがAから何物かを手渡されている気配を察知し、Xにおいて両名の間に

割り込んだところ、Bの腹のあたりから拳銃が落ちてきたので、Bをも銃刀法違反の現行犯で逮捕しようとしたところ、これを免れようとしてAおよびBから暴行を受けた。Bについては、銃刀法違反の点は裁判で無罪とされた。Bに公務執行妨害罪は成立するか。
(2) 警察官X、Yは窃盗罪でAを逮捕するため、A宅に赴き、XがAに対して逮捕状を呈示したのに、Aはこれを見ておらず、Xらの逮捕行為を違法なものと誤信し、Xに暴行を加えた。Aに公務執行妨害罪は成立するか。

(山本光英)

第29講　犯人による犯人蔵匿・証拠隠滅・偽証の教唆

―【問題点】―
◇正犯としての期待可能性と共犯としての期待可能性の違い
◇犯人蔵匿罪・証拠隠滅罪・偽証罪の保護法益　◇刑事訴訟制度との関係

1 総　説

1　犯人蔵匿罪・証拠隠滅罪

　犯人蔵匿罪（103条）及び証拠隠滅罪（104条）は、刑事事件の捜査・裁判・刑の執行といった、国家の刑事司法作用を侵害する犯罪である。両罪とも抽象的危険犯である。犯人蔵匿罪は、犯人や拘禁中に逃走した者を隠匿することにより、捜査・刑事裁判・刑の執行を免れさせる罪である。証拠隠滅罪は、他人の刑事事件に関する証拠の利用を完全に妨げる罪である。自己の刑事事件に関する証拠の隠滅等については、期待可能性の欠如を考慮して除外されている。

　犯人が自己を蔵匿した場合や自己の刑事事件に関する証拠を隠滅等した場合に罪に問われないことは条文上明らかである。これに対して、犯人が他人を教唆して自己を隠匿させた場合や自己の刑事事件に関する証拠を隠滅等させた場合はどう考えるべきであろうか。犯人蔵匿罪・証拠隠滅罪の教唆犯が成立するかが問題となる。

2　偽証罪

　偽証罪は、宣誓した証人が虚偽の陳述をすることによって成立する真正身分犯である（169条）。本罪は各種偽造罪の後に規定されているが、社会法益に対する罪ではなく、国家の審判作用の適正という国家法益に対する罪である。本罪も抽象的危険犯である。

　現行刑事訴訟法上、被告人には証人適格がないと解されている。被告人は終始沈黙し、個々の質問に対して供述を拒む権利を有しているので（刑訴法311条）、

供述義務を負う証人の地位とは相容れない（渥美東洋・刑事訴訟法〔新版補訂〕379頁）。したがって、被告人自ら宣誓の上虚偽の陳述をしても本罪の主体とはなりえない。これに対して、被告人が自己の被告事件について他人を教唆して偽証させた場合はどう考えるべきであろうか。偽証教唆罪が成立するかが問題となる。

2 学 説

1 犯人による犯人蔵匿・証拠隠滅の教唆

学説は、積極説（教唆犯成立説）と消極説（教唆犯不成立説）とに分かれる。その他にも、犯人蔵匿罪については教唆犯の成立を否定し、証拠隠滅罪と偽証罪については教唆犯の成立を認める個別処理説も主張されている。

(1) 積極説 教唆犯の成立を認める正当化根拠は複数掲げられている。①他人に犯人蔵匿・証拠隠滅の罪を犯させてまでその目的を遂げるのは、みずから犯す場合とは情状が違い、定型的に期待可能性がないとはいえない（団藤・90頁、福田・34頁、大塚・601頁、川崎・442頁）、あるいは期待可能性がないというのは自己隠匿までが限度（香川・88頁）、②「正犯としての期待可能性」と「共犯としての期待可能性」は同一ではなく、後者では「他人を巻き添えにすることの期待可能性」の有無を検討しなければならず、一般的には「期待可能性」なしとはいえないことが多い（内田・652頁、同・判タNo.594・23頁）、③自己の利益のために他人を利用して、他人に罪を犯させる行為は正当とはいえない（川崎・442頁）、④他人の行為を利用して犯罪を実現するという反社会性のほかに、新たな犯罪者を作り出すという反社会性を併せ持つので、自分自身で行えば犯罪とならない行為でも、他人を教唆してそれを実現した場合には、その教唆犯として処罰すべき（江家・増補刑法各論45頁）、⑤他人を利用してまで逃げ隠れすることが類型的に期待可能性がないとは言い難い。教唆犯の成立を認めた上で、具体的事情により、期待可能性の不存在による責任阻却を広く認めるべき（平川・542頁）、などである。

(2) 消極説 教唆犯の成立を否定する理由づけも複数主張されている。①共犯独立性説の立場から、自己自身が隠避・証拠隠滅罪の行為を行うにつき他人を利用しているにすぎないので、犯罪が成立しない（木村・314頁）、②みずから実行する正犯としてさえ刑事責任を負わしめるべきでないとされる者に

対し、それよりも間接的な関係に立つにすぎない教唆犯または従犯として刑事責任を負わしめるべき理由はない（植松・51頁、55頁）、③犯人の正犯としての蔵匿・隠避に期待可能性が認められないとする以上、それより軽い罪である教唆について期待可能性が認められるとするのは不当（大谷・603頁、607頁、岡野・340頁、西田・415頁、堀内・318頁、321頁、林・460頁、山口・577頁、583頁、平野・刑法概説286頁、287頁、曽根・刑法の重要問題［各論］補訂版334頁）、④犯人・逃走者の自己庇護という面を強調すると、直接、犯人みずからおこなおうが、他人を介しておこなおうが、両者に本質的な差異はない（川端・344頁）、などである。

(3) **個別処理説**　犯人蔵匿罪は、蔵匿させる者と蔵匿される犯人の両者を必要な成立要件としている犯罪であるところ、法は前者についてのみ処罰規定を置いて後者を不可罰としているのであるから、犯人を対象とし予定する対向犯的性格を持つ蔵匿隠匿行為と犯人の教唆においては、教唆行為は定型的関与形式として不問に付されたものとして共犯規定の適用が制限される。蔵匿隠避罪の成立に予定されている犯人は、単に存在のみならず常に主体的な働きかけを伴うものであり、この点に客観化された存在のみを予定する証拠隠滅や偽証とは類型を異にする契機がある。したがって、証拠隠滅罪及び偽証罪の教唆行為は可罰的であるとする（鈴木享子・法学教室（第１期）６号119頁）。

2　犯人による偽証教唆

学説は、積極説（教唆犯成立説）と消極説（教唆犯不成立説）とに分かれる。

(1) **積極説**　この説は、「犯人による犯人蔵匿・証拠隠滅の教唆」において教唆犯の成立を認める立場からだけでなく、そこでは消極説の立場を採る論者からも主張されている見解である（二分説）。偽証教唆罪の成立を認める正当化根拠は複数掲げられている。①偽証教唆には期待可能性がないとはいえない（団藤・104頁、福田・37頁、大塚・610頁、平川・553頁、川崎・454頁）、あるいは期待可能性は自己利用までが限度である（香川・102頁）、②憲法38条１項の自己負罪拒否特権は自己の刑事責任に関する不利益な事実について供述を強要されないことを保障しているにすぎず、かような事実について供述を拒むことをしないで、積極的に虚偽の陳述をする権利を認めたものではない（団藤・104頁、大塚・610頁、平川552頁、川崎454頁、曽根・刑法の重要問題［各論］補訂版336頁）、③教唆には新たに犯罪者を作り出すという特殊の反社会性がある

（江家・増補刑法各論52頁）、④裁判官は被告人の陳述よりも宣誓した証人の証言を信用しやすいため、被告人自身の虚偽の陳述よりも、偽証教唆のほうが審判の適正を誤らせる危険が大きい（江家・増補刑法各論52頁、曽根・刑法の重要問題〔各論〕補訂版338頁、前田・476頁）、⑤証拠隠滅・偽造行為が物的・人的証拠の客観的な存在そのものに対する対する加工行為、すなわち証拠方法の利用それ自体を物理的に不可能にする行為、および物理的な手段で不真正な証拠方法を作り出すことをいうのに対し、偽証は法廷における証拠資料である証言を直接歪曲する行為であるという形態的な相違があるだけでなく、証拠隠滅罪が証拠方法の提出の段階もしくはそれ以前の不法な行為であって、それだけ審判の適正を誤らせる危険性は間接的であるのに対して、偽証罪は直接証拠調べの段階における不法な行為であって審判の適正を誤らせる危険性はより直接的で、その犯罪性は高く、両罪の犯罪性の程度は実質的に異なる（曽根・刑法の重要問題〔各論〕補訂版337頁）、⑥証拠隠滅罪と偽証罪の罪質の違いは、法定刑の差にも現れている（前田・476頁）、⑦共犯者に対する証人として自己の犯罪事実について偽証したときは偽証罪となるのであり、犯人による偽証が処罰の対象となる以上、犯人による偽証教唆を不可罰とする理由はない（平野・刑法概説290頁、山口・592頁）、⑧偽証罪において被告人がその主体から除外されているのは、現行刑事訴訟制度上、被告人には証人適格がないとされているからにすぎない（団藤・104頁、平野・刑法概説290頁、平川・553頁、川崎・454頁、曽根・刑法の重要問題〔各論〕補訂版336頁）、⑨犯人蔵匿罪や証拠隠滅罪については、その主体から犯人が除外されることは構成要件上明らかであるが、偽証罪については自己の刑事被告事件についての偽証が罪とならないことは構成要件上明らかとはいえない（団藤・104頁、平川・553頁、川崎・454頁、曽根・刑法の重要問題〔各論〕補訂版336〜337頁）、などである。

(2) 消極説 ①共犯独立性説の立場から、刑事被告人が自己の事件に関し単に他人の行為を利用して自ら虚偽の陳述をしているに過ぎないとする説（木村・317頁）の他に、②期待可能性がない（大谷・618頁、岡野・346頁、西田・427頁、堀内・327頁）、③犯人蔵匿罪・証拠隠滅罪と同様に犯人庇護罪的性格を有しており、偽証は証拠の偽造にほかならず、直接、犯人みずからおこなおうが他人を介しておこなおうが、両者に本質的な差異はない（川端・351頁）、④みずから実行する正犯としてさえ刑事責任を負わしめるべきでないとされる者に対し、それよりも間接的な関係に立つにすぎない教唆犯または従犯として刑事責任を負わしめるべき理由は

ない（植松・55頁）、といった理由が挙げられている。今日、偽証教唆罪の成立を否定する立場は、被告人に期待可能性がないことを前提に、偽証教唆においても犯人蔵匿罪や証拠隠滅罪と同様に考えるべきであると主張している。

③ 判　例

判例は、大審院以来一貫して犯人による犯人蔵匿・証拠隠滅・偽証の教唆の成立を認めている。

1　犯人による犯人蔵匿の教唆

大審院判例（大判昭8・10・18・刑集12巻1820頁）は、自己隠匿は「人間の至情」として防禦権の範囲内としたが、他人を教唆して自己を隠匿させる行為は防禦の濫用であって、法律の放任する防禦の範囲を逸脱したものと判示した。最高裁判例（最決昭35・7・18刑集14巻9号1189頁）は、特段の理由も付さず、しかも括弧の中で、「犯人が他人を教唆して自己を隠避させたときは、犯人隠避罪の教唆犯が成立するものと解するを相当とする」と判示した。その後の判断は本判決を引用して犯人蔵匿罪の教唆の成立を認めている（例えば最決昭60・7・3判時1173号151頁。なお、谷口裁判官の詳細な反対意見が付されている）。

2　犯人による証拠隠滅の教唆

大審院判例（大判明45・1・15刑録18輯1頁）は、被教唆者に証拠隠滅罪が成立するため「之ヲ敎唆シタル刑事被告人ハ該罪ノ敎唆者トシテ論スヘキモノトス」として、教唆犯の成立は共犯従属性からの帰結としている。最高裁判例（最決昭40・9・16刑集19巻6号679頁）は、犯人による犯人蔵匿の教唆に関する判例と同様に特段の理由も付すことなく、括弧の中で「犯人が他人を教唆して、自己の刑事被告事件に関する証憑を偽造させたときは、刑法104条の証憑偽造罪の教唆犯が成立するものと解すべきである」と判示している。

3　犯人による偽証教唆

犯人による偽証教唆は、①弁護権の範囲を逸脱しているとする判例（大判明42・8・10刑録15輯1083頁、大判明43・6・14刑録16輯1191頁、大判昭7・6・13刑集11巻821頁）、②偽証教唆は証拠の偽造には該当し

ないとする判例（大判大3・6・23・刑録20輯1324頁、最決昭28・10・19刑集7巻10号1945頁）、③被告人の教唆によって偽証した他人の側に偽証罪が成立し、被告人の側は罪責を免れるというのは「国民道義ノ観念」上許されないとした判例（大判昭11・11・21刑集15巻1501頁）、④被告人自身に黙秘権があるからといって、他人に虚偽の陳述をするよう教唆したときは偽証教唆の責を免れないとした判例（最決昭28・10・19刑集7巻10号1945頁、最決昭32・4・30刑集11巻4号1502頁）、がある。

4 検討・私見

　犯人による犯人蔵匿・証拠隠滅・偽証の教唆について、判例は一貫して教唆犯の成立を認めており、実務の運用は安定している。判例の理由づけも概ね大審院以来変化はなく、先例踏襲ということ以外に具体的な理由が付されることも稀である。学説は、積極説・消極説ともに有力に主張されている。結論に違いはあるものの、両説とも共犯論と期待可能性の理論を柱に自説を組み立てている。現在、共犯独立性説の考え方は退けられているので、期待可能性に対する評価の違いが結論の差異を導いているといってよいだろう。
　本講との関係で考えるならば、犯人蔵匿罪・証拠隠滅罪・偽証罪は、刑事司法制度とその運用に対する犯罪という点で共通している（偽証罪は国家の審判作用を保護法益とするが、本講は犯人による教唆を問題にしているので、刑事手続に焦点が当てられることになる）。ところで、法制度ないしその運用は、最終的に国民に受け入れられているという点に正当性の根拠が求められる。すなわち、法制度や法運用は、国民の信頼に支えられていなければならないということである。刑事手続は適正なものでなければならないが、刑事手続の「適正」とは、その適正について国民の信頼が得られているということも当然内容に含んでいるだろう。刑事司法制度とその運用の適正を確保するための方策として、日本国憲法は31条以下に詳細かつ具体的な規定を用意している。また、刑事訴訟法は公共の福祉の維持と個人の基本的人権の保障とを全うしつつ、事案の真相を明らかにすることを法の目的としている（刑訴法1条）。
　憲法31条以下の刑事手続に関する諸規定は、国の刑事法運用の権限と限界を定めており、基本権を侵害する法運用は認められない。例えば、判例によると、採証過程に令状主義の精神を没却するほどの重大な違法が存在する場

合、証拠能力は否定されることになる(最決昭53・9・7刑集32巻6号1672頁、最決平15・2・14刑集57巻2号121頁)。これらの規定は、国の刑事司法制度とその運用が内部から掘り崩されるのを防ぐものである。しかしながら、国の刑事司法制度とその運用は、外部からも侵害を受ける。このような侵害を処罰することを通じて刑事司法制度とその運用の適正を確保する働きを営むのが、犯人蔵匿罪・証拠隠滅罪・刑事手続における偽証罪なのである。

　そこで、これらの罪の保護法益に立ち返って考えてみると、犯人自身がこれらの罪を犯しても法益が侵害されるという点に変わりはない。犯人の自己蔵匿や証拠隠滅が罪とされないのは、法が特別に処罰の対象から除外しているためである。判例によると、犯人による自己蔵匿ないし証拠隠滅行為は防禦の範囲内とされているが、これは自己蔵匿等を権利として認めたものではなく、単に「期待可能性なし」として法の放任するところとしているにすぎない。そこで、刑事司法制度とその運用に対する侵害を期待可能性なしとする限度はどこまでなのかが問われることになる。法の明文規定は、犯人による自己蔵匿と証拠隠滅までである。他人を教唆して蔵匿ないし証拠を隠滅させた場合、この他人の側には犯人蔵匿罪・証拠隠滅罪が成立する。この時、期待可能性が欠けるとして教唆犯の成立を否定し、教唆した犯人は処罰されないという結論が、国民の刑事司法制度に対する信頼という点で、果たして説得力を有しているといえるであろうか。判例は、偽証教唆に関する事例において、国民の道義感情に合致するかという枠組を用いて、他人の側は偽証罪の責を負い被告人は罪責を免れることを不当とし、偽証教唆の成立を認めた。確かに、国民の道義感情では感情論の域を出ていないという批判が当てはまるであろうが(植松56頁)、保護法益に立ち返って、この道義感情を刑事司法制度とその運用の適正に対する国民の信頼と読み替えた場合、判例は大審院以来一貫して法の正当性の問題と絡めて教唆犯の罪責に取り組んでいたという理解が可能になるだろう。偽証罪に関する判例であるが、教唆犯の罪責を問うという点で一致しているため、このような思考枠組は犯人蔵匿罪や証拠隠滅罪にも当てはまると解する。

　教唆犯の方が犯罪性が軽いという考え方を貫徹する立場は、形式論理にすぎないのではないだろうか。判例に現れた事例をもとに想定しうる事例で具

体的に考えてみる。例えば、組織的に犯罪が行われた場合、計画および実行面で中心的な役割を果たした人物が、自己の罪責を免れるため、配下の者を身代わり犯人として立てた場合、期待可能性が欠けると評価できるであろうか。また、この場合にも教唆犯は犯罪形態として軽い、あるいは、法益侵害は間接的であると言うことができるであろうか。また、自己の罪責を免れるために他人に執拗に働きかけ、虚偽の証拠を作出させる行為についても寛恕することを法が前提としているのであろうか。犯人による教唆について、法は期待可能性の欠如を前提としていると一律にはいえないであろう。むしろ、一般的には犯人以外の者が関与することにより刑事司法制度とその運用に対する侵害の程度は高まるといえる（前田・462頁、466頁、斎藤・321頁）。積極説は、期待可能性の判断を個別具体的に行うことを否定しているのではなく、消極説が主張するような、期待可能性を一律に否定する考えを退けているだけである。期待可能性といった責任阻却事由は個別に判断すべき事柄である。この点、現行刑事訴訟法は裁量訴追主義を採用しており（刑訴法248条）、訴追の段階でまずふるいに掛けられる。公判においても期待可能性の吟味は行われているのであって、判例は期待可能性の理論を頭から否定しているのではない（青柳・最高裁判所判例解説刑事篇昭和32年度266頁）。判例に現れた事例は、事実を吟味した結果期待可能性がないとはいえない事例だったということである（内田・判タ No.594・23頁）。

　偽証罪についても考え方の基本は同じである。ただし、犯人蔵匿罪や証拠隠滅罪よりも偽証罪の方が審判作用を直接侵害する。また、従来から、裁判官は被告人の陳述よりも宣誓した証人の証言の方に重きをおくことが指摘されている。したがって、他人を教唆して偽証させる行為は刑事司法制度とその運用に対する侵害の程度が大きく、このような形で国の審判作用の適正を侵害する行為に期待可能性が欠けるとはいえないであろう。偽証教唆による法益侵害は他人の行為を介しているとはいえ、その効果の面において決して間接的なものではない。

　被告人には自己負罪拒否特権が保障されているが（憲法38条1項）、これは自己に不利益な供述を法律上義務づけられないことを内容とする。また、被告人には黙秘権も保障されているが（憲法38条1項、刑訴法311条1項）、これは被告人に供述・沈黙・否認の選択権を保障したものである。したがって、他人に偽証させる行為に

まで自己負罪拒否特権や黙秘権による保護を及ぼすことはできない。

[参考文献]

今上益雄「犯人による犯人隠避・証拠隠滅の教唆と共犯の処罰根拠論」東洋法学42巻1号（1998年）1頁

川端博・曽根威彦「犯人による犯人蔵匿・証拠隠滅・偽証の教唆」『現代刑法論争II〔第2版〕』（1997年）342頁

中谷瑾子「犯人による偽証教唆」『判例刑法研究7』（1983年）53頁

小松進「偽証および証憑湮滅」『現代刑法講座第4巻』（1982年）39頁

虫明満「偽証罪・証憑湮滅罪と共犯」『刑法基本講座第6巻』（1993年）361頁

現代刑事法5巻10号特集「刑事司法・審判作用の刑法的保護」（2003年）

曽根威彦「犯人蔵匿・証拠隠滅・偽証の共犯」『刑法の重要問題〔各論〕補訂版』（1996年）329頁

[事例問題]

(1) 殺人を犯したAの実父であるBは、Aに対する捜査・訴追および処罰を免れさせる目的で、知人のCに依頼してAをかくまってもらった。またBは、犯行に用いられた凶器が発見されないようにするため自分の弟Dに命じてその凶器を山中に捨てさせた。B、C、Dの罪責はどうなるか。

(2) 共同被告人の手続が分離され、共犯者に対する証人として自己の犯罪事実について虚偽の陳述をした場合の罪責どうなるか。

（安井哲章）

第30講　偽証罪における虚偽の陳述

―――――【問題点】―――――
◇陳述の意義
◇虚偽性の判断基準
◇偽証罪における故意の内容

1 総　説

　偽証罪（刑法169条）は、法律に基づいて宣誓した証人が虚偽の陳述をすることを内容とする犯罪である。例えば、Xは、AがBをナイフで刺すのを目撃したのだが、親友のAを庇う意図で、証人として宣誓の上、Aとは全く異なる容貌風体のCがBを刺したと公判で供述した場合である。
　本罪の保護法益は、国家の審判作用の適正である。国家の審判作用において法的判断の前提となる事実は、証拠によって認定されなければならない。自己の経験に基づく事実を供述する証人が宣誓して虚偽の陳述をするときは、審判機関をして証拠の証明力の判断を誤らせるおそれがあり、さらには事実認定を誤らせることになりかねない。そこで、証人の虚偽の陳述を禁止することによって、国家の審判作用の適正を保護しようとするのである。ここから、偽証罪の成立には、国家の審判作用の適正が現実に害されたという事実の発生を必要とせず、国家の審判作用の適正が害される危険が生ずれば足りる（危険犯）と解される（大判昭12・11・9刑集16巻1545頁参照）。
　偽証罪は、条文上危険の発生が要求されていないので、抽象的危険犯と解されている（団藤・102頁、大塚・609頁、大谷・617頁、西田・461頁、山口・591頁。なお、曽根・317頁は、具体的危険の発生までを要求する）。判例は、証人の供述が国家の審判作用の適正に影響を及ぼし得るか否かを問題とすることなく、偽証罪の成立を認める（大判明43・10・21刑録16輯1714頁、大判明44・2・7刑録17輯39頁、大判大2・9・5刑録19輯845頁、東京高判昭34・6・29下刑集1巻6号1366頁など）。この意味での危険は、擬制された抽象的危険で足りることになる。これに対して、学説の多くは、国家の審判作用の適正を害する一定程度以上の危険が発生することを要求する。そこで、証人のいかなる供述に、国家の審判作用の適正を害する危険が認められるのかが問題の中心となる。可

罰性が認められる証人の供述の範囲を明らかにするにあたっては、①どのような事項に関する供述にその危険が認められるのか（陳述の意義）、及び、②どのような内容・性質の供述にその危険が認められるのか（陳述の虚偽性）が問題となるのである。

虚偽の陳述の意義をめぐる主観説と客観説の対立は、結局のところ、証人の記憶に反する供述により、審判機関が証拠の証明力の評価を誤り、さらに事実認定までをも誤る危険が認められるのか（主観説）、それとも、客観的真実と一致する供述であればその危険が認められないか（客観説）という、審判作用の適正を害する危険発生の理解の違いに起因すると考えられる。

2 偽証罪における虚偽の陳述

1 陳述の意義（供述の実質性）

偽証罪の行為は「虚偽の陳述をした」ことである。事実、意見などの思考を、言語を用いて伝達することを供述というが、いかなる事項に関する証人の供述が偽証罪にいう「陳述」に該当するのだろうか。

(1) 擬制説は、供述事項がどのようなものであっても、虚偽の供述を行えばそれだけで偽証罪の成立を認める（大判大2・9・5刑録19輯844頁など。なお、後掲東京高判昭34・6・29参照）。偽証罪の危険は擬制された抽象的危険で足り、虚偽の供述それ自体に一般的にみておよそ審判作用の適正を害する抽象的危険が認められるからであるとする。したがって、供述が明らかに争点（要証事実）と関連性がなく、およそ事実認定を誤らせるおそれがない場合でも、偽証罪の成立に影響を与えないことになる。この見解に対しては、供述の実質性を問題とせず、虚偽性が認められるすべての供述について偽証罪が成立するとなると、危険の範囲を過度に広く認めることになるとの批判がある（福山・後掲法学132頁、曽根・後掲重要問題347頁）。

(2) 関連性説は、審判作用の適正を害する抽象的危険さえも認められない行為は偽証罪にあたらないとして、偽証罪にいう「陳述」は、ⓐ当該事件の争点（要証事実）と関連性のある事項についての供述に限定されるとする（団藤・102頁、大塚・609頁、川端・354-355頁、大谷・603頁、曽根・315頁、前田・472頁、山口・591頁など）。虚偽の供述によって裁判に影響を

及ぼす現実の危険（具体的危険）を生じたことまでは必要ではないが、裁判所の心証形成に影響を及ぼすことのない虚偽の供述を偽証罪から排除すべきであるから、供述の虚偽性がその裁判にとって何らかの影響をもちえなければならないことを理由とする。また、虚偽性に関する客観説からは、偽証罪においては国家の審判作用に対する現実の危険が問題となると考えられるから、ⓑ供述事項が争点と密接な関連性をもち、審判に具体的な影響力を及ぼし得る重要事項に限定されるとの理解もある（曽根・315頁・317頁は可罰的／違法性が否定されるとする）。虚偽性に関する主観説がとる関連性との相違は、危険の量的程度の問題に帰着し、その存否は個々具体的な判断に委ねられる（福山・後掲法／学131-132頁）。

2 陳述の虚偽性（虚偽性の判断基準）

陳述を「虚偽」と評価する基準については、自己の記憶に反する供述を虚偽とする主観説と、客観的真実に反する供述を虚偽とする客観説とが対立している（後掲の事例問題(1)〜(3)の場合に両説／の結論が異なり、対立が顕在化する）。

(1) 判例　判例は、大審院以来、主観説を採っているとされる。例えば、旧刑法218条の偽証罪に関して、自らが実際に経験していない事実を経験したものとして証言した事案において、供述内容が客観的真実に合致する場合でも偽証罪を構成するとしたものがある（大判明35・9・22録8輯8頁、大／判明42・6・8刑録15輯735頁など）。明示的に主観説に従う典型例として挙げられるのが、**大判大正3年4月29日**（刑録20輯654頁）である。借入額を偽って証言するよう教唆した事案において、「證言ノ内容タル事實カ眞實ニ一致シ若クハ少クトモ其不實ナルコトヲ認ムル能ハサル場合ト雖モ苟クモ證人カ故ラニ其記憶ニ反シタル陳述ヲ爲スニ於テハ偽證罪ヲ構成スヘキハ勿論ニシテ即チ偽證罪ハ證言ノ不實ナルコトヲ要件ト爲スモノニ非」ずと判示して、偽証教唆罪の成立を認めた。供述内容が客観的真実に一致したとしても、記憶に反する供述をした場合には偽証罪を構成することを明らかにしたといえよう。

最高裁では、陳述の虚偽性について判示したものはみあたらない。なお、**最二小決昭和28年10月19日**（刑集7巻10号1945頁）は、刑事被告人が他人に虚偽の陳述をするよう教唆した事案において、「証人…は宣誓の上虚偽の供述をしたものであることが明らかであり真実の事実が如何なるものであるか

はこれを判示する必要はない」と判示しており、主観説に従うものと考えられる。高裁の裁判例としては、自らありあわせの印を押印したにもかかわらず、名義人の真正の押捺があったと民事法廷で証言した事案について、「偽証罪は法律により宣誓した証人が虚偽の陳述をなしたとき成立する。ここにいう虚偽とは真実に反することを指称するものであるところ、証人は『良心に従って真実を述べ』る義務を負うから、その真実は証人の誠実なる主観的記憶を基準として判断すべきものであって、即ちその陳述が虚偽であるか否かは、証人の陳述そのものがその証人自身の認識、記憶に符合しているかどうかによって定めるべきものである。従って証人がその認識、記憶するところと異なることを故意に陳述したときは、仮にその陳述にかかる事実が偶々真実に符合していたとしても虚偽の陳述をしたものとして、偽証罪が成立する」と判示したものがある（東京高判昭34・6・29下刑集1巻6号1366頁）。

(2) **学説** (a) **主観説**は、証人の主観を基準として判断し、自己の記憶に反する内容の供述が「虚偽」であると解する（団藤・101頁、大塚・608頁、福田・37頁、藤木・46頁、大谷・615頁、香川・88頁、川端・386頁など）。証人が自己の記憶に反する供述をすることによって、国家の審判作用を害する危険が惹起されると考えるからである。したがって、証人が自己の記憶に従って供述をした場合には、供述内容が客観的真実に反するものであっても虚偽の陳述とはならない。反対に、証人が自己の記憶に反する供述をした場合には、供述内容が客観的真実と一致するものであっても虚偽の陳述となる。主観説は、審判における証人の役割という視点からアプローチする。証人には、自己の経験し記憶している事実を、記憶にしたがってそのまま供述することによって、その供述を審判機関の事実認定に提供することが予定されている。その証明力を評価し、何を事実と認定するかは、事実認定者である審判機関の役割である。そこで、証人が記憶に反する供述を行えば、証言の信用力を損なうことになって審判機関の心証形成に重大な影響を及ぼすから、それ自体に国家の審判作用を害する抽象的危険が認められると解するのである。主観説に対しては、自己の記憶に反する供述であっても客観的真実に一致すれば審判作用の適正を誤らせる危険はなく、それにもかかわらず可罰性を認めることは、誠実義務違反という単なる主観を処罰することになるとの批判がある（小松進「偽証および証憑隠滅」中山研一ほか編『現代刑法講座４巻』（東京：成文堂・1982.9）46頁。なお、日高・後掲論争356頁）。

しかし、主観説も、自己の記憶に反する供述をしたという真実供述義務違反を根拠として偽証罪を処罰するものではなく、証人の経験とは異なる内容の供述が審判作用を誤らせる危険を発生させたことを処罰根拠としているのであり、この批判はあたらない（川端・後掲論争357頁）。

 (b) これに対して、**客観説**は、客観的真実を基準として判断し、客観的真実に反する内容の供述が「虚偽」であると解する（小野・41頁、植松・56頁、平野・289頁、内田・663頁、中山・537頁、西田・460頁、林・474頁、山中・784頁、山口・591頁など）。客観的真実と一致する供述には、国家の審判作用の適正を害する現実の危険が認められないと考えるからである。したがって、客観的真実に一致する供述をしている限り、たとえ証人が自己の記憶に反する供述をしたとしても虚偽の陳述とはならない。客観説は、審判作用に及ぼす危険という視点からアプローチする。また、偽証罪として処罰するためには、誰の目からも明らかな客観的事実を提示して、供述がそれに反していることを示さなければならないことも理由として挙げられている（福山・後掲法学171頁、平野龍一「偽証罪における客観説と主観説」『判例時報』1557号（1995.4.21）5-9 [9] 頁）。客観説に対しては、証人が客観的に真実であるかどうかを判断する義務を負うことになるが、それでは主体的な判断を要求することになって、もはや本来の人的証拠としての意義を失い、鑑定人などと同じことになるとの批判がある（大谷實『刑法各論の重要問題』（東京：立花書房・1990.10）494頁）。

 (c) 基本的には主観説に基づきながら、供述内容が客観的真実と一致する場合には、例外的に偽証罪の成立を否定する見解がある（**折衷説**）。構成要件該当性が否定されるのか、違法性が阻却されるのかに関して見解が分かれる。第一に、ⓐ自己の実体験に反する供述は虚偽であるが、供述内容が行為時（証言時）を基準に評価して客観的真実に一致すると判断される場合には、偽証罪の構成要件該当性が否定されるとする見解がある（前田・474頁、前田雅英「偽証罪（事例演習刑法）」『警察学論集』48巻8号（1995.8）203-214 [209] 頁）。裁判は動的な構造を持ち、裁判上の「真実」は変化していくものであるから、審判作用の適正を害する危険の程度の判断は、行為時に存在した事情を基礎に行為時を基準に判断しなければならない。そして、行為時の客観的真実に一致する供述は、形式的には虚偽の陳述にあたるが、審判作用の適正を害する危険が非常に低いために、偽証罪で保護に値する程度の危険、すなわち類型的な可罰的違法性が欠けることを理由とする。第二に、ⓑ自己の記憶に反する供述それ自体は構成要件に該当するが、それ

が客観的真実に一致すると判断される場合には、違法性（可罰的違法性）が否定されるとする見解がある（曽根・317頁、曽根・後掲重要問題352-353頁）。自己の記憶に反する供述は、通常、客観的真実にも反するから、それ自体が審判作用を害する一般的危険性を有しているが、自己の記憶に反する供述が現実に審判作用を害する危険を有するものとして違法となるのは、それが客観的真実にも反している場合だけであることを理由とする。

(3) 伝聞供述　さらに、伝聞事実を目撃事実として供述した場合（伝聞供述）に、客観説には問題が生ずる（旧刑法218条の偽証罪に関する大判明35・9・22刑録8輯33頁、現行刑法の偽証罪に関する大判明42・6・18刑録15輯735頁、福岡高判昭37・7・28下刑集4巻7=8号638頁参照）。例えば、他人から聞いた「AがBを刺した」という事実を、自己が直接目撃したものとして供述した場合に、「AがBを刺した」という供述内容が客観的真実に一致していれば、客観説からは虚偽性が否定され偽証罪を構成しないことになる（消極説）。主観説からは、自己の記憶にない事実を供述しているのであるから、当然に偽証罪を構成することになる（積極説）。

もっとも、客観説からも、伝聞供述には審判機関の証拠判断を誤らせる危険性があり、虚偽性は、審判の対象となる事実との関係のみならず、証人が事実を経験した過程との関係でも判断される必要があることを理由に、伝聞事実を直接経験した事実として供述した点に虚偽を認め、虚偽の陳述にあたるとする見解もある（植松・57頁、平野・289頁、西田・460頁、林・465頁、山口・591頁、日高・後掲論争356-357頁など）。これに対しては、客観説によるならば、証言内容それ自体の客観性を問題とすべきであって、その事実の獲得過程を考慮する必要はないと再批判されている（川端・後掲論361頁）。

③ 偽証罪における故意

主観説からは、供述内容が自己の記憶に反するものであることの認識が偽証罪の故意である。真実であると考えていたかどうかは犯罪の成否に影響を与えない（客観的に真正な事実を熟知している必要はないとした、大判大2・6・9刑録19輯687頁参照）。客観説からは、供述内容が客観的真実に反するものであることの認識が偽証罪の故意である。折衷説は、ⓐ構成要件的故意として、供述内容が自己の記憶に反することの認識、及び

行為時の客観的真実に反することの認識が必要であるとし（前田・474頁）、または、ⓑ構成要件的故意としては供述内容が自己の記憶に反することの認識で足りるが、責任故意として客観的真実にも反することの認識が必要であるとする（曽根・317頁）。さらに、供述の実質性に関する関連性説に立つ場合には、虚偽性の認識に加えて、自己の供述が裁判上の争点に関連して審判作用に影響を及ぼしうる事実に関するものであることの認識が要求される（曽根・317頁は、これに加えて、虚偽の陳述が国家の審判作用に影響を与え得る重要な事項に関連するものであることの認識を責任故意として要求する）。

4 検討・私見

1 陳述の意義（供述の実質性）について

抽象的危険犯において危険の発生を擬制すると、およそ法益侵害の可能性が認められない、すなわち処罰根拠を欠く行為にも可罰性を肯定してしまうことになる。そこで、抽象的危険犯においても、法益侵害の一定程度の可能性を要求する必要がある。偽証罪は審判作用の適正を保護するものであるから、可罰的とされる証人の供述は、事実認定者である裁判所の心証形成を誤らせる一定程度以上の危険を生じさせるものでなければならない。自己の記憶に反するすべての供述にこの危険性が認められるわけではない。偽証罪の「陳述」は、供述内容が裁判の争点（要証事実）と関連性をもって、裁判所の心証形成に何らかの影響を及ぼす可能性がある事項についての供述である必要がある（関連性説）。裁判所の心証形成を誤らせる可能性がおよそ認められない事項についての供述は、偽証罪の「陳述」には当たらないと解すべきである。例えば、刑事裁判においては、事実認定や量刑判断に直接関わる事項だけでなく、証人の信用性判断などに関わる事項も含まれると考えられる。主観説の立場から陳述対象によって偽証の成立する範囲を限定するのは論理が一貫しない（内田・665頁）との批判があるが、供述の虚偽性の問題と供述の実質性の問題とは別個の問題であると考えられるので、この批判はあたらないであろう（曽根・後掲重要問題347頁）。

2　陳述の虚偽性（虚偽性の判断基準）について

　自由心証主義（刑訴法318条・民訴法185条）の訴訟原則のもとでは、証拠の証明力を評価して何が事実であるのかを判断するのは、事実認定者である裁判所の役割である。そして、裁判所は、証人の観察能力・判断能力・知識・経験などを考慮し、他の証拠を相互に参照して、経験則・論理法則に基づいて合理的に証人の供述の信用力及び証拠価値を判断することになる。ここでは、証人には、過去において自己が経験して記憶した事実を、その記憶に従って供述することが予定されているにとどまり、自己の経験し記憶した事実が客観的真実と一致するかどうかを判断することまでは求められていない。客観説によれば、証人は自己の記憶している事実が客観的真実に一致するか否かを判断して供述しなければならなくなるが、これは証人に対する過度の要求であって適切ではない。このような裁判における証人の役割に基づけば、主観説の主張するように、自己の記憶に反する供述が「虚偽」であると解すべきである。

　また、偽証罪においては、①有罪・無罪という終局裁判の前提となる最終的な事実認定を誤る危険（誤判の危険）だけでなく、②事実認定の前提となる個々の証拠の証明力の判断を誤る危険も考慮しなければならない。証明力の判断を誤れば、供述内容が真実であるとの前提で事実認定に供されることになり、事実認定者の心証形成を誤らせ、結果として事実認定を誤らせる可能性を否定できないからである。自己の記憶に反する供述は、たとえ「真実と信じ」ていたとしても、経験による裏付けを欠く。したがって、根拠をまったく欠く単なる憶測であるか、他の証拠に依拠する独自の推論であるかのいずれかである。そのどちらあったとしても類型的に証明力が認められない。他の証拠との整合性を欠く可能性も否定できないから、他の証拠の証明力を不当に減殺してしまうかもしれない。自己の記憶に反する供述は、結果として客観的真実と一致したとしても、すでに証明力の判断を誤らせる危険を発生させているといえるのであるから、偽証罪の可罰性が認められるのである。

　客観説は、客観的真実と一致する供述には審判作用の適正を害する危険が認められないとして、供述内容が客観の真実に反していることを要求する。

そこで、次に客観説のいう「客観的真実」の意義を検討する。客観説のいう客観的真実が、現実に発生した事実（歴史的真実・絶対的真実）それ自体を意味するのであれば、確かに審判作用の適正を害する危険は認められない。しかし、この意味での真実を解明することはおよそ不可能であるから、客観的真実が現実の事実（歴史的真実・絶対的真実）を意味するものではないと考えられる。そうすると、客観的真実とは訴訟法的真実、すなわち、刑事裁判においては証拠によって合理的な疑いを容れない程度にまで証明された事実であり、民事裁判においては証拠の優越の程度にまで証明された事実を意味すると解するほかないであろう。訴訟法的真実は、提出された各種証拠を相互に参照し、その証明力を勘案しながら証拠を取捨選択し、合理的な経験則・論理法則に基づいて確定される。そして、訴訟法的真実が確定されるのは、最終的には裁判が確定した段階であり、少なくとも、裁判が内部的に成立した段階である（合議体では評議の終了、単独制では裁判書の作成）。証人の証言時には、訴訟法的真実は判明していないのである。したがって、客観説の主張するように、事後に確定する客観的真実と自己の供述内容との一致を要求することはできない。そればかりか、客観的真実との一致を要求すると、証人は客観的真実に適合する事実を推測することになる。そうすると証人は必然的に自己の記憶と他の証拠とを相互に参照することになって、他の証拠による不当誘因を許してしまうことにもなるから、かえって裁判所の心証形成を誤らせ、審判作用の適正を害する危険が増大することにもなると思われる。

　また、折衷説のいうように、訴訟の進行中にあっても、個々の裁判官は、個別に心証を形成しているといえるかもしれない（前田・474頁参照）。しかし、裁判が確定していない以上、これを訴訟法的真実とみることはできない。また、この段階での客観的真実は、個々の裁判官の内心において認められるに過ぎない。そのような裁判官の内心の事実との一致を要求すると、証人に不可能を要求することになり、妥当とは思われない。したがって、行為時における客観的真実との一致を問題とすることもできないと思われる。

　そもそも偽証罪は、刑罰による制裁の威嚇のもとに証人に対して一定の内容の供述を強制するものである。そうであるとすれば、供述が虚偽であるか否か（偽証罪の違法性）は、行為時に存在した事情を基礎に行為時に判断し

なければならないのであり、事後的に確定される客観的真実によって判断される性質のものではないと考えられる。自己の記憶に反する供述が事後に判明した客観的真実と一致したとしても、結果的に一致したにとどまり、それは偶然のものに過ぎない。また、客観的真実と一致したという事後的事情が遡って行為時の違法性に影響を及ぼすと考えることも妥当ではない。したがって、このような事後的・偶発的な事情を類型的違法要素または可罰的違法要素とみることは困難であると思われる。

　客観説は、証人の供述が客観的真実に反するものである場合にはじめて審判作用の適正を害する危険が認められると主張する。しかし、証人の虚偽の供述により審判作用を害する危険が既に発生しており、その危険が現実のものとなったが故に、事実認定者の心証形成が歪められ、その結果として証人の供述内容と客観的真実（訴訟法的真実）とが一致してしまったと考えることもできなくもないように思われる。証人の供述が客観的真実と一致していたとしても偽証罪の成否には影響せず、証人の供述が事実認定を支える証拠から排除されていたなどして、事実認定に影響を与えていなかった場合に限って、せいぜい例外的に処罰が阻却されるにとどまるものと思われる。

　なお、伝聞供述は他人の経験を供述するものであり、実体験による裏付けを欠くものであるばかりか、原体験者に対する反対尋問が不可能であるから、その信用性が類型的に低いと考えられる（刑訴法における伝聞法則の根拠）（川端・後掲論争360頁）。客観説に立ちながらも、伝聞供述について偽証罪の成立を肯定する見解もあるが、客観説からは証言内容の客観性を問題とするべきであって、記憶の獲得過程までを問題とするべきではないと思われる（川端・後掲論争360頁）。

3　偽証罪における故意について

　客観説によれば、証人が自己の記憶に反する事実を真実であると信じて供述した場合に、供述内容が客観的真実に反していたとしても、故意が認められず不可罰となる（主観説からは可罰性が肯定される）（事例問題3）。この点に対して、そのような見解は偽証罪の立法趣旨に反するとの批判が加えられているが（団藤・101頁）、客観説は供述内容が客観的真実に反することを虚偽と解しているのだから、その認識がない場合に無罪とするのは当然の帰結であるといえる（曽根・317頁、前田・

474頁、山口・591頁)。むしろ客観的真実に反する供述を虚偽としたこと自体に問題があったのである。また、「証人は自分の記憶が間違いだと思ったときは、真実と信じたところに従って証言すべきものなのであって、それが客観的に虚偽だったとしても処罰すべきではない」(平野・289頁)との反論もある。しかし、証人として何を供述すべきかは、客観的な虚偽性の問題であって、故意の問題ではない。記憶が喚起し直されて供述した場合などは、なお記憶と一致する供述といえるから、主観説からも虚偽性が否定され偽証罪を構成しないのである。

さらに、証人が自己の記憶している事実を、虚偽であると思いつつも記憶に従って供述したが、客観的真実には反していたという場合に(事例問題1)、客観説からは故意を認めて偽証罪の成立を肯定することになる。しかし、実質的には客観的真実に一致する事実を発見できなかったことを理由に故意責任を認めることになり、妥当とは思われない。

主観説によれば、記憶に反する事実であるとの認識をもって供述すれば、たまたま客観的真実と一致していても故意を認めることになる(事例問題2)。この点に対して、真実に合致した「虚偽の陳述」の故意を肯定するのは不当である(内田・663頁)とか、証人の主観においては、「記憶に反する」との認識のほかに「真実を述べる」という意図が併存する場合に、これをなお全体として偽証の故意と呼べるかは疑問である(小松・前掲現代刑法講座45頁)との批判が向けられている。しかし、偽証罪の故意としては、虚偽の陳述を禁止する反対動機が形成できるだけの認識があれば足りるのであって、主観説によれば、それは自己の記憶に反するとの認識で足りる。それを超えて、「真実を述べない」との意思であるとか、法敵対的意思(曽根・後掲重要問題349頁)といった積極的な意思まで要求することは、偽証罪を過度に主観化することになりかねないのである。

【参考文献】

福山道義「偽証罪における主観説と客観説」『法学研究〔北海学園大学〕』10巻1号(1974.9) 153-172頁。

福山道義「偽証罪における虚偽の陳述——判例を素材にして」『福岡大学法学論叢』27巻2号(1982.10) 153-167頁。

福山道義「偽証罪に関する二つの問題——宣誓の意義、供述の実質性」『法学〔東北大学〕』47巻5号（1984.1）130-151頁。

日高義博・川端博「偽証罪における『虚偽の陳述』」植松正ほか『現代刑法論争Ⅱ』（勁草書房・1985.9）352-361頁。

曽根威彦「偽証罪における『虚偽の陳述』」同『刑法の重要問題〔各論〕』補訂版（成文堂・1996）342-354頁。

十河太朗「偽証罪の保護法益と危険概念」『現代刑事法』5巻10号（2003.10）11-16頁。

【事例問題】

(1) Xは、Aが被害者を拳銃で撃って殺害するのを目撃して、薄暗がりの中を遠くから目撃しただけなのでおそらくは別人であろうと思いつつも、記憶に忠実にAが被害者を殺害したと証言した。しかし、後日の審理で、実際にはAとよく似たBが犯人であることが判明した。Xの罪責を論ぜよ。

(2) Yは、Cが被害者を包丁で刺して逃走するのを目撃したが、友人のCを庇おうと考えて、虚偽であると知りつつも被害者と敵対関係にあったDが逃げていくのを見たと証言した。ところが、Yの記憶が誤りで、Cに変装したDが犯人であることが後日の審理で判明した。Yの罪責を論ぜよ。

(3) Zは、殺された被害者の部屋からE女が立ち去るのを目撃したが、被害者との結婚を間近に控えたE女が被害者を殺害するはずはないと思い、最近になって被害者と別れたF女であったに違いないと思い直して、F女が出て来るのを見たと証言した。しかし、Zが目撃したのは実際にはE女であり、E女が犯人であった。Zの罪責を論ぜよ。

（大杉一之）

事項索引

〈あ〉

悪質な交通事犯…………42
新しい権限濫用説………212
安楽死……………………11
遺棄罪……………………62
遺棄罪の客体……………63
遺棄罪の性質……………63
遺棄態様…………………64
遺棄致死罪………………32
遺棄等致死傷罪…………62
「遺棄」の意義…………62
意識的処分行為説…162, 167
意思侵害説…83, 84, 86, 88, 91
意思疎通の擬制…………48
遺失物横領罪………116, 184
意思内容決定説…………212
委託物横領罪……………195
一時使用…………………131
一部居住者同意無効説……87
一部居住者同意有効説……87
一部行為の全部責任の法理
　……………………………46
一部損壊説…………237, 239
一部露出（説）…………3, 26
1項詐欺…………………160
1項詐欺罪……………173, 178
1項犯罪…………………160
威力業務妨害罪…………98
疑わしきは被告人の利益に
　……………………………45
越権行為説…………199, 210
延焼罪……………………255
王子野戦病院事件………93
往来危険罪………………258
往来危険罪の結果的加重犯
　…………………………258
往来危険による汽車等転覆・
　破壊罪…………258, 263

往来妨害罪および同致死罪
　…………………………258
往来妨害致死傷罪………259
横領罪…………**195**, 214, 228
（業務上）横領罪………231
横領罪の客体……………184
横領罪の成立要件………197
横領説……………………184
横領と背任の区別……**209**, 213
「横領」の意義………**209**
公けの信用………………274
置き去り…………………65
恩給年金証書事件………121

〈か〉

外部的名誉………………106
瑕疵ある意思……………160
過失往来危険罪…………258
過失傷害罪……………28, 36
過失致死傷罪……………35
過失致傷罪………………41
過失名誉毀損罪…………110
ガス漏出罪………………250
鐘淵化学事件………220, 231
間接正犯…………………277
管理可能性説……………228
毀棄・隠匿罪……………129
企業の秘密情報…………234
偽計業務妨害罪…………98
危険運転致死罪…………43
危険運転致死罪…………42
危険運転致傷罪…………42
危険犯……………………315
汽車等転覆・破壊罪および同
　致死罪………………258, 260
汽車等の「破壊」の意義
　…………………………261
偽証教唆罪の成立を認める正

当化根拠…………………308
偽証罪…………306, 311, 315
偽証罪における故意…**320**, 324
偽証罪の違法性…………323
偽証罪の可罰性…………322
偽証罪の構成要件該当性
　…………………………319
偽造………………………269
偽装心中…………………22
既存結果流用説…………28
期待可能性……307, 308, 313
期待可能性の理論………311
器物損壊罪………………129
基本行為と重い結果との密接
　な関係……………………41
義務違反説………………201
欺罔行為…………………160
客体の財物性……………224
客観的真実に反する内容の供
　述…………………………319
境界損壊罪………………136
恐喝罪……………………160
凶器準備結集罪…………53
凶器準備集合罪………**53**
狭義の遺棄………………64
強制力を伴う公務………103
強制力を伴わない権力的公務
　…………………………103
共同正犯…………………46
業務……………………**98**
業務上横領罪…215, 221, 223, 225, 227, 228
業務上過失致死罪…26, 27, 28
業務上堕胎罪……………32
業務妨害罪………………98
業務妨害説………………96
虚偽記載…………………269
虚偽公文書作成罪………277

事項索引

虚偽公文書作成罪の間接正犯 ……………………………277
虚偽の陳述 ……………315
虚偽文書 ………………271
挙証責任 ………………107
挙証責任の転換 …………47
虚名 ……………………106
金額所有権 ……………198
禁制品の奪取 …………125
具体的危険の認識 ……260
具体的危険犯 …59, 236, 240, 248, 253, 259
具体的職務権限 ……298, 299
クレジットカードの取引 ……………………………172
クレジットカードの不正使用 ……………………………**172**
経済的財産説 …………118
形式主義 …………269, 274
刑事手続の「適正」……311
刑訴法1条 ……………311
刑法38条1項 ……………34
刑法上の「物」…………220
K義塾有印私文書偽造等被告事件 …………………272
結果責任 …………………35
結果的加重犯類型包含説 ……………………………36, 39
月刊ペン事件 …………106
厳格な証明 ……………107
現業業務 ………………100
現業的公務 ……………103
権限濫用説 ……………211
現在居住者優先説 ………87
建設調査会事件 ……221, 232
限定背信説 ……………212
憲法の名誉毀損法論 …112
権力の公務 ……………100
故意のある結果的加重犯…75
故意犯説 ………………39
強姦罪 …………………283
強姦致死傷罪 …………51, **73**
広義の遺棄 ………………64
公共危険罪 …236, 248, 258

公共の危険の内容………**248**
公共の危険の認識 …248, 256
公共の危険の認識の要否 ……………………………**251**
公共の危険の判断基準…**251**
行使の目的 ……………269
公正証書原本等不実記載罪 ……………………277, 283
構成要件要素たる公共の危険 ……………………………254
公然陳列 …………289, 290
「公然陳列」概念の外延 ……………………………287
強盗強姦致死罪 …………74
強盗殺人罪 …………19, 150
強盗致死傷罪 ……………51
公務 ……………………**98**
公務執行妨害罪 ……98, 296
効用喪失説 …………237, 238
国鉄公傷年金詐欺事件 …122
個人的法益 ………………55
国家の刑事司法作用を侵害する犯罪 …………………306
国家の審判作用の適正 …315
誤認逮捕 ………………303
コピー …………221, 224, 225
コピー目的での一時持ち出し ……………………………233

〈さ〉

サイバーポルノ ………286
「財物」概念 …………115
財物罪 …………………115
財物の移転・利益の移転 ……………………………160
裁量訴追主義 …………313
詐欺罪 ………116, **160**, 173
詐欺罪の成立範囲 ……169
錯誤にもとづく財物の交付・利益の処分 ……………160
作成人 ……………268, 269
作成名義人 ……………267
殺害の嘱託の任意性……20
殺人罪 …………1, 6, 13, 14,

19, 22, 32, 38
殺人罪の間接正犯 ………14
殺人の実行行為 …………14
作為必要説 ………………28
作為不問説 ………………27
サリドマイド ……………27
三角詐欺 ………………174
三角詐欺1項詐欺罪説 …174
三者間取引 ……………172
三徴候説 …………………5
自己堕胎 …………………30
自己の記憶に反する内容の供述 ……………………………318
自己の名義ないし計算 …214
自己の物の取戻行為 ……126
自己負罪拒否特権 …308, 313
自己名義カードの不正使用 ……………………………173
自殺関与罪 ………13, 14, 22
自殺教唆 …………………14
自殺サイト …………12, 21
自殺に対する同意 ………14
自殺の権利性 ……………11
事実証明に関する規定 …106
事実証明の特例 …………48
事実の公共性 …………106
死体損壊罪 ………………1, 6
失火罪 …………………243, 255
実行行為である侵入 ……83
実質主義 …………270, 274
死についての自己決定権…22
支払意思・能力欺罔説 …180
社会的法益 ………………55
社会的法益を侵害する犯罪 ……………………………236
社会法益を侵害する罪 …274
写真複製 ………………222
重過失 ……………………41, 43
住居権（説）……………85
住居者意思標準説 ………87
住居者等の承諾 …………86
住居侵害説 ………………86
住居侵入罪 ……………**82**
住居侵入罪の既遂時期 …83

事項索引　329

住居侵入罪の客体............82
住居侵入罪の保護法益......83
自由権..........................85
自由心証主義 322
修正された代金支払免脱説
　..................................174
修正された本権説 119
修正独立燃焼説 242
重要部分燃焼開始説...237,238
主観的超過要素 206
出産開始説 3
出産機能傷害説..............28
出水罪 238
使用横領 233
傷害罪...34,35,36,37,38,43,50
傷害致死罪............38,43,50
傷害の故意 35
状況の認識 60
承継的共犯 51
証拠隠滅罪 306,311
使用窃盗 131
承諾殺人罪 6
証人威迫罪（105条の2）...53
情報（価値）の化体された物
　..................................229
情報の財物性 228
情報の不正入手と財産罪
　..................................218
嘱託殺人罪....................21
職務行為の適法性........297
職務行為の適法性の判断基準
　..................................301
職務行為の適法性の法的性質
　..................................297
職務行為の適法性の要件
　..................................298
職務行為の適法性に関する錯
　誤..............................303
所持（説）......120,130,287
処分行為性 170
新規結果必要説..............30
人工妊娠中絶..................32
新効用喪失説 239
親告罪..........................138

真実性の誤信 109
真実性の錯誤の取り扱い
　..................................108
真実性の証明 107
真実性の証明の法的効果
　..................................107
新住居権説 86, 88
信書隠匿罪 129, 135
真正でない文書 269
真正不作為犯..................82
真正身分犯 277, 306
親族関係の錯誤............148
親族関係の必要な人的範囲
　..................................145
親族相盗例 138
親族相盗例の根拠・法的性格
　..................................139
親族の意義 145
人民電車事件 260
新薬産業スパイ事件......224, 232
正当な理由がないのに ...84, 86
責任主義........................35
窃取..............................116
窃盗罪 115, 129, 219, 222, 224, 227, 228
窃盗罪の保護法益 146
全遞信釜石支部大槌郵便局事件
　....................................93
全部露出説 4
占有..............................116
臓器移植法 7
臓器の移植 5
綜合コンピュータ事件
　..........................226, 233
相対的脳死説 9
騒乱罪 57
尊厳死 11

〈た〉

代金支払免脱説 174
第三者交付詐欺説 174
胎児 25

胎児性致死傷..................25
胎児性致死傷の可罰性......27
大日本印刷事件 219
代理・代表資格の冒用...266, 270
竹内基準 8
堕胎 25
堕胎概念 4
堕胎罪....................1, 3, 25
堕胎致傷 30
奪取罪 115
立替払い債務負担説 175
他人の財物 213
他人の占有 129
他人のための事務処理者
　..................................209
他人のための事務処理者の範
　囲 216
他人名義カードの不正使用
　..................................178
単純横領罪と業務上横領罪の
　関係............................195
単独正犯行為..................45
単独犯 45
致死罪 1
チッソ水俣病事件............26
中間説 120
抽象的危険犯...59, 236, 240, 248, 253, 255, 256, 260, 306, 315, 320
抽象的職務権限（一般的職務
　権限）..................298, 299
直接性の要件..................40
陳述の意義（供述の実質性）
　..........................316, 321
陳述の虚偽性（虚偽性の判断
　基準）..................317, 322
陳列概念 290
陳列の客体 288
追死の意思 19
通路妨害罪 258
電磁的記録 267
伝聞供述 320, 324
同意殺人罪............6, 13, 22

東京交通会館事件 …………242
同時傷害の特例 …………**45**
同時犯 ………………………45
東大地震研事件 ……………93
盗人からの第三者による奪取
　………………………………127
盗品譲受等罪 ………………185
東洋レーヨン事件 …222, 231, 234
図画 ……………………267, 287
独立呼吸説 ……………………4
独立生存可能説 ………………3
独立燃焼説 ……………237, 240
図利加害目的 ………………223

〈な〉

新潟県議会事件 ………………99
新潟鉄工事件 …202, 225, 232
2項横領罪 …………………215
2項詐欺 ……………………160
2項犯罪 ……………115, 160
西日本鉄道争議事件 ………260
二重譲渡 ……………………213
二重抵当 ……………212, 213
人間の出生 …………………25
任務違背行為性 ……………234
納金スト事件 ………………204
脳死説 …………………………5
脳死の定義 ……………………5

〈は〉

背信説 ………………………211
背信的権限濫用説 …212, 234
背信的領得行為 ……………207
背任罪 115, 214, 227, 228, 233
背任罪の罪質 ………………**211**
背任罪の主体 ………………233
背任、同未遂罪 ……………223
ハードディスク ……………290
犯人蔵匿罪 ……………306, 311
犯人蔵匿罪・証拠隠滅罪の教
　唆犯 ………………………306
犯人による偽証教唆 ………308
犯人による証拠隠滅の教唆

　………………………………310
犯人による犯人蔵匿・証拠隠
　滅の教唆 …………………307
犯人による犯人蔵匿の教唆
　………………………………310
被害者の錯誤 ………………14
ひき逃げ ………………67, 70
ひき逃げ事案 ………………68
非権力的公務 ………………100
否定説 ………………………28
ビデオテープ ………………287
人 ……………………………26
人と胎児 ………………………2
人の始期 ………………………2
人の終期 ………………………4
不可罰的事後行為 …………116
不作為の殺人罪 ……………71
不真正不作為犯 ……………64
不退去罪 ……………………82
普通殺人罪 …………………21
物理的管理可能性 …………228
物理的管理可能性説 ………230
不動産侵奪罪 ………………138
不法原因給付と横領罪 …**184**
不法原因給付物の横領をめぐ
　る学説 ……………………190
不法領得の意思 …**129, 195**, 219, 221, 224, 226, 227, 228, 231, 232
不法領得の意思の内容…**130**
不保護 ………………………64
プライバシー権 ……………85
古河鉱業目尾鉱業所事件 …99
フロッピー …………………226
文書 …………………………267
文書偽造罪の概括的保護法益
　………………………………266
文書に対する公共の信用
　………………………………266
平穏侵害説 ……83, 84, 87, 91
平穏説 ………………………86
平穏占有説 …………………120
法益侵害 ……………………31
放火罪 …………**236, 248**

放火罪の実行行為 …………236
暴行罪 ……………35, 36, 38, 41
暴行致傷 ……………………35
暴行の結果的加重犯 ………36
暴行の故意 …………………35
法は家庭に入らず …………140
冒用 …………………………267
法律上の擬制 ………………47
法律上の推定規定 …………47
法律的・経済的財産説 …118
法律的財産説 ………………117
保護義務懈怠罪 ……………69
保護責任 ……………………69
保護責任者遺棄罪 …………62
保護責任者遺棄致死罪 ……32
保護責任者不保護罪 ………62
保護の対象としての公務の範
　囲 …………………………296
保障人 ………………………66
母体一部傷害説 ……………28
母体傷害・法定符合説 ……27
補塡意思 ……………………205
本権者 ………………………232
本権説 ……………119, 130
本人の名義かつ計算 ………214

〈ま〉

マイクロフィルム …………230
摩周丸事件 …………………99
未現像の映画フィルム …287
三鷹事件 …260, 261, 263, 264
身分犯に対する非身分者によ
　る間接正犯 ………………277
民法708条 …………185, 198
無意識的処分行為説 ………162
無形偽造 ……………269, 277
無銭飲食 …………………**160**
名義人 ………………………267
名義人及び支払意思・能力欺
　岡説 ………………………180
名義人欺罔説 ………………179
名義人同視説 ………………180
名義人の意義 ………………268
名義人の承諾と詐欺罪の成否

事項索引　331

……………………179
名誉毀損罪……………48, 106
名誉毀損罪における事実証明
　　………………………**106**
目的の公益性……………107
目的犯………………………60
黙秘権……………………314

〈や〉

有印私文書偽造罪………272
夕刊和歌山事件…………108
有形偽造…………………269
横須賀線電車爆破事件…261, 262

〈ら〉

利益処分行為……………162
利益窃盗……………115, 162
理研小千谷工場生産管理事件
　　…………………………99
利用処分意思の内容……136
領得行為説…………199, 209
領得罪………………115, 129
令状主義…………………311
録音テープ………………287

〈わ〉

わいせつ…………………287
わいせつ画像データ……292
わいせつ図画販売罪……292
わいせつ物………………287
「わいせつ物」概念……288
わいせつ物概念の拡張傾向
　　………………………291
わいせつ物陳列罪………293
わいせつ物の販売目的所持罪
　　………………………292
わいせつ物頒布罪………286
わいせつ物頒布罪の成立要件
　　………………………287
わいせつ物頒布・販売罪
　　………………………291

判例索引

大判明35・9・22刑録 8 輯 8 頁 ……………317
大判明35・12・11刑録 8 輯11巻97頁 ………240
大判明42・2・19刑録15輯120頁 ……………98
大判明42・4・15刑録15輯433頁 ……………37
大判明42・6・8 刑録15輯728頁……………152
大判明42・6・8 刑録15輯735頁……………317
大判明42・6・10刑録15輯738頁……………273
大判明42・6・18刑録15輯735頁……………320
大判明42・8・10刑録15輯1083頁……………310
大判明43・3・4 刑録16輯386頁……………240
大判明43・3・8 刑録16輯393頁 ……………37
大判明43・4・22刑録16輯725頁……………267
大判明43・5・24刑録16輯922頁……………153
大判明43・5・31刑録16輯1021頁……………153
大判明43・6・7 刑録16輯1103頁……………147
大判明43・6・14刑録16輯1191頁……………310
大判明43・7・5 刑録16輯1361頁……………187
大判明43・9・22刑録16輯1531頁……………188
大判明43・10・21刑録16輯1714頁……………315
大判明44・2・7 刑録17輯39頁 ……………315
大判明44・4・24刑録17輯655頁……………249
大判明44・10・13刑録17輯1698頁……211, 213
大判明44・10・26刑録17輯1795頁……………203
大判明45・1・15刑録18輯 1 頁 ……………310
大判明45・6・17刑録18輯856頁……………216
大判明45・7・4 刑録18輯1009頁……………204
大判大 2・6・9 刑録19輯687頁……………320
大判大 2・9・5 刑録19輯844頁……………316
大判大 2・9・5 刑録19輯845頁……………315
大判大 2・12・9 刑録19輯1393頁……………188
大判大 2・12・16刑録19輯1440頁……………203
大判大 3・4・29刑録20輯654頁……………317
大判大 3・6・13刑録20輯1174頁……199, 214
大判大 3・6・20刑録20輯1313頁……211, 234
大判大 3・6・23刑録20輯1324頁……………311
大判大 4・2・10刑録21輯90頁………………70
大判大 4・2・26刑録21輯164頁……………153
大判大 4・5・21刑録21輯663頁………98, 130
大判大 4・9・30刑録21輯1368頁……………147

大判大 4・12・11刑録21輯2088頁……………76
大判大 5・7・13刑録22輯1267頁……………141
大判大 5・9・18刑録22輯1359頁……………249
大判大 6・7・14刑録23輯886頁………200, 210
大判大 6・12・20刑録23輯1541頁……………214
大判大 7・3・15刑録24輯219頁……………240
大判大 7・5・14刑録24輯605頁……………299
大判大 7・9・25刑録24輯1219頁……………122
大判大 7・11・25刑録24輯1425頁……………262
大判大 7・12・6 刑録24輯1506頁………92, 94
大判大 8・4・2 刑録25輯375頁………………98
大判大 8・12・13刑録25輯1367頁………………3
大判大 9・2・4 刑録26輯26頁………………131
大判大 9・5・8 刑録26輯348頁……………161
大判大11・12・22刑集 1 巻815頁……………154
大判大12・3・15刑集 2 巻210頁……………261
大判大12・6・9 刑集 2 巻508頁……………122
大判大14・3・23刑集 4 巻187頁……………299
大判大14・5・7 刑集 4 巻276頁……………299
大判大15・4・20刑集 5 巻136頁……………204
大判大15・10・5 刑集 5 巻438頁………………92
大判昭 4・1・31新聞2969号 4 頁……………252
大判昭 4・5・21刑集 8 巻288頁………………94
大判昭 6・7・2 刑集10巻303頁……………252
大判昭 6・12・17刑集10巻789頁……………203
大判昭 7・2・1 刑集11輯15頁…………………3
大判昭 7・3・24刑集11巻296頁……………299
大判昭 7・6・13刑集11巻821頁……………310
大判昭 7・10・31刑集11巻1541頁……………213
大判昭 8・3・16刑集12巻279頁……………203
大判昭 8・4・19刑集12巻471頁………………15
大判昭 8・10・18刑集12巻1820頁……………310
大判昭 9・11・30刑集13巻1631頁……………241
大判昭 9・12・12刑集13巻1717頁……………204
大判昭 9・12・22刑集13巻1789頁……………134
大判昭10・5・13刑集14巻514頁………………74
大判昭10・6・6 刑集14巻631頁……………252
大判昭10・7・3 刑集14輯745頁………199, 214
大判昭11・2・14刑集15巻113頁……………278

判例索引

大判昭11・11・12刑集15巻1431頁 ……… 189
大判昭11・11・21刑集15巻1501頁 ……… 311
大判昭12・4・8刑集16巻485頁 ……… 147
大判昭12・11・9刑集16巻1545頁 ……… 315
大判昭14・12・22刑集18巻565頁 ……… 92
大判昭15・4・2刑集19巻181頁 ……… 278
大判昭15・8・22刑集19巻540頁 ……… 260
大判昭18・4・23刑集22巻96頁 ……… 154
最判昭22・12・15刑集1巻80頁 ……… 37
最判昭23・5・20刑集2巻5号489頁 ……92, 94
最判昭23・6・5刑集2巻7号641頁 …189, 198
最判昭23・9・18判例体系34巻97頁 ……… 154
最判昭23・11・2刑集2巻12号1443頁 …… 241
最判昭23・11・25刑集2巻12号1649頁 …… 83
最判昭24・2・8刑集3巻2号83頁 ……… 122
最判昭24・2・15刑集3巻2号175頁 ……… 122
最判昭24・3・8刑集3巻3号276頁 …… 197, 203, 205, 232
最判昭24・5・21刑集3巻6号852頁 ……… 147
最判昭24・5・28刑集3巻6号873頁 ……… 154
最大判昭24・7・22刑集3巻8号1363頁 …… 89
最判昭24・11・26裁判集刑14号819頁 ……… 141
仙台高判昭25・2・7特報3号88頁 ……… 147
大阪高判昭25・9・19高等裁判所刑事判決特報15号70頁 ……… 83
大阪高判昭25・10・28高等裁判所刑事判決特報14号50頁 ……… 83
最判昭25・11・9刑集4巻11号2239頁 …… 37
札幌高函館支判昭25・11・22高等裁判所刑事判決特報14号222頁 ……… 92
最判昭25・12・12刑集4巻12号2543頁 …… 142
最判昭25・12・14刑集4巻12号2548頁 …… 241
名古屋高判昭26・3・3高刑集4巻2号148頁 ……… 82
名古屋高判昭26・3・12特報27号54頁 …… 145
東京高判昭26・4・28判例体系35巻299頁 … 189
最判昭26・7・13刑集5巻8号1437頁 …131, 221
最大判昭26・7・18刑集5巻8号1491頁 …… 99
最判昭26・9・20刑集5巻10号1937頁 …50, 73
東京高判昭26・10・3高刑集4巻12号1590頁 ……… 146
東京高判昭26・10・5特報24号114頁 …… 145
仙台高判昭27・1・23特報22号91頁 …… 145
最判昭27・3・28刑集6巻3号546頁 ……… 300

仙台高判昭27・9・15高刑集5巻11号1820頁 ……… 15
最判昭27・12・25刑集6巻12号1387頁 …… 279
最判昭28・5・14刑集7巻5号1042頁 ……… 92
札幌高判昭28・8・24高刑集6巻7号947頁 ……… 146
札幌高判昭28・9・15高刑集6巻8号1088頁 ……… 147
最判昭28・10・2刑集7巻10号1883頁 …… 296
最決昭28・10・19刑集7巻10号1945頁 …… 311
大阪高判昭28・11・18高刑集6巻11号1603頁 ……… 148
最判昭28・12・25刑集7巻13号2721頁 ……199, 200, 204
広島高判昭29・6・30高刑集7巻6号944頁 ……… 13, 17
最決昭29・7・15刑集8巻7号1137頁 …… 299
広島高判昭30・2・5裁持2巻4号60頁 … 107
大阪高判昭30・6・20判特2巻14号715頁 … 280
最大判昭30・6・22刑集9巻8号1189頁 …… 264
東京高判昭30・6・27東高6巻7号211頁 … 107
最決昭30・7・7刑集9巻9号1856頁 …161, 164
最判昭30・7・19刑集9巻9号1908頁 …… 299
札幌高判昭30・8・23高刑集8巻6号845頁 ……… 93
最判昭30・10・7民集9巻11号1616頁 …… 190
東京地判昭30・10・31判時69号27頁 …… 290
最決昭31・8・9裁持3巻17号826頁 … 205
最決昭31・8・22刑集10巻8号1260頁 …… 132
最判昭31・10・25刑集10巻10号1455頁 …74, 76, 80
東京高判昭31・12・5東高刑時報7巻12号46頁 ……… 165
最大判昭32・3・13刑集11巻3号997頁 …… 287
最決昭32・4・30刑集11巻4号1502頁 …… 311
最決昭32・5・22刑集11巻5号1526頁 …… 289
最決昭32・8・15刑集11巻8号2065頁 …… 154
最判昭32・10・4刑集11巻10号2464頁 …… 278
最判昭33・4・17刑集12巻6号1079頁 …… 134
東京高判昭33・7・7高裁特5巻8号313頁 ……… 165
最決昭33・9・5刑集12巻13号2844頁 …… 290
最判昭33・9・16家月10巻9号110頁 …… 241
最判昭33・9・19刑集12巻13号3047頁 …… 204

最判昭33・10・10刑集12巻14号3246頁……199, 214
広島高判昭33・10・17高等裁判所刑事裁判速報集〔昭33〕12号…………………241
最判昭33・11・21刑集12巻15号3519頁…13, 18
東高判昭33・12・19高等裁判所刑事裁判特報4巻24号660頁……………………241
最判昭34・2・13刑集13巻2号101頁………215
東京高判昭34・3・16高刑集12巻2号201頁…………………………………203
最判昭34・5・7刑集13巻5号641頁………108
最判昭34・6・9裁判集刑130号143頁………37
東京高判昭34・6・29下刑集1巻6号1366頁…………………………………315, 318
最判昭34・7・24刑集13巻8号1163頁………67
最判昭34・8・28刑集13巻10号2906頁……122
最判昭35・2・18刑集14巻2号138頁………260
最判昭35・3・1刑集14巻3号209頁………98
最昭35・4・26刑集14巻6号748頁………122
最決昭35・7・18刑集14巻9号1189頁……310
最決昭35・9・9刑集14巻11号1457頁……134
最判昭35・11・18刑集14巻13号1713頁……99
最判昭36・1・10刑集15巻1号1頁………259
旭川地判昭36・9・21判時289号39頁………280
最大判昭36・12・1刑集15巻11号1807頁…260
札幌高判昭36・12・25高刑集14巻10号681頁…………………………………147
最決昭37・6・26裁判集刑143号201頁……134
福岡地小倉支判昭37・7・4下刑集4巻7－8号665頁……………………………87
福岡高判昭37・7・28下刑集4巻7＝638頁…………………………………320
東京高判昭38・1・24高刑集16巻1号16頁…………………………………147
甲府地判昭38・2・13下刑集5巻1・2号91頁…………………………………280
名古屋高判昭39・4・27高刑集17巻3号262頁…………………………………252
最決昭40・3・30刑集19巻2号125頁……283
東京地判昭40・6・26下刑集7巻6号1319頁…………………………………219
最決昭40・9・16刑集19巻6号679頁……310
東京地判昭40・9・30下刑集7巻9号1828頁…………………………………71

山口地判昭41・6・4刑集24巻10号1324頁…………………………………272
最判昭41・6・23民集20巻5号1118頁……110
最大判昭41・11・30刑集20巻9号1076頁…99
大阪地判昭42・5・31判時494号74頁………220
最決昭和42・11・28刑集21巻9号1277頁…273
尼崎簡判昭43・2・29下刑集10巻2号211頁…………………………………87, 93
東京地判昭43・4・13高刑集22巻3号344頁…………………………………57
最決昭43・9・17裁判集刑168号691頁……116
最決昭43・9・17判時534号85頁…………132
東京高判昭44・5・29高刑集22巻3号297頁…………………………………58
広島高判昭44・5・29刑集24巻10号1330頁…………………………………273
最大判昭44・6・25刑集23巻7号975頁…108, 110
札幌高判昭45・7・14高刑集23巻3号479頁…………………………………49
東京高判昭45・8・11高刑集23巻3号524頁…………………………………262
最決昭45・9・4刑集24巻10号1319頁……268, 272
最大判昭45・10・21民集24巻11号1560頁…188
最決昭45・12・3刑集24巻13号1707頁…54
最判昭46・4・22刑集25巻3号530頁………261
最判昭46・6・17刑集25巻4号567頁………73
大阪高判昭46・11・26高刑集24巻4号741頁…………………………………202
東京地判昭47・5・15判タ279号292頁……114
札幌地判昭47・7・19判時691号104頁……77
札幌高裁昭47・12・19刑月4巻12号1947頁・判タ289号295頁……………………242
最決昭49・5・31裁判集刑192号571頁……93
東京高判昭49・6・27高刑集27巻3号291頁…………………………………146
和歌山地判昭49・9・27判時775号178頁…173
東京高判昭49・10・22東京高等裁判所（刑事）判決時報25巻10号90頁……………242
東京地判昭49・11・5判時785号116頁……114
最判昭51・3・4刑集30巻2号79頁………93
京都地判昭51・12・17判時847号112頁……132
東京高判昭52・5・4判時861号122頁……242

最決昭53・9・7刑集32巻6号1672頁……312
熊本地判昭54・3・22月報11巻3号168頁…26
東京高判昭54・5・21高刑集32巻2号134頁
……………………………………………83
東京地判昭55・2・14刑月12巻1 = 2号47頁
……………………………………………116
東京地判昭55・2・14判時957号118頁……132,
221
最決昭55・10・30刑集34巻5号357頁……116,
132, 231
最決昭55・12・9刑集34巻7号513頁………265
東京高判昭56・2・5判時1011号138頁……179
神戸地判昭56・3・27判時1012号35頁……222
最判昭56・4・16刑集35巻3号84頁………106
福岡高判昭56・9・21刑月13巻8 = 9号527頁
…………………………………………173, 175
東京高判昭56・12・24高刑集34巻4号461頁
……………………………………………203
東京高判昭57・5・26東京高等裁判所（刑事）
判決時報33巻5－6号30頁・判時1060号146
頁・判タ474号236頁……………………93
福岡高判昭57・9・6高刑集35巻2号85頁…26
東京地八王子支判昭57・12・22判タ494号142頁
……………………………………………70
最判昭58・4・8刑集37巻3号215頁……93, 94
最決昭58・6・23刑集37巻5号555頁………54
東京地判昭58・10・6判時1096号151頁……217
最決昭59・4・12刑集38巻6号2107頁……265
東京地判昭59・6・22判時1131. 156，判タ531
号245頁…………………………………242
東京地判昭59・6・28刑月16巻5 = 6号476頁
……………………………………………132
東京地判昭59・6・28判時1126号3頁……224
名古屋高判昭59・7・3判時1129号155頁・判
タ544号268頁……………………………173
東京高判昭59・10・31判タ550号289頁……173
東京高判昭59・11・19判タ544号251頁……173
東京地判昭60・2・13判時1146号23頁……202,
225

東京地判昭60・3・6判時1147号162頁……226
最判昭60・3・28刑集39巻2号75頁………252
東京高判昭60・5・9刑月17巻5 = 6号519頁
……………………………………………179
最決昭60・7・3判時1173号151頁…………310
高松高判昭61・7・9判時1209号143頁……132
最決昭62・3・12刑集41巻2号140頁………99
東京地判昭62・10・6判時1259号137頁……134
最決昭63・1・19刑集42巻1号1頁………32
最決昭63・2・29刑集42巻2号314頁………27
大阪高判昭63・4・19判時1316号148頁……94
大阪高判昭63・12・22判タ707号267頁……132
福岡高宮崎支判平元・3・24高刑集42巻2号
103頁………………………………………19
最決平1・7・7刑集43巻7号607頁………123
最決平元・7・7判時1326号157頁、判タ710号
125頁……………………………………241
大阪高判平元・11・15高検速報平元年175頁
……………………………………………179
富山地判平2・4・13判時1343号160頁……292
東京高判平3・12・26判タ787号272頁……179
東京高判平5・2・1判時1476号163頁……94
東京高判平5・7・7判時1484号140頁……94
仙台高判平6・3・31判時1513号175頁……94
大阪高判平6・5・11判タ859号270頁………78
最平平6・7・19刑集48巻5号190頁………147
大阪高判平9・8・20判タ995号286頁………51
大阪地判平9・9・22判タ997号293頁……179
岡山地判平9・12・15判時1641号158頁……288
大阪地判平11・3・19判タ1034号283頁……289
最判平12・2・17刑集54巻2号38頁………100
大阪高判平13・3・14判タ1076号297頁……135
最判平13・7・16刑集55巻5号317頁………290
最判平13・11・5刑集55巻6号546頁………204
最判平15・2・14刑集57巻2号121頁………312
最判平15・4・14刑集57巻4号445頁………249
最判平15・10・6刑集57巻9号987頁………275
最二小決平16・2・9刑集58巻2号89頁…179
最決平17・7・4判タ1105号284頁…………71

◆編者・執筆者紹介

立石二六（たていし にろく）
　中央大学法学部教授

山本雅子（やまもと まさこ）
　中央学院大学法学部教授

林　弘正（はやし ひろまさ）
　島根大学大学院法務研究科教授

鈴木彰雄（すずき あきお）
　名城大学大学院法務研究科教授

曲田　統（まがた おさむ）
　中央大学法学部助教授

中村雄一（なかむら ゆういち）
　秋田経済法科大学法学部教授

只木　誠（ただき まこと）
　中央大学法学部・同大学院法務研究科教授

滝井伊佐武（たきい いさむ）
　中央大学法学部非常勤講師

山本光英（やまもと みつひで）
　北九州市立大学法学部教授

村木保久（むらき やすひさ）
　目白大学非常勤講師

大杉一之（おおすぎ かずゆき）
　中央大学法学部非常勤講師

安井哲章（やすい てっしょう）
　桃山学院大学法学部専任講師

刑法各論30講
2006年4月20日　初版第1刷発行

編著者　立　石　二　六
発行者　阿　部　耕　一
　〒162-0041　東京都新宿区早稲田鶴巻町514番地
発行所　株式会社　成　文　堂
　　電話 03(3203)9201(代)　ＦＡＸ03(3203)9206
　　http://www.seibundoh.co.jp/

製版・印刷　㈱シナノ　　製本　佐抜製本　　検印省略
☆乱丁・落丁本はおとりかえいたします☆
ⓒ2006 N. Tateishi　Printed in Japan

ISBN4-7923-1719-3 C3032

定価(本体2800円＋税)